LA FEMME DANS L'HISTOIRE ET LES MYTHES

DU MÊME AUTEUR

La Mort chez les peuples altaïques anciens et médiévaux, Adrien-Maisonneuve, 1963.

Islam, Rencontre, Lausanne, 1964.

Faune et flore sacrées dans les sociétés altaïques, Adrien-Maisonneuve, 1966 (Thèse pour le doctorat d'État).

Turquie, Éditions du Seuil, Petite Planète, 1968 (7ᵉ édition revue et mise à jour, 1979).

Les Traditions des nomades de la Turquie méridionale, Bibliothèque de l'Institut français d'archéologie d'Istanbul, Adrien-Maisonneuve, 1970.

Turquie, Arthaud, 1979 (Prix Dupleix).

La Chaussure, Atelier Hachette-Massin, 1980, 2ᵉ éd., Hachette, 1986.

Études d'iconographie islamique, Peeters, Louvain, 1982.

Les Barbares, Bordas, 1982.

Mustafa Kemal et la Turquie nouvelle, Maisonneuve et Larose, 1982 (en collaboration avec Jean-Louis Bacqué-Grammont).

La Religion des Turcs et des Mongols, Payot, 1984 (couronné par l'Académie française).

Histoire des Turcs, Fayard, 1984.

Les Explorateurs au Moyen Âge, Fayard, 1985 (nouvelle édition entièrement refaite).

Babur. Histoire des Grands Moghols, Fayard, 1986.

Le Sang. Mythes, symboles et réalités, Fayard, 1988.

Jésus, Fayard, 1989.

Tamerlan, Fayard, 1991.

Histoire de l'Empire mongol, Fayard, 1993.

Le Roi : mythes et symboles, Fayard, 1995.

L'Asie centrale. Histoire et civilisations, Fayard, 1997.

Montagnes sacrées, montagnes mythiques, Fayard, 1999.

Gengis Khan et l'empire mongol, Gallimard, La Découverte, 2002.

* Plusieurs œuvres de J.-P. Roux ont été traduites en allemand, américain, anglais, espagnol, grec, italien, japonais, polonais, portugais, roumain, serbo-croate, turc.

Jean-Paul Roux

La Femme
dans l'Histoire
et les mythes

Fayard

À ma fille Sylvie
À mes petites-filles Aude et Caroline

Belle amie, ainsi va de nous,
Ni vous sans moi ni moi sans vous.

MARIE DE FRANCE,
Lai du chèvrefeuille.

Le culte d'aucune dame, morte ou vivante,
n'a jamais été pernicieux à l'humanité.

JOHN RUSKIN,
La Bible d'Amiens, IV, 48.

Introduction

> *Nous sommes absurdes et d'une absurdité sans excuse quand nous parlons de la « supériorité » d'un sexe sur l'autre, comme s'ils pouvaient être comparés en des choses similaires. Chacun possède ce que l'autre n'a pas ; chacun complète l'autre et est complété par lui ; en rien ils ne sont semblables et le bonheur et la perfection de chacun a pour condition que l'un réclame et reçoive de l'autre ce que seul il peut lui donner.*
>
> RUSKIN, *Sésame et les lys.*

Que cet ouvrage sur la femme s'inscrive dans une série s'attachant à l'étude des objets sacrés, le sang, le roi, la montagne, annonce le sens que j'entends lui donner. Le mot « objet » n'a évidemment aucune nuance péjorative et doit être compris comme tout ce qui se présente à la pensée, comme tout ce qui est matière à l'activité de l'esprit, ou, plus concrètement, comme toute chose qui affecte les sens : Dieu est l'« objet » de l'adoration des croyants.

Le sacré peut se manifester partout et en tout, mais avec plus ou moins d'intensité. C'est ce qui a lieu avec l'espèce humaine où l'homme est plutôt immergé dans le profane, occupé des choses matérielles, où la femme, au contraire, en grande partie parce qu'elle est source de la vie, est étroitement liée au surnaturel et baigne dans le sacré à un point tel qu'elle n'en devient pas seulement un objet parmi les autres, mais l'un des plus significatifs. Dès l'époque préhistorique, on l'avait compris puisqu'on gravait son image sur les parois des roches, au fond des grottes, et cette compréhension a traversé les siècles : l'essentiel de ce qui constitue nos représentations, nos sentiments, nos instincts s'est formé en ces époques anciennes, en même temps que nous, et rien ne peut vraiment l'effacer. Nous en vivons encore. Ce n'est pas un homme, mais une femme, la Vierge Marie, qui a été placée par le christianisme plus haut que toutes les autres créatures, au-dessus des prophètes, des anges et des saints. Pendant des millénaires, il y eut un culte de la femme ; pendant des millénaires, on l'a louée, crainte, adorée dans un long chant que ne parviennent pas à étouffer les cris de mépris et de hargne qu'elle a aussi suscités depuis le vieil Hésiode ou la vieille Bible jusqu'aux invectives hallucinatoires d'un Nietzsche : « L'homme doit être élevé pour la guerre et la femme pour le repos du guerrier. » « Des chattes, voilà ce que sont toujours les femmes et des oiseaux ou [...] des vaches. » « Tu vas chez les femmes ? N'oublie pas le fouet[1]. »

Mon intention n'est pas d'étouffer ceux-ci pour n'entendre que celui-là, mais d'écouter la symphonie dans tous ses mouvements, même si elle écorche mes oreilles. Sans jamais oublier mon propos, la sacralité féminine, toujours présente en filigrane, je vise à embrasser toute la feminité, à examiner comment on l'a vue, comment elle s'est vue. C'est dire que je ferai à l'Histoire (surtout à celle de l'Occident) une plus grande place que dans mes livres précédents et que je me tiendrai plus souvent dans l'humain que dans le surhumain, dans le matériel que dans le spirituel, dans le sordide que dans le sublime. Bien évidemment, je n'évoquerai ni tous les mythes, ni toutes les représentations, ni toutes les femmes. Le sujet est inépuisable et je ferai mienne la sentence de Boileau : « Souvent trop d'abondance appauvrit la matière. »

L'étude des religions servira de fondement à mon investigation. Les mythes, les contes et les légendes d'une part, de l'autre les doctrines des grandes familles spirituelles de l'humanité à la fois reflètent, comme dans un miroir, le visage de la femme et contribuent à le dessiner. Les sociétés traduisent par ceux-là leurs aspirations sublimes ou basses, par celles-ci cherchent, au-delà des visions spirituelles, à se construire et à s'ordonner.

Rappeler les uns et les autres n'est pourtant qu'un de mes objectifs. La réalité sociologique se tient souvent bien loin de l'enseignement doctrinal, et on ne saurait la négliger au nom du respect dû aux textes. Encore est-il indispensable de connaître ces derniers : je prendrai soin de les citer presque *in extenso*, et l'on me fera la grâce de croire que je n'en ai écarté aucun, tout gênant qu'il peut être, que je n'ai effectué nul choix. Il ne sert à rien de disserter sur ce que pensent le judaïsme, le christianisme, l'islamisme quand la Bible, les Évangiles et les Épîtres, le Coran le disent clairement. Le silence ou les explications confuses des modernistes ne peuvent rien contre la précision des écrits. Pour les religions qui ne s'appuient pas sur un livre révélé, le bouddhisme, l'hindouisme, le mazdéisme, le taoïsme, et pour celles des peuples de tradition orale, je serai en revanche contraint d'adopter une démarche plus conjecturale.

Dans la vie sociale, à quelques exceptions près, toujours et partout jusqu'aux temps contemporains, la femme fut avant tout épouse et mère, et il était admis qu'elle devait s'adapter à ce double rôle, qu'il suffisait à emplir sa vie. Cela ne la prédisposait pas à être inférieure et soumise à l'homme. L'amour lie, mais l'amour vrai n'est ni oppressif ni opprimé, il libère. Pourtant, si elle ne fut pas toujours asservie, la femme le fut le plus souvent ; elle se révélait faible quand l'homme était fort, passive alors qu'il se montrait actif. Les apparences étaient contre elle : elle est, en moyenne, moins grande et moins lourde que lui ; à forces et à entraînement égaux, elle ne peut pas rivaliser avec lui dans l'exercice des sports ; elle est sujette à une maladie récurrente, celle des règles ; dans la position habituelle du coït, elle est couchée sous lui... On concluait de la différence évidente des deux sexes qu'ils n'étaient pas égaux, que le mâle était nécessairement supérieur. Alors que les doctrines religieuses et philosophiques enseignaient d'une même voix la soumission de la femme à l'homme, seuls ou à peu près la gnose et le montanisme, sans nier l'inégalité, avaient refusé infériorité et supériorité. C'est qu'ils avaient vu, ce que nous ne voyons pas encore, qu'infériorité en un point implique supériorité en un autre. Toute proposition n'existe que par son contraire. L'ethnologie n'ignore pas que l'interdit peut devenir l'obligatoire. De même le plus faible est en même temps le plus fort, et le soumis, le dominateur. Chacun le sait, l'a toujours su. Chacun, en reconnaissant sur un certain plan l'infériorité féminine, a reconnu en même temps sur un autre sa supériorité. Salked, au XVIIe siècle, l'a exprimé avec une rare franchise : par les « dons naturels », l'homme est supérieur à la femme, par les surnaturels, ils sont égaux et même « certaines femmes sont plus ornées que les hommes de ces privilèges et dons surnaturels et par conséquent plus semblables à Dieu[2] ». Mais on s'est attaché à mettre en évidence ce qui est le plus aisément perceptible puisque profane, non le plus subtil puisque sacré. Et maintenant que le sacré se perd, on oublie l'une pour ne plus voir que l'autre, contre l'injustice de laquelle on se révolte.

Il importe de ne pas se tromper de vision. Il ne s'agit pas de trouver sa grandeur dans l'humiliation. Quand Jésus dit : « Quiconque s'abaisse sera élevé[3] », il se place dans une autre perspective, et, à l'opposé du Christ, Nietzsche aussi quand il proclame : « C'est du plus bas que le plus haut doit atteindre son sommet[4]. » Inférieure ici, la femme est supérieure là. Toute autre considération est erreur, et Simone de Beauvoir énonce une contre-vérité en suggérant que l'homme est l'essentiel, l'absolu, la femme l'inessentiel et l'autre[5]. Il faudrait être stupide pour ne pas constater que le mâle porte-semence est moins utile que la femelle : un coq suffit pour tout un poulailler. Il peut se dresser sur ses ergots, lancer son chant dès l'aube et faire briller sa crête au soleil, cela n'empêche pas que les poulets soient égorgés. C'est des poules que naîtront les poussins ; ce sont les poules qui portent l'avenir. Le rôle essentiel des vivants est de transmettre la vie : il revient à la femme. C'est peut-être par dépit que l'homme a cherché une compensation dans l'inessentiel, à se « réaliser » par ailleurs et qu'il s'est vengé sur la femme.

Dans notre monde contemporain, enivré par une idéologie égalitariste, et qui pourtant accroît les inégalités (notamment entre pays riches et pauvres), nous sommes obligés d'admettre et l'inégalité des hommes et celle des sexes : qui oserait prétendre que Mozart n'est pas meilleur musicien qu'un élève d'un conservatoire de musique ; qu'un individu doué d'un quotient intellectuel élevé n'est pas plus intelligent qu'un autre dont le quotient est bas ? Qui aurait l'idée d'opposer sur le stade des garçons et des filles et non d'organiser des épreuves masculines et des épreuves féminines d'athlétisme ? Nous en avons si bien une obscure conscience que nous avons tendance à confondre égalité et identité : si deux objets sont identiques, ils ont toutes chances d'être égaux. Mais cette confusion ne mène nulle part, car il est évident que l'homme et la femme sont entièrement différents.

On veut aujourd'hui gommer cette différence par une féminisation partielle de l'homme et par une masculinisation presque totale de la femme, pour des raisons pratiques, souvent économiques, bien que d'aucuns s'abritent derrière un idéal, celui du retour à l'unité primordiale de l'être (et nous verrons l'importance du thème de l'androgynie) ou, comme le disait Friedrich von

Schlegel, de « la réintégration progressive des sexes[6] ». Il en découle une minoration des valeurs féminines et une majoration des valeurs masculines puisque la femme calque l'homme en recevant la même éducation que lui, en mimant ses attitudes, ses mœurs, en prenant ses vêtements, sa coiffure, son maintien, son vocabulaire, en exerçant les mêmes professions que lui, y compris celles qui semblaient les plus contraires à sa nature et les plus interdites, en allant jusqu'à refuser la maternité ou au moins les obligations qu'elle impose et dont elle cherche à se décharger sur la société, incapable au reste de la remplacer. On en a conscience, et par un curieux paradoxe on tend en même temps à sauver la féminité ou ce qu'on veut entendre par là, en faisant de la femme un objet sexuel, et en livrant son corps non seulement aux voyeurs mais à tous, en l'exposant sur les publicités des murs et des écrans de télévision.

Est-ce une émancipation ? Évidemment. La femme ne dépend plus de l'homme, ni de son mari ni de son père dès qu'elle est majeure et peut sortir de son cadre familial : elle dispose désormais d'une autonomie financière et morale. Est-ce une libération ? C'est moins sûr. Aux chaînes qui la liaient à la maison, à l'époux, aux enfants (et qu'elle conserve parfois, ce qui double son fardeau) succèdent celles des obligations professionnelles qui peuvent être exaltantes pour les plus favorisées, qui ne le sont guère pour les autres, bien qu'elles leur ouvrent des horizons hors de la maison, et elle perd à la fois le pouvoir inhérent à sa féminité et sa sacralité.

Cette émancipation, cette libération, les a-t-elle vraiment voulues ou lui ont-elle été imposées sans qu'elle en ait conscience ? Elle se flatte de les avoir arrachées de haute lutte. Illusion ! Toute idéologie naît quand elle peut naître, quand la société est prête à la recevoir. Toute révolution n'éclate que sur un terrain favorable. Il fallait, pour que la femme menât une vie d'homme, qu'elle disposât de machines à laver le linge et la vaisselle, de réfrigérateurs et de surgelés, d'écoles et de crèches capables de remplacer les grands-mères qui élevaient les enfants (en admettant qu'elles ne fussent pas impotentes ou mortes), qu'elle fût maîtresse de sa fécondation. Il fallait peut-être que la mortalité infantile diminuât, que les famines et les épidémies cessassent et qu'il en découlât une surpopulation, au reste toute relative chez nous, là où la femme est « libérée ».

Quoi qu'il en soit, de toutes les révolutions socioculturelles des derniers siècles, celle que constitue l'émancipation de la femme est la plus riche et la plus lourde de conséquences. Par son ampleur elle est sans équivalent connu dans l'Histoire, bien qu'elle ait eu des précédents, bien que maints auteurs, aussi différents que, par exemple, Juvénal, saint Jérôme ou Nicolas Restif de La Bretonne, aient cru déjà la vivre et aient en effet vécu au moins ses prémices. Quand notre « philosophe » s'écrie : « Les filles portent l'usage et l'aisance jusqu'à bannir la pudeur relative à leur sexe. Nos manières, nos habits, nos chapeaux, nos propos, [elles] nous prennent tout[7] », on pourrait croire qu'il copie saint Jérôme s'exclamant : « Il y en a qui renient leur sexe [...] s'habillent comme des hommes, coupent leurs cheveux comme des hommes[8]. »

Oui, la révolution est gigantesque, et comme toute révolution elle brise des chaînes, ouvre des voies qui étaient fermées ; elle montre le visage d'un monde possible et encore inconnu, traduit un grand élan avec des aspirations à plus de justice, des générosités ; elle fait émerger des personnalités, permet à des talents de se révéler qui sans elle eussent avorté ; mais comme toute révolution aussi, elle accumule les ruines : elle change les rapports entre les sexes, d'autant plus qu'on considère l'émancipation comme réalisée malgré l'homme, contre l'homme ; elle désintègre la famille, accroît l'homosexualité, le célibat, la femme n'ayant plus besoin de l'homme, l'homme ne trouvant plus ce qu'il cherche en la femme ; elle augmente la délinquance juvénile, l'enfant manquant de présence maternelle, d'éducation maternelle, voire d'amour maternel. La femme elle-même, qui est censée en être bénéficiaire, n'en sort pas indemne. Elle renonce à être l'âme du monde, à sa puissance mystique, à sa mission salvatrice, redisons-le, à son sacré. Sur le plan purement humain, c'est l'une d'elles qui le dit : « Le changement [...] affecte toute sa personnalité et cause des transformations profondes dans ses rapports avec elle-même et avec les autres. [...] Il produit un véritable conflit intérieur entre le désir de s'accomplir dans le travail à la façon de l'homme et la nécessité profonde de vivre conformément à sa propre nature féminine[9]. » Ce n'est pas en un siècle qu'on efface des millénaires d'atavisme...

Ne disons pas, avec les pessimistes, que toute grande révolution est vaine puisqu'elle échoue ou finit par reconstituer un monde semblable à l'ancien. Nul ne sait vers où celle-ci nous conduit puisque jamais encore n'a été vécu ce qu'on vit. Si tout ne se solde pas par un retour au passé, le XXIe siècle va créer un nouveau monde, une nouvelle manière de vivre, une nouvelle humanité, ou conduire à la fin des temps, à la catastrophe totale. Dans les deux cas, il s'agit d'une apocalypse, dans l'un ou l'autre sens du terme : révélation ou fin du monde.

La fission de l'atome, l'exploration de l'espace, les manipulations génétiques, le réchauffement de l'atmosphère, la pollution, la surpopulation, l'allongement de la durée de la vie, que sais-je encore ? débouchent au reste sur ces deux identiques possibles.

PREMIÈRE PARTIE

La femme dans l'Histoire

« *Criton, dit Socrate, qu'on emmène cette femme à la maison.* »

PLATON, *Phédon.*

« *Je suis conquise, mais je ne sais si je suis prisonnière.* »

GOETHE, *Second Faust. Hélène.*

CHAPITRE PREMIER

Les femmes célèbres

Les femmes forment la moitié de l'humanité, voire un peu plus s'il est vrai que les naissances de filles dépassent légèrement en nombre celles de garçons, et parce que leur espérance de vie, aujourd'hui du moins, est plus grande. Elles pourraient donc se trouver à égalité avec les hommes pour s'illustrer dans les arts, les lettres, les sciences, la vie politique, sociale et religieuse. Il est loin d'en être ainsi.

Dans aucun domaine elles ne sont bien représentées et il en est d'où elles sont pratiquement absentes. Un dictionnaire des femmes illustres ne formerait pas un gros volume. En outre, il serait composé en partie de personnages imaginaires, créations mythiques ou poétiques, déesses, héroïnes de romans et de légendes, comme si le besoin s'était fait sentir de compenser par la fiction les défaillances de la réalité, comme si la femme était plus vivante dans les créations de l'âme et de l'esprit que dans la vie. Il compterait certes quelques beaux talents, quelques grandes figures politiques, mais aucun de ces hauts génies qui ont changé la face du monde, qui ont exercé une influence décisive sur l'Histoire. Aucune femme n'a fondé une religion ou une école philosophique. Il n'y a pas de Mozart ou de Bach féminins, pas de Shakespeare ni de Michel Ange. Non inexistantes, mais rares sont celles dont l'action personnelle a été déterminante, une

Clotilde, une Jeanne d'Arc, une Catherine de Sienne...
Tout se passe comme si mettre au monde des enfants leur
interdisait toute autre force créatrice. Une de nos histo-
riennes a reproché à Voltaire, et aux bourgeois du
XIXe siècle qui l'ont « repris en chœur », d'avoir insinué
qu'« il n'y a[vait] jamais eu d'inventrices[1] ». Ruskin, qui
n'avait rien d'un bourgeois, le dit aussi : « Son intelligence
n'est ni inventive ni créatrice, mais tout entière d'aimable
ordonnance, d'arrangement et de décision[2]. » Je ne suis
pas voltairien, mais je crois que, sur ce point au moins,
l'insinuation du philosophe (si insinuation il y a) était
justifiée : on attend qu'on nous démontre le contraire.

Il est beaucoup de femmes qui ne devraient leur place
qu'à leur beauté, à cette beauté si souvent chantée, qui
peut, à elle seule, avoir façonné leur gloire — quel est le
génie personnel de la belle Hélène de Troie ? — ou qui y
a contribué dans une large part et a facilité leur ascension,
car nous admettrons que la seule force de séduction n'a
pas suffi à faire leur carrière, celle d'une Cléopâtre ou celle
d'une Zubaïda (l'épouse du calife Haroun al-Rachid), et
qu'il leur a fallu une singulière force de caractère, une
brillante intelligence pour l'utiliser pleinement. Plusieurs
devraient leur place à l'amour qu'elles ont inspiré et à
l'influence que celui-ci leur a permis d'exercer sur les
hommes épris d'elles, ou à leur seule aura, ou encore — le
fait est capital et il ne faut pas l'oublier — à l'éducation
qu'elles ont donnée à leurs enfants, à ce qu'elles ont
imprimé dans l'âme et l'esprit des futurs grands hommes.
C'est essentiellement de cette manière détournée, par
cette voie proprement féminine qu'elles ont pu jouer leur
rôle principal, imprimer dans une certaine mesure leur
sceau sur l'Histoire. Mais l'éducatrice, la conseillère,
l'inspiratrice restent souvent dans l'ombre, gouvernent
sans régner. S'il arrive qu'elles tiennent l'essentiel du
pouvoir, ce pouvoir demeure occulte et, en conséquence,
échappe à notre observation et les laisse inconnues. À côté
d'une Néfertiti, d'une Théodora, d'une Blanche de Castille,

dont les œuvres transparaissent à travers celles de leurs époux ou de leurs fils, combien en est-il dont nous ne pouvons, au mieux, que soupçonner sinon l'existence, du moins l'action ? Dans le dictionnaire fictif ci-dessus évoqué, c'est par dizaines de milliers qu'il faudrait relever, si nous les connaissions, les noms de femmes qui ont réellement compté, alors que la seule célébrité, la célébrité universelle, ne permet guère d'en citer que 200 ou 300, soit, en quelque 3 000 ans, une dizaine par siècle ! Il n'y a pas d'égalité des sexes dans la notoriété...

Il serait trop facile, peu réfléchi et en définitive absurde de prétendre que cet insuccès découle d'une volonté masculine de tenir la femme en sujétion, de lui barrer la route de la vie publique et de lui interdire l'accès à la culture, même si cette volonté a bien existé, même si elle a été parfois efficace. Facile ? C'est la première idée qui peut venir à l'esprit. Peu réfléchi ? C'est oublier tout ce qui pèse sur la condition féminine, ne seraient-ce que les grossesses répétées et la mortalité qu'elles entraînent, le soin à donner aux petits enfants... Absurde ? Ce serait avouer, si cela était, l'incapacité de la femme à secouer le joug de l'homme, donc son incontestable infériorité.

Souvent sinon toujours, en maints endroits sinon partout, ni la vie publique ni la culture n'ont été théoriquement inaccessibles au sexe féminin. Sauf dans les pays où une loi interdisait aux femmes l'accès au trône (comme en France avec la loi salique), celles-ci ont pu en hériter. En outre et, par suite de leurs liens ou de leurs affinités reconnues avec la terre, la propriété du sol a parfois été conçue comme leur revenant, ce qui les prédisposait à gouverner ou faisait dépendre le pouvoir royal d'un mariage avec elles. On ne saurait être surpris, dans ces conditions, qu'elles se soient là mieux qu'ailleurs illustrées dans l'exercice de la monarchie : il y a autant de grandes souveraines que de grandes saintes, bien plus que de grandes créatrices — nous allons le voir. Quant à la culture, non seulement elle ne leur a pas été interdite, mais elle leur a été souvent largement ouverte et elle leur doit beaucoup ; on pourrait presque dire, si l'on ne craignait pas de paraître provocateur, qu'elle leur doit plus qu'elle ne doit aux hommes. Ne jugeons pas par l'Europe moderne qui, sur ce point, n'a pas à se vanter.

La culture féminine

Je ne veux pas dire qu'il n'y eut pas de très longues périodes dans l'Histoire où il fut de mode de restreindre l'éducation des filles : reste à savoir si ce furent, d'une manière générale, des époques de haute culture. On a d'ailleurs, semble-t-il, exagérément allongé leur durée et insisté sur elles. On n'a guère fait remarquer que même dans les sociétés les plus misogynes, dans celles où le statut de la femme semble particulièrement modeste — dans la Grèce antique, le Japon médiéval, monde musulman, en Inde, en Occident aux premiers siècles chrétiens et au temps de la féodalité... — comme ailleurs, il exista des foyers, parfois intenses, de vie intellectuelle et artistique féminine.

On cite comme une exception Aspasie de Milet, (seconde moitié du Ve siècle av. J.-C.), une métèque (étrangère domiciliée en Grèce, qui n'avait pas droit de cité) qui vécut à Athènes dans le cercle des intellectuels et des artistes — Socrate, Alcibiade, Phidias —, qui était recherchée « pour ses rares connaissances et son habileté dans toutes les affaires » comme le dit Plutarque dans sa *Vie de Périclès*, qui séduisit ledit Périclès ainsi que « les plus grands personnages de son temps » à tel point que celui-ci répudia son épouse pour contracter avec elle un mariage morganatique. Voire... L'exemple d'une Corinne (fin du VIe siècle av. J.-C.), la poétesse qui aurait été le professeur de Pindare avant d'être sa rivale et dont nous ne conservons que quelques fragments de l'œuvre, celui d'une Sappho, ou encore de Thargalid, « joignant l'esprit à la beauté » et qui forma Aspasie, ne plaident pas en faveur de cette unicité[3]. Pas davantage les hétaïres, courtisanes de haut rang, un peu comparables aux geishas japonaises, qui étaient éduquées pour être les compagnes des hommes plutôt que leurs amantes d'un jour... Ce ne sont pas seulement les dons érotiques qui firent une Thaïs ou une Phryné.

Le Japon offre un exemple que je crois unique. Nulle part ailleurs les lettres ne furent autant redevables aux femmes et bien peu d'écrivains peuvent rivaliser avec les femmes de lettres que ce pays a vu naître. À l'époque classique Heian, les dames de la cour impériale furent les créatrices de la littérature nationale. Elles s'illustrèrent d'abord dans les *nikki* (journaux intimes) dont le chef-d'œuvre est, au Xe siècle, *Le Journal d'une éphémère,* anonyme attribué à la mère d'un ministre, et, un peu plus tard, dans les *monogatari* (dits), avec Sei Shonagon (v. 966-v. 1020) et Murasaki Shikibu (v. 975-1014), auteur du *Dit du Genji,* démesuré (treize cents pages denses dans la traduction française !), dont les œuvres sont comptées par certains (avec quelque exagération ?) parmi les plus importantes de la littérature mondiale[4].

Mircea Eliade a insisté (un peu trop[5]) sur les deux femmes que le grand poète mystique Ibn Arabi (1165-1240) eut pour professeurs à Murcie : Fatima bint Ibn al-Muthanna de Cordoue, une amie de sa mère, âgée de quatre-vingt-dix ans lorsqu'elle enseigna Ibn Arabi, et Shams Umm al-Fuqara qui « avait, écrit-il, un cœur fort, une noble énergie spirituelle, une grande domination[6] ». En réalité, de nombreux autres personnages contribuèrent à sa formation. En revanche, tint une place tout à fait exceptionnelle dans la vie de cet homme, qui en accordait une grande aux femmes en général, Nizam, la fille d'un cheikh renommé, qu'il rencontra à La Mecque en 1202 et pour laquelle il écrivit son plus beau poème, *L'Interprète des désirs,* un des chefs-d'œuvre de la poésie mystique arabe. On le taxa d'érotisme. Il fit d'elle un éloge qui mérite d'être rapporté ici : « Jamais je n'ai vu de visage plus gracieux, de discours aussi agréable, intelligent, subtil et spirituel. Elle dépassait les gens de son époque par sa sagacité, son *érudition* et sa *science**[7]*. » Nous la retrouverons. Qu'elle ait été supérieure à toutes, accordons-le à Ibn Arabi. Elle n'était en tous les cas pas la seule. À la cour des califes abbassides de Bagdad au moins, comme à celle de Cordoue, les femmes intelligentes et cultivées ne manquaient pas. La petite sœur de Haroun al-Rachid (786-809) connut même une heure de gloire comme poétesse, peut-être grâce au crédit de son impérial frère — elle n'est pas passée à la postérité. En Asie centrale, depuis Timour le Boiteux, notre Tamerlan, c'était une tradition que les femmes fussent éduquées avec soin et poussassent loin leurs études.

Tradition que les Timourides importèrent en Inde quand ils en eurent fait la conquête. C'est ainsi qu'Akbar (1556-1609), le plus prestigieux prince de la dynastie dite des Grands Moghols, fonda à Fatehpur-Sikri une école pour les princesses habitant le palais — une foule, quelque cinq mille femmes et jeunes filles. Cela laisse des traces. À la fin du XVIIIᵉ siècle, la fille du musulman fanatique Awrengzeb (1658-1707), Zulbunissa Begum, connaissait la littérature, les mathématiques, l'astronomie, la musique. Elle n'était pas la seule.

L'Inde hindouiste ne devait pas avoir grand-chose à envier au monde musulman puisque les plus anciens *Upanishad* nous font déjà connaître Maitreyi, disciple de son mari et maître spirituel. Une autre femme, « quasi théologienne », Gargi, était admise, chose inouïe, « à discuter sur le *brahman* avec les brahmanes » et elle poussa si loin ses interventions que ceux-ci protestèrent : « N'en demande pas trop. Prends garde que ta tête n'éclate[8]. »

La personnalité de Gargi fait songer à celle de Marcella (IVᵉ siècle av. J.-C.), d'illustre naissance et qu'on disait la

---

* C'est l'auteur qui souligne.

plus belle des Romaines, une jeune veuve si savante que les prêtres ne rougissaient pas de la consulter sur des questions d'exégèse, à celle de Paula ou de Fabiola, non moins nobles et qui, avec Marcella, avaient constitué vers 380 le petit cénacle de l'Aventin. Dès le IIe siècle, sous l'impulsion de la gnose et plus encore du montanisme qui prônait l'émancipation des femmes, leur droit d'accéder au sacerdoce et à l'épiscopat, leur célibat, et était animé par plusieurs « prophétesses » avec, à leur tête, Maximilla et Priscilla, l'instruction se répandit considérablement dans les milieux spirituels féminins. L'orthodoxie chrétienne, sans tomber dans les excès de ces doctrines extrêmes, laissa néanmoins le champ libre à l'instruction féminine qui contribua largement à nourrir l'Église. Les dames de la bonne société, non seulement à Rome mais encore en province, comme le prouve l'exemple de la Gauloise de Bayeux Hébidie, apprenaient le grec, l'hébreu, la philosophie, l'exégèse et bientôt toutes les sciences. En Grèce, une Hypathie (v. 370-415) fut mathématicienne et philosophe, poétesse aussi, et si passionnée qu'elle ouvrit à Lesbos une école de poésie pour les jeunes filles, et femme si influente, si libre dans sa façon de penser que les moines chrétiens fanatiques ne le supportèrent pas et la mirent ignominieusement à mort — ce en quoi Mircea Eliade voit un des plus odieux crimes de l'Histoire[9].

C'est probablement dans la France médiévale, renaissante et classique que nous pouvons le mieux percevoir, parce qu'il a été très bien étudié, le rôle des femmes comme protectrices des lettres et des arts, comme agents de l'activité intellectuelle, et ce, malgré une diabolisation du sexe et de violentes crises d'antiféminisme. Tout semble naître avec la grande figure d'Héloïse (1101-1164), l'amante d'Abélard, mais il est bien évident que cette dernière est avant tout un produit de son temps, non une fleur isolée poussant sur un terrain inculte. Ce n'est pas un hasard si, en ce même XIIe siècle et au XIIIe, s'épanouissent les puissants foyers culturels animés par

Aliénor d'Aquitaine (v. 1122-1204) et sa fille Marie de Champagne à l'ombre de laquelle travaillera un temps Chrétien de Troyes. Plus tard, après la crise du XIVe siècle, le flambeau sera rallumé par Marguerite d'Angoulême (ou de Navarre) (1492-1549), sœur de François Ier, elle-même poète mystique et auteur de l'*Heptaméron*, dans une moindre mesure par la très belle Marguerite de Valois, la « reine Margot » (1553-1615). Aux siècles classiques, malgré la dégradation de la condition féminine, les salons littéraires prendront la relève : ceux, au XVIIe siècle, de la marquise de Rambouillet, de Mlle de Scudéry, de Mme Scarron, de Ninon de Lenclos ; au XVIIIe siècle, de la duchesse du Maine, de la marquise de Lambert, de Mme de Tencin, de Mme du Deffand, de Mme Geoffrin, de Mlle de Lespinasse, de Mme Necker, pour ne citer que les principaux ; après la Révolution, en dépit de la rivalité des cénacles romantiques d'un Nodier ou d'un Hugo, ceux de Mme de Staël, de Mme de Girardin, de Mme Récamier...

Partout et toujours, la femme lit plus que l'homme, écoute mieux la musique et en joue, fréquente davantage les artistes, connaît et apprécie les beaux objets et les meubles, sait composer les bouquets, jouit de la nature...

La femme qui inspire

Ces Françaises n'ont rien écrit ou du moins rien de remarquable (*Ibrahim ou l'Illustre Bassa* de Georges de Scudéry), sauf au XIXe siècle où Mme de Staël (1766-1817) qui se révèle un authentique écrivain, mais elles ont fait sans doute pour les lettres plus que si elles avaient elles-mêmes composé. Nous retrouvons l'action occulte, mais essentielle, que nous avons dénoncée comme un des traits principaux du génie féminin.

Il serait bien long de rappeler tous les grands événements de l'Histoire dans lesquels les femmes ont joué un rôle, parfois obscur, secret, presque insoupçonnable, ou au contraire évident, public, éclatant, alors même qu'il apparaît secondaire ou prétexte à celui des hommes. Qui citer ici à la barre des témoins ? Néfertiti qui ne fut pas seulement le ravissant visage, au reste peu égyptien, que nous montre la sculpture du musée de Berlin, mais une collaboratrice de son royal époux, une championne encore plus ardente que lui de la « réforme amarnienne », du « monothéisme atonien » ; Agrippine qui régna à travers Néron ou cette Julie Mœsia († v. 226) qui porta au trône Éliagabal pour exercer librement son pouvoir ; Théodora la Byzantine (527-548), qui a tant fait pour la gloire du siècle qui porte le nom de Justinien ; et maintes de nos reines de France. Mais comment mesurer avec exactitude l'étendue de leurs interventions ou en estimer le poids ?

Des faits concrets parlent mieux. En 509 av. J.-C., Lucrèce, femme de Tarquin Collatin et marâtre du roi de Rome Tarquin le Superbe, éveille l'amour du fils de ce dernier, Sextus, est violentée par lui et le poignarde puis se donne la mort. Alors Junius Brutus prend l'arme, ameute le peuple et fomente la révolution. Lucrèce restera le symbole de la fin de la monarchie romaine et de l'avènement de la république. Un demi-millénaire plus tard, lors de cet événement essentiel que fut l'affaire Catilina (63 av. J.-C.), l'initiative de Fulvia, qui dénonce la conjuration à Cicéron, change le cours de l'Histoire[10]. Ajoutons qu'en 31 de notre ère une autre conjuration, celle de Séjan contre Tibère, est dévoilée par une femme, Antonia, la belle-sœur de l'empereur, qui « eut vent de la machination [...], ce qui suppose un réseau de relations pour le moins étendu[11] ». On pourrait, à Rome ou ailleurs, multiplier les exemples.

Il peut y avoir un tout autre éclairage à donner au rôle des femmes comme inspiratrices, mais on répugne souvent à le faire parce que cela pourrait sembler les rendre entièrement passives, ce qui serait tout à fait inexact : il faut une grande puissance pour transformer les cœurs, éveiller les génies. Qui refuserait d'accorder à Dieu l'élan mystique qui porte les hommes vers lui ? Alors pourquoi refuser aux femmes celui qui les porte vers elles et qui provient certes d'une émotion différente, mais dont la nature est la même, du moins quand l'élan est sublimé ? Un chef-d'œuvre pictural ou sculptural qui représente une femme, un poème qui la chante sont des créations tout autant redevables à celles qui les inspirent qu'à ceux qui les réalisent. Maintes d'entre elles leur doivent d'être immortalisées, ainsi la Cassandre ou la Marie de Ronsard, l'Elvire de Lamartine... Sand n'avait sans doute pas besoin d'enflammer l'amour de Chopin et de Musset pour établir sa réputation, mais il n'est pas indifférent qu'elle ait inspiré les *Nuits* ou le *Souvenir*. Et n'est-ce pas par une sorte de miracle que Goethe, à soixante-quatorze ans, tomba amoureux d'une gamine de dix-sept ans, Ulrique von Levetzow, et écrivit pour elle le plus beau poème de la langue allemande, *L'Élégie de Marienbad* ?

Les couples célèbres

L'homme, sans la femme, peut n'être rien. Il n'est pas fait pour être solitaire. Les harems qu'il s'octroie ne le font pas sortir de son isolement, mais l'amour qu'il éprouve, qu'il inspire, qu'il soit heureux ou plus souvent malheureux. Il en a obscurément conscience. Aussi en parallèle à ces couples qui se sont réellement formés en a-t-il créé d'autres, mythiques, légendaires, littéraires, aussi vivants, et parfois plus, qui demeurent dans toutes les mémoires. Les uns et les autres se confondent et sont également magnifiés au point que l'on ne sait plus bien s'ils relèvent davantage de la fiction ou de la réalité. Antoine et Cléopâtre ont vécu, se sont follement aimés, mais ne doivent-ils pas autant à Shakespeare qu'à Plutarque et à ce qu'ils ont vraiment vécu ? La Juive Bérénice (v. 28-79), la fille d'Hérode Agrippa Ier (à ne pas confondre avec les Bérénice, princesses égyptiennes de la famille des Ptolémées), et l'empereur Tite, son amant, n'ont-ils pas une dette envers la littérature, en particulier envers Racine ? Les amours de Laure et de Pétrarque, nées en 1327 à Avignon et demeurées platoniques, ont été rendues immortelles par l'immortalité du poète. La Dulcinée de Cervantès laisse rêveur puisqu'on voit une « grosse villageoise, courte, trapue et camarde[12] » véritablement transfigurée. Que de femmes de peintres laides ou vulgaires n'éveillent l'admiration que par ce que l'artiste a su exprimer en les représentant ! Cassandre, Elvire ou la jeune Ulrique ne sont-elles pas belles et grandes dans l'imagination des hommes ? Cléopâtre, Bérénice, Laure, Héloïse et leurs amants entrent dans la famille des héros de romans, dans celle de Phèdre et Hippolyte, de Héro et Léandre, de Philémon et Baucis, de Daphnis et Chloé, d'Éros et Psyché, de Tristan et Iseult, d'Othello et Desdémone, de Roméo et Juliette, de Paul et Virginie, de Faust et Marguerite...

J'ai parlé d'amours malheureuses. Mais le sont-elles vraiment quand elles conduisent à la mort, à une mort réelle ou symbolique (telles la castration d'Abélard et la réclusion d'Héloïse) ? L'amour et la mort ont entre eux une étrange connexion, et pas seulement parce que la passion peut être dévastatrice[13], parce que la vie conduit à la mort, que la mort est vie : la terre donne naissance et recueille le cadavre — « Si le grain ne meurt... » C'est parce qu'ils montent ensemble sur le bûcher que Sophronie et Olinde, dans *La Jérusalem délivrée,* finissent par s'aimer quand ils sont miraculeusement sauvés. Olinde voulait mourir avec la bien-aimée qui le dédaignait et « par un généreux retour Sophronie consent qu'il vive avec elle[14] ».

La réussite est totale quand deux êtres sont parvenus à s'unir et à se connaître par la forme supérieure de la connaissance[15], parce qu'ils ont atteint à cet amour que prônait saint François de Sales dans un cadre chrétien : « C'est Dieu [...] qui vous donne les uns aux autres. Pourquoi ne vous chérissez-vous pas d'un amour tout saint, tout sacré, tout divin[16] ? » Mourir ou vivre, rester ensemble ou se séparer n'a alors plus grande importance. Racine l'a bien montré : ce ne sont pas les années de vie commune qui comptent pour Titus et Bérénice, mais le choix qu'ils ont fait de se quitter. Laure meurt en 1348, après avoir donné onze enfants à son mari, Hugues de Sade, mais continue à vivre dans le cœur de Pétrarque. Tristan et Iseult meurent. Philémon et Baucis vieillissent dans leur union parfaite, dans cette sainteté que proposera saint François. « Un même instant voit fermer les paupières [de Gildippe et Odoacre, tout aussi unis que les héros d'Ovide] et leur âme s'envoler ensemble au céleste séjour[17]. »

L'échec, au contraire, réside dans l'inégalité des sentiments, dans la tromperie, dans la rupture de ce qui eût dû être éternel. Le couple de Didon et d'Énée n'est pas exemplaire puisque la reine de Carthage, abandonnée par le héros troyen que Junon devait pourtant avoir uni à elle « par un lien durable, de sorte qu'elle sera à lui pour toujours », se donne la mort « quand elle devine qu'elle est trahie[18] ». Celui d'Ellénore et d'Adolphe, fondé sur les sentiments si troubles du héros de Benjamin Constant, ne l'est pas non plus. Presque toujours l'homme est responsable du désastre final. Que l'un périsse, que l'autre se console et oublie, voilà le vrai drame, celui qui ne satisfait pas l'esprit. On le voit bien dans *Les Mille et Une Nuits* où, sur seize motifs de chagrin d'amour, neuf mènent à la mort des deux protagonistes et trois à celle d'un seul[19].

Si la *Chanson de Roland* n'était pas une épopée, si l'amour en formait le sujet, nul doute que le preux chevalier de Charlemagne et la « belle demoiselle Aude » eussent eu droit aussi, conjointement, à l'immortalité. Est-il récit plus beau, plus simple, plus touchant que celui qui relate la fin de la jeune fille ? Au retour de l'armée, elle demande à l'empereur à la barbe fleurie : « Où est Roland, le capitaine qui avait promis de m'épouser ? » Et quand Charles lui répond qu'il est mort à Roncevaux et lui offre son propre fils pour la consoler, elle se contente de dire : « "À Dieu ne plaise, à ses saints, à ses anges, après Roland que je reste vivante." Elle perd ses couleurs, choit aux pieds de Charles. Elle est morte aussitôt. Que Dieu ait son âme[20] ! » Dans les couples célèbres quand ils sont accomplis, il y a égalité parfaite de sentiments et de destins entre l'homme et la femme. Mais le plus souvent ils ne le sont pas, et la femme dépasse l'homme de beaucoup.

Dans les lettres et les arts

J'ai évoqué le nom de quelques poétesses, celui aussi d'une mathématicienne et philosophe de l'Antiquité, seule femme à s'être vraiment illustrée dans les disciplines scientifiques avant Sofia Kovalevskaïa (1850-1899) ou Marie Curie (1867-1934), et j'ai surtout parlé de la culture féminine. L'écart entre le haut niveau de celle-ci et la faible contribution des femmes aux vraies œuvres d'art est saisissant.

Il n'y a, à ma connaissance, aucune grande architecte, malgré une Jacquette de Montbrun, « très experte et ingénieuse en géométrie et en architecture », disent les chroniqueurs, qui fit les plans du château de Bourdielles dans le Périgord. Je ne parle pas, bien entendu, de celles qui firent construire, comme cette Jeanne de Balsac d'Entraygues qui fit élever le château de Montel en Quercy (1523), comme la reine Mathilde, inspiratrice de l'Abbaye aux Dames de Caen (mais non de la tapisserie qui porte son nom), comme la Grande Mademoiselle à qui le château de Saint-Farquier doit tant (1652), comme Diane de Poitiers, responsable d'Anet (1531 et après), comme les « six femmes auteurs de Chenonceaux » depuis Catherine Briçonnet au XVIe siècle, jusqu'à Mme Pelouze au XIXe, ni de toutes celles qui, en Islam, et surtout dans le monde turc, donnèrent leur nom à des mosquées, à des madrasas, à des mausolées, peut-être parce qu'elles en furent les véritables fondatrices : une Hudavent à Nigde, une Honat à Kayseri, une Mihrimah sultane à Istanbul, pour n'en citer que trois.

Il n'y a aucun grand sculpteur femme et bien peu de peintres : qui peut-on nommer, en Europe, en dehors de Mme Vigée-Lebrun (1755-1842), qui n'est pas un astre de première amplitude, en Asie, si ce n'est Khouan Tao-chang, l'épouse talentueuse du plus grand maître des XIIIe-XIVe siècles ? Il faut attendre la seconde moitié du XIXe siècle pour rencontrer une Suzanne Valadon (1867-1938) et ses consœurs.

Il n'y a pas non plus de compositeur de musique, et c'est plus surprenant encore, car s'il est un art auquel, avec celui de la danse, les femmes ont, de tout temps et partout, été initiées, c'est bien celui-là. La chronique ne cesse de parler de musiciennes attachées aux temples, de musiciennes se produisant à la cour, de belles odalisques se consolant d'être enfermées au sérail en jouant de la harpe, d'écoles musicales fréquentées par les jeunes filles. On trouve même de ces écoles dans la société arabe abbasside : à Bagdad, il y en avait à la fin du IXe siècle plusieurs qui réunissaient jusqu'à quatre-vingts étudiantes. Il y eut aussi de multiples femmes virtuoses — songeons à Clara Schumann (1819-1896), l'épouse de Robert. Mais pas une seule « compositeur ». La royauté masculine, pour rester sans concurrence, a-t-elle empêché la divulgation d'œuvres rivales ? On a peine à le croire.

Le seul domaine dans lequel quelques femmes se sont pleinement révélées est celui de la littérature. Elles ont fourni des épistolières comme Mme de Sévigné en France (1626-1696), en Angleterre Dorothy Osborne (1629-1695) ou Lady Mary Montagu (1689-1762), des poétesses et des romancières. Des temps anciens ou des pays lointains, peu d'entre elles ont vu leur nom venir jusqu'à nous : Sappho par exemple (fin VIIe-début VIe s. av. J.-C.), que Platon nomme « la belle[21] », ou Corinne, déjà citée ; Gül Badan

Begum, la petite-fille de Babur, fondateur de l'empire des Indes, ou l'impératrice Nur Djahan († 1645) qui fut une agréable poétesse ; Murasaki Shikibu ou Sei Shonogon, dames de la cour japonaise dont nous avons déjà parlé. Aux temps modernes, en Europe, ce furent surtout l'Angleterre et la France qui furent fécondes ; l'Allemagne ne peut guère s'enorgueillir que d'A.E. Droste-Hülshoff (1797-1848), l'Espagne que de Thérèse d'Avila (1515-1582), surtout connue comme mystique, mais dont *Le Livre de la vie* est un authentique chef-d'œuvre littéraire. Après une Marie de France (1154-1189) qui écrivit ses *Lais* en Angleterre, Christine de Pisan (v. 1366-v.1430) et Marguerite d'Angoulême (ou de Navarre) (1492-1549), la France donna naissance, entre le XVIIe et le XIXe siècle, à quelque dix ou douze écrivains de talent : Mme d'Aulnoy (1650-1705), Mme de Lafayette (1634-1693), George Sand (1804-1876), les comtesses de Noailles (1876-1933) et de Ségur (1789-1874). Etc. Aux mêmes époques, la Grande-Bretagne a les sœurs Brontë, toutes trois mortes jeunes — Anne (1820-1849), Charlotte (1816-1855), Emily (1818-1848) —, George Eliot (1819-1880), Ann Radcliffe (1764-1823) et surtout Jane Austen (1775-1817), la seule, peut-être, des deux côtés de la Manche, à atteindre à un haut génie.

Sur le trône et dans les coulisses du pouvoir

Toutes les souveraines et, avec elles, les favorites sont connues de l'Histoire dans la mesure que le sont leurs maris ou leurs amants. Une reine peut avoir été sans envergure, si son roi s'est distingué, elle a une bonne chance d'être dans les dictionnaires. On pourrait avancer sans grand risque que, dans la haute position qu'elles occupèrent, elles ont exercé sur ceux qui partageaient leur vie la même influence (grande, petite ou nulle) que toutes les épouses des princes, des seigneurs, des bourgeois ou des vilains, mais avec des conséquences évidemment plus considérables. Détenir le pouvoir en son nom ou à travers un homme peut revenir au même. Qui nierait que Cléopâtre VII (69-30) a dépassé les six femmes du même nom qui l'avaient précédée en Égypte, non parce qu'elle fut plus grande souveraine qu'elles, mais parce qu'elle s'est fait aimer successivement de Jules César et d'Antoine et qu'elle a entraîné ce dernier à la défaite devant Octave Auguste ? Qui refuserait d'accorder à Catherine de Médicis la responsabilité du massacre de la Saint-Barthélemy (1572) bien que ce soit Charles IX qui, sur ses instances, ait signé l'ordre de mise à mort des huguenots ? Comment ne pas croire, dans l'humiliation de Canossa (1077), au rôle de la comtesse de Toscane, Mathilde, cette « femme héroïque qui réhabilita la femme », selon Michelet ? Qui ne verrait dans les débauches et les cruautés de Claude et de Néron la main d'Agrippine dite la Jeune (16-59), épouse du premier sur lequel elle exerça un empire absolu et mère du second qui, ultime crime, finit par se débarrasser d'elle en la faisant assassiner ? Et peut-on penser que la petite « duchesse en sabots », Anne de Bretagne (1477-1514), n'a été qu'un pion dans le jeu politique royal autour de l'an 1500 ?

Discerner, dans l'immense majorité des cas, ce qui revient aux intrigues et aux pressions féminines dans les actes publics des monarques demande une analyse au cas par cas, souvent difficile à faire. On peut considérer comme acquis que l'influence de la femme assise sur le trône ne fut jamais inexistante et souvent essentielle.

Celle des maîtresses est encore moins aisément déterminable. La paisible affection, le plus tendre attachement du couple cèdent la place aux passions, aux désirs exacerbés, aux intrigues, au vice, voire à la concussion : on ose beaucoup plus dans les ténèbres qu'en plein jour. Un pamphlétaire comme Paul-Louis Courier a pu penser que toutes les grandes et anciennes familles de France ne devaient leur fortune et leur noblesse qu'aux femmes, à leurs intrigues et à leurs galanteries : c'est le refrain qu'il entonne en 1821 lors de son procès dont il a rédigé lui-même le compte rendu[22]. Dans la société occidentale, en principe monogame, tant de rois « très chrétiens » eurent leurs favorites qu'il faut bien qu'ils aient été dominés par elles pour oser s'affranchir de la loi de l'Église, pour ne pas écouter la voix de leur conscience. Faut-il rappeler, pour rester en France, une Agnès Sorel (v. 1422-1450), une Jeanne d'Albret (1528-1572), une Gabrielle d'Estrée (1571-1599), une Pompadour (1721-1764), une La Vallière (1644-1710) qui finit dans la dévotion, une Mme de Montespan (1635-1719), une Du Barry (1743-1793) et tant d'autres ?

Je parle ici, bien entendu, des femmes qui se sont contentées de régner et d'agir sous le couvert d'un homme, non de celles qui ont gouverné soit en accédant au trône, soit en exerçant la régence au nom du roi empêché ou mineur. En France, où la loi salique écartait la femme de la couronne, il y eut — mères, épouses ou régentes — quelques grandes figures politiques, les Clotilde (v. 474-545), Blanche de Castille (1188-1258), Isabeau de Bavière, la signataire du « honteux traité de Troyes » (1420), une éphémère Claude de France (1498-1524), boiteuse et laide, mais qui fut très aimée, les Médicis Catherine (1519-1589) et Marie (1573-1642), Anne d'Autriche (1601-1666)... On aurait pu croire que la Révolution eût permis ce que la monarchie avait interdit. Chez les femmes, elle ne révéla guère que Charlotte Corday, une Mme Tallien ou une Mme Roland ; ce fut une révolution bourgeoise, aussi antiféministe que la vieille bourgeoisie, et il n'était dans ses desseins ni de les affranchir ni de les promouvoir.

Ailleurs, en Europe, on vit régner de très grandes dames, telles qu'à Byzance Théodora (527-548), Irène (787-802), l'ardente iconocule qui prépara le retour aux images, sinon les deux Zoé (IXe et XIe siècles) et Anne de Savoie, régente au XIVe ; telles qu'Isabelle la Catholique (1451-1504), Isabelle II (1833-1904), Christine de Suède

(1626-1689), telles que Marie-Thérèse d'Autriche (1710-1780), la grande Catherine de Russie (1729-1796), telles que Marie Ire Tudor (1516-1558), Marie Stuart (1542-1567), Élisabeth Ire (1583-1603), Victoria (1819-1901) qui fut aussi impératrice des Indes... Toutes ces souveraines prouveraient, si besoin en était, que, hier comme aujourd'hui, et dans toutes les cultures (la civilisation du Bénin en offre au moins deux exemples, dont l'un remarquable, au XVIe siècle), les « personnes du sexe » peuvent accéder aux postes de commande, du moins dans certaines conditions. On peut admettre que l'idéologie est responsable pour l'essentiel du fait qu'il y a eu bien moins de princesses que de princes qui montèrent sur le trône, et peut-être de l'absence quasi totale de grands capitaines parmi elles. Inscrite dans l'inconscient depuis la Préhistoire, entre la femme et la guerre il y a une incompatibilité fondamentale. Il est rare de rencontrer des civilisations où les deux sexes portent les armes. Presque partout et presque toujours on signale la femme guerrière comme une anomalie, sauf en temps de crise grave et en cas de nécessité absolue. On ne trouve pas de conquérantes, de fondatrices d'empire à l'instar des Darius, Alexandre, César, Gengis Khan, Tamerlan, ou Napoléon. On ne peut là-dessus se référer à une Zénobie de Palmyre (274) qui se souleva contre Rome et établit au nom de son fils une éphémère hégémonie sur la Syrie (266-272). Alors prennent un relief saisissant et passent pour miraculeuses ces personnes, souvent de jeunes vierges, qui, à des heures tragiques, se sont levées du milieu du peuple pour appeler au combat, conduire les armées, forcer la victoire. Certes, Jeanne d'Arc (1412-1431) est incomparable, mais elle n'est pas la seule : il surgit partout et sans cesse de telles héroïnes et j'en ai vu une moi-même à la tête d'une tribu du Taurus anatolien. Il y eut la Boudicca celte au temps des Romains, la Kahina berbère († v. 702) qui résista avec une énergie farouche aux conquérants arabes et à l'islam, il y eut Artémise la Perse, dynaste d'Halicarnasse, qui participa à la bataille de Salamine (480 av. J.-C.) dans la flotte de Xerxès. Il y eut en Inde cette Durgavati qui, juchée sur un éléphant à la tête de 12 000 hommes, lutta contre les meilleurs généraux d'Akbar et, vaincue, donna l'ordre à l'un des siens de lui plonger un poignard dans le cœur[23].

C'est leur stature, leur réussite, leur sort finalement tragique ou la singularité de l'heure à laquelle elles se lèvent qui font leur gloire, car, en dernière analyse, malgré toutes les condamnations de l'opinion publique, malgré l'horreur qu'elles inspirent, elles sont nombreuses celles qui conduisent les hommes en armes ou guerroient, non sans talent ; c'est une Jeanne Hachette qui s'illustre au siège de Beauvais en 1472, une Jeanne de Penthièvre (1318-1384) qui commande à la bataille d'Auray, et son ennemie, Jeanne de Flandres († 1374), une Jeanne de Belleville, la mère d'Olivier de Clisson, qui avec quatre cents hommes défait les garnisons de six châteaux forts, puis écume les mers avec le bateau qu'elle a armé.

Femmes antiques

Nous connaissons suffisamment les femmes européennes qui, à un titre ou à un autre, ont pris place dans l'Histoire pour qu'il ne soit pas nécessaire d'en établir un catalogue, et les quelques noms cités plus haut doivent suffire à en remettre en mémoire maints autres. Nous ignorons davantage celles de l'Antiquité et de l'Orient et, sans avoir la prétention de les évoquer toutes, de nous pencher sur toutes les civilisations, il ne nous paraît pas inutile de citer les principales d'entre elles. On verra qu'elles sont relativement nombreuses en certains pays et à certaines époques, et rares au contraire en d'autres.

Si l'on écarte la légendaire Nitôcris (XXIVe siècle avant notre ère) dont parle Hérodote[24], l'Égypte pharaonique, où le statut de la femme semble avoir été particulièrement favorable, n'a vu s'installer sur le trône, au cours de sa très longue histoire, que la reine Hatshepsout (1515-1484) à qui l'on doit l'imposant temple thébain de Deir al-Bahari. Encore dut-elle étouffer sa féminité, se transformer en quelque sorte en homme : elle prit des vêtements masculins, s'affubla d'une barbe postiche et fit aménager son tombeau non pas dans la vallée des Reines, mais dans celle des Rois. Mais de « grandes épouses royales » — tel était le titre que portaient les femmes de Pharaon — eurent une belle renommée. Les deux plus connues sont de toute évidence Néfertiti, la femme d'Akhénaton (1372-1354), dont nous avons déjà parlé, et Néfertari, celle de Ramsès II (1295-1235), simple figurante en apparence, mais que la gloire de son mari et la majesté de sa sépulture, l'une des plus belles de la vallée des Reines, hissèrent au-dessus de ce qu'elles méritèrent peut-être.

Quand nous songeons aux femmes célèbres de l'Antiquité, à côté des noms de Cléopâtre et de Zénobie, ce sont ceux de personnages de la Bible qui nous viennent d'abord à l'esprit. Les trois plus anciens sont peut-être aussi les trois plus beaux, qui évoquent avec tant de force et de poésie le temps des patriarches et celui du nomadisme, qui semblent encore si mal insérés dans l'Histoire : Sara, l'épouse d'Abraham, Rébecca, femme d'Isaac, Rachel, femme de Jacob. À des époques moins éloignées de nous et où les traits du visage commencent à mieux se discerner, il n'est guère que Ruth la Moabite — de qui surgira l'arbre de Jessé — qui resplendisse sans porter ombre. Les autres, trop humaines peut-être, charrient toutes avec elles quelque relent de crime, de trahison, de vilenies. C'est Rahab, la courtisane, qui aide les Hébreux à détruire Jéricho, Dalila qui coupe les cheveux de Samson pour lui enlever sa force, Bethsabée qui rend David criminel et donne naissance à Salomon. C'est Esther, la nièce de Mardochée, conjointe prétendue du roi de Perse Assuérus (Xerxès), qui parvient à sauver les Hébreux d'un pogrom et en profite pour déclencher un contre-pogrom qui détruit ses ennemis ; Judith, « la Juive », qui a tant inspiré nos peintres, séductrice et meurtrière d'un général assyrien en qui l'on verra plus tard, à tort, le Perse Holopherne ; pour ne pas parler de cette reine de Saba, la Belkis du Coran, qui vint un jour de son Sud lointain pour rendre visite à Salomon (v. 972 ?-932) et dont les négus éthiopiens se prétendaient les descendants, toutes historiques, certes, mais plus encore chargées de légendes et de symboles, comme l'est Sémiramis, créatrice des jardins suspendus de Babylone et qui a peut-être réellement vécu. Les reines d'Israël et de Juda Jézabel (IXᵉ siècle av. J.-C.), énergique et remarquable, qui vit pour son malheur se dresser contre elle Élie et Élisée, Athalie, sa fille (842-834), « éclairée, intrépide, élevée au-dessus de son sexe timide » (Racine), n'ont pas, elles, laissé de bons souvenirs. Mais elles n'ont guère compté ; on les connaît surtout par les belles-lettres : qui se soucie d'une princesse telle que l'Asmonéenne Alexandra (76-67), sage et ferme, qui régna et gouverna après la mort de son époux Alexandre-Joannès ? Elle n'a pas eu de Racine pour se faire connaître de la postérité...

Il y eut, au Proche-Orient, en Carie, une famille qui, en quelques décennies, s'illustra par les femmes. Hécatamanos († v. 377 av. J.-C.) avait deux filles et, parmi d'autres, un fils, Mausole, qui mourut sans postérité (357). Sa sœur et héritière Artémise, par piété, fit construire pour lui un tombeau à Halicarnasse, le Mausolée, l'une des sept merveilles du monde[25]. Quelques années plus tard, la seconde fille, Ada, accéda à son tour au trône (344). Chassée peu après par un de ses frères, elle alla s'installer à Alinda, ville dont elle prit le nom, et elle se rallia à Alexandre le Grand qui la rétablit dans sa pleine souveraineté[26].

Alexandre ! Les femmes dans la vie de cet homme réputé homosexuel ont tenu une grande place... Ce sont bel et bien ses amours avec Roxane, princesse somme toute modeste de l'Asie centrale iranienne qu'il épousa en 333 av. J.-C., non par souci politique (qu'était-elle, socialement, pour lui tout-puissant ?), mais forcément à la suite d'un coup de foudre, qui ont frappé les imaginations. Les conséquences en furent grandes si l'on estime que cette union fut à l'origine des « noces de Suse », c'est-à-dire du mariage de la Grèce avec l'Iran. Apama, l'épouse de Séleucos Ier Nikator (305-280), dont plusieurs villes portent le nom, suffit à évoquer toutes ces jeunes femmes d'Asie qui devinrent des Hellènes — quand elles ne furent pas répudiées...

Nous sommes à la fin de l'ère classique et au début de la période hellénistique. Peut-être une nouvelle ère s'ouvre-t-elle pour la femme grecque qui jusque-là n'avait guère contribué à illustrer Thèbes, Sparte ou Athènes. À côté de ceux de la fiction, les personnages historiques y paraissent pâles : une Sappho, une Corinne, une Aspasie ou encore l'hétaïre Thaïs, danseuse athénienne du IVe siècle que Ménandre aima, qui séduisit Alexandre et l'aurait poussé, lors d'une orgie, à incendier Persépolis (?) et finit par épouser Ptolémée, allant avec lui en Égypte pour lui donner deux enfants. La Grèce, misogyne, a créé quelques-unes des plus grandes figures féminines et d'autres qui sont touchantes ou exemplaires. On a placé au premier rang d'entre elles Hélène, la « belle Hélène[27] », divinité préhellénique déchue[28] (déifiée à Sparte et à Rhodes), et on a eu raison, car elle se dresse bien comme un phare au seuil de l'Histoire avec la guerre de Troie, et sa personnalité est complexe, sa légende controversée. J'inclinerais cependant à penser qu'Antigone et Alceste la dépassent : la vie et le caractère de la première sont parmi les plus accomplis de tout ce qu'a jamais créé la pensée humaine, et plus encore la seconde qui découvrit que l'on pouvait donner sa vie par pur amour, sans rien attendre pour soi-même de son sacrifice. Cette figure a traversé les siècles et les frontières. On la retrouve dans le cinquième récit de l'épopée turque, fixée aux XIVe-XVe siècles en Iran occidental, le *Livre de Dede Korkut* où le héros, après avoir sollicité en vain son « vieux père » et sa

« vieille mère », ne trouve que son épouse qui accepte de se livrer à Azraïl, l'ange de la mort, pour qu'il ne le prenne pas : « Qu'est-ce donc qu'une vie pour qu'on ne puisse sacrifier la sienne ? [...] Que ma vie soit donnée en sacrifice pour ta vie... » Et puis il y a Niobé, mère folle d'orgueil à cause de sa progéniture ; Pénélope, l'image même de la prudence, de la patience et de la fidélité à un mari volage ; Andromaque, qui exprime de si admirables sentiments d'amour maternel dans L'Iliade et plus encore chez les grands tragiques[29] ; Ariane, la fille de Minos et de Pasiphaé, sœur de Phèdre, et Phèdre elle-même ; Clytemnestre, Médée qui, comme Ariane, trahit son père pour sauver l'étranger ; Omphale, la reine de Lydie que servit Héraclès ; Iphigénie, une antique déesse aussi, comme Hélène ; et Électre qui a tant inspiré les poètes, caractère noble chez Sophocle malgré son impitoyable ardeur meurtrière, digne encore et pudique chez Eschyle, monstrueuse chez Euripide... La liste est presque infinie.

La situation n'est pas la même à Rome. Les femmes y interviennent bien plus souvent. Les Latins eux-mêmes revendiquent comme ancêtre l'une d'elles, Lavinia, fille du roi étrusque Latinus, donnée par celui-ci au jeune héros Énée qu'il admirait — et l'Urbs en fait autant. Une vestale, Rhéa Sylva, visitée par Mars, accoucha de jumeaux, Rémus et Romulus. Nous avons vu déjà l'intervention, sous les rois, de Lucrèce, sous la république, de Fulvia, et sous l'empire, d'Antonia. La grande émancipation féminine qui commence sous César et progresse aux premiers siècles de notre ère propulse sur le devant de la scène politique quelques personnages abjects et odieux. L'émergence de la femme n'empêche pas Rome de croître et prospérer, mais ternit son image et souille le principat. Ambitieuses, avides du pouvoir dont elles sont légalement écartées, les grandes dames cherchent à s'en emparer par tous les moyens, et d'abord par le plus facile : en se servant des hommes. Livie (58 av. J.-C.-28), l'épouse d'Auguste, a de belles qualités, la patience, l'indulgence pour l'empereur, une incontestable dignité — et une longévité qui ne nuit pas à sa réputation —, mais déjà on fait plus que la soupçonner d'être une criminelle. Après ? Après ce sont les deux Agrippine : l'Ancienne (14 av. J.-C.-33), au caractère indomptable qui devient à la mort du souverain le cœur de l'agitation contre le pouvoir, la Jeune (16-59), âme damnée de Claude et de Néron. Ce sont encore les deux épouses de ce dernier, Octavie († 62) et Popée († 65), et Messaline, la femme de Claude, impératrice de 41 à 48, qui a réussi à faire de son nom un symbole de perversité.

Femmes orientales

L'Inde, comme la Grèce, a préféré imaginer de belles figures féminines plutôt que de donner naissance à de grandes dames dans le domaine social et politique ; on ne peut guère, en effet, compter comme telle une Raziya, au reste princesse musulmane plus qu'indienne, qui accéda au trône de Delhi en 1236 pour être presque aussitôt assassinée pour l'en écarter. Il en est de même des *maharani*, dont pourtant certaines ne furent pas sans mérite. De ces figures littéraires qui rivalisèrent avec les déesses — exactement comme à Athènes — se détache Sita, l'héroïne du *Ramayana,* que l'on considère comme la plus pure incarnation de l'idéal féminin[*]. Il faudrait attendre l'empire des Grands Moghols et l'influence que l'Asie centrale exercerait sur l'Inde pour voir s'installer ce qu'on pourrait nommer « le règne de la femme ».

Quant à la Chine, elle n'a guère été féministe dans sa longue histoire et il n'y a qu'une femme, la terrible impératrice Wou (683-705), qui se détache avec un fort relief. Elle fut une fervente bouddhiste et fit beaucoup pour la

---

[*] Nous reprenons tout cela *infra* dans une optique plus générale.

propagation dans l'Empire du Milieu de la religion qu'elle avait adoptée. Au début du XXᵉ siècle, une autre souveraine, l'intransigeante Cixi (Ts' eu-hi) (1835-1908), a pris place dans toutes les anthologies des femmes célèbres[30]. Peu de gens la connaissent aujourd'hui, et pourtant sa vie fut singulière et elle pesa sur le destin de son pays. Très belle, elle fit la conquête de l'empereur et par conséquent de l'Empire, puis elle fit séquestrer son époux, prenant la tête du parti opposé aux réformes dont elle vit trop tard l'absolue nécessité. Elle mourut après avoir fait couronner un enfant de deux ans, Puyi (P'ou-yi) (1908-1912), le dernier souverain de la dynastie mandchoue (Qing ou Ch'ing) et de la Chine.

L'islam n'a guère été plus favorable que la Chine à l'émancipation de la femme et à son accès au pouvoir. Les musulmans eurent pourtant la vénération des épouses du Prophète (ils les nommaient « les mères des croyants »), et surtout les chiites honorent sa fille Fatima, mariée à Ali et considérée comme une des deux femmes parfaites (la première étant la Vierge Marie). Mais il ne faut pas se laisser abuser par les clichés et par le comportement des « islamistes » contemporains, bien que quatre femmes aient exercé le pouvoir en pays musulman ces dernières années (Turquie, Pakistan, Bangladesh et Indonésie). Au temps des califats omeyyade et abbasside, certaines princesses parvinrent à s'affirmer. À Bagdad, l'épouse principale de Haroun al-Rachid, Zubaida, en est le plus bel exemple, elle a été universellement célébrée pour « sa noblesse et sa magnificence aussi bien dans les choix graves que dans les plaisirs », dit le grand écrivain Mas'udi[31] ; il fallait en effet être « quelqu'un » pour s'imposer comme elle le fit dans un sérail comptant plusieurs milliers de personnes. Avant elle sa belle-mère, Khaizuran, avait joué un rôle plus grand encore, et au même moment, dans cet autre pôle du monde musulman qu'était Cordoue, il ne manqua pas de femmes pour l'égaler.

À l'époque où la domination en islam passa des Arabes aux Turcs, il y eut pléthore de Zubaida dans les harems en raison de la haute position tenue par le « deuxième sexe » chez les peuples nomades de la steppe depuis les Scythes, les Sarmates et les Saces jusqu'aux Turcs et aux Mongols, position que la conversion à l'islam n'est jamais parvenue à oblitérer complètement. On en rencontre plusieurs aussi chez les Timourides, les Grands Moghols des Indes et les Ottomans. La littérature persane s'empara d'ailleurs de la figure de la femme devenue toute-puissante. L'histoire d'amour du roi sassanide Khosrau et de la belle Chirin que racontent le *Chah-name* et le *Khamsa* de Nizami ne manqua pas d'être exploitée par le vizir misogyne des Grands Seldjoukides Nizam al-Mulk, histoire de montrer les dangers dans lesquels tombent les hommes qui laissent les femmes accéder au pouvoir. « Khosrau aima Chirin avec tant de passion qu'il lui abandonna les rênes du gouvernement et qu'il souscrivit à toutes ses volontés ; celle-ci ne connut plus de frein et, malgré toute la puissance et l'amour de Khosrau, elle s'éprit de Ferhad[32]. »

L'empire de Gengis Khan, sans doute parce qu'il a imprimé dans l'histoire de très profondes traces, permet de percevoir mieux que les autres régimes politiques nomades la personnalité et la place de la femme. Une vierge fécondée par un rayon de lumière, Alan Qo'a, était l'aïeule directe du grand conquérant. Lui-même avait contracté une dette envers sa mère et son épouse, qui tour à tour étaient intervenues avec détermination à des instants cruciaux de sa vie[33] ; il les révérait et prêtait l'oreille à leurs discours. Ses successeurs ne pouvaient faire moins : presque toutes les princesses impériales eurent leur mot à dire et furent écoutées — jusqu'à un certain point et non sur l'essentiel, car aucune ne parvint à influer sur les choix décisifs des souverains. Celles, fort nombreuses, qui étaient chrétiennes ne purent jamais obtenir que leur époux adoptât leur foi, et bien peu que leurs enfants le fissent. Deux d'entre elles furent régentes, maîtresses d'un univers qui s'étendait du Pacifique à la mer Noire et à la Méditerranée : Töregene (1241-1246) et

Oghul Qaïmich (1248-1251). Une autre fut une véritable souveraine dans son apanage, la « sage et avisée » Orghana Katun qui régna seule de 1252 à 1261[34].

Les saintes

Rien, en principe, ne pouvait empêcher les femmes d'égaler voire de surpasser les hommes dans la voie de la sainteté, ni la jalousie et la rivalité masculines, ni les convenances et les conditions sociales, ni leurs caractères physiques et physiologiques, ni même le fardeau de la maternité. Au contraire, le repli dans lequel elles étaient souvent forcées de vivre, le nécessaire dévouement aux enfants qui, qu'elles le voulussent ou non, leur façonnait un cœur compatissant et les disposait à l'abnégation s'ajoutaient à l'intuition qu'on s'accorde à leur reconnaître pour faire d'elles des saintes par excellence.

Et certes toutes les religions ont eu leurs saintes, telle en islam cette Radiya de Basra, morte à une date incertaine (d'aucuns disent 753, d'autres 801[35]), l'une des toutes premières mystiques musulmanes, qui refusa le mariage et déclara à un autre grand mystique, Hasan al-Basri : « J'appartiens à Dieu[36]. » Elles semblent former un long chapelet qui s'égrène à travers les siècles, comme en apporte la preuve — pour ne prendre qu'un exemple, d'une richesse exceptionnelle — l'Église catholique depuis l'aube même du christianisme : depuis Anne, la mère de la Vierge Marie ; Élisabeth, celle de saint Jean-Baptiste ; Marie-Madeleine que la tradition française a fait venir à la Sainte-Baume en Provence et en l'honneur de qui fut construite la basilique de Vézelay ; jusqu'à Thérèse de l'Enfant-Jésus (1873-1897) ; Bernadette Soubirous, la petite bergère de Lourdes (1844-1879) ; en passant par Catherine d'Alexandrie (début du Ve siècle) ; Catherine de Sienne (1317-1380) ; Thérèse d'Avila (1515-1582) ; Jeanne de Chantal (1572-1641) ; Rose de Lima (1586-

1617) et tant d'autres. Aucune n'a quoi que ce soit à envier aux plus grands saints.

Pourtant, celles qui sont officiellement reconnues comme saintes, loin d'être majoritaires, ne forment qu'une faible proportion des noms relevés dans le calendrier du rituel romain, mais aussi dans les ouvrages d'hagiographie. Il y a une exception : les IIe et IIIe siècles en ont vu une étonnante floraison. Georges Naïdenoff, relevant dans le Petit Larousse les noms cités pour ces deux cents années, trouve cinq hommes et vingt et une femmes, dont dix-neuf saintes. Ce n'est pas un effet du hasard et nous aurons à l'expliquer[37].

Ce faible nombre s'explique-t-il par le fait que la sainteté a été définie par des hommes et que ceux-ci ont préféré la découvrir dans leurs rangs plutôt que dans ceux des femmes ? On ne saurait le prétendre sérieusement, puisqu'ils ont exalté plus que toute autre créature la mère du Sauveur et qu'ils ont voué un culte souvent passionné à de moins grandes qu'elle. La sainteté, comme toute chose, a besoin d'être révélée et il est plus difficile de le faire dans la méditation que dans l'action, dans l'intimité du cloître ou de la maison que dans la vie publique. Papes, cardinaux, évêques, simples prêtres aussi, tous sortis, on le sait, des seuls rangs masculins, ont formé des pépinières de saints, des saints dont l'existence a été publique et dont on aimait, pour peu qu'ils le méritassent, à exalter l'action.

Malgré la relative incertitude de tout catalogue hagiographique, on constate que certains saints sont universellement vénérés et bien inscrits dans l'Histoire, que d'autres éveillent un culte parfois étroitement local et ont une biographie semi-légendaire qui, dans des cas extrêmes, permet de douter de leur réalité historique. La lecture des documents qui font autorité, nonobstant, est révélatrice. Au propre du manuel romain antérieur au concile Vatican II, sur les deux cent cinquante saints dont la fête est célébrée par l'Église figurent environ cinquante femmes, soit 20 %[38]. La proportion est la même dans l'ouvrage, jadis très répandu, des chanoines Dret et Lerouge[39], vaste recueil qui recense, outre « ceux qui sont vénérés dans l'office général de l'Église universelle », ceux qui le sont en divers diocèses de l'Italie, de la France, de la Belgique, de l'Espagne, etc.[40] : sur quatre cent soixante-trois biographies extraites essentiellement du martyrologe romain, trois cent soixante-cinq concernent des hommes, quatre-vingt-dix-huit des femmes, soit un peu plus de 20 % pour ces dernières. Dans un autre recueil du XIXe siècle[41], où, en marge de quatre cent trente-sept biographies plus ou moins longues, sont données des notices sur des personnages moins connus (soit au total quelque quatorze cents personnes), il n'y en a approximativement que 16 % de sexe féminin. N'accusons pas la misogynie des temps modernes : la proportion des saintes vénérées au Moyen Âge n'est pas plus élevée. On le voit à l'examen des sculptures des cathédrales, sur les registres consacrés aux saints de la province où elles sont édifiées. Par exemple, à Amiens, une seule femme, sainte Ulpha, est représentée sur le portail de Saint-Firmin au milieu de neuf hommes. Ne disons pas qu'il n'y a pas égalité dans la sainteté, mais qu'il y a inégalité dans la place qu'occupent les saints et les saintes dans l'Église catholique, laquelle inégalité est beaucoup plus marquée dans les autres grandes religions.

Les déesses

À l'exception de celles fondées sur le monothéisme et qu'on nomme en général révélées (le judaïsme, le christianisme et l'islam), toutes les religions ont connu des déesses et même les plus misogynes leur ont donné une place égale, voire supérieure à celle des dieux. Il y a là un fait extrêmement remarquable et sur lequel, me semble-t-il, on n'a jamais assez insisté.

On peut, à ce sujet, se poser bien des questions : qui, des hommes ou des femmes, les a inventées ? Sont-elles

antérieures ou postérieures aux dieux, ou leurs contemporaines ? Existaient-elles déjà pendant la Préhistoire, sinon
avec le visage qu'elles ont pris par la suite, du moins sous
une forme archaïque, embryonnaire ? Le rôle que les
déesses ont joué et jouent encore dans les sociétés où
précisément elles ont une position effacée témoigne-t-il
d'une époque où elles tenaient un rang plus élevé et
dénonce-t-il une dégradation de leur condition ? Faut-il
envisager que la vie religieuse exclue la féminité dans
toutes ses manifestations là où elles apparaissent sous un
jour défavorable ?

On n'a pas manqué de donner des réponses à ces questions — et à d'autres sans doute, moins importantes — alors
que certaines n'en supportaient aucune ; dans les meilleurs
des cas, elles demeurent conjecturales. Le plus sage,
croyons-nous, est de ne pas se laisser entraîner à émettre des
hypothèses (lesquelles nous mèneraient loin de notre
propos) alors que rien ne permet de les étayer solidement, et
de s'en tenir aux constatations là où l'on peut en faire. Nous
ne chercherons pas à conclure quoi que ce soit des triades
indo-européennes construites sur le schéma de Jupiter,
Mars et Quirinus, si largement étudiées par Dumézil ; de la
large audience de la Grande Déesse Mère ; de l'émergence
tardive du masculin dans la Grèce achéenne où, comme en
Crète, les déesses gardent longtemps la prééminence[42] ; de
leur modeste place dans l'Inde védique, à laquelle on a sans
doute accordé trop d'importance[43] (car Shri, selon les
Upanishad, est bien « la maîtresse de tous les êtres »[44]) ; du
foisonnement des divinités féminines de l'antique religion
chinoise, en effet surprenantes dans un univers de structure
si sévèrement patriarcale[45] ; de la royauté incontestée
d'Amaterasu, la déesse Soleil au Japon, bien que son caractère reste vague et symbolique, alors que son frère Susanovo
est décrit avec précision[46], et nous nous garderons de dire,
comme on l'a fait, qu'elle atteste une antique domination
féminine renversée par l'établissement de la féodalité et la
diffusion du confucianisme[47].

Quand on se penche sur les dieux *indigetes* des Romains (« nationaux », indigènes, par opposition aux dieux importés, *novensides*), on constate que les mâles ne l'emportent ni en nombre ni en signification sur les femelles et que déjà s'affirment les grandes figures qui triompheront de l'usure du temps — Junon, Cérès, Minerve, Vesta — à côté d'autres plus fugitives, comme Flora la déesse fleur, ou Panona, celle des fruits et des arbres. Plus tard, dans l'Olympe grec devenu romain siégeront dans un bel équilibre six dieux et six déesses qui ne forment évidemment pas des couples puisque trois de celles-ci, Athéna/Minerve, Artémis/Diane, Hestia/Vesta, sont des vierges et qu'Aphrodite/Vénus est trop libre dans ses amours pour être assujettie par les liens du mariage.

Les déesses vierges, les déesses qui n'agissent pas en relation avec leur époux ou ne sont pas leur parèdre sont plus rares que les autres, je le concède, mais celles qui sont mariées ou mères (comme Déméter, liée à sa fille Perséphone, dite la Pucelle Kora, bien qu'épouse d'Hadès) conservent ou retrouvent parfois leur totale indépendance (comme Héra, épouse de Zeus, dont elle se montre farouchement jalouse) et deviennent parfois plus significatives que le dieu mâle. À Ougarit, Anat, qui vainc la mort et qui rend la vie à son frère et sans doute mari, Baal, se révèle, par cela même, supérieure à lui. Et l'est encore plus sûrement, en Égypte, Isis qui assure la résurrection d'Osiris[48]. Dans le panthéon sumérien, la plus forte personnalité est sans conteste une déesse, Inanna, l'homologue de l'Ishtar akkadienne et l'aïeule d'Astarté ; c'est grâce à elle que Dumu Zid (le Tammuz akkadien, qui deviendra Adonis en Syrie) échappe aux Enfers et trouve sa place dans la cité[49]. Cybèle la Phrygienne, incarnée dans une pierre, « l'un des plus anciens symboles de la terre mère[50] », est peut-être la parèdre d'Attis, dieu déchu[51] qui lui a sacrifié sa virilité, mais c'est bien elle, dans sa glorieuse féminité et quel que soit par ailleurs le succès de l'attisme, qui sera transportée à Rome, en 205, au cours d'une cérémonie grandiose et

qui aura son temple (achevé en 191) sur le mont Palatin.
Que nous importe le statut matrimonial, en Chine, de la
« reine mère d'Occident » qui règne sur le mont K'ouen-
louen chan (Si wang mou) où viendront se regrouper tous
les dieux à la fin des temps, figure complexe et en constante évolution, à l'origine hybride d'humain et d'animal,
pour terminer en femme ravissante et hôtesse raffinée,
véritable souveraine du paradis, éclipsant presque, en ce
lieu où il vivait, le Souverain Ciel[52] ? Ou encore celui de la
Princesse des nuages colorés, fille du mont T'ai (T'ai-
chan), « principe initial de tous les êtres vivants », si vénérée qu'elle finira par recevoir un culte encore plus fervent
que son père[53] ? Que nous importent les liens familiaux de
la Celte Brigitte (dite Brigantia ou Brite, « Brillante », ou
encore Belisame, « Très Brillante ») puisqu'elle « apparaît
comme unique » dans son principe par opposition aux
divinités masculines du panthéon[54] ?

Non que le couple divin soit indifférent, loin de là !
D'une manière générale, la déesse est la face, l'expression
ou l'énergie féminines de la divinité[55], même quand c'est
la forme masculine qui importe le plus. Les Indiens
l'illustrent fort bien avec la *shakti*, pouvoir en action du
dieu représenté par d'innombrables déesses —, souvent au
niveau populaire la même sous différents noms, ou, si l'on
veut, aspects divers de la grande déesse[56] — une Lakshmi,
parèdre de Vishnu, une Durga, parèdre de Shiva, qui en a
d'autres, dont Parvati, la fille de la montagne, « la plus
parfaite des épouses du plus exécrable des maris[57] », une
Kali, la mère sanglante.

C'est cette étroite unité que l'on trouve exprimée autrement dans d'autres civilisations. Les deux créateurs du
Japon (et assez largement de l'univers) sont Izanaki et
Izanani, frère et sœur incestueux, donc un par leur naissance du même sein et un par leur mariage[58] ; en Chine,
ceux qui refont le monde après le déluge sont Fu-hi et
Niu-houa, eux aussi époux incestueux que l'on représente
étroitement enlacés par leur queue serpentiforme[59]. Nous

aurons l'occasion de revenir sur le couple primordial formé par le ciel et la terre, mâle et femelle, que l'on trouve dans tant de mythes : à Sumer avec An et Ki, en Grèce avec Ouranos et Gaia, chez les Turcs du VIIIe siècle et ailleurs.

À côté de ces grandes déesses dont nous n'avons certes pas l'illusion d'avoir établi l'ébauche d'un catalogue, les mythologies ont imaginé un nombre considérable de divinités inférieures, mâles et femelles, plus femelles que mâles, ou d'êtres mortels, mais pourtant surhumains qui peuplent la nature et qui sont sans doute, en Occident, à l'origine des fées de notre folklore, une Mélusine ou une Morgane, pour n'en nommer que deux connues de tout un chacun. Le monde gréco-romain en regorge. Ce sont les Muses, neuf sœurs de qui relève toute activité désintéressée de l'esprit[60], les Grâces, que les Grecs nomment Charites, les Furies ou les Érinyes hellènes, les Océanides, filles de Thétis « qui vont et viennent en tout sens, radieuses entre toutes[61] », les Nymphes des monts (Oréades), des bois (Dryades), des mers (Néréides), des eaux douces (Naïades) « qui suscitent un intérêt de plus en plus vif au fur et à mesure que diminue la foi religieuse[62] ». Maintes d'entre elles pourraient se retrouver dans d'autres civilisations avec une personnalité plus ou moins proche de la leur. Celles que nous connaissons sans doute le mieux relèvent du monde germanique, les elfes aériens épris de danses nocturnes dans les prés, les malfaisantes ondines (Nixi) qui hantent les *Nibelungen*, les Walkyries, messagères ambiguës de Dieu, que Wagner a rendues universellement célèbres.

CHAPITRE II

Les hypothèses de la Préhistoire

Ce que furent l'homme et la femme pendant des centaines de milliers d'années, nous l'ignorons complètement et nous n'avons pas le moyen de le savoir. Ce qu'ils furent au Paléolithique supérieur (environ 40 000 à 10 000/8 000 ans avant notre ère[*]) et même à ce qu'on nomme le Néolithique (en fait après la fin de la dernière glaciation qui vit naître agriculture et élevage), nous ne le savons guère mieux. Tout au plus peut-on l'imaginer et se livrer à des conjectures. Celles-ci n'ont pas manqué : toutes les hypothèses ont été faites sur la position de la femme et sur ses rapports avec l'homme. On est généralement tombé d'accord pour dire que la révolution néolithique — pour reprendre l'expression de Gordon-Childe aujourd'hui consacrée — ou, plus exactement, le début de l'agriculture quelle qu'en soit la date a dû influer considérablement sur l'une et sur les autres. Quant à s'entendre sur ce qu'ils étaient avant et après, on n'y est pas parvenu. D'une manière générale, il semblerait qu'on ait tendance à penser, souvent avec une prudence extrême, que l'ère préhistorique a connu, sous une forme ou sous une autre, une certaine domination de la femme ou au moins une

---

[*] Ces datations sont approximatives et varient selon les aires culturelles.

égalité entre les sexes, fondée notamment sur leur autonomie. Il y a là une idée préconçue répondant peut-être à un
désir de donner à l'indépendance féminine des lettres de
noblesse, comme si l'on pouvait trouver des références
honorables chez des peuples qui, malgré Lascaux (20000-
15000 avant notre ère), n'étaient pas dégrossis, chez des
gens que les ethnologues placeraient à un stade d'évolution antérieur à celui qu'ils voient chez ceux qu'ils
nommaient naguère encore des « primitifs ».

Les documents

La connaissance de la vie préhistorique ne peut reposer
que sur quatre sortes de documents : 1° les œuvres plastiques représentant des humains ; 2° les ossements exhu-
més des tombes ; 3° les mythes antiques qui exprimeraient
le souvenir d'un état antérieur et fort ancien de la société ;
4° les survivances qui se rencontrent chez les peuples
« primitifs » et qui relèvent de l'étude ethnographique.
Disons d'emblée que l'on peut tout trouver dans les traditions de ces derniers et qu'y faire un appel systématique
demanderait des volumes. Nous les évoquerons cependant, ici et là, en prenant de préférence nos exemples chez
les Noirs africains.
Le matériel archéologique figuratif comprend des effigies d'animaux sculptés ou peints et des statuettes ou des
reliefs, en grande majorité féminins, de la fin du Paléolithique, trouvés sur une aire immense allant de l'Europe
occidentale à l'Asie centrale et orientale. Bien que
plusieurs de celles qu'on appelle des « Vénus » préhistoriques aient leur personnalité propre, elles se ressemblent
en général par leur totale nudité, des seins gonflés, lourds
et souvent tombants, des hanches volumineuses, des
fesses énormes et un sexe fortement souligné : les Vénus
de Willendorf, en Autriche, de Lespugne, en Haute-
Garonne, de Dolni Vestonica en Moravie, de Laussel en

Dordogne, de Sevignano à Modène forment les plus célèbres et offrent de remarquables exemples. Il est clair qu'elles mettent en évidence les caractères sexuels et géniteurs. Certaines figures représentent d'ailleurs des femmes enceintes ou accroupies pour la parturition ; quelques-unes portent un enfant dans les bras ou sur la tête. Qu'elles soient liées à des soucis de fécondité est tout aussi certain[1] et « il est possible [...] qu'elles correspondent à quelque culte de celle-ci[2] ». On remarquera avec intérêt que dans les civilisations des clairières africaines, les statues, sans individualité, ont ces mêmes caractères sexuels accusés, et les ethnologues insistent sur le fait que le sexe est associé non au plaisir, mais à la reproduction de l'espèce[3]. On peut en dire autant d'autres ensembles de figures du Néolithique, et d'un style bien différent. Certaines, originaires de l'Iran pré-indo-européen, représentent des femmes toujours entièrement nues, pressant leurs seins, dont les prototypes sont mésopotamiens[4]. D'autres, fournies par la Crète minoéenne, portent des jupes en forme de cloche, ont les seins dévoilés et lèvent les bras « dans un geste d'adoration ». D'autres encore, trouvées en Anatolie, offrent un répertoire plus varié — images de jeunes filles, de mères parturientes, de vieilles femmes, à Catal Höyük, la plus vieille ville du monde — et, ce qui est nouveau, à Hadjilar (Hacilar) au niveau -5 700, femmes debout tenant un léopard par la main, l'une d'elles assise sur le dos de l'animal, manifestement déjà cette maîtresse des fauves que nous connaîtrons si bien par l'histoire ancienne[5].

Peut-on conclure de la multiplicité de ces effigies féminines qu'elles démontrent la primauté religieuse ou magique de la femme[6] ? C'est d'autant plus vraisemblable qu'en Crète leur partenaire mâle occupe toujours une position subalterne et que le culte était surtout confié à des prêtresses. Il semble même qu'on puisse aller plus loin et voir en elles des personnifications de la déesse Terre, de la Grande Mère, même quand les représentations sont antérieures à la découverte de l'agriculture, car rien ne prouve que la déification de la terre découle des travaux agricoles : avant le cultivateur, le cueilleur avait bien dû constater que les fruits et autres végétaux dont il se nourrissait venaient de la terre et se renouvelaient ; vivant dans des grottes ou dans des abris sous roche, enterrant ses morts et croyant à une existence *post mortem*, il devait avoir conçu des notions relatives aux liens existant entre sa vie actuelle et sa vie future. En revanche, rien ne permet de dire que l'adoration d'une déesse impliquait celle de la femme (et le terme « idole », souvent employé, peut paraître imprudent), qu'on la considérait comme un être supérieur. Il y a gros à parier qu'on songeait seulement à stimuler sa fécondité en la représentant dans ses fonctions de reproductrice.

Le règne prétendu de la femme

Dans les très difficiles conditions d'existence de l'homme préhistorique, le principal souci ne pouvait être que la survie de l'espèce et celle-ci dépendait des naissances. La mortalité infantile devait être considérable, bien qu'on ne puisse pas l'évaluer, puisque, dans la France de l'époque classique encore, un enfant sur quatre mourait dans la première année de sa vie (et combien avant cinq ans ?)[7], et la femme ne vivait pas longtemps. Le grand préhistorien que fut Lantier[8] a bien montré combien était courte la vie humaine et plus encore celle de la femme[*]. Au Néandertal (80000-40000 ans avant notre ère), 55 % des hommes décédaient avant vingt ans, 40 % entre vingt et quarante ans, 5 % seulement dépassaient la quarantaine. Au Paléolithique supérieur, ces pourcentages étaient respectivement de 34, 54 et 1 % ; au Néolithique,

---

[*] On tend depuis peu à réagir contre cette vision et à revoir à la hausse la durée de la vie.

de 37, 58 et 15 %. Sur onze sujets de sexe connu ayant dépassé les quarante ans, dix sont des hommes. Cela veut dire que la femme mourait jeune et qu'il fallait, pour que la population ne diminuât pas, qu'elle eût au moins quatre ou cinq enfants (en supposant une mortalité infantile supérieure à 50 %, un minimum). Elle était enceinte pendant la majeure partie de son âge nubile, nourrice et protectrice pendant sa quasi-totalité. Fragile, exposée, devant être protégée, elle ne pouvait être ni dominatrice, puisqu'elle était assujettie à ses maternités, ni « adorée » comme puissance supérieure puisqu'elle était essentiellement éphémère et que l'être aspire à la durée. Mais elle pouvait l'être, il est vrai, parce qu'elle donnait la vie, parce que sortait d'elle la plus belle chose du monde : le petit enfant.

Les mythes qui évoquent un temps où la femme exerçait la suprématie plaideraient au contraire en faveur de la réalité préhistorique de celle-ci. Demeurons prudent : ils ont été créés à une époque où les hommes occupaient une position dominante et leur seul propos pouvait être de justifier cet état de fait ou de l'expliquer. Pourquoi dominons-nous ? auraient-ils pu se demander. Il était pour eux glorieux de déclarer qu'ils le devaient à leur supériorité, à leur intelligence, à leurs ruses, à leur force, à leurs mérites. Et puis d'autres mythes mettant en évidence des couples divins tels Adonis et Astarté, Attis et Cybèle, Isis et Osiris peuvent être interprétés comme une affirmation de l'égalité des sexes[9]. Les théories des spécialistes sont parfois si subtiles qu'elles amènent à des conclusions qui n'emportent pas la conviction. C'est un exercice brillant, mais un exercice seulement que de voir dans la purification rituelle d'Oreste après son double meurtre le récit de l'avènement de la suprématie du père sur la mère, du caractère patrilinéaire de la filiation, de l'attribution de l'héritage et du pouvoir au mâle[10].

Tous les peuples sans doute ont eu leurs mythes pour justifier la suprématie masculine et il suffira d'en évoquer quelques-uns. En Nouvelle-Guinée, les récits qui racontent l'origine des pratiques cérémonielles commencent par évoquer une époque où les femmes, ayant découvert ou inventé les objets rituels, les gardaient en leur possession, ce qui leur donnait une position dominante ; ils racontent ensuite comment les hommes s'en emparèrent par ruse ou par force et acquirent du même coup le pouvoir. « C'est sur le mystère de l'objet dont l'accès est définitivement refusé au savoir féminin que les mâles assoient la légitimité de leur suprématie dans l'ordre sexuel[11]. » Le scénario est à peu près le même en Australie. Les femmes, à l'origine, gardaient les grands secrets et leurs fils menaient une vie indolente. Un jour, elles accrochèrent les totems à un arbre puis allèrent à marée basse chercher des coquillages. Un des fils dit : « Emparons-nous des totems et que les femmes soient désormais chargées de ramasser notre nourriture. » Quand les femmes revinrent, elles constatèrent que « désormais les choses de l'invisible appartenaient aux hommes[12] ». Scénario similaire en Afrique noire. Chez les Dogons (Afrique occidentale), les maris volent un jour les vêtements de fibre rouge donnés aux femmes par la grande déesse et renversent ainsi leur pouvoir[13] ; au Congo, ils s'emparent des masques, outils civilisateurs révélés par les femmes, et peuvent leur enlever l'autorité qu'elles en tiraient[14]. Au Maghreb, dans un même propos explicatif, les récits, en revanche, sont construits sur des bases un peu différentes[15]. Les Kabyles croient qu'à l'origine les hommes et les femmes vivaient séparés et que celles-ci dominaient ceux-là. Mais les hommes ramassèrent un jour des pierres et construisirent des maisons où désormais se tinrent les femmes qui, du coup, tombèrent sous la domination masculine[16].

Matriarcat

L'existence, à l'époque historique et de nos jours encore, de ce que l'on nomme le matriarcat, défini par le dictionnaire Larousse comme : 1. régime d'organisation sociale dans lequel les femmes jouent un rôle politique prépondérant ; 2. fonctionnement familial dans lequel la mère a une influence, une autorité prépondérante[17], et qui, en réalité, est loin de répondre à ces définitions, comme on le voit déjà dans l'analyse de la partie encyclopédique dudit dictionnaire, a fait supposer qu'il était héritage de la Préhistoire. « On peut soutenir, dit Bril, que la femme connut, à une certaine époque, un statut privilégié qu'atteste le long développement de la matrilinéarité [...] et de la matrilocalité[18]. » Le fait paraît si bien établi qu'un médecin sociologue admet sans discuter le « matriarcat primitif » (avec domination de la femme), ce qui lui permet d'ajouter : « Puis la femme perd la plus grande partie de ses droits au profit de l'homme[19]. » Quelle est cette « certaine époque » à laquelle se réfère Bril ? À quelle date situer ladite « perte des droits » ? On se garde bien de nous le dire. Or, précisément, le matriarcat tel que l'Histoire nous le fait connaître et tel qu'on le voit encore n'est pas une organisation où la femme domine. Comme le dit Mauduit, « ce n'est pas un système patrilinéaire renversé, un parallèle du patriarcat[20] ». C'en est un où la filiation n'est pas masculine, mais utérine, parce que seule celle-ci est sûre, disait Bachoffen[21]. L'enfant n'y est pas rattaché au père. Il appartient au clan maternel au même titre que la terre, ce qui ne donne aucun droit particulier ni à celui-ci ni à la mère qui ne sont pas la *potestas,* car le pouvoir sur les rejetons et sur le sol appartient toujours à un mâle de la parenté[22]. Dans des sociétés matriarcales comme celles de l'île de Trobriand étudiées par Malinovski, l'autorité sur les petits revient à l'oncle maternel, non au père ou à la mère[23]. Et il en va presque partout de même ; ainsi chez les Slaves, comme l'a bien noté Gasparini[24]. Dans de nombreuses sociétés des savanes africaines, on compte la descendance par les femmes. « Les enfants appartiennent au lignage de leur mère, ce qui ne signifie pas qu'elle exerce sur eux des droits.

L'autorité sur les enfants appartient au frère de la mère[25]. »
Le système de succession chez les Bemba de l'ex-Rhodésie
se montre très révélateur. La chefferie passe, par ordre,
aux frères du défunt, aux fils de sa sœur, aux fils de ses
filles ou de ses sœurs. Et l'informateur y insiste : « Il n'est
pas question de gouvernement par les femmes ; rien ne
prouve qu'elles aient même une situation supérieure[26]. »
Les quelques exemples de clans matriarcaux où la femme
commande et dans la famille et dans la société fournis par
des populations de l'Asie du Sud-Est et de l'Océanie[27] sont
certes intéressants, mais, comme toutes les exceptions, ils
confirment la règle. Que le matriarcat ne donne pas le
pouvoir aux femmes ne veut pas dire que le statut de
celles-ci n'y soit pas élevé, et l'institution contribue à ce
qu'il le soit[28]. L'acquisition de la terre ou du royaume par
les femmes nous est prouvée par d'innombrables
témoignages historiques que nous aurons à examiner.
Rappelons dès maintenant que Frazer avait déjà suggéré
qu'Œdipe s'était marié avec la reine sa mère parce qu' « un
tel mariage lui conférait un droit légitime au trône [...], le
sang royal se transmettant en ligne féminine[29] ». Cela suffit
à justifier le rôle octroyé aux femmes dans les rituels du
Bénin. À Oyo, elles gardent les trésors du souverain et
placent sur sa tête la couronne le jour de son intronisation.
À Kotu, l'épouse et la favorite (mot approximatif employé
pour traduire une notion difficile) ont des trônes à droite
et à gauche de celui du prince[30].

Agriculture et nomadisme

Nous ne pouvons pas évoquer et discuter toutes les
théories relatives à la femme préhistorique. Deux proposi-
tions méritent pourtant de retenir notre attention parce
qu'elles sont à la fois importantes et erronées : l'agriculture élève le statut féminin ; la chasse et le nomadisme
pastoral l'abaissent.

Pendant des centaines de milliers d'années, l'humanité se serait nourrie essentiellement ou exclusivement de baies, de racines et de mollusques que tout un chacun, y compris les enfants, pouvait ramasser. Ainsi, cette économie de cueillette n'aurait pas — ou presque pas — impliqué la spécialisation des tâches, la division du travail et l'interdépendance des sexes[31]. C'est pour le moins douteux, car jamais le ramassage n'a été suffisant et la chasse a toujours été nécessaire pour assurer des régimes alimentaires réguliers. Dans les sociétés contemporaines les plus conservatrices, la cueillette et le ramassage sont le plus souvent la tâche des femmes, la chasse, celle des hommes, mais « il n'en résulte pas une spécialisation par sexe qui interdirait aux mâles les travaux féminins ». Le chasseur cueille volontiers des champignons ou aide sa femme quand elle a découvert une colonie de chenilles. Les femmes et les enfants participent au rabattage du gibier[32]. Nécessité fait loi ! Il n'empêche que la capture et l'abattage du gibier exigeaient la plus grande force physique, la plus grande endurance possible et une constante disponibilité. C'était donc essentiellement l'affaire des hommes — tout le monde est d'accord là-dessus[33]. Ajoutons que, dès la première fabrication des armes rudimentaires, très tôt donc, celles-ci ont été utilisées par les chasseurs qui s'en sont aussi servis contre leurs compétiteurs et leurs ennemis : elles leur donnèrent des moyens de dominer la femme, moyens supérieurs encore à ceux découlant de leur seule force naturelle, en général plus grande que celle de leurs compagnes, et décuplée quand celles-ci étaient enceintes, jeunes accouchées ou en charge d'enfants.

La découverte de l'agriculture, due aux femmes[34], aurait radicalement changé la situation. Une telle révolution ne pouvait pas rester sans conséquences, mais celles-ci ne furent peut-être pas celles que l'on retient. Eliade, tout en reconnaissant ce qui était admis, à savoir que l'agriculture a apporté à l'humanité une nourriture abondante et permis une prodigieuse croissance de la population, a eu raison de dire que la véritable révolution a consisté à révéler — je préférerais dire : préciser — l'unité fondamentale de la vie organique : « L'analogie femme/champ, acte générateur/ensemencement, etc., ainsi que la plus importante synthèse mentale sont issus de cette révélation[35]. » Dans des sociétés devenues agricoles, les hommes ont été obligés de continuer à chasser (on le reconnaît) et à se battre (on l'oublie) pour défendre leurs biens. La femme, en revanche, s'en est tenue à cultiver la terre (sauf sans doute à labourer), travail qui, pour elle, était plus lourd que la cueillette et qui s'ajoutait à ses contraintes maternelles et à celles de l'entretien de la hutte ou de la case qui remplaçait, au moins en partie, l'ancienne grotte. Toutefois, Platon ne partage pas ce point de vue et affirme qu'à une époque antérieure à Thésée « les occupations militaires étaient communes aux femmes et aux hommes[36] ».

L'assimilation qui s'était faite entre la fécondité de la femme et celle de la terre (en admettant toujours qu'elle fût nouvelle) et ses occupations agricoles eurent pour résultats de rendre plus nombreux et plus lourds ses efforts et de la fixer à un sol qu'elle ne pouvait plus quitter, car il exigeait tous ses soins ; de lui donner la principale responsabilité dans l'acquisition des moyens de vivre ; de ramener son mari régulièrement et nécessairement chez elle ; de lui assurer en définitive la possession du champ et de l'habitation : elle devenait maîtresse de maison. Ce dernier point, important, se vérifie dans les sociétés contemporaines africaines dites des clairières : la femme construit la demeure qui lui appartient[37]. L'enfant tombe-t-il alors sous l'autorité maternelle ? Certes, tant qu'il est petit, il dépend d'elle plus encore que par le passé si le père part pour de longues expéditions. Mais, et les ethnologues le constatent dans ces groupes que les préhistoriens interrogent si volontiers, dès qu'il grandit, si la fille reste sous l'influence maternelle, le garçon rejoint son père[38].

La femme en sort-elle affranchie, grandie, puissante ? À première analyse, on peut le croire et c'est sans doute cette analyse-là qui a surtout été faite. Si l'on veut pénétrer plus profondément dans le cœur du sujet, on est obligé de constater que l'agricultrice perd toute liberté de mouvement et est attachée au sol comme le sera le serf du Moyen Âge, l'esclave des Romains ou des Arabes qui ne sont certainement pas des images idéales de l'homme dominant ; que — Frazer le faisait déjà remarquer — son travail est harassant et incessant[39] ; que l'homme continue à être armé, qu'il dispose d'armes de plus en plus perfectionnées, qu'il est de mieux en mieux entraîné au combat, qu'il est indispensable à la défense de sa famille et que, toujours, le soldat a mal su résister au désir d'utiliser sa force pour imposer sa volonté et qu'il a des raisons d'autant plus impérieuses de le faire qu'il désire contrôler la production des biens de consommation. Nous admettrons volontiers que la femme acquiert plus de prestige encore qu'elle n'en avait quand elle n'était *que* mère : son prestige était déjà immense — rappelons-nous les Vénus du Paléolithique —, mais il était d'ordre abstrait, religieux si l'on veut.

Dans les premières communautés agraires, on aurait pratiqué l'élevage du petit bétail, mais sans que cela agît sur la condition féminine. Przyluski déclare tout crûment qu'en leur sein « la puissance appartenait partiellement aux femmes[40] ». En revanche, la domestication des ovins et des bovins, la constitution de vastes troupeaux et le nomadisme auraient profondément altéré leur situation. C'est à cette vie des pasteurs nomades que se réfère Bril quand il déclare : « Le discours biblique consacre l'avènement décisif de la supériorité masculine[41]. » Consacre ? Soit, car le texte pèse lourd. L'avènement ? Bril ne le montre pas. Que le statut de la femme du chasseur et de l'éleveur soit « fort bas » chez les Bédouins du Proche-Orient sémitique n'est déjà pas vrai, et il est au contraire « fort haut » chez les grands pasteurs de la steppe eurasiatique, depuis les Scythes jusqu'aux Turcs et aux Mongols (comme me l'ont amplement prouvé des relations continuelles avec eux durant un demi-siècle). Il n'y a pas lieu de s'arrêter plus longtemps sur une telle conjecture.

Les relations sexuelles

Il reste un dernier point à examiner, celui de la forme qu'ont adoptée les relations sexuelles. On a beaucoup parlé de polyandrie, sans avoir aucune preuve que celle-ci ait été pratiquée par les gens de la Préhistoire. Seule une possible vraisemblance la rend envisageable : les femmes avaient besoin de plusieurs hommes non pour être fécondées, non pour assouvir d'inextinguibles besoins sexuels, mais pour être protégées, ou encore parce que, frappées par une mortalité plus forte, elles se trouvaient en moins grand nombre que les mâles. Elles auraient alors exercé leur pouvoir sur ceux qui partageaient leur couche comme, dans le système polygamique, les hommes l'exercent sur leurs multiples épouses. Rien ne justifie rigoureusement ce parallélisme. Là où l'on trouve encore la polyandrie, par exemple dans certaines tribus du Sri Lanka, la domination féminine n'est pas patente ; le système matrimonial est fondé sur deux types de mariage : dans l'un, les maris viennent vivre dans le village de leur femme, dans l'autre la femme va vivre dans le village de ses maris[42].

En l'absence de tout témoignage sur la polyandrie préhistorique (et pour cause !) les ethnologues ont préféré souligner d'autres types d'unions possibles. Au XIXe siècle, Bachoffen a développé une théorie aujourd'hui dépassée, mais qui a connu un long succès[43]. Les rapports humains, selon lui, auraient commencé, en dehors de toute organisation, par la promiscuité sexuelle, c'est-à-dire par le libre choix des partenaires et leur continuel changement, tout homme pouvant s'unir à toute femme et réciproquement. C'est le moment de se rappeler que les hommes peuvent violer les femmes, que la réciproque n'est pas vraie, et que le viol aurait évidemment été la loi dans une telle société, ce qui ne permet pas de parler de libre choix. Cette prétendue promiscuité aurait dû laisser des traces à l'époque historique et il en est bien peu. On est parfois tenté d'en trouver une attestation antique dans Hérodote qui souligne que, contrairement à l'idée commune de la Grèce, elle n'était pas pratiquée par les Scythes, mais par les Massagètes, très vraisemblablement les Sakas (Saces). « Chacun, dit-il, prend une épouse, mais les femmes sont communes à tous. [...] Le Massagète qui désire une femme accroche son carquois à l'avant de son chariot et s'unit à elle[44]. » Inutile de faire remarquer que le choix du partenaire appartient ici à l'homme, non à la femme, et qu'il ne s'agit donc pas à proprement parler de promiscuité.

À cette anarchie aurait succédé le mariage par groupes, qui permettait à un certain nombre d'hommes d'exercer des droits conjugaux sur un certain nombre de femmes. Ce système est assez rare, mais Spencer et Gillen l'ont tout de même trouvé en Australie, chez les Dieri et les Arrabama[45], et il fut dénoncé par les auteurs anciens chez les Celtes de [Grande-]Bretagne et d'Irlande : César avoue qu'il ne sait rien de certain et Strabon qu'il doute de ses sources[46]. Enfin la femme aurait eu le droit de ne se donner qu'à un seul homme, prélude à ce qui deviendrait le mariage historique.

On préfère dire, depuis, que la société a pris naissance avec l'exogamie, rendue nécessaire parce que, à ce stade de l'évolution, les hommes n'auraient pas eu d'autre moyen pour nouer des alliances que d'échanger les femmes[47]. Cette institution ne contribue pas à valoriser ces dernières, car si elle leur donne une valeur économique, elle fait d'elles des marchandises et des étrangères dans le groupe auquel appartient leur mari. Elle présuppose encore l'existence d'une promiscuité primitive, antérieure à elle : Frazer l'affirmait déjà[48]. Dans les sociétés les moins évoluées, par exemple dans celles dites « de l'arc » en Afrique noire, la stricte exogamie est en effet souvent

observée[49]. Dans celles dites « des clairières », quand
l'échange de femmes (mariages croisés) n'est pas possible
pour quelque raison, on cherche à épouser une autre
femme du clan auquel on a donné une fille[50]. Van der
Leeuw a sagement conclu que « l'ethnologie avisée rejette
tout développement uniforme ; elle tient pour fantaisie
l'hypothèse de la promiscuité première et fait du mariage
dit de groupe un phénomène secondaire[51]. »

La magistrale étude de M. Palau-Marti sur le roi-dieu au
Bénin a mis en évidence, dans une société très organisée, la
différence du comportement sexuel d'une part des femmes
en général, d'autre part de celles de la famille royale, ou,
pour employer ses termes, « l'opposition frappante entre la
vie sexuelle des femmes du roi, tenues à la plus stricte fidélité [qui ne peuvent guère espérer que deux ou trois nuits
d'amour puisque le souverain peut avoir des milliers
d'épouses, en fait toutes celles de ses sujets qui lui plaisent
et sans compensation aucune[52]], et celle des filles du roi,
totalement libres et qui ne se marient pas ». Dans ce
système qui est patrilinéaire, le roi étant en dehors de tous
les clans, c'est-à-dire au-dessus d'eux, ses filles, qui n'en
sont pas davantage membres, ne peuvent pas se marier et
s'unissent avec qui elles veulent, comme elles veulent,
quand elles veulent. Elles sont censées ne pas pouvoir être
enceintes et, si elles le sont, l'enfant, à sa naissance, est
immolé ou éloigné[53]. Par ailleurs, toujours en Afrique noire,
« une règle générale veut que la demeure soit pensée en
fonction du couple ». Ainsi, chez les Bochimans, la case est
divisée en deux parties complémentaires attribuées l'une à
l'homme et l'autre à la femme[54]. On parle d'« équilibre
parfait entre mâle et femelle », de « leur totale réciprocité
dans l'égalité[55] ». Cette extrême diversité donne raison à Van
der Leeuw et permet de poser que l'homme préhistorique
devait lui aussi avoir adopté plusieurs attitudes matrimo-
niales dont la monogamie n'est certainement pas exclue.

L'entière liberté des relations sexuelles découle soit de
la dépravation, soit de la désorganisation de la société que

nous constatons à l'époque moderne et dont on ne trouve presque aucun correspondant dans le passé. Le coït répondait aux pulsions et aux impératifs de survie de l'espèce. Comme dans le monde animal, dont l'homme préhistorique était encore proche, il devait y avoir une nécessité vitale de conquérir au moins une des trop rares femmes, une lutte implacable entre les hommes pour y arriver, à défaut d'un éventuel accord pour se les partager. Est-ce trop présumer que de penser que le vainqueur désirait garder sa conquête à quelque prix que ce fût et tout d'abord en l'asservissant ? Il en avait le pouvoir, comme ce serait le cas dans l'Antiquité et au Moyen Âge. Pourquoi ne l'aurait-il pas fait ? Faible en un temps où la force s'exprimait avec le plus de brutalité, accablée de grossesses et de marmaille, désirée par beaucoup, facilement violée, la femme, si elle ne voulait pas se soumettre, n'avait d'autre solution que de fuir devant l'homme pour essayer de lui échapper. J'ai dit qu'il fallait se méfier des mythes et ne pas vouloir les expliquer par des souvenirs du passé, mais s'il y en a un qui peut avoir traversé tous les siècles, y compris ceux du IIe millénaire de notre ère, c'est bien celui de la fuite de la femme devant un homme ou un dieu (la mythologie gréco-romaine en donne maints exemples) et son corollaire, celui qui voit en la femme une proie et en l'homme un prédateur. J'ai maintes fois proposé de lire cette dernière interprétation sur les plaques dites « de combat » de l'art animalier des steppes qui représentent un rapace ou un fauve — l'homme — terrassant un herbivore — la femme —, motif que l'on trouve aussi en Égypte pharaonique ou sur les grands reliefs de Persépolis[56]. L'art préhistorique n'a pas illustré l'acte sexuel, mais bien la fuite de la femme. Cela se voit nettement sur la lame d'os d'Istainiz (Pyrénées-Orientales)[57]. Comme le dit Eliade, c'est le mérite de Leroi-Gourhan d'avoir mis en lumière la fonction centrale de la polarité masculin/féminin dans l'ensemble de l'art paléolithique, donc dans la culture de l'homme préhistorique[58].

CHAPITRE III

À la sortie de la Préhistoire

L'écriture fait sortir les humains de ce qu'on appelle la Préhistoire. À l'art qui seul jusqu'alors exprimait les sentiments et les pensées s'ajoutent les textes. On sait que ce n'est pas partout au même moment que la découverte de l'écriture eut lieu, et qu'il fallut longtemps pour passer de ses premiers « balbutiements » à la production d'une littérature abondante et variée. Des peuples considérables et souvent appelés à une grande destinée n'écrivaient pas encore au début de notre ère et nous ne les connaîtrions pas mieux que les gens du Néolithique si d'autres qui étaient culturellement plus avancés n'avaient pas parlé d'eux. Avec une documentation parfois fragmentaire, parfois notoirement insuffisante, nous en savons cependant assez non pour décrire dans le détail la vie féminine, mais pour au moins la percevoir. Au Proche-Orient ou en Europe, à plusieurs milliers d'années d'intervalle, nous voyons émerger des temps préhistoriques des populations dans lesquelles le statut spirituel ou moral de la femme paraît relativement élevé, voire très élevé, égal ou supérieur en tout cas à ce qu'il sera par la suite dans la plupart des grandes civilisations, les Sumériens et leurs successeurs, les Iraniens, les Égyptiens, les Celtes et les Germains. On pourrait en conclure que l'homme du Néolithique, dont ces nouveaux venus sont tous également issus — mais à diverses époques —, accordait à la femme la même position qu'eux, si d'autres peuples, comme les Hébreux ou les Grecs, au contraire, n'avaient placé celle-ci plus bas, souvent très bas. Nous n'examinerons pas ici les leçons de l'Inde et de l'Extrême-Orient, objets d'un chapitre ultérieur.

Mésopotamie

Ce sont le culte rendu à la grande déesse Inanna et la place éminente que celle-ci occupait qui nous permettent le mieux de voir quelle image de la femme avaient les Sumériens (3000-2350) d'abord et surtout, puis, dans une moindre mesure peut-être, leurs successeurs : Akkadiens (2350-2150), néo-Sumériens et Babyloniens (2150-1100). On ne met pas au sommet du panthéon une déesse si l'on n'accorde pas un grand intérêt à la féminité. Inanna exprimait par excellence l'aspiration des âmes, évoquait l'inconnu, le surnaturel, le tout différent de l'homme, non dans ce qu'il a d'inférieur, mais de transcendant. De la féminité relevaient la science et la médecine qui avaient leur déesse, Gaba ; l'école et les scribes qui avaient aussi la leur, Nadeba[1]. Dès les temps les plus anciens (vase de Hafadje, v. 2800), des représentations plastiques de danseuses et de musiciennes témoignent de leur côté que l'art relève de la femme. Nous verrons que tout au long de l'Histoire, dans maintes civilisations, la connaissance et l'inspiration ont été considérées comme essentiellement féminines : rien de ce qui touche au surnaturel n'échappe à la femme.

À Babylone ne cessent de se lever des extatiques, liées ou non aux sanctuaires, inspirées ou intuitives, douées de dons (charisma), qui délivrent des oracles, alors que la divination inductive (fondée sur l'observation et l'expérience) relève presque exclusivement des hommes[2]. Jean Bottéro ne connaît qu'une seule femme qui se livre à cette dernière au IIe millénaire, deux ou trois au Ier millénaire[3]. À Babylone encore, des femmes vierges, consacrées aux dieux, passaient une partie de leur vie dans l'isolement pour se donner à eux. D'autres s'adonnaient à la prostitution sacrée, régulière ou occasionnelle, comme représentantes de la communauté, et ceux qui jouissaient d'elles (en payant), prêtres ou étrangers, étaient considérés comme des incarnations des dieux. Cette prostitution sacrée, assez répandue sur la Terre[4], est remarquée par Hérodote[5], et le Deutéronome y fait allusion quand il ordonne : « Il n'y aura pas de prostitution sacrée pour les filles d'Israël[6]. » Il est juste de mentionner que les hommes pouvaient aussi se prostituer et que la Bible en parle dans les mêmes termes.

Ces rapports avec l'invisible donnaient aux femmes des pouvoirs qui devenaient vite inquiétants, surtout lorsqu'ils étaient manifestés par des sorcières, et il arrivait qu'on les brûlât. On entend encore les gémissements de leurs victimes : « Elles m'ont ensorcelé ; elles ont jeté sur moi sort sur sort[7]. » Les femmes perdaient d'un côté ce qu'elles gagnaient de l'autre. Elles perdaient aussi d'être trop spiritualisées, trop religieuses, de ce que la vénération qu'on avait pour elles, de ce que la puissance qu'on leur reconnaissait se situaient dans l'au-delà ; elles n'avaient plus le contact avec la vie d'ici-bas, abandonnaient aux hommes les choses de la terre. Leur situation y était ambiguë non seulement dans la vie sociale, mais dans les exercices du culte. Elles n'en étaient pas exclues, mais y étaient marginales : c'est ce dont rend assez bien compte sans doute la présence de deux figures féminines et de huit figures masculines dans ce groupe de personnages, fort célèbre et fort beau, sorti des mains d'artistes qui travaillaient vers 2600 avant notre ère.

Mazdéisme

Comme en Mésopotamie, en Iran — ou pour mieux dire chez les peuples iraniens professant le mazdéisme — la femme est une créature avant tout spirituelle. Elle possède la connaissance innée de la religion, une connaissance indépendante de l'étude[8]. Nulle culture sans doute n'a jamais senti aussi profondément, aussi complètement perçu et exprimé le caractère féminin de la divinité et de l'âme — celle des choses, et aussi celles des hommes ; nulle n'a eu l'intuition que l'homme ne parvient à être pleinement lui-même que dans l'union avec la femme et qu'il devait accepter qu'elle soit son guide sur le chemin du paradis. Pourtant cela ne rend nullement les sexes égaux. Ils ne le sont que dans des circonstances particulières, par exemple quand ils accomplissent « cette bonne action » (*navzal*, la piété et l'initiation[9]). Pour le reste, les textes affirment que la femme dépend de son mari, lui demeure liée jusqu'à la mort, lui doit soumission et obéissance. Selon l'*Ardaz Viraz*, le paradis est promis « aux âmes des femmes qui ont accompli leur devoir religieux, qui se sont montrées soumises et obéissantes à leur mari et maître, qui ont été zélées dans le bien[10] » ; l'enfer est le lot de celles qui injurient leur mari, des coquettes, de celles qui se livrent aux plaisirs et aux gémissements lors d'un décès[11]. Il n'est pas jusqu'à la vie religieuse de la femme qui ne relève de l'homme. Selon l'*Avesta*, à une époque déjà ancienne (cela changerait plus tard), la jeune fille recevait l'initiation de son époux au cours de la cérémonie du mariage. Alors, « adoptée par le feu de ses beaux-parents, elle commençait son existence véritable et pouvait connaître son épanouissement spirituel[12] ».

Égypte

L'immense littérature pharaonique et la variété des sujets qu'elle aborde permettent d'avoir une image assez satisfaisante de la femme égyptienne, encore que la vie de celle-ci ne dut pas être la même au cours de plusieurs millénaires.

La société égyptienne accorde une grande place à la famille, en général monogamique, bien que l'homme puisse avoir des concubines et, si son épouse est stérile, acquérir une esclave dont les enfants seront légitimés. Si l'on en croit les textes et les représentations artistiques, le couple est uni et s'est constitué librement. L'iconographie de Néfertiti présente « la touchante intimité des scènes familiales que les artistes se sont plus à figurer[13] ». Rien n'indique qu'on ait imposé à la jeune fille un mariage qui ne lui aurait pas convenu. On en a vu résister à leur père qui faisait pression sur elles, et un conte de la XIXe dynastie (XIVe-XIIIe siècles) met en scène l'une d'elles qui finit par imposer son choix (un « étranger indigne ») à un père scandalisé[14]. Dans la vie quotidienne, la femme est l'égale de son mari. Elle gère ses biens propres et en dispose. Elle est la « maîtresse de la maison » et règne sur le foyer. Elle descend quand elle veut au fleuve pour se baigner « tandis que ses compagnes se promènent le long des rives », et si elle trouve un enfant dans une nacelle en jonc abandonnée aux eaux, elle peut le recueillir, l'adopter, l'élever : c'est, on l'a deviné, l'aventure de Moïse[15]. Elle nage et rame. Dans un conte de 1900 avant notre ère, Pharaon se promène sur le Nil dans une barque que font avancer vingt femmes « belles de corps, à la poitrine ferme, aux cheveux nattés et dont le sein n'a pas encore été ouvert par l'enfantement[16] ». Les époux vivent ensemble dans la même demeure et un jour ils dormiront dans la même tombe pour peu qu'ils ne soient pas d'un rang trop élevé. À Thèbes, les sépultures princières se trouvent respectivement dans la vallée des Rois et la vallée des Reines. La femme est élégante et coquette. Elle porte une tunique de lin étroite et longue, maintenue sous la poitrine par deux bretelles plissées, une perruque aux petites boucles frisées et, si elle en a les moyens, des bijoux opulents, colliers, bracelets, armilles. Elle est propriétaire de ses serviteurs et nul ne l'empêche, si elle le veut, de se faire construire un petit pavillon où, dit un papyrus écrit vers 1900, elle passe ses jours à boire avec le bourgeois « qu'elle aime[17] ». Dans un autre conte, de 1700, copie probable d'un texte antérieur de deux siècles, elle aguiche les hommes, les provoque avec une impudeur qui est presque celle d'une fille publique

— « Viens ! Couchons-nous ! » — et un cynisme effarant : « Tu en tireras profit, car je te ferai de beaux vêtements[18]. » Ses adultères, bien évidemment, ne plaisent pas au mari qui, quand il les apprend, peut châtier l'infidèle par la mort. C'est du moins le sort réservé à la femme d'Oubaoné, celle-là même que nous venons de trouver buvant et aimant dans le petit pavillon du jardin.

Joseph et la femme de Putiphar

L'histoire de Joseph et de la femme de Putiphar a des accents très sentis et répond non seulement à un archétype, mais à des réalités égyptiennes. On y trouve, dans la bouche de la séductrice, la même phrase que celle prononcée dans le conte rapporté plus haut (« Couche avec moi ! ») et le scénario est identique dans les deux récits. La femme désire Joseph. Celui-ci se dérobe. Elle le saisit par son vêtement, le lui arrache et s'en sert pour accuser l'Hébreu de tentative de viol : « Le serviteur hébreu que tu nous as amené est venu à moi pour s'amuser avec moi[19]. » Le Coran accordera tant d'importance à cette anecdote qu'il lui consacrera l'essentiel d'une sourate[20]. Le scénario est devenu classique, peut-être sous l'influence biblique dans le Moyen Âge occidental, peut-être aussi par un canal en Grèce antique, bien que le fait paraisse douteux. Pélée, le futur père d'Achille, s'est réfugié à Iolcos chez le roi Acaste. L'épouse de celui-ci le désire. Pélée repousse ses avances. Elle le dénonce à Acaste ; le souverain, ne voulant pas tuer son hôte, invente un stratagème cynégétique pour se débarrasser de lui, mais le centaure Chiron le sauvera[21]. De même Bellérophon, réfugié à Tirynthe près du roi Proatos, éveille l'amour de la reine Sténébée. Elle lui demande un rendez-vous. Il le refuse. Alors elle l'accuse d'avoir voulu la séduire. La façon dont il triomphe des épreuves qui lui sont imposées par le souverain prouve son innocence. Sténébée meurt soit par suicide, soit en voulant s'enfuir sur Pégase. Un troisième récit est connu de tous en France grâce à Racine, celui des amours incestueuses de Phèdre et d'Hippolyte. C'est, au Moyen Âge occidental, toute une série de contes qui narrent comment une femme provoque son beau-frère, est repoussée par lui et le dénonce comme violeur. Catherine Velay-Vallantin donne plusieurs versions de ce cycle qu'on pourrait intituler avec ironie, comme le fait une des versions, « la femme chaste convoitée par son beau-frère »[22].

Retour en Égypte

Le rôle religieux de la femme égyptienne n'est pas inexistant bien qu'Hérodote affirme qu'aucune ne peut être prêtresse[23]. Le Grec, sur ce point, est insuffisamment informé ou, plutôt, reflète la situation de son époque. À côté des « divines adoratrices », épouses terrestres du dieu, dont la fonction, à Thèbes, était aussi significative que celle du grand prêtre[24], il y eut dès l'Ancien Empire (v. 3000-2000) des prêtresses, filles de prêtres ayant reçu en héritage les charges de leur père ou dames de la haute société, mais par la suite elles devinrent de moins en moins nombreuses ou, si l'on veut, de plus en plus spécialisées. Ce furent finalement presque exclusivement des chanteuses et des musiciennes, mais elles tenaient bien leur place dans la vie du temple[25] et il semble qu'elles aient joui d'une situation sociale appréciable[26]. Vie religieuse et sexualité s'excluaient pourtant. Les relations amoureuses, même légitimes, étaient suspectes d'impureté : la femme souille. La vie sacerdotale impliquait la chasteté (et toute autre pureté physique) « au moins pendant la période de présence dans le temple[27] ». Les textes sont formels : quiconque accédait au sanctuaire devait avoir été au préalable purifié de tout contact féminin pendant plusieurs jours[28].

Le rôle politique des femmes, nous l'avons vu, est pratiquement nul, sauf par le jeu des influences qu'elles exercent sur leurs royaux époux et dont Néfertiti donne le meilleur exemple. À quelle puissance occulte purent-elles atteindre ? On l'ignore encore trop, mais il appert qu'elles étaient respectées et honorées de leur vivant et après leur mort, peut-être d'abord comme filles du prince-dieu, ensuite comme sa conjointe et comme mère du futur souverain. L'une d'elles, nommée dans un texte écrit entre 2000 et 1900 (l'*Histoire de Sinouhé*) est dite « la noble dame, grande favorite, épouse royale de Sesostris [...] et fille royale d'Amenemhet[29] ».

Celtes et Germains

C'est un ou deux millénaires plus tard qu'apparaissent dans l'Histoire les deux autres peuples que nous voulons évoquer ici, les Celtes et les Germains, pour lesquels la période préhistorique s'est prolongée bien plus longtemps que pour leurs contemporains et qui aurait duré davantage si les Grecs et les Latins n'avaient parlé d'eux. Ces derniers ne les ont-ils pas un peu trop idéalisés ou du moins ne se sont-ils pas plu à prendre chez eux, barbares, des modèles de la vertu que n'avaient plus les civilisés ? On pourrait être tenté de le croire en lisant les anecdotes rapportées par Plutarque et Tite-Live sur deux femmes d'Asie Mineure, des Galates, Camma et Khiomara. La première était une prêtresse dont le mari avait été tué par un quidam qui la désirait. Impuissante à lui échapper, elle résolut de l'épouser, mais, le jour des noces, avant de boire la coupe sacrée, elle y versa du poison et l'entraîna avec elle dans la mort[30]. La seconde était tombée aux mains d'un centurion romain qui l'avait violée. Animée par le désespoir, elle ne pensait plus qu'à venger son honneur. Elle parvint à faire tuer l'officier, lui coupa la tête, la porta à son mari. Celui-ci s'écria : « Ô femme, que la fidélité est une belle chose ! » Elle répondit : « Ce qui est plus beau encore, c'est de pouvoir dire : deux hommes vivants ne se vanteront pas de m'avoir possédée[31]. » De tels récits illustrent bien ce que l'on sait des femmes celtes : ce sont des épouses dévouées, bien éduquées, dont la force d'âme égale celle de leurs maris, des maris qu'elles ont choisis en toute liberté ; leur tenue exemplaire leur vaut un prestige considérable[32]. Elles gèrent un patrimoine qui, par le système de dotation, doit être égal des deux côtés lors du mariage et qui, au décès de l'un des deux, revient intégralement au survivant. Avec leurs maris, elles partagent l'autorité sur leurs enfants, bien que César et Strabon affirment que le père de famille a droit de vie et de mort sur son épouse et sur sa progéniture[33].

Aucune profession ne leur est en principe interdite. Nous avons vu agir une prêtresse. Elle avait maintes sœurs, bien que nos livres parlent plutôt des druides que des druidesses. Celles-ci auraient été particulièrement nombreuses et influentes en Gaule[34]. Elles avaient renoncé au monde et vivaient en solitaires, retirées dans des asiles plus secrets que ceux de leurs collègues masculins, et participaient aux mystères de Kerridwen que Strabon prend pour ceux de Cérès[35]. Certaines faisaient vœu de virginité perpétuelle, ainsi celles, au nombre de neuf, qui s'étaient retirées sur l'île de Sein. Elles intervenaient dans la vie politique et dans les affaires militaires. « Les Gaulois ont coutume de consulter les femmes sur la paix et la guerre », dit Plutarque, et il explique d'où provient une aussi singulière coutume. Avant de franchir les Alpes et de passer en Italie, les Celtes étaient entrés en guerre les uns contre les autres. Alors les femmes s'étaient avancées entre les soldats et avaient jugé leurs différends avec tant d'habileté et de justice que la paix et l'amitié avaient été rétablies[36]. Selon Tacite, les Bretons « dans les commandements [...] ne font point acception du sexe » et l'historien latin appuie cette déclaration en faisant mention de Boudicca, femme de sang royal, qui leva contre Rome son peuple, les Icéniens du sud-est de l'Angleterre actuelle[37].

Notre auteur fait la même observation à propos des Germains : « Ils croient qu'il y a dans ce sexe quelque chose de divin et de prophétique, ainsi ne dédaignent-ils pas ses conseils et font-ils grand cas de ses prédictions[38]. » Ces hommes qui sont essentiellement des guerriers ont compris que les femmes, bien plus qu'eux qui sont exclusivement tournés vers l'action brutale ou adonnés aux beuveries et à l'oisiveté, détiennent les mystères de la connaissance du monde et de la vie. Un de leurs vieux textes, le *Ynglingasaga*, raconte qu'à l'origine un cyclope s'exerçait à prophétiser, mais ses pratiques le rendaient tellement efféminé que les hommes eurent honte de l'imiter et en laissèrent le soin à leurs compagnes[39]. Elles y excellèrent et le nom de plusieurs prophétesses est passé à la postérité. C'est Velleda, la Brictère, la plus célèbre, que fait connaître Tacite en la faisant vivre au haut d'une tour[40]. On l'a longtemps considérée comme un être surnaturel, puis sa réalité historique a fini par s'imposer. On sait qu'elle fut capturée pendant la révolte de Civilis et amenée à Rome pour orner le triomphe. C'est Albrinia (Albruna) dont parle aussi Tacite, Ganna qui visita Rome sous Domitien, Waluburg (Baluburg), dont la réputation fut grande, ou encore celle qui accompagnait Vitellius[41]. La saga islandaise d'Éric le Rouge donne une description complète d'une certaine Thorbiörg et des jeunes femmes de sa suite qui avaient pour rôle de provoquer par leurs incantations les transes de leur maîtresse[42]. Une divination particulière incombait aux seules *matres familias* qui influaient non seulement sur les décisions de la famille ou du groupe, mais jugeaient de l'opportunité d'une bataille[43]. « Bien qu'il soit impossible de se faire une idée exacte du rôle de la femme dans le culte des dieux — mais il peut être grand quoique Tacite parle de prêtres qui sont habillés en femmes[44] —, son rôle dans la divination est bien établi[45]. »

Tacite remarque aussi que les femmes sont présentes, au moins comme spectatrices, sur les champs de bataille et ajoute : « On a vu des armées chancelantes et à demi rompues que les femmes ont ramenées à la charge en élevant des prières obstinées, en offrant leur poitrine aux fuyards[46]. » Plus loin, il dit encore : « Pour que la femme ne se croie pas dispensée des idées d'exploits et de risques de guerre, les auspices mêmes qui président à son mariage l'avertissent qu'elle vient partager des travaux et des périls et que sa loi, dans la paix et dans la guerre, est de souffrir et d'oser autant que son époux[47]. » C'est qu'avec lui elle ne fait qu'un : « Elle a un seul époux comme elle a un seul corps, une seule vie. » Seuls les chefs peuvent être polygames, non par inclination, mais par politique. Cela ne veut pas dire qu'il n'y a pas de tâches spécifiquement masculines (chasse, guerre) et d'autres purement féminines (soins de la maison), que les femmes n'ont pas à conserver une certaine féminité. Pour protéger leur pudeur, elles vivent « loin des spectacles qui corrompent les mœurs[48] ». Les notations du grand historien latin sont confirmées par d'autres sources et l'on doit admirer sa sérénité. Cependant il lui arrive de s'enflammer : « Les Sitones [des habitants de la Suède actuelle] obéissent à une femme tant ils sont tombés au-dessous, je ne dirais pas de la liberté, mais de la servitude elle-même[49]. »

CHAPITRE IV

En Inde et en Extrême-Orient

La femme hindoue

Tout semble vouloir indiquer que la fonction et la valeur religieuses de la femme en Inde se sont précisées peu à peu au cours des temps. Les déesses sont à peu près inconnues du *Rig Veda* comme des textes canoniques ultérieurs[1]. C'est lentement que s'est élaborée la théorie de la *shakti*, la manifestation du pouvoir divin sous forme féminine, créatrice des grandes divinités indiennes, parèdres de Vishnu ou de Shiva, une Durga, une Kali, une Lakshmi, une Parvati qui canalisent encore aujourd'hui une bonne part de la religiosité, notamment au niveau populaire[2]. Comme le dieu, un en son essence, totalité et donc détenteur de la féminité qu'il projette et qui s'incarne dans les déesses, l'homme, par définition masculin, contient en lui le féminin qui n'est autre que son pouvoir créateur, un pouvoir qui émane de lui et s'incarne dans son épouse, du moins quand elle devient mère. Celle-ci devient alors sa *shakti*, comme la déesse est celle du dieu, et, bien qu'elle soit humaine, elle est imprégnée de divinité, en quelque sorte une image ou une réplique de la déesse. Cela la grandit certes, mais ne la rend pas pour autant indépendante, car la *shakti* humaine dépend de l'homme comme la *shakti* divine dépend du dieu : l'une et l'autre sont inférieures et soumises à l'être dont elles émanent.

N'allons pas imaginer que les déesses du panthéon représentent d'ailleurs nécessairement des modèles idéaux de la femme. Certaines, nous le verrons, sont proposées en exemples, d'autres non, parce que leurs caractères sont infiniment variés. Une Kali, « la Noire », la mère terrible « dont le temple-abattoir [...] est appelé avec raison le sanctuaire le plus sanglant de la terre entière[3] », s'oppose par exemple à une Lakshmi qui peut pourtant être dangereuse quand elle manifeste sa colère, parce que sa violence n'est que passagère et qu'elle finit toujours par redevenir — comme l'indique son nom qui signifie « bonheur, puissance, gloire, beauté, richesse » — la toute-bienveillante[4].

Manou, dans ses lois[5], définit la position de la femme, et celle-ci ne changera guère au cours des millénaires : une petite fille, une jeune mariée, une vieille ne doivent jamais rien faire suivant leur propre volonté, même dans leur maison. La vierge dépend de son père ; l'épouse, de son mari ; la veuve, de ses fils. Pour la femme, devenir un homme dans une vie future est accomplir un progrès dans le chemin vers le nirvana. Un vieux texte racontant la vie du Bouddha est on ne peut plus clair. Son épouse fait un rêve qui la trouble. Elle demande à son mari de le lui expliquer. Et il lui dit : « D'ici peu tu abandonneras ton corps de femme et tu deviendras un homme. Dors, ô Gopa, les présages pour toi sont favorables[6]. »

Il n'est pas indifférent à l'histoire comparée des religions et des mentalités de constater que cette réflexion bouddhique, qui nous paraît essentiellement indienne, se retrouve ailleurs. Il y a sans doute d'autres perspectives, mais il y a aussi celle-là, dans l'histoire de Caenus, « la plus belle vierge de Thessalie », violée par Neptune qui lui propose ensuite de satisfaire à son plus grand désir et à qui elle dit : « Mon souhait [...] c'est de ne plus subir pareille violence. Accorde-moi de ne plus être femme et tu m'auras tout donné[7]. » De même un mythe esquimau sur les origines de la chasse transmet plusieurs autres messages, mais n'expose pas moins pour autant cet espoir suprême : « La femme peut parvenir à la masculinité dans une vie future. »

C'est le mariage qui fait la femme. Même dans les castes les plus élevées, la jeune fille « n'a qu'une dignité potentielle ». Le mari lui tient lieu d'initiateur et lui confère un statut[8]. Adolescente, à peine sortie de l'enfance, elle est un objet de convoitise dans un monde indien très fortement sexualisé, qui baigne dans une atmosphère d'érotisme que reflètent largement les sculptures des temples (et pas seulement les scènes pornographiques de Khadjuraho) ; où, loin d'être considérés comme des péchés, les rapports sexuels et les virtuosités amoureuses sont exaltés. Si les prostituées de bas niveau sont objets de mépris, ce n'est pas à cause du métier qu'elles exercent, mais parce qu'elles n'ont pas réussi, parce qu'elles vivent misérablement. Les courtisanes de haut rang sont honorées, peut-être parce qu'on ne considère pas qu'elles s'abaissent, mais qu'au contraire, elles asservissent l'homme à leur désir[9]. C'est probablement pour préserver l'honneur si menacé d'une vierge et de sa famille que, jadis, on mariait les filles avant leur nubilité. On veillait au moins, et on le fait encore sauf dans les classes émancipées, à ce qu'elles soient tenues à l'écart et agissent avec le maximum de pudeur et de dignité[10].

Le mariage, généralement arrangé sans consultation des futurs conjoints, est souvent senti, malgré les fêtes qui l'accompagnent, comme une dure épreuve pour la jeune fille que l'on arrache brutalement à un foyer où elle était souvent idolâtrée, pour la livrer non seulement à un inconnu, mais à celle qui devient sa belle-mère et qui, par principe et instinct, n'est généralement pas bien disposée envers elle, ne lui ménage pas les ordres et les critiques. Un brahmane y préside, et des rites nombreux, mais qui diffèrent selon les régions, l'accompagnent[11]. Il est indissoluble, les époux ne devant plus former qu'un seul être en deux personnes. « Ce que tu es, dit le fiancé, moi je le suis ; et toi tu es ce que je suis. Je suis le ciel, tu es la terre. » En fait, on le sait, ciel et terre demeurent distincts même en faisant partie d'un tout. Dans la vie intime du foyer, chacun reste ce qu'il est, ne se fond pas dans l'autre. Le mari et l'épouse sont à la fois totalement séparés et totalement unis. Ils ne se parlent pas, évitent de se regarder en face, de marcher l'un à côté de l'autre. La femme appelle rarement l'homme par son prénom. Maîtresse de la maison dont, signe symbolique, elle garde les clefs, elle en devient l'âme, et sans son attention vigilante rien ne va plus. Elle prépare les repas, masse son mari quand il est fatigué, veille constamment sur son bien-être, et l'on a pu dire qu'il « dépend d'elle comme un enfant[12] ». Toutes ses activités doivent tendre et tendent vers le bonheur de la famille, du mari, des enfants mâles et même des frères[13]. Ce dévouement absolu (*pativratatva*) est le principal devoir des femmes selon le *dharma*. Mais l'une d'elles le dit fort bien : « Parce que je suis entièrement dévouée à mon mari, j'ai un pouvoir encore supérieur au sien[14]. »

Liée à l'homme et à la maison par des liens indestructibles, la femme a dans le culte un rôle secondaire, mais indispensable. Jadis elle participait aux sacrifices solennels. Aujourd'hui sa présence aux rites domestiques est encore obligatoire. Le *puja* familial (cérémoniel d'offrandes) est plutôt son affaire, bien que les hommes puissent y prendre part. Il est de son ressort de fabriquer le beurre, principal produit que l'on offre, notamment au feu, en remplacement des sacrifices sanglants[15]. Pourtant ses rapports avec la divinité sont indirects alors que ceux des jeunes filles et des fillettes, favorisées par leur virginité, sont plus étroits avec celle-ci, elle-même vierge : leur participation est prescrite dans bien des actes cultuels importants[16]. Enfin des danseuses sacrées (bayadères), les *devadisi*, « esclaves du dieu[17] », vouées au temple dès le plus jeune âge, ont toujours existé. Aux temps anciens, elles exprimaient par leur danse leur « amour pour le dieu » qui devenait leur amant pendant l'extase mystique. Peu à peu, « la ligne de démarcation entre la danseuse du temple et la courtisane alla en s'estompant[18] ».

Figures féminines exemplaires

Il ne manque pas, dans les grandes épopées, d'exemples proposés aux hindous de couples idéaux : Shiva et Parvati, Rama et Sita — et de femmes idéales : Parvati, Sita ou encore Tapati, Radha.

Radha n'est à l'origine qu'une de ces bergères que Krishna, dieu espiègle, a su capturer lorsqu'il les regardait s'ébattre nues des hautes cimes d'un arbre et qui, depuis lors, abandonnent leur travail pour le rejoindre dans les forêts dès qu'elles entendent le son de sa flûte, mais c'est sa favorite ; elle accéda à un rang élevé dans le panthéon des sectes qui exaltent les amants divins[19] — car toute personne qui a approché le dieu d'une manière ou d'une autre a obtenu ses bénédictions et la délivrance[20], et nulle autre n'a jamais été si proche de lui.

Tapati, fille du soleil, « image incarnée de l'éclat de cet astre », belle, vertueuse, aimable, fantasque, douée du pouvoir de s'élever au ciel et de descendre sur terre, apparut un jour à un dévot de son père, Samvaratha, qui en tomba éperdument amoureux. « Il était seul ; elle était seule. » Mais elle se refusa et exigea qu'il la demandât en mariage selon les règles. Elle renonça à tout, même à sa puissance, pour devenir la meilleure des épouses, obéissante, bienfaisante, et une mère accomplie[21].

Le *Ramayana* raconte l'aventure de Rama et de Sita, sa femme, dans l'un des plus populaires et des plus poétiques récits venus de l'Inde. Rama, fils aîné du roi d'Ayodhya, chassé de son trône, doit s'exiler. Il conseille à la belle Sita de rester au palais, car, dit-il, elle ne pourrait pas supporter la vie dans la forêt où il compte se rendre. Indignée, celle-ci s'écrie : « Qu'il s'agisse d'ascétisme, d'ermitage ou de ciel, je veux y être avec toi. [...] Avec toi, c'est le ciel, et sans toi, l'enfer. » Ils partent donc ensemble. Mais un prince du Lanka (Sri Lanka, Ceylan) s'éprend de la jeune femme et parvient à l'enlever. Alors Rama s'en va à sa recherche. Il court les chemins, connaît mille aventures... et quand il la retrouve, il ne veut pas la reprendre avec lui. Désespérée, Sita décide de se faire brûler vive. Elle monte sur le bûcher, et le feu s'élève dans le ciel en la tenant sur ses genoux. Rama lui ouvre les bras et dit : « Je ne doutais pas de sa vertu. Je voulais que la preuve en éclatât devant le peuple rassemblé. [...] À présent chacun saura qu'elle est vraiment mienne comme les rayons du soleil appartiennent à leur source[22]. »

Malgré l'affection portée à Sita et l'admiration ressentie pour le couple qu'elle forme avec Rama, c'est Parvati, la fille de la montagne, et Shiva qui fournissent l'histoire la plus dramatique et la plus exemplaire de toute la tradition indienne. Shiva, le dieu ascète, le renonçant qui méprise l'amour (et dont le *linga*, par inversion des valeurs, deviendra le symbole de la virilité et de la fécondité), se laisse séduire par Parvati. Il l'aime. Elle l'aime. Elle l'aime avec une telle passion qu'elle refuse d'obéir à son père qui veut lui faire épouser Vishnu. C'est pourtant un dieu repoussant que Shiva, hirsute, sale, sans avenir. Qu'importe ! « Les femmes raisonnables, dit-elle, écoutent les conseils. Moi, je ne suis qu'une folle, amoureuse d'un fou. » C'est à dessein, bien sûr, que le dieu est noirci à plaisir, car plus le mari est immonde, plus l'amour que lui porte la femme est désintéressé, sublime. Et la leçon que retient l'hindouisme, c'est qu'une femme doit aimer son époux à la folie. Parce que Parvati aura beaucoup à souffrir de son union, elle sera l'image de l'épouse parfaite, soumise dans la plus complète abnégation, jusqu'au martyre, « aux vœux qui enchaînent son cœur à son dieu, à son maître, et, en même temps, celle du dévot passionné[23] ».

Le sacrifice suprême

Si le mariage fait la part belle au plaisir, à un plaisir d'ailleurs institutionnalisé, ritualisé[24], sa fin est pourtant la procréation. Sans doute aucune terre mieux que celle de l'Inde n'a-t-elle été réceptive aux idées de fertilité, de fécondité, de maternité. C'est en y répondant que la femme trouve son plein épanouissement et qu'elle atteint à un réel prestige. Elle devient, nous l'avons dit, la *shakti*, la puissance divine, celle qui assume la continuité de la vie et, par là même, de la tradition. La mère ! Prononcer ce mot, pour un hindou, c'est tout dire. L'Inde est la mère, le Gange est la mère, et la terre, et la vache et tant d'autres choses encore !

Selon la logique du système, la mort de l'époux est pour l'épouse le pire des drames et elle amène sa totale déchéance. Ils ne faisaient qu'un et elle reste quand l'essentiel d'elle-même est parti. Elle était chargée de le soigner, de l'entretenir, de le protéger. Elle a dû le faire bien mal pour qu'il trépasse ! C'est tout juste si on ne la considère pas comme sa meurtrière. Si elle ne le suit pas dans la mort, que lui reste-t-il ? Elle ne peut plus porter de bijoux ; elle est astreinte à ne jamais quitter la tenue de deuil. Parfois ses cheveux sont rasés. Elle ne joue plus dans la maison le moindre rôle, sauf si ses enfants, défiant l'opinion, cherchent à adoucir son sort. Son refuge ? Errer en mendiant sa nourriture ou trouver abri dans un ashram. Mieux vaut, dit-on, la mort. Elle mourra donc, contrainte, n'en doutons pas, plus que volontaire, car son dégoût de vivre n'est pas assez fort, parce qu'elle a été depuis toujours préparée à son sort par une vie d'abnégation, parce qu'elle a déjà beaucoup souffert.

Le sacrifice de la femme sur le bûcher funéraire de son époux, le *sati*, est attesté depuis longtemps (510 av. J.-C.) et semble avoir été pratiqué au Gudjerat dès la Préhistoire[25], mais il n'est devenu institutionnel qu'assez tard et d'abord dans les classes guerrières. On a pensé qu'il se justifiait à l'origine par le souci de ne pas tomber aux mains des ennemis[26]. Il est plus vraisemblable qu'il est issu de très anciennes coutumes exigeant que la veuve accompagne son mari dans sa sépulture. Par son immolation dans le feu, la victime assure son propre salut et celui de son seigneur et maître, même si celui-ci ne le mérite pas[27]. Elle parachève dans le sacrifice suprême ce qui a été sa tâche tout au long de sa vie : le dévouement à l'homme[*].

Le Bouddha et les femmes

Le bouddhisme a connu une très longue existence et n'est pas resté monolithique. Il n'a donc pas cessé d'évoluer et l'on peut observer de grandes différences entre le Grand Véhicule (Mahayana) et le Petit Véhicule (Hinayana ou Theravada), plus encore entre ces écoles et le tantrisme. Ainsi peut-on souvent lui faire dire un peu ce que l'on veut. Un auteur comme Alexandra David-Neel insista par exemple sur son « féminisme » ou du moins sur l'amélioration que lui doit le sort de la femme (et cela est vrai en particulier pour la veuve). Mais dans son essence même, dans sa fondation, il est l'une des doctrines les plus misogynes qui soient.

Le Bouddha avait eu à lutter contre l'attrait charnel que les femmes exercent sur tout homme. Juste avant son « éveil », dans son ultime méditation, il avait été assailli par une armée terrifiante de démons, de spectres et de monstres, puis, comme ceux-ci n'avaient pu le distraire, une troupe plus redoutable de femmes nues s'était présentée à lui avec mission de le tenter — et de sauver par là même la vie que la doctrine de renoncement menaçait gravement — et de le détourner des buts qu'il était sur le

---

* Le *sati* a été interdit par les Anglais en 1829, mais a continué, clandestinement, au moins jusqu'à ces dernières années.

point d'atteindre. Il ne risquait guère de succomber à leurs charmes. Depuis longtemps, il nourrissait une profonde méfiance envers le sexe, le désir puissant et toujours néfaste qu'il éveille chez les hommes, et il avait mis ses disciples en garde contre lui. Rien sans doute dans toute la littérature mondiale n'est plus sévère pour les filles d'Ève que les diatribes qu'il prononça contre elles au cours d'un dialogue que l'on peut dire dramatique avec son disciple Ananda : « Quelle doit être notre attitude, Seigneur, envers une femme ? — Évitez sa vue, Ananda. — Mais si nous la voyons, que faut-il faire ? — Ne lui parlez pas. — Mais si nous lui parlons ? — Alors il faut que vous preniez garde à vous-même, Ananda. [...] Méchantes, Ananda, sont les femmes ; envieuses sont les femmes ; stupides sont les femmes[28]. »

Pour toute doctrine de renoncement, d'ascèse, de libération ou tout simplement d'égoïsme prudent, le célibat, on le conçoit volontiers, peut paraître l'idéal. Cela veut-il dire que l'acte sexuel soit un mal en soi, un péché ? On refuse souvent d'admettre que le bouddhisme a répondu par l'affirmative. Pourtant qu'il ait considéré qu'il y avait souillure dans l'acte sexuel semble bien ressortir du comportement de ceux qui veulent inverser les valeurs et du nom de « purs » qu'on donne au Tibet aux moines célibataires, par opposition à ceux qui sont mariés[29].

Ananda, peut-être, ne comprit pas bien son maître ; c'est lui qui insista auprès de lui pour qu'il accepte des femmes dans sa communauté quand la vieille tante du Bouddha, Maha Pajapati, qui l'avait élevé après la mort de sa mère, vint le trouver, accompagnée de quelques-unes de ses compagnes, douloureuses et désemparées, en vêtement de deuil et les cheveux tondus. Et le Bouddha céda. Il dit plus tard : « Ô Ananda, si les femmes n'avaient pas abandonné la vie ménagère pour la vie sans abri sous l'égide de la doctrine, la religion eût duré longtemps, mais après ce qu'elles ont fait elle ne pourra guère vivre plus d'un demi-millénaire[30]. » Et Ananda finit un jour par avouer ce qu'on lui reprochait : il avait bien commis quelques fautes graves dans sa vie, dont la pire avait été de proposer l'admission des religieuses dans la communauté[31].

Ce serait donc le Bouddha lui-même qui aurait institué le monachisme féminin dans le bouddhisme, mais il établit pour lui des règles bien plus strictes que pour le monachisme masculin et par là consacra ou confirma l'infériorité de la femme. La moniale devait obéissance aux religieux et se contenter de mener une existence humble et austère[32]. Il lui était notamment prescrit de céder le pas aux moines en toute circonstance : « Une nonne, eût-elle cent ans, doit révérer un moine, se lever à sa rencontre, le saluer les mains jointes et l'honorer de ses respects, n'eût-il été reçu dans l'ordre que le jour même[33]. » Le père Bosc, de nos jours, note encore : « Si un bonze veut donner quelque chose à une nonne [...], il le dépose à terre et celle-ci va le chercher [...] en se mettant à genoux[34]. » Cela ne permit guère aux femmes de jouer un rôle dans la religion, de l'illustrer et de s'illustrer elles-mêmes. Le nom d'aucune d'entre elles n'eût mérité d'être conservé par l'Histoire, si l'impératrice chinoise Wou (680-705) n'avait vécu dans un couvent pendant sa jeunesse. Peut-être doit-on à cette sévérité la disparition assez rapide des ordres religieux féminins dans le bouddhisme théravadin — qui subsistent cependant dans une semi-clandestinité avec des femmes qui ne portent pas le nom de nonnes, mais vivent comme si elles en étaient[35]. Un observateur contemporain constate toutefois qu'en Thaïlande les moniales — ou, pour être plus exact, les novices — sont « beaucoup plus nombreuses » que les moines[36]. On voit en tous les cas bien plus que chez les hommes des vocations temporaires, celles de femmes âgées ou de jeunes filles qui observent pendant quelques années totalité ou partie des lois monastiques.

Il est intéressant de remarquer qu'à peu près au même moment (VIe-Ve siècles) le fondateur du djaïnisme, Mahavira se montrait au contraire très favorable au monachisme féminin. À sa mort, dit-on, en exagérant probablement un peu, il y aurait eu trente-six mille nonnes contre quatorze mille moines. On peut penser, avec Eliade, que le succès de cette religion auprès des femmes découle en bonne partie de ce qu'elle leur offrit une promotion spirituelle et sociale impossible alors dans le monde indien, promotion que le bouddhisme ne voulut pas ou ne fut pas capable de faire[37].

La femme bouddhique

Le bouddhisme s'adapta souvent aux tendances spirituelles et aux traditions des divers pays où il s'établit. Ainsi n'est-il pas intervenu dans la vie conjugale des couples. Il n'a établi aucune cérémonie de mariage qui lui soit propre et reconnaît comme valables celles qui sont pratiquées dans les divers États. Il ne préconise ni n'interdit la monogamie, la polygamie ou la polyandrie (que certains Tibétains connaissent ou connaissaient). Il ordonne seulement de bien se conduire, d'être bon et dévoué pour son conjoint ; il condamne l'adultère et la séduction des jeunes filles. Dans certaines régions ou dans certains textes, on trouve des conseils adressés aux deux conjoints. « Le mari doit aimer sa femme, la traiter avec respect et bonté, lui être fidèle, s'employer à la faire honorer par autrui, en lui donnant ce dont elle a besoin (y compris les parures). » La femme « doit témoigner son affection à son mari, diriger sa maison avec ordre, recevoir convenablement ses parents et ses amis, vivre chastement, être bonne et économe ménagère, en montrant probité et zèle dans tous les soins qui lui incombent[38] ». Un texte que cite Alexandra David-Neel rend un son un peu différent de celui mis dans la bouche du Bouddha et rapporté plus haut : « Quand vous parlez à une femme, faites-le en toute pureté de cœur. Si elle est vieille, considérez-la comme une aïeule ; si elle est votre aînée, comme une mère ; si elle est plus jeune, comme une sœur[39]. »

Comme l'hindouisme, le bouddhisme se féminise. Il donne des parèdres, les *shakti*, au Bouddha, aux boddhisatvas et aux dieux quand il les redécouvre après avoir manifesté pour eux dans ses débuts la plus complète indifférence. Le rôle de ces figures féminines ne cesse de croître et devient essentiel dans un certain courant de pensée qu'on nomma dès lors shaktisme. Pour le shaktisme, s'unir à la *shakti*, c'est-à-dire à la féminité divine, est le moyen par excellence de parvenir à l'union éternelle. « L'étreinte amoureuse d'une femme initie aux rites sacrés. [...] C'est le chemin de traverse que recommande le bouddhisme tantrique à qui veut parvenir rapidement à la perfection[40]. » Encore faut-il bien voir, comme le fait Renou, que « la stimulation érotique, [...] la mise en scène de réalisations sexuelles » prônées par la voie dite « de gauche » du tantrisme « doivent conduire à en éprouver la vanité »[41]. Il en découle un changement radical (qui prend ses pleines dimensions chez les « parfaits », *siddhu*, en réalité des sorciers) : volonté de transgresser les lois morales et de violer les préceptes ; refus du célibat ; recherche de l'érotisme, davantage dans sa valeur symbolique que concrète, attitude nouvelle vis-à-vis des femmes, attitude diamétralement opposée à la misogynie antique[42]. Innombrables sont les *shakti* mouvantes, versatiles, tantôt effrayantes et avides, tantôt douces et compatissantes. La plus célèbre et le plus rayonnante est Tara, la « libératrice », et, mieux, « la Sauveur » et « l'Étoile », compagne du boddhisatva Avalokitesvara[43].

La Chine confucianiste

C'est, penserions-nous volontiers, dans le tantrisme et le shaktisme que nous découvrons l'aspect féminin du bouddhisme. Pourtant, assez étrangement, même très loin du Tibet et des foyers d'où rayonnent les *shakti*, la vieille religion de l'Inde est souvent conçue comme essentiellement féminine, peut-être parce qu'elle se féminisa. C'est notamment le cas en Chine où elle passe pour être *yin*[44]* et où le boddhisatva Avalokitesvara est devenu, sous le nom de Kouen-yin, la déesse de la miséricorde : son sanctuaire dans l'île de P'ou-tou-chan est un lieu « où ses apparitions se répétèrent et où se produisirent des guérisons miraculeuses[45] ». Il est vrai que la structure si patriarcale de la Chine, qui impose tant de restrictions à la femme et la tient dans une si étroite sujétion, devait faire que toute religion proposant d'elle une image moins défavorable fût considérée comme efféminée.

Le confucianisme, qui est au fondement de la civilisation chinoise, affiche la plus complète indifférence, du moins en apparence, envers les femmes. Les quatre livres de philosophie morale et politique sont à ce propos on ne peut plus révélateurs. Ils sont écrits pour des hommes, ne parlent que des hommes, et quand ils s'éloignent incidemment d'eux, c'est pour évoquer la figure de la mère. C'est à peine si, une ou deux fois, ils s'intéressent aux deux sexes avec des formules peu significatives telles que « hommes et femmes peuvent [...] hommes et femmes doivent... ». Ils traitent, en insistant jusqu'à la lassitude, des relations entre peuple et souverain, père et fils, frères aînés et cadets, et des devoirs des uns envers les autres ; de la façon dont il faut se comporter avec ses amis et plus généralement avec autrui. Ils n'abordent jamais la question des rapports conjugaux, se contentant de rappeler en passant qu'ils font partie des « cinq devoirs les plus universels pour le genre humain[46] ». Ce silence est plus méprisant que les pires diatribes des plus violents misogynes.

On a l'impression que c'est presque à leur corps défendant que les textes mentionnent l'amour, le mariage, la vie

---

* *Yin* « féminin ». Sur le *yin* et le *yang*, voir *infra*.

de la famille au sens où nous entendons celle-ci. On apprend ici ou là que « l'amour d'une femme belle et jeune est ce que l'homme désire le plus ardemment[47] » ; que les sentiments éprouvés dans la jeunesse pour une jeune fille doivent se prolonger toute la vie en s'élargissant pour englober les enfants[48] ; que si « le bon ordre est établi dans la famille, la femme et les enfants sont heureux et satisfaits[49] » ; et surtout que « la cohabitation ou l'union sous le même toit de l'homme et de la femme est le devoir le plus important de l'homme[50] ». On y découvre l'existence de la polygamie des grands, d'une plus fréquente bigamie, formée par l'épouse principale et la concubine, et qu'il ne faut pas faire rougir et se désoler l'une et l'autre par sa conduite[51]. Il en ressort essentiellement que les rites doivent être scrupuleusement observés dans le mariage et jusque dans les ébats amoureux[52]. Ces rites nuptiaux, on le sait par ailleurs, sont au nombre de six dont l'un au moins dénote une certaine attention de l'homme pour sa compagne : le fiancé doit aller au-devant de la fiancée pour l'introduire dans sa maison.

Cette lecture peut induire en erreur. La féminité n'est pas exclue totalement de la vie chinoise et certains auteurs ont pensé qu'elle était plus présente aux temps anciens qu'aux époques classiques. Dire s'ils ont ou non raison est malaisé, car les faits s'harmonisent mal. On a beaucoup glosé sur la mutilation des pieds de la femme qui aurait été infligée d'abord aux danseuses puis aux dames de la haute société du XIIe siècle et enfin généralisée au temps de la domination mongole comme signe de la culture par opposition à l'inculture des barbares. Il est certain que la femme aux pieds bandés et déformés, au dandinement érotique et incapable de marcher normalement, devient de ce fait inférieure à l'homme, mais cela ne veut pas dire qu'elle ne l'était pas auparavant. On a pu penser que le culte des ancêtres aussi bien mâles que femelles a de tout temps existé. La présence dans l'ancienne mythologie de figures féminines et le rôle important qu'elles jouèrent permettraient de conclure que la société aurait alors fait à la femme une place qui n'aurait jamais cessé de s'amenuiser par la suite. Mais la multitude des déesses du sol et la grande antiquité de la Reine Mère d'Occident, siégeant seule sur le mont Kouen-louen, plaident-elles mieux en faveur d'une prééminence féminine que le culte de la terre qui ne devient parallèle à celui du ciel que tardivement, sous les Han, en gros au début de notre ère[53] ? Dans l'Antiquité, plusieurs hiérogamies mettent en évidence le rôle actif de la femme. On peut la juger soumise quand on considère le fait que chaque année, lors des sacrifices, la déesse mère de la race royale, l'impératrice, amenait à son sanctuaire les femmes du gynécée pour que l'empereur s'unisse à elles[54], et juste le contraire en évoquant ces grandes fêtes, si célèbres, où garçons et filles se retrouvaient dans les forêts pour se livrer charnellement les uns aux autres[55].

Le taoïsme

En Chine, c'est essentiellement le taoïsme, fondé par Lao-tseu au VIe siècle avant notre ère, c'est-à-dire au moment même où vivait Confucius (551-479 ?), qui accorde la plus grande attention au monde féminin. L'une des formules les plus célèbres du Tao-tö-king dit : « Connais la masculinité, mais préfère la féminité », et Eliade, notamment, lui accorde une grande signification[56]. Pour le taoïsme, la forme essentielle est celle du corps féminin ; celui de l'homme participe simultanément des deux dynamiques mâle et femelle ; en chacun il y a des divinités célestes et terrestres, masculines et féminines[57], donc une sorte d'égalité de fait dont une des conséquences était que filles et garçons entraient également dans la religion et au même âge, à six ans[58]. Pour lui, l'amour et les plaisirs de l'union sont les meilleurs antidotes aux affres de la mort, et il y a donc lieu d'exalter la sexualité et l'érotisme et d'en user sans modération, en changeant éventuellement de partenaire « de peur que le pénis ne meure ». « Si je voulais rester longtemps sans rapports sexuels, quel serait le résultat ? demande un garçon. — Très mauvais, répond une fille[59]. » « Le ciel et la terre ont leurs mouvements alternatifs, le *yin* et le *yang* s'épanchent et agissent l'un sur l'autre. » C'est cette vision essentiellement chinoise de la division du Tout primordial (*Tao*) en deux principes mâle et femelle qui, en dernière analyse, conditionne les rapports de l'homme et de la femme. Nous aurons à nous en occuper plus loin.

L'empire mongol

Bien que l'empire mongol ne se référât à aucune grande doctrine philosophique ou religieuse, il a joué dans l'Histoire un rôle si important et ses leçons sont si singulières qu'il semble impossible de ne pas l'évoquer ici, alors même que nous laissons de côté des peuples dont il eût fallu sans doute parler si nous visions à l'exhaustivité.

Les Mongols appartiennent au même univers culturel que les Turcs pré-islamiques auxquels nous nous contenterons de faire rapidement allusion dans le chapitre consacré à la femme musulmane — ce que nous en dirons ici ne devra pas être perdu de vue plus loin. À défaut de textes doctrinaux explicites sur le statut de la femme et pour ne pas nous livrer à une analyse longue et difficile de ce que nous apprennent à son sujet leurs documents historico-épiques, nous pouvons nous contenter d'utiliser ce que rapportent avec une remarquable unanimité, bien que de façon un peu superficielle et sans complète compréhension, des voyageurs étrangers, un Plan Carpin, un Rubrouck, un Ricold de Monte Croce qui visitèrent les terres qui leur étaient soumises, voire un Joinville ou un Al-Umari, historien damascène du XIVe siècle[60].

Ces hommes et bien d'autres commencent par relever ce qui leur est le plus visible quand ils entrent en contact avec ceux qu'ils nomment les Tartares : hommes et femmes se vêtent de la même façon, montent à cheval, portent des armes, guerroient. Puis ils s'essaient à pénétrer un peu dans leur vie intime, leurs fêtes, leur alimentation, leur travail, les rapports des sexes.

« L'habillement des jeunes filles ne diffère pas de celui des hommes, si ce n'est qu'il est un peu plus long » (Rubrouck). « Les vêtements tant des hommes que des femmes sont façonnés sur un seul modèle. [...] Les jeunes filles se distinguent mal des hommes parce qu'elles s'habillent tout comme eux » (Plan Carpin). « Les filles et les femmes montent à cheval et galopent avec agilité comme les hommes. Nous en avons même vu porter arcs et carquois. [...] Toutes portent des culottes et certaines tirent à l'arc comme des hommes » (Plan Carpin). « Elles chevauchent tout comme les hommes, jambe deçà, jambe delà » (Rubrouck). « Elles sont fières et belliqueuses. [...] J'en ai souvent vu entrer dans des cités armées d'un arc et de flèches comme des hommes » (Ricold). « Toutes manières de femmes qui n'ont enfants vont en bataille avec eux » (Joinville). Elles festoient, s'enivrent : « Tous boivent à la ronde, hommes et femmes, à qui mieux mieux, très goulûment » (Rubrouck). Elles jouissent d'une grande liberté d'allure et de l'estime des hommes ; Al-Umari, bon musulman, pourrait exagérer en disant : « En vérité, il est rare à notre époque que la femme soit investie de pouvoirs comparables à ceux qu'elles détiennent là [au Kiptchak, le khanat mongol de la Horde d'Or] », mais le franciscain Ricold de Monte Croce dit de même : « Les Tartares tiennent en grand honneur toutes les femmes au monde, mais surtout les leurs. Ce sont elles qui gouvernent les affaires publiques et domestiques, qui achètent et qui vendent » ; et le dit aussi Marco Polo : « Les femmes achètent, vendent et font tout ce dont ont besoin leur baron et leur famille » ; quant au voyageur marocain Ibn Battuta, il illustre leur rang et leurs activités par maints exemples. Il nous montre ainsi le khan Özbeg qui « va au-devant [de sa principale épouse] jusqu'à la porte de la

tente, la salue, la prend par la main et, quand elle est montée et assise sur le trône, alors s'assied ».

Tous louent leurs vertus — « elles sont très fidèles à
leurs maris » (Ricold) ; « elles sont chastes et on n'entend
pas parler de leurs écarts de conduite » (Plan Carpin) —
et la sévérité des mœurs : « L'adultère est puni par la mort
des deux coupables » (Plan Carpin).

Cela n'empêche pas la spécialisation des tâches : « Le
travail [des femmes], dit Rubrouck, consiste à conduire les
chariots [et il montre comment de grands attelages sont
menés par une seule d'entre elles], à poser les maisons
dessus et à les déposer, à traire les vaches, faire le beurre,
préparer les peaux, [...] coudre les chaussures, les socques
et toute autre sorte d'habits. » Cela n'empêche pas non
plus l'existence de la polygamie, bien que chaque homme
ait une « épouse principale », et, si l'on en croit nos observateurs (mais je doute que sur ce point ils aient bien
compris la chose), que les filles soient achetées « très cher »
à leurs parents. Il faudrait sans doute apporter quelques
additions, faire quelques retouches, mais, en gros, la
description est recevable.

CHAPITRE V

La femme dans l'Antiquité classique

Le recours à la mythologie est un moyen d'aborder le problème du statut féminin dont on ne peut guère se passer quand on étudie les sociétés polythéistes, moyen que nous n'avons d'ailleurs pas négligé, mais qui peut égarer. En considérant la Grèce, on constate qu'elle a imaginé de grandes déesses, de Déméter et Héra jusqu'à Cybèle, en passant par Artémis, Athéna, Aphrodite, qu'elle les a parées de remarquables qualités (et de quelques défauts !) et leur a voué un culte souvent fervent ; qu'elle a créé quelques-unes des plus belles figures de femmes, enfin qu'elle est allée jusqu'à concevoir qu'une mortelle ait donné naissance à un dieu — et quel dieu ! Dionysos, que les Romains nommeraient Bacchus. À la seule lecture de ses mythes et de ses tragédies, on inclinerait volontiers à croire que la Grèce a accordé une attention passionnée aux femmes, ce qui est vrai au moins en partie, comme ce l'est pour tout homme, et qu'elle leur a donné une position élevée, ce qui est totalement faux ou presque. La réputation qu'on lui a faite d'être misogyne est en effet largement justifiée.

Aux origines de la femme

Tout avait assez mal commencé, bien qu'Homère se gardât de juger, avec cette belle Hélène, la fille de Zeus, la sœur de l'odieuse et criminelle Clytemnestre, puisque ses amours avaient provoqué le premier conflit armé de l'Histoire, la guerre de Troie. Elle avait été enlevée par Pâris, mais, comme le dit si bien Hérodote, « la sagesse est de n'accorder aucune importance aux femmes enlevées, car il est bien clair qu'elles ne l'auraient pas été si elles n'avaient pas voulu l'être[1] ». Ce n'était pas la première fois que cela arrivait, et était-il indispensable qu'elle abandonnât sa fille Hermione pour suivre son amant ? Et n'aurait-elle pas pu, si bien gardée qu'elle fût, trouver, au cours de plusieurs années, les moyens de s'échapper ? Je soupçonne cependant Hésiode, même s'il n'a rien inventé et même s'il s'est contenté de recueillir les traditions et les récits qui étaient de mode au VIIIe siècle, d'avoir été le premier à exprimer cette profonde aversion des Grecs pour les femmes, cette idée qu'ils n'énoncent peut-être pas franchement, mais que l'on sent toujours sous-jacente, qui les obsède : Ah ! si les femmes avaient pu ne pas exister ! Ah ! si l'humanité avait pu se reproduire sans elles[2] !

C'est ce qui s'était passé à l'origine. Les hommes naissaient de la terre comme des épis de blé ou ils étaient façonnés par le fils du Titan Japet, Prométhée ou, mieux encore, ils étaient une donnée : leur présence allait de soi, il n'y avait pas besoin de l'expliquer[3]. Puis un jour, Prométhée, qui avait déjà joué un méchant tour à Zeus, alla prendre « à la roue du soleil » le feu que le dieu avait enlevé aux hommes pour le leur rapporter. Le roi de l'Olympe en eut une grande colère. Il châtia Prométhée en l'attachant au Caucase où un aigle lui dévora le foie. Il fut plus sévère encore pour les hommes, car le supplice du héros ne devait pas durer toujours tandis que le leur serait éternel : « Moi, je leur donnerai un mal qui fasse leur délice [...] un mal bien à eux, qu'ils entoureront d'amour, la forme d'une vierge, belle et désirable, semblable à une déesse immortelle[4]. » Il demanda à Héphaïstos, le forgeron divin, « l'Illustre Boiteux », de « façonner la semblance d'une vierge », un être inconnu, et aux autres dieux de lui faire chacun un don : « La déesse aux yeux de lumière » (Athéna) lui donna une telle beauté que ce fut « un émerveillement tant chez les dieux immortels que chez les hommes mortels quand on vit le piège profond et sans issue destiné aux humains[5] ». Aphrodite répandit la grâce, le désir douloureux et les soucis dévorants. Hermès, enfin, reçut l'ordre de mettre en elle, « dans son cœur mensonger, paroles trompeuses et esprit d'une chienne perfide[6] ». C'est d'elle qu'est sortie « la funeste engeance du peuple des femmes, un mal pour les hommes ». On la nomma Pandora parce qu'elle était un don (doron) de tous (pan). Zeus, alors, la proposa à Épiméthée, le frère de Prométhée. Bien que dûment averti par ce dernier qu'il ne devait accepter aucun présent du maître de l'Olympe sous peine des pires malheurs, Épiméthée, séduit, affolé, ayant perdu toute raison, la fit descendre ici-bas et la prit pour épouse. Jusqu'à ce moment, « les hommes vivaient sur terre à l'abri des maux, de la pénible fatigue, de la maladie douloureuse qui hâtent la vieillesse[7] ». Hélas ! Entre autres défauts, Pandora avait celui de la curiosité. Elle ne put résister à la tentation d'ouvrir la jarre dans laquelle tous les fléaux étaient tenus prisonniers et ils se répandirent sur la terre. Seule demeura captive l'espérance : « Elle n'avait pas eu le temps de s'envoler[8]. » Selon une autre version, la jarre avait été donnée en cadeau de mariage à Pandora et contenait tous les biens. Quand elle en souleva le couvercle, tous, sauf l'espérance, s'échappèrent pour rejoindre le ciel.

On le voit : selon Hésiode, la femme ne naît pas, elle est fabriquée. Elle n'a pas de réalité. C'est une « semblance », un simulacre[9]. Aussi l'auteur grec ne cesse-t-il, dans ses deux ouvrages, de se déchaîner contre elle : « Que la femme à la croupe bien équipée ne t'abuse pas. Son babil est séduisant, mais c'est ta bourse qu'elle vise. Se fier à une femme, c'est se fier à des voleurs. » Et s'il concède qu'« il n'est pas pour l'homme de trésor préférable à une bonne épouse », il ajoute : « ni rien de plus fâcheux qu'une mauvaise qui se jette sur les repas ; celle-là, sur terre, consume son mari, si vigoureux soit-il, et le fait devenir vieux prématurément ». Vaut-elle plus qu'une bête ? « Avant tout, conseille-t-il à son frère Perès, acquiers une maison, un bœuf et une femme — une femme achetée, pas une épouse — capable, s'il le faut, de suivre le bœuf[10]. »

Un évident mépris

Les siècles passent et le mépris pour la femme, l'orgueil masculin demeurent. C'est Anacréon (VIe siècle av. J.-C.), le poète de l'amour : « La nature donna une âme courageuse à l'homme ; elle ne pouvait la donner à la femme[11*]. » Aristote (384-322) : « Le courage de l'homme est un courage de maître, celui de la femme, un courage de subordonné, et il en est de même des autres vertus[12]. » Eschyle (525-456) : « L'odieux amour dans le cœur d'une femme est plus féroce que chez les hommes et chez les brutes[13]. » « Le meurtre d'une femme est-il comparable à celui d'un héros[14] ? » Euripide, qu'on accuse si souvent de sévérité extrême à l'égard du sexe féminin et qui pourtant le connaît si bien, exprime mieux que tout autre la beauté de ses sentiments : « Celui dont la perte est regrettée des siens, c'est l'homme. Sans valeur est la vie d'une femme[15]. » « La vie d'un homme a plus de prix que celle de mille femmes[16]. » C'est Sophocle (495-405) qui fait dire à Créon : « Pour moi, tant que je respirerai une femme ne me commandera pas[17] » ou qui évoque Héraclès : « On dit qu'il a passé une année entière au service d'une femme de

---

* Mais le texte attribué à Anacréon a pu être écrit plus tard.

Lycie [Omphale]. Si Héraclès a subi un tel opprobre, à quoi ne doit s'attendre le reste des mortels[18]? » Ou encore qui crie : « Cesse ces gémissements : les femmes aiment trop à recourir aux pleurs[19]. » On pense à Socrate et à son épouse Xanthippe : Xénophon (v. 430-v. 354) la représente comme une mégère, Platon comme quelqu'un incapable de maîtriser ses sentiments. Le premier reprochait à son maître de ne l'avoir pas formée au lieu « de supporter de vivre avec une femme qui est la plus désagréable des femmes d'aujourd'hui et même, à mon avis, des femmes du passé et de l'avenir ». Et Socrate répondit : « J'ai pris cette épouse sachant bien que si je parvenais à la supporter, mes relations seraient faciles avec tout le reste de l'humanité[20]. » Le second écrit : « Dès que Xanthippe nous eut aperçus [près de Socrate mourant], ce furent des malédictions et des discours tout à fait dans le genre habituel des femmes. [...] Elle hurlait en se frappant la poitrine. » Socrate l'avait « supportée ». Il ne le put plus à ses derniers instants : « Criton, dit-il, que quelqu'un ramène cette femme à la maison[21]. » Depuis deux mille quatre cents ans, on médite sur cette phrase...

Peut-être le mépris ne fut-il jamais mieux exprimé que par Platon — qui pourtant plaide tant pour l'égalité des sexes — quand il fait dire à Pausanias : « L'amour de l'Aphrodite pandénienne [populaire] s'attache aux corps sans distinction de sexe et impose des actions basses. [...] L'amour de l'Aphrodite céleste qui s'attache au sexe masculin, naturellement plus fort et plus intelligent, forme les belles liaisons durant toute la vie. [...] L'amour qui tient de l'Aphrodite céleste ne procède que du sexe masculin, à l'exclusion des femmes... En Ionie, au contraire, et dans beaucoup d'autres pays barbares, [...] on attache de la honte à cet amour[22]. » Et il récidive dans le *Timée* : « Celui qui s'abaisse à jouer le personnage de la femme, ne blâme-t-on pas sa ressemblance avec ce dont il se fait l'image[23] ? » Il est vrai qu'il était très sensible à la beauté masculine et tendait à prêter à Socrate un penchant pour la pédérastie, qui lui était personnel : Xénophon affirme que leur commun maître s'élevait vigoureusement contre l'amour des garçons[24]. Mais alors qu'il n'est plus question de cela, Platon écrit encore : « Des hommes lâches [...] ou qui passent toute leur vie dans l'injustice, c'est un propos vraisemblable qu'en femmes ils furent changés à la seconde naissance [réincarnation][25]. » « Comme le sexe féminin est, de nature et en raison de sa faiblesse, plus enclin que le nôtre en mystère et en ruse [...] réfractaire à l'ordre [...], la nature féminine est inférieure à la nature masculine[26]. » On ne serait pas en peine de relever d'autres propos de même tonalité.

Ce mépris découle de l'idée bien établie que la femme est une inférieure, ce dont elle serait elle-même persuadée (bien entendu dans des proclamations masculines) : Athéna, avec son autorité de déesse, confesse : « Sans me soumettre à l'hymen, je rends hommage au sexe viril[27]. » Et Antigone elle-même déclare : « Ce n'est point à une femme de combattre contre les hommes. Ceux qui commandent sont plus forts que nous. Il nous faut nous soumettre[28]. » Même quand on entend rendre le plus haut hommage on ne l'oublie pas : Œdipe, qui va tout devoir à ses filles et l'ignore encore, s'écrie : « Mes fils, [...] ce sont des hommes. Ils sauront pourvoir à leur situation. [...] Mais je te recommande mes malheureuses filles, elles qui, toujours assises à ma table, partageaient tous les mets qu'on servait à leur père[29]. » Et quand il sait ce qu'il leur doit, son expression reconnaissante s'exprime par une comparaison entre les vertus féminines et viriles : « Vous seules, mes filles, autant que la *faiblesse* de votre sexe vous le permettait, vous seules m'avez donné la subsistance, un asile et tout ce que peut attendre un père. » Et il ajoute : « Ce sont elles qui me gardent et, par le courage qu'elles montrent à souffrir avec moi, prouvent qu'elles sont plutôt des hommes que des femmes[30]. » J'ai souligné le mot « faiblesse ». C'est un mot clef. Nous le retrouverons sans cesse.

Vie de la Grecque

Nous sommes à la fin de la plus belle époque de la Grèce. L'image idéale est celle qui montre la femme enfermée dans le gynécée, occupée à des tâches spécifiques, discrète au point que l'on ne parle jamais d'elle, ni en bien ni en mal, et qui se mure dans un complet mutisme. Euripide l'a très bien fait exprimer à Macarie, la fille d'Héraclès : « Pour une femme, rien n'est plus beau que le silence[31]. » En fait, la femme ne participe en rien à la vie publique. À peine la voit-on dehors. C'est son mari qui va au marché, non elle, et quand il reçoit ses amis, c'est dans l'*ândron*, la partie de la maison réservée aux hommes. Xénophon donne cet avis sans nuances : « Il faudra que tu restes au foyer[32] », et Platon parle de l'« habitude » qu'ont les femmes de mener une existence retirée et obscure[33].

Si les femmes mariées ne sortent guère, encore bien moins les jeunes filles ! Leur vertu toujours menacée ne semble pas solide. Ion demande à Creuse : « Mère, n'aurais-tu pas failli comme il arrive aux vierges[34] ? » Quand Héraclès a ramené Alceste à Admète sans lui dire qui elle était, celui-ci s'affole : « Comment restera-t-elle pure en allant et venant au milieu des jeunes gens[35] ? » Hésiode, déjà, évoque la vierge « à la peau délicate qui reste à l'appartement auprès de sa mère et qui ne connaît rien aux travaux d'Aphrodite[36] ». L'*Hymne à Aphrodite* évoque « les jeunes vierges qui, dans leur demeure, se penchent avec joie sur leur métier[37] ». Plutarque, encore, rappelle qu'avant les noces elles ne doivent avoir rien vu, rien entendu[38]. On s'accorde à dire que le culte d'Héraclès se caractérise par une rigoureuse séparation des sexes[39], mais Platon préconise que garçons et filles soient séparés dès l'âge de six ans[40]. Frères et sœurs s'ignorent-ils pour autant ? On en doute quand on voit chez Électre, si proche souvent du monstre dans ses furies homicides, s'épanouir une telle passion pour Oreste, le petit garçon qu'elle a sauvé de la mort. Amour fraternel ou attachement au seul instrument attendu de sa vengeance ? Dans Sophocle au moins, on ne peut pas douter qu'il s'agisse d'amour.

Oui, dans la vie publique, les Grecs ne donnent la parole qu'aux seuls *androi*, les mâles qu'ils sont devenus, alors qu'ils étaient, avant Pandora, les *anthropoi*, les humains[41]. Ils avaient abandonné aux nouvelles venues une partie de leur propre existence, et c'était dur ; ils essayaient de s'en consoler en exaltant celle sur laquelle ils avaient dû se replier.

L'Odyssée esquisse quelques tableaux de la vie quotidienne de la femme qui ne diffèrent guère de ceux du siècle de Périclès et des temps ultérieurs. « Sa mère était assise près du foyer avec ses suivantes : elle tournait la quenouille. » « Elle est assise près du foyer, à la lueur des fours, tournant la quenouille [...], les servantes sont assises derrière elle »[42]. « Dans la maison, il y a cinquante femmes, les unes écrasent le grain sur la miche, les autres tissent la toile ou, assises, tournent le fuseau[43]. » Et Pénélope, attendant Ulysse, tissait le jour sa toile et la défaisait la nuit. Dans *Œdipe à Colone*, Sophocle, par antithèse, montre ce que doit être le travail féminin : « En Égypte, les hommes retirés dans leurs maisons manient la navette et le fuseau tandis que les femmes vont chercher au-dehors tout ce qui est nécessaire à la nourriture de leur époux. [...] Ainsi, vos frères, au lieu de s'acquitter comme ils le devaient des soins dont vous vous êtes chargées (vous mes filles), restent tranquillement occupés à la garde de leur maison comme des femmes. » Déméter, qui vient de se faire engager sous l'apparence d'une vulgaire mortelle âgée, dit : « Je serai une bonne nourrice. Je veillerai sur la maison. Je dresserai le lit du maître [...] et j'aiderai les femmes dans leurs travaux[44]. » Platon déclare que tissage, pâtisserie, cuisine sont « des ouvrages qui semblent relever des femmes[45] », et charge celles-ci de « soigner les malades à la maison, entretenir en bon état ce qui s'y trouve, élever les enfants[46] ». Xénophon trouve que les travaux les plus honorables et les plus convenables pour les femmes sont :

« Faire la farine de pain, les manteaux [...] les tuniques, les chlamydes et les exomides [tuniques qui laissent une épaule nue][47]. »

Il y a de notables exceptions. C'est Sparte d'abord où règne une grande liberté des mœurs, où les filles pratiquent les sports comme les garçons et courent nues sur le stade, ce dont on a tort de se moquer, dit Platon[48], ce que fait pourtant Aristophane (*Lysistrata*) et, avec lui, presque toute la Grèce ; où les femmes s'enorgueillissent autant de leur puissance que de leurs maternités ; où, les opérations financières étant interdites aux citoyens, ce sont elles qui gèrent leurs propriétés et manient les fonds[49]. Ce sont de ces figures qui surgissent parfois, cas particuliers, rares ou plus nombreux qu'on ne le pense, celles de Nausicaa et de ses suivantes qu'Homère montre allant au lavoir, foulant aux pieds les vêtements, puis se baignant, se frottant d'herbes, mangeant sur les rives du fleuve et s'y livrant aux jeux[50] — on croirait presque assister aux ébats joyeux et innocents de Daphnis et Chloé, pourtant sortis d'une plume tardive ; celle d'Ismène, « montée sur un coursier rapide [...] un casque sur la tête[51] » ; celles de ces deux ou trois femmes que nous avons déjà nommées, une Sappho, une Corinne, une Aspasie, pour ne pas parler de Phryné ; celles des Bacchantes dont Anacréon parle déjà[52]. Et puis il ne faut pas oublier que ce qu'on nous présente en général c'est l'épouse légitime, la mère, la dame. À côté d'elle, il y a les hétaïres pour les voluptés de l'esprit et de l'âme, et les courtisanes pour la satisfaction des sens[53].

La grande affaire de la vie, pour la femme de condition, est, ici comme ailleurs, le mariage, contracté assez tôt, semble-t-il, pour les filles : entre douze et quinze ans, bien qu'Aristote situe l'âge idéal entre dix-huit et trente-trois[54] ans et Platon[55], entre seize et vingt ans[56]. Pour l'homme, se marier est indispensable, mais Hésiode met en garde : « Regardes-y à deux fois[57] ! » Pour la femme ? On racontait que le mariage avait été inventé par Cécrops, premier roi d'Athènes, pour mettre fin à la promiscuité sexuelle. Il est

fondé sur la monogamie, que les Grecs sont fiers de pratiquer ; ils y voient un signe de leur évidente supériorité sur
les Barbares, mais ils ferment parfois les yeux sur la
présence de quelque concubine au foyer, et au moins en
430, après la guerre avec Sparte et une épidémie de peste,
une polygamie de fait est avérée.

C'est un contrat et c'est un acte sacré[58]. « La loi qui fait
partager aux époux le même lit est à juste titre le serment
le plus fort[59]. » Elle est dure, cette loi, astreignante pour la
femme. On ne le cache pas : « La vie [de la jeune fille], dit
Sophocle, est exempte de peines dans la retraite paisible
où elle vit, ne connaît que les plaisirs jusqu'au jour où,
quittant le nom de fille, elle prend celui de femme et
d'épouse et, avec ce nom, tous les tourments qui
l'accompagnent et qui, durant la nuit, la font trembler
tour à tour pour un fils ou pour un mari[60]. » Et Eschyle de
soupirer : « Mon fils, l'absence de l'époux est pénible à sa
femme[61]. » Pénélope attendant le retour d'Ulysse en sait
quelque chose ! Une laisse échapper : « Moi [...] qui
redoute le joug de l'hymen plus qu'aucune autre
femme[62] ! » Trois déesses président au mariage : Héra,
Aphrodite et Artémis. La première possède la clef de la
chambre nuptiale. Épouse du roi des dieux, elle est le
modèle des épouses mortelles ; elle représente la loi, la
rigidité des engagements qui assurent l'indissolubilité des
liens contractés, le refus du désir et du plaisir, volontiers
vagabonds. C'est par Héra que la femme légitime est intégrée dans la famille de son mari où, nonobstant, elle
demeurera toujours une étrangère[63]. La deuxième, au
contraire, préside aux ébats charnels des conjoints. Quant
à Artémis, la vierge, la sauvage, elle est là comme emblème
de la virginité qui va être vaincue, domptée comme une
jument rétive, parce que son univers est « de ceux qu'on
traverse » inévitablement, où « nul ne peut demeurer
impunément » — il faut que la jeune fille paie de quelque
don, poupée, jouet, chevelure, le tribut obligé de qui va le
quitter.

La maternité est la raison d'être du mariage, sinon mieux valent les courtisanes et les hétaïres, la raison d'être de l'épouse[64], mais c'est une maternité que l'on entend contrôler, ne pas abandonner à l'instinct de la reproduction illimitée. La femme avorte. Des enfants sont abandonnés, exposés, dit-on, et nul ne s'en offusque, ni Platon, ni Aristote, ni le lecteur de la pastorale de Longus. Aux dieux de décider de leur sort. Loin d'être la créatrice de son enfant, la mère n'est que la nourrice du germe versé « dans les ténèbres de son sein[65] ». Elle reçoit un fruit et, quand il plaît aux dieux, le conserve jusqu'à ce qu'il mûrisse. C'est le père qui crée. Elle ne l'en aime pas moins. La Grecque qui est tant de choses à la fois ne manque pas d'être mère et d'exprimer ses sentiments. Peut-être Clytemnestre s'abrite-t-elle derrière le prétendu désespoir que lui a causé le sacrifice de sa fille Iphigénie. Mais Andromaque, qui peut paraître parfois davantage amante d'Hector, montre chez Euripide, avec une grandeur rarement atteinte, son amour maternel. Que dis-je ? Cette grandeur n'est-elle pas égalée dans les sentiments qu'éprouve pour ses enfants, encore dans Euripide, la femme éprise au point de sacrifier sa vie pour celui qu'elle aime, Alceste[66] ?

La révolte des femmes

La société grecque était sans doute trop organisée, ordonnée, rationnelle et pas assez autoritaire pour refréner les aspirations à la liberté. Tout s'y énonçait en termes de valeurs masculines[67]. Comment ne se serait-il pas produit, au moins épisodiquement, des fissures en elle, un obscur besoin de désordre, de déraison ? L'idée selon laquelle il serait nécessaire au maintien de l'équilibre cosmique que, de temps à autre, éclatent les structures, que l'anarchie règne, a inspiré presque partout et toujours dans le monde des faits et des croyances de tout ordre[68]. La Grèce a elle aussi connu des révoltes féminines, violentes mais en général éphémères, à l'exception d'une seule relevant presque de ce qu'on nommerait aujourd'hui les faits divers ; Aristophane en a inventé deux, au reste pacifiques, dans *L'Assemblée des femmes*[69] (392), une assemblée qui prend le pouvoir et vote une constitution collectiviste, satire des chimères politiques des philosophes, et dans *Lysistrata* où l'on voit les Athéniennes convoquer un congrès féminin pan-grec pour décider que les épouses se sépareront de leurs maris tant que ceux-ci s'entêteront à faire la guerre. Il y en eut de mythiques : ce furent les Danaïdes, cinquante filles qui arrivèrent d'Égypte, fuyant les avances des cinquante fils d'Ægyptos. Eschyle les montre rebelles à l'idée d'être traitées en cavales que les garçons entraînent par leur têtière[70], prêtes à se perdre plutôt que de subir le mariage. Pourtant elles se marièrent, à l'exception de deux d'entre elles, mais, pendant leur nuit de noces elles tuèrent leurs époux : « C'est le sang des hommes qui coula, non celui de leur virginité[71]. » Il y en eut aussi de réelles et violentes : l'assassinat par les Athéniennes du seul rescapé de l'expédition d'Égine (et des membres de sa famille)[72] ; celui de Kyrsilos (Lycidon)[73] ; celui par les Lemniennes de tous les Lemniens coupables de leur avoir été infidèles[74] et dont le souvenir dura assez longtemps pour qu'Ovide en parle encore[75]. Il est à la fois surprenant et choquant de lire dans l'*Électre* d'Euripide une sorte de profession de foi féministe sortant de la bouche de Clytemnestre. J'aurais pu, dit-elle en substance, pardonner le meurtre de ma fille Iphigénie, mais non la concubine que mon mari a ramenée chez moi. « Quand l'époux a des torts et méprise le lit conjugal, la femme veut imiter l'homme et prendre un amant. » Elle s'écrie : « C'est alors contre nous que la réprobation éclate et le vrai coupable, l'homme, ne reçoit aucun blâme. »

Le grand mouvement d'émancipation de la femme fut le dionysisme, un mythe à l'origine qui devint un rituel et un mystère exigeant initiation. Il avait ses pratiques spectaculaires : retraite sur la montagne, dans les forêts, orgies nocturnes (*oribacies*), lacération des victimes (*diaspasagnos*) et manducation des chairs crues (*omophagie*). Ce mouvement était appelé à durer à Thèbes, à Delphes et ailleurs, jusqu'à Rome où, en définitive, on fut obligé de prendre contre lui de sévères mesures. Euripide, qui l'immortalisa, est, à ce sujet, un de nos meilleurs informateurs[76].

Le fils de Zeus, le deux fois né, Dionysos, parcourait l'univers, chevauchant lion et panthère, entraînant derrière lui les femmes, moins rationnelles que les hommes, plus émotives, soumises aux désordres physiologiques et ivres du vin dont il les abreuvait à satiété. Elles allaient, ces Bacchantes, ces ménades ou ces thyiades — comme on disait aussi —, prises d'une folie quasi mystique et quasi hystérique ; elles allaient sur les montagnes les plus sauvages se nourrir d'herbes, de baies et de lait cru ; elles dormaient sur la mousse, se baignaient dans les ruisseaux dans un déchaînement jusque-là inconnu qui secouait toute la terre pendant la tournée triomphale du dieu, prélude à son retour en Grèce, sa patrie, le seul pays qui ne l'acceptait pas. C'est à ce moment que survint la tragédie qui donne sa dimension au mythe. Quand Dionysos se présenta devant Thèbes, Penthée, le roi « qui voulait une cité tout entière du côté de la virilité et de la clarté », refusa de se laisser entraîner dans le désordre et dans l'irrationnel, et le refusèrent également les trois tantes du dieu. Alors celui-ci les frappa de folie, puis rendit folles toutes les femmes de Thèbes et entraîna leur troupe sur le Cithéron. Elles y multiplièrent les merveilles, allaitèrent faons et louveteaux, firent jaillir des sources, couler à profusion le vin et le lait. Bientôt la montagne se déversa sur la plaine. Tout s'enfuit, tout fut ravagé. Enfin les Bacchantes attaquèrent les hommes en armes et les vainquirent. Penthée se laissa piéger. Il s'habilla en femme, se laissa conduire sur la montagne « voir ce qu'il n'est pas permis de voir » et, pris pour une bête sauvage, fut déchiqueté. « La plus grande démence » n'avait-elle pas été de vouloir « une cité entièrement rangée », de ne pas avoir laissé sa place à l'irrationnel, à l'inattendu, à la part inquiétante de la féminité[77] ?

La cité utopique

Cet irrationnel fait un plaisant contraste avec les discours des philosophes et au premier chef avec celui de Platon édifiant sa cité utopique[78]. La méthode platonicienne étant fondée sur le dialogue, les textes proposent alternativement la thèse et l'antithèse. Les critiques les plus acerbes contre les femmes, loin de refléter la pensée de l'auteur, ne sont souvent émises que pour provoquer une argumentation démontrant leur injustice ou leur fausseté. Elles n'auraient donc guère de portée si elles n'exprimaient pas la commune opinion des Grecs. Les vues très sévères s'opposent ainsi aux plus indulgentes, les plus pessimistes aux plus optimistes. Que ne conclurait-on pas si l'on s'en tenait à des textes comme ceux-ci : « La nature de la femme diffère de celle de l'homme » ; « il convient donc d'assigner à chacun une tâche différente en accord avec sa nature » ; « tu as raison d'affirmer qu'en tout, pour ainsi dire, le sexe mâle l'emporte de beaucoup sur l'autre sexe » ; « connais-tu quelque occupation humaine en laquelle les hommes ne surpassent pas les femmes ? » ; « comparées à des femmes qui ne sont que des femmes, celles-ci donneraient l'impression d'être des hommes ».

Le propos de Platon est de construire une « république » où les deux sexes seront égaux, participeront aux mêmes travaux, assumeront les mêmes responsabilités, ou à peu près, car il ne peut s'empêcher de faire quelques restrictions : « Réserve faite, dit-il, que la femme est plus faible et l'homme plus fort ; [en conséquence] nous leur assignerons dans le service la part la plus légère, à cause de la faiblesse de leur sexe. » Considérant que, dans le règne animal, en l'occurrence chez les chiens, les femelles ne restent pas au chenil pour enfanter et nourrir les petits, mais assument comme les mâles la garde des troupeaux et la chasse, il pense que, « dans la race humaine, la femelle est capable de s'associer à tous les travaux des mâles ». Il précise : « Si la différence consiste seulement en ce que la femme enfante et que le mâle engendre, nous n'estimerons pas pour cela démontré que la femme diffère de l'homme [...] et nous continuerons à penser [...] qu'ils doivent emplir les mêmes offices » ; « il n'est aucun emploi exclusivement propre aux femmes. Nombre de femmes sont supérieures à nombre d'hommes en maints travaux. [...] Les aptitudes naturelles sont également réparties entre les deux sexes et il est conforme à la nature que la femme, autant que l'homme, participe à tous les travaux, [...] donc hommes et femmes ont même nature sous le rapport de leurs aptitudes à garder la cité ».

Il s'agit en effet de « garder », comme les chiens gardent le troupeau, et Platon s'intéresse essentiellement à ces « gardiens » qui, affirme-t-il, peuvent et doivent être aussi des « gardiennes ». Mais, pour fabriquer — car il s'agit bien de fabrication — ces dernières, il sera nécessaire de violenter la nature, de transformer la matière première, la femme, de telle manière qu'elle cesse d'être ce qu'elle est et devienne presque un homme. Une telle opération ne peut réussir avec tout le monde — et serait-il souhaitable que cela fût ? Avant tout, « il faudra choisir parmi les femmes celles qui sont douées d'un naturel apte à accomplir ce qu'on attend d'elles » (notons-le bien : il s'agit d'un choix, et la proposition ne concerne donc que la minorité). Ce choix fait, il faudra donner aux filles une éducation semblable à celle des garçons. « Nous devrons les former aux mêmes disciplines[79]. » « Notre loi prescrirait en tout pour les filles l'égalité des exercices » ; « les femmes quitteront leurs vêtements [...] participeront à la guerre [...] sans s'occuper d'autre chose ». Qu'est-ce à dire ? Devront-elles renoncer à enfanter « afin que la race conserve sa pureté » ? Mais oui. Si elles n'y renoncent pas, si elles sont mères, elles devront ne pas allaiter ou allaiter « pendant un temps mesuré » et des nourrices seront ensuite chargées de les remplacer, puis les enfants seront « élevés dans un bercail commun » afin qu'aucune mère ne puisse reconnaître sa progéniture. D'ailleurs il y aura peu de petits dont il faudra prendre soin. On tuera les inutiles, les souffreteux, les mal formés, s'il en naît, car on veillera à ce qu'il n'en naisse pas[*]. On multipliera les rapports entre les meilleurs des hommes et les meilleures des femmes, celles-ci « étant communes à toutes », mais on raréfiera les rapports entre les êtres inférieurs comme cela se pratique pour les chiens et les oiseaux dont on cherche à améliorer l'espèce.

Belle liberté ! Belle république ! Beau sens de l'humain ! Pauvres enfants, pauvres femmes ! Mais il s'agit heureusement d'une cité utopique, d'un exercice de dialectique. N'oublions pas en outre que ce projet n'intéresse que le plus petit nombre, celles qui auront été choisies pour ne plus être des femmes, et, on peut le dire sans doute aussi, ceux qu'on aura sélectionnés pour ne plus être des hommes. Aristote l'a bien remarqué : « Ce que sera le statut politique général des membres de la communauté, Socrate[**] ne le dit pas. [...] La masse de la cité se composera de ces innombrables êtres pour lesquels on n'aura rien statué[80]. »

La femme aux premiers siècles de Rome

Autant la vie sociale (et par conséquent celle de la femme) est demeurée stable dans le monde grec depuis ce que reflète Homère jusqu'aux temps d'Alexandre et sans

---

[*] Avortement et abandon des enfants étaient courants dans l'Antiquité classique et ailleurs.

[**] Sous la plume de Platon, c'est Socrate qui est censé s'exprimer.

doute plus tard — peut-être jusqu'à Byzance, malgré la révolution immense qu'y fut le christianisme —, autant celle de Rome a évolué entres les époques monarchique (753 ?-509) et républicaine (509-27 av. J.-C.) d'une part, impériale de l'autre (27-476 av. J.-C.). Pour simplifier beaucoup, on peut dire que cette évolution a été marquée par une libéralisation et une dégradation régulières des mœurs, parallèles à une émancipation croissante de la femme. Il faut cependant noter que nous voyons l'une et l'autre s'affirmer dans la haute société que nous connaissons mieux que les basses et moyennes classes et qu'il se peut que celles-ci aient gardé, en partie du moins, les antiques vertus de la race. Ce n'est pourtant pas l'avis de Juvénal (v. 65-v. 128) qui affirme que « nobles et plébéiennes sont également dépravées[81] ».

La vertu des premiers Romains et Romaines ne peut guère être mise en doute, mais elle a pu être exagérée dans nos sources parce que celles-ci sont souvent tardives et les exaltent pour mieux souligner, par contraste, la dégénérescence qu'elles dénoncent ou, plus simplement, pour éveiller dans le cœur des citoyens l'orgueil de leur passé. C'est un beau tableau que brosse Juvénal : « Une humble fortune conservait autrefois l'innocence des femmes latines, de longs travaux, un sommeil court, les mains endurcies à travailler la laine[82]. » Il est beau, mais pas plus que celui qu'on peut lire dans Térence (v.190-v.159 av. J.-C.), très bon peintre des caractères et qui montre les qualités de cœur, la tendresse, la pudeur, la fidélité des femmes. Et Plutarque, très soucieux de morale, de vertus familiales, de respect du mariage, affirme que pendant les deux cent trente premières années de Rome il n'y eut pas de divorce : « De la pudeur, de l'affection, de la stabilité dans le mariage, le temps porte témoignage[83]. »

La vie, alors, est modeste, sérieuse. L'homme laboure et fait la guerre. La femme tient la maison et élève les petits. Toute l'autorité appartient au père de famille. Il est seul juge de son épouse et de leurs enfants, seul autorisé à renvoyer une compagne qui lui déplaît ou qui manque à ses devoirs. « Si elle a bu du vin ou si elle a commis un adultère, qu'il la tue ! » dit Caton (234-149 av. J.-C.). La fille reçoit un minimum d'éducation : on lui apprend à filer la laine et à tenir son logis. On la marie tôt. L'âge légal pour contracter union est de douze ans (quatorze pour les garçons), mais elle le fait en général entre douze et dix-huit ans, rarement avant quatorze et après seize (l'homme, lui, se marie vers trente-cinq ou quarante ans). Rien ne change sensiblement avec le mariage : elle passe de la tutelle de son père à celle de son mari et l'on dit souvent qu'elle demeure une éternelle mineure, qu'elle n'a pas d'existence légale. Sa personnalité, ses origines sont du moins reconnues puisqu'elle garde son nom de jeune fille (l'Europe chrétienne fera de même, jusqu'au XVIIe siècle en France), ce qui a pour contrepartie d'en faire une étrangère à la famille auprès de laquelle elle vit. Mère, elle suscite un profond respect et jouit d'une réelle autorité morale, exerce sur son foyer une influence profonde, non légale mais de fait, et ce dès les premiers jours de Rome. Cela n'empêche pas, comme le dit un spécialiste du droit romain, qu'elle n'est pas « sujet de droit [et qu'elle est] uniquement un objet[84] ».

Les choses cependant évoluent et l'on s'accorde en général à dire que c'est au Ier siècle avant notre ère que tout change réellement. Les femmes qui jusqu'alors vivaient séparées des hommes sont désormais admises au repas en commun (*cena*). L'autorité patriarcale diminue. Les mères prennent l'habitude de faire élever leurs enfants par des esclaves. L'instruction se répand chez les filles et on commence à les doter au moment de leur mariage, souvent de façon considérable. Mais tout cela n'est-il pas antérieur ? Pour ne prendre qu'un exemple, citons Plaute (251-184 av. J.-C.) qui parle déjà et des sommes énormes données aux jeunes femmes à leurs noces et de la façon dont elles savent s'en servir : « "Je t'ai apporté, en me mariant, une dot bien supérieure à ta fortune. Il est donc logique que tu me donnes pourpre, bijoux, servantes, mulets, palefreniers,

valets de pied, laquais et voitures pour me promener." [...]
Voilà les inconvénients (il y en a bien d'autres), voilà les
dépenses énormes qu'elles occasionnent. Une femme sans
dot, au contraire, est entre les mains de son époux. La dot ?
Cela ne vaut rien pour le mari[85]. »

La Romaine sous l'Empire

Il y a un contraste flagrant entre les sombres tableaux
qui sont faits de la Rome impériale et l'œuvre que celle-ci
accomplit dans tous les domaines, la plus grandiose, la
plus durable. Que les chrétiens en soient en partie respon-
sables, on peut l'admettre, mais leur responsabilité, avant
les IIe-IIIe siècles au moins, est minime. Suétone, Pétrone,
Juvénal ne sont pas plus chrétiens que Virgile ou Lucrèce,
et les *Vies des douze Césars* (Suétone) sont tissées de crimes
et de débauches. Comme il y eut de très grands princes, et
vertueux, il y eut, n'en doutons pas, de très belles âmes
qui, comme les fleurs, poussèrent sur du fumier.

Les mœurs, comme la religion, devaient être déjà très
corrompues au temps d'Auguste et de Tibère puisqu'ils
voulurent les réformer. On vit l'impératrice Livie effectuer,
tout haut placée qu'elle était, les travaux des anciennes
Romaines — la filature, le tissage, la confection d'habits —
et Auguste ne portait que des vêtements confectionnés par
sa femme, sa sœur, ses filles et ses petites-filles.

Les femmes étaient désormais émancipées de toute
tutelle maritale et en partie de la tutelle paternelle, et ce
mouvement irait en s'accroissant jusqu'à la fin de l'Empire
ou jusqu'aux grandes menaces qui pèseraient sur lui, bien
qu'une loi (abrogée en 390) reconnût au père le droit
de vie et de mort sur ses enfants, bien que les juristes
conservassent l'idée de l'infériorité naturelle de la femme :
ils la transmettraient à l'Europe renaissante et classique
quand celle-ci découvrirait le droit romain et s'en engoue-
rait. Néanmoins on peut dire qu'au IVe siècle personne n'est

plus libre que les Romaines. Certaines humbles servantes se sont faites les collaboratrices de leur époux ; d'autres mènent avec lui une vie d'indifférence réciproque ; d'autres encore se livrent à la débauche — leur nombre ne cesse de croître. Les Romaines ont acquis le droit de demander le divorce, l'obtiennent facilement et peuvent aussitôt contracter une nouvelle union. On estime le nombre de leurs remariages à deux ou trois en moyenne ; c'est dire qu'il peut être bien plus élevé. Saint Jérôme (v. 347-420) cite ainsi une femme qui a eu vingt-deux maris. C'en est au point que les observateurs les plus indulgents parlent de « fléau ». Sénèque (4 av. J.-C.-65) note que les femmes ne comptent plus les années par les noms des consuls, mais par ceux de leurs époux successifs. C'est par ailleurs l'époque (IVe siècle de notre ère) où le mariage prend sa forme classique, celle que nous conservons à peu de chose près. Précédé de fiançailles, devant témoins et don d'un anneau du fiancé à la fiancée, il comporte une cérémonie religieuse avec demoiselles et garçons d'honneur et échange du « oui » rituel qui le consacre. Mais l'extrême facilité avec lequel on peut rompre une union jadis considérée comme sacrée lui enlève le respect qu'on lui portait. L'adultère devient banal et l'amour ne se conçoit plus qu'en dehors de lui. Les naissances illégitimes ne se comptent plus : « Marcella t'a rendu sept fois père, Cinna, mais aucun de tes enfants [...] n'est de toi[86]. »

Pour la femme qui s'adonne à l'amour libre, le paraître est essentiel. Nous sommes à l'époque des bijoux venus d'Orient, des parures extravagantes, des tissus précieux. La soie que Jules César a commencé à utiliser, que Caligula le premier porte devient à la mode sous Néron et indispensable à la parure féminine sous Élagabal (218-222). La femme passe une partie de sa journée à se coiffer, à se parer, à se farder. Saint Jérôme la montre « se fabriquant un visage dans l'attente d'un homme, s'étudiant à une démarche molle, à des attitudes voluptueuses[87] ». À partir du règne de Claude, elle ne circule plus qu'en litière fermée. Avec cela, elle se révèle dure, impitoyable, souvent cruelle. Les spectacles du cirque l'ont insensibilisée. La possession d'esclaves lui a donné le sentiment d'une toute-puissance qui « peut aller jusqu'à abolir en elle tout senti-ment humain[88] ». Juvénal affirme qu'elle ne craint pas de faire périr l'un ou l'autre d'entre eux par simple caprice ; il fait dire à l'une d'elles : « Un esclave est-il un homme ? Innocent ou coupable, il périra. Je le veux. Je l'ordonne. Cela suffit[89]. »

Comme la femme entend que rien ne vienne entraver sa liberté, elle ne se contente pas de donner ses enfants à des nourrices, et, quand ils sont plus grands, à des précepteurs, elle les refuse. S'il en naît, elle les abandonne. Elle souhaite surtout qu'il n'en vienne pas au monde et recourt aux perversions sexuelles — l'amour des eunuques est, paraît-il, très prisé — et à l'avortement. « Nos matrones, sur leur couche dorée, ne connaissent guère les soucis de la mater-nité tant sont puissants l'art et les breuvages de ces merce-naires qui savent rendre stérile un sein fécond ou détruire l'humanité dans son germe[90]. » Les hommes fuiraient le mariage s'ils n'étaient pas avides. Les femmes, maîtresses de leur patrimoine à partir de 35 av. J.-C., souvent habiles dans les affaires, amassent des fortunes. Les coureurs de dot abondent. Et pourtant ! Dans quel esclavage le mari d'une femme riche ne tombe-t-il pas ! « Vous me demandez pourquoi je ne veux pas épouser une femme riche. C'est parce que je ne veux pas devenir la très humble servante de ma propre épouse[91] », écrit Martial (v. 40-v. 104). Si elle n'est pas une riche héritière ou une femme d'affaires avisée, ce peut être pire. La femme pauvre ruine son mari et son amant. Lucrèce (98-55 av. J.-C.) s'en plai-gnait déjà : « La vie de l'amant est vouée à l'esclavage ; il voit ses biens fondre. [...] Il néglige ses devoirs[92]. » Juvénal, bien sûr, renchérit en évoquant les dépenses faramineuses qu'exigent les femmes de leurs « maris esclaves » pour acquérir bijoux, parures, troupeaux, parfums[93]. En outre, si l'on en croit cette langue de vipère de Juvénal, la belle-mère est une calamité. « Renonce à la concorde tant que vivra la mère de ta femme. Elle saura l'instruire à te ruiner sans remords, à répondre avec art aux billets de ses amants. [...] Ces vieilles infâmes ont trop d'intérêt à prostituer leurs filles[94]. » Le célibat, dans ces conditions, apparaît en définitive aux hommes réfléchis comme le meilleur mode de vie, d'autant plus que tous ses parents entourent le célibataire dans l'espoir d'hériter de lui[95]. On comprend mieux la redoutable crise démographique qui sévit alors dans l'Empire et finalement l'entraîna à sa perte[96]. César, Auguste, Tibère essaieront en vain de réagir. Auguste, Domitien, Septime Sévère promulgueront des lois pour freiner les divorces et sanctionner les adultères. Rien n'enraye le mal, d'autant plus que la cour qui donne les bons conseils est souvent prodigue des mauvais exemples. Songeons à Néron, à Claude, à Messaline...

En dépit de cette évolution, la passion amoureuse peut cependant encore être absolue, dévastatrice, voire s'achever par un double suicide : Antoine et Cléopâtre dormiront dans le même tombeau. L'idéal du couple fidèle n'a pas disparu. Ovide crée celui, ô combien touchant, de Philémon et Baucis unis jusque dans leur vieillesse et dans la mort. Tacite cite en exemple Agricola et sa femme Domitia Decidiana « qui vécurent dans une admirable concorde, pénétrés d'une tendresse mutuelle et chacun donnant à l'autre la préférence sur soi-même[97] ». Après plusieurs divorces, un ménage peut se former, stable et heureux — Pline le Jeune (62-133) a trouvé dans sa troisième épouse, Calpurnia, une compagne tendrement dévouée et admiratrice de son œuvre. Une maîtresse coquette, violente, volage, mais très séduisante et ardente comme Cynthia sut inspirer à son amant Properce (v. 47-16 av. J.-C.) une passion exclusive[98]. Et il est des femmes qui ne mettent pas leur mari sur la paille, dont la fortune est employée à payer les dettes de ce dernier ou à accroître son prestige. Catilina put s'acquitter de ce qu'il devait

« grâce à la générosité d'Orestella [sa seconde femme] et de sa fille[99] ». Agricola eut sa carrière facilitée par l'éclat dont l'entoura Domitia et par le soutien qu'elle lui apporta. Et il est des femmes, comme cette Cornelia que chante Properce (mais c'était au Ier siècle av. J.-C.), pour soutenir que « le triomphe suprême d'une femme est sa bonne réputation[100] ».

La débauchée n'occupe qu'une des faces du polyptyque, la plus voyante peut-être, au moins celle qui choque le plus. Il y a dans l'Empire d'autres images de la femme. Il y a la sportive, bien que le stade n'ait jamais séduit les Romains autant que les Grecs. « Qui ne sait qu'elles ont la manie de porter le manteau tyrien et de se frotter d'huiles ainsi que les athlètes ? Qui ne les a vues le bouclier au poing ? [...] Quelle peut être sous un casque la pudeur d'une femme qui déroge à son sexe pour usurper le nôtre[101] ? » Il y a la passionnée de spectacles, celle qui ne manque pas une représentation au théâtre et au cirque, surtout au cirque — et Dieu sait qu'il y en a : soixante-six jours par an sont consacrés aux jeux au début de l'Empire, quatre-vingt-dix-sept sous Tibère déjà.

Il y a les intellectuelles, celles qui ne jurent que par la Grèce, la littérature, la philosophie, les arts d'agrément. Quelques-unes sont réellement instruites et cultivées. C'est par son immense culture (elle parlait, dit Plutarque, une dizaine de langues) plus que par sa beauté que Cléopâtre séduisit deux généralissimes romains. Il y a dans l'entourage de la docte Marcella, au IVe siècle, nombre de femmes qui pourraient inspirer de la jalousie et presque de la crainte à plus d'un docteur de l'*Urbs*. Les autres ? Il n'a évidemment pas fallu attendre Molière pour que des hommes se moquent des femmes savantes. « Est-il rien de plus fastidieux qu'une femme qui se croit dépourvue d'agréments si elle n'a pas l'air grec ? [...] Nos Romaines emploient le grec à tout propos, comme s'il n'était pas plus important pour elles de savoir leur propre langue ! [...] Elles expriment tout dans ce langage. [...]

C'est en grec qu'elles font l'amour[102]. » « Celle-là est plus insupportable encore qui, à peine à table, loue Virgile, pardonne à Élisa [Didon] prête à mourir, met les poètes en prose, les compare, suspend dans la balance d'un côté Maron [Virgile], de l'autre Homère. Les grammairiens rendent les armes. Les rhéteurs s'avouent vaincus. Tout le monde fait silence[103]. » Saint Jérôme, au début du Vᵉ siècle, raillera à peu près de la même façon la pédante qui récite ou chante des vers à tout propos[104].

Il y a la politique. Bien qu'en règle générale la femme romaine préfère se tenir dans l'ombre — et y est contrainte puisqu'elle ne peut exercer aucune fonction publique —, qu'elle cherche seulement à influencer son mari ou son amant comme elle l'a toujours fait (et, dans la sphère impériale, à gouverner à travers l'empereur), elle ne sait pas toujours résister aux honneurs officiels, aux sollicitations des rois vassaux et des gouverneurs qui viennent la trouver quand elle accompagne son époux dans les provinces, aux « cadeaux », bien sûr désintéressés, à ses pulsions, et il arrive que, de façon plus ou moins discrète, elle intervienne directement. Agrippine la Jeune, femme de Claude et mère de Néron, assiste secrètement aux séances du Sénat, mais tout le monde connaît sa présence et s'en offusque. Agrippine l'Ancienne sauve Germanicus en empêchant qu'on détruise le pont sur le Rhin par lequel il peut se replier. Tacite, indigné, raconte comment la femme du gouverneur de Syrie passe elle-même les troupes en revue[105]. Et l'Évangile de Matthieu rappelle que celle de Ponce Pilate (le procurateur romain en Palestine de 26 à 36), dans la journée tragique du vendredi de la crucifixion, fut la seule personne qui osa élever la voix pour essayer de sauver Jésus, le « roi des Juifs » que l'on disait messie (Mt XXVII, 19).

Ainsi, tandis qu'une partie des femmes se grisent dans un tourbillon de jouissances et de plaisirs, les autres mènent dans les affaires, la politique, le sport, la vie intellectuelle une existence de plus en plus « masculinisée » et dissolue.

Saint Jérôme constate : « Il y en a qui renient leur sexe, [...] s'habillent comme des hommes, se coupent les cheveux comme des hommes[106]. » Tout le monde, à quelques voix près, s'en félicite ou se tait. Nul, sans se l'avouer, sans le savoir peut-être, n'en est cependant heureux. Il y a un malaise qui demeure confus. On pense alors à concilier la morale, les aspirations profondes des âmes et les « acquis modernes » dont, au premier chef, l'émancipation féminine.

Cela explique en partie le succès, au IIe siècle, de l'hérésie montaniste et en définitive son échec, car on ne peut concilier l'inconciliable. Ce mouvement, né en Phrygie, une terre ayant toujours connu la religion de la femme, se répand jusqu'en Gaule et manque de peu, en 180, de conquérir l'Église de Rome, y confère aux femmes une place unique, proclame leur libération de toute tutelle masculine, une égalité absolue avec les hommes, et leur permet, sur le plan religieux, d'accéder au sacerdoce et à l'épiscopat, tout en exaltant la morale et un idéal de virginité.

Le christianisme « orthodoxe » finira par l'emporter. Les femmes n'étaient pas les dernières à l'attendre ; elles furent parmi les premières à s'y rallier. Insatisfaites, ayant perdu leurs points de repère, elles participaient déjà, aux premiers siècles de notre ère, aux religions à mystères, aux religions de salut « à un degré jamais connu auparavant[107] ».

CHAPITRE VI

La femme de la Bible et celle du Coran

Aussi importante qu'ait pu être l'influence exercée par la Grèce et par Rome sur le christianisme et sur l'islam, celle de la Bible hébraïque, à l'origine des trois grandes religions monothéistes, le fut plus encore. Si l'on met à part d'un côté le Cantique des Cantiques, poème d'amour mystique ou humain peu révélateur en définitive, et de l'autre les figures féminines, souvent pleines de vie, seuls trois livres de l'immense recueil de l'Ancien Testament nous renseignent, à l'époque historique, sur les sentiments des Hébreux envers les femmes : les Proverbes (VIIe siècle av. J.-C.), l'Ecclésiaste (fin du IVe siècle) et l'Ecclésiastique (IIe siècle). S'ils reflètent un état d'esprit et s'ils ont pu influer sur la pensée tant juive que chrétienne des temps ultérieurs, ils sont loin d'avoir joué un rôle aussi important que le Pentateuque, en particulier son premier livre, la Genèse. Ce que celle-ci dit peut tenir en quelques lignes et pourtant ces lignes ont fixé pour toujours pour les confessions qui se réfèrent à elles la position de la femme dans la société et ses rapports avec l'homme.

Ève

Dieu, Yahvé (Élohim), au sixième jour, créa l'homme « à son image. [...] Il les créa mâle et femelle[1] ». Il dit : « Il n'est pas bon que l'homme soit seul. Je veux lui faire une *aide* qui soit *semblable* à lui[*]. [...] Il fit tomber une torpeur sur l'homme et celui-ci s'endormit. Il prit une de ses côtes et enferma de la chair à sa place. Il bâtit en femme la côte qu'Il avait prise de l'homme. » Et alors que Dieu avait donné à l'homme son nom, Adam[2], c'est l'homme « qui appela sa femme Ève (Hayyah, "Vivante") pour qu'elle fût mère de tout vivant[3] ». Dieu amena la femme vers l'homme et l'homme dit : « Cette fois, celle-ci est l'os de mes os et la chair de ma chair [c'est-à-dire ce qui m'est le plus étroitement lié]. [...] C'est pourquoi l'homme laissera son père et sa mère, s'attachera à sa femme et ils deviendront une seule chair. »

De ce premier acte, l'acte créateur de l'humanité, sur lequel nous serons appelés à revenir, découlent des représentations fondamentales : l'homme est le premier créé ; la femme est issue de lui, semblable à lui, liée à lui au point de ne faire qu'un avec lui, non individuellement mais collectivement, ce qui n'implique pas la formation d'un couple ni le mariage monogamique indissoluble, qu'Israël et l'islam ne pratiquent pas mais que prôneront les Évangiles de Matthieu et de Marc et, de façon mystique, une épître de Jean[4]. Par ailleurs, la femme est créée pour aider l'homme, et, comme le texte le dit plus loin, elle lui est donc subordonnée. Cette subordination découle en outre de ce que son nom lui est donné par l'homme (alors que Dieu donne à l'homme le sien) : dire le nom, c'est en quelque sorte créer, à tout le moins dévoiler, affirmer ses droits sur celui qu'il désigne. Les ethnologues l'ont unanimement répété : « Prononcer le nom permet de prendre possession de l'être qui le porte[5]. » « Lorsque l'on sait le nom d'une personne ou d'un esprit on a par là même acquis un certain pouvoir sur le porteur du nom[6]. »

---

[*] Ici et plus bas, c'est l'auteur qui souligne.

Le second acte est encore plus lourd de conséquences. L'homme et la femme étaient à l'Éden, le paradis terrestre. Deux arbres s'y épanouissaient auxquels Iahvé avait interdit de toucher. Le serpent dit à Ève : « Dieu sait que le jour où vous mangerez [de ce fruit] vos yeux se dessilleront et vous serez comme des dieux, sachant le bien et le mal. [...] La femme vit que l'arbre [...] était précieux pour ouvrir l'intelligence. Elle prit de son fruit, et en mangea. Elle en donna aussi à son mari [...] et il en mangea. » Alors leurs yeux à tous deux se dessillèrent et « ils surent qu'ils étaient nus ». Dieu dit à la femme : « Je vais multiplier tes souffrances et tes grossesses. C'est dans la souffrance que tu enfanteras tes fils. Ton élan sera vers ton mari et, lui, *il te dominera*. À l'homme, il dit : « Parce que tu as écouté la voix de la femme [...] c'est dans la souffrance que tu te nourriras. [...] À la sueur de ton visage tu mangeras du pain jusqu'à ton retour au sol [...] car tu es poussière et tu retourneras en poussière. » Puis Il les chassa du paradis[7].

Bien qu'Adam soit coupable d'avoir cédé à Ève et qu'il en ait été comme elle sévèrement puni par la perte de l'innocence, par la honte de la nudité, l'exclusion du paradis, la nécessité de gagner durement sa vie et par la mort, la culpabilité de la tentatrice est considérée comme beaucoup plus lourde. Outre le châtiment commun, elle doit enfanter dans la douleur et se soumettre à l'homme.

Pourquoi Ève est-elle plus coupable qu'Adam ? Tous deux ont péché en mangeant le fruit défendu, mais, elle, elle a commis un péché plus grave : elle a été la tentatrice et sa tentation a réussi alors qu'elle aurait dû échouer. Elle est punie de ce que l'homme n'a pas su lui résister. L'essentiel de sa punition n'est pas d'enfanter en souffrant (est-ce pire que mourir ?), mais d'être soumise à l'homme et de transmettre à toute sa descendance le péché et la mort. « C'est par la femme qu'a commencé le péché. C'est à cause d'elle que nous mourons tous[8] », disent les juifs. Et les chrétiens diront de même, dès saint Paul qui accable Ève, dès le premier théologien qui absout Adam[9] : « Ignores-tu, demande Tertullien, que tu es Ève ? La sentence de Dieu subsiste aujourd'hui encore sur ton sexe[10]. » Ce sera pour le christianisme une idée récurrente que d'opposer Ève et la Vierge Marie, la nouvelle Ève. Saint Augustin le fera dans une formule saisissante : « Par une femme, la mort, par une femme, la vie. Par Ève, la chute, par Marie, le salut[11]. » Cela n'incite certes pas à être féministe. Après ces mots, tout est dit, le reste n'est que broutilles.

Autour du Décalogue

En dehors de cela, la Genèse ne nous apprend pas grand-chose. On y lit que Lamech, « descendant de Caïn à la cinquième génération, prit pour lui deux femmes[12] », ce qui n'institue peut-être pas la polygamie mais en fournit la première mention biblique. La polygamie demeurera de règle et les souverains hébreux posséderont d'immenses harems. Salomon (v. 972-932), le sage, aura sept cents princesses pour épouses et trois cents concubines[13], et Dieu ne lui en voudra pas, mais lui reprochera de s'être laissé entraîner à une relative infidélité religieuse par celles d'entre elles appartenant à des races étrangères. On y voit qu'on pratique ou qu'on essaie de pratiquer les mariages croisés[14] ; que l'union entre un frère et sa demi-sœur est autorisée (Abraham et Sara et, dans le Livre de Samuel, Ammon et Tamar), au même titre que celle avec deux sœurs, coutumes qui seront interdites ultérieurement[15] ; que l'on viole et enlève les femmes ; que le mariage est somptueusement célébré au cours d'une fête qui dure sept jours[16] ; que les filles, aux temps patriarcaux du moins, Rébecca, Rachel, d'autres, mènent la vie assez libre des nomades, conduisent le petit bétail aux champs, vont puiser l'eau à la fontaine, parlent aux hommes.

L'Exode et le Deutéronome énoncent tous deux les Dix Commandements (Décalogue). En quelques formules brèves, concises, on y ordonne d'honorer son père et sa mère (de la même manière, sans accorder de préséance à l'un ou à l'autre), de ne pas commettre l'adultère. Puis les textes ajoutent (9ᵉ et 10ᵉ commandements), manifestement à l'adresse de l'homme exclusivement, comme si la femme, possession de l'homme, n'avait pas à recevoir d'ordre directement de Dieu : « Tu ne convoiteras pas la maison de ton prochain, tu ne convoiteras pas la femme de ton prochain, ni son serviteur, ni sa servante, ni son bœuf, ni son âne, ni tout ce qui est à ton prochain[17]. » Plus loin, ils en viennent à une législation beaucoup plus détaillée. Ils insistent inlassablement sur le crime de l'adultère, comme le feront les autres volumes de la Bible, et précisent, ce qui mérite d'être souligné, que les deux partenaires en partagent la responsabilité et doivent être également punis : « L'homme qui commet l'adultère avec la femme d'un homme [...] il sera mis à mort, l'homme adultère et la femme adultère[18]. » Ils condamnent l'inceste avec la mère, la belle-mère, la bru, la sœur et la belle-sœur au même titre et en même temps que l'homosexualité et la bestialité[19]. Ils interdisent que l'on prostitue sa fille[20], ce qui prouve qu'il était dans l'usage de le faire. Ils sont particulièrement stricts pour les prêtres, qui ne peuvent contracter union qu'avec des vierges[21]. Ils exigent d'ailleurs que la fille garde sa virginité jusqu'à son mariage. Si la preuve est faite que celle-ci ne l'a pas conservée, « les gens de la ville la lapideront avec des pierres ; elle mourra parce qu'elle a commis une infamie en Israël en se prostituant dans la maison de son père[22] ». Les fiançailles étant un engagement aussi contraignant que le mariage, si une fiancée est violée en ville par un quidam, tous deux seront lapidés, « la jeune fille parce qu'elle n'a pas crié », mais, si c'est à la campagne, seul l'homme mourra parce que la fille a eu beau crier, personne n'était là pour l'entendre[23]. Cette dernière prescription, le châtiment égal des deux adultères, l'exemption, accordée pendant un an, du service militaire et de toute autre affaire au jeune marié afin qu'il puisse « réjouir son épouse[24] » et enfin le droit à l'héritage reconnu aux filles quand il n'y a pas d'enfant mâle[25], tout cela dénote une certaine sollicitude pour les femmes, mais n'empêche nullement que l'inégalité des sexes soit flagrante.

Deux affirmations suffisent à le prouver : on considère qu'après la naissance d'un garçon la mère est impure pendant quarante jours ; après celle d'une fille, pendant quatre-vingts jours[26]. La dissolution des liens conjugaux s'effectue selon le seul bon plaisir de l'homme (répudiation) : « S'il arrive qu'elle ne trouve pas grâce à ses yeux, parce qu'il a découvert en elle quelque chose de choquant, il lui écrira une lettre de divorce [...] et la renverra de sa maison », et sous aucun prétexte il ne pourra la reprendre[27].

La femme juive

L'histoire d'Ève ne pouvait qu'éveiller la méfiance des hommes envers les femmes. C'est ce qui arriva. Les textes le montrent, mais moins qu'on aurait pu le croire. Que d'imprécations pourtant dans le Livre ! Isaïe déclare que Yahvé « rendra galeux le crâne des filles de Sion [...] qui vont le cou tendu en faisant des œillades, qui ont une démarche trottinante et à leurs pieds font sonner des anneaux ». Il leur enlèvera « les parures, anneaux, pendentifs, bracelets, manilles, turbans, chaînettes de cheville, [...] boîtes à parfum, breloques, bagues, linge fin, écharpes » et que sais-je encore ? La liste est longue et la traduction incertaine[28]. Les Proverbes, à côté des louanges qu'ils prodiguent à la vaillante, à la gracieuse, ne sont pas avares d'attaques contre la femme adultère, la séductrice, l'insensée, la querelleuse, l'odieuse. L'Ecclésiastique s'enflamme : « Toute méchanceté, mais pas la méchanceté de la femme. [...] Toute malice est petite auprès de la malice des femmes. [...] Colère, déshonneur, grande honte, voilà ce que la femme prodigue à son mari. » « Non, mon fils, ne livre pas ta vigueur aux femmes, ni tes voies à celles qui perdent les rois[29]. » « Je préfère habiter avec un lion ou un dragon que d'habiter avec la femme mauvaise[30]. » Et l'Ecclésiaste : « Je trouve plus amère que la mort la femme parce qu'elle est un traquenard, que son cœur est un piège et que ses bras sont des liens. Celui qui est bon devant Yahvé lui échappera, mais le pécheur sera agrippé par elle[31]. » Le seul éloge un peu appuyé est celui qui est fait de la vaillante, « couronne de son mari[32] », l'écclésiaste définit du même coup le rôle de la femme dans la société : la vaillante « se procure de la laine et du lin et elle les travaille de ses mains empressées, [...] elle se lève quand il fait encore nuit et elle donne la nourriture à sa maisonnée. [...] Elle réfléchit au sujet d'un champ et l'acquiert. [...] Elle se ceint fortement les hanches et rend vigoureux ses bras. [...] Elle met la main à la quenouille. [...] Elle étend la main vers le malheureux. [...] Elle fait de la toile et la vend. [...] Elle ouvre la bouche avec sagesse. » Mais qui jamais la découvrira[33] ?

Et pourtant le mariage peut apporter la joie, être une bénédiction : « Celui qui a trouvé une femme a trouvé le bonheur et obtient la faveur de Yahvé[34]. » « La beauté de la femme rend joyeux le visage et surpasse tout désir de l'homme. Si elle a sur la langue la miséricorde et la douceur, son mari n'est plus à la mesure des fils des hommes. Qui acquiert une femme a le commencement de la fortune, une aide semblable à lui, et une colonne d'appui. [...] Là où il n'y a pas de femme, l'homme errant gémit[35]. » « La grâce de la femme réjouit son mari. Son savoir rend vigueur à ses os[36]. » Oui, la femme peut être un bien. Il y a dans la Bible une phrase qui surprend, celle-là même que les Grecs rendirent célèbre : « C'est un don du Seigneur que la femme silencieuse. » Il est vrai que le livre ajoute : « C'est la grâce des grâces que la femme pudique[37]. »

L'héritage musulman

Le christianisme et l'islamisme sont également — et, chronologiquement, dans cet ordre — issus du judaïsme et ont subi par ailleurs l'influence gréco-romaine. Mais parce que les Arabes, chez qui l'islam est né, sont des Sémites comme les Hébreux, parce que leur livre sacré, le Coran, est truffé de réminiscences bibliques plus ou moins altérées ou, comme ils disent, corrigées, et parce que, comme les juifs, ils refusent l'incarnation et la Trinité divine, ils sont plus directement que les chrétiens les héritiers du judaïsme, ils en demeurent plus proches. Il convient donc d'examiner le statut de la femme musulmane avant celui de la femme chrétienne.

Il y a, dans le monde musulman, comme dans toute société religieuse, une réalité théologique et une réalité sociologique. Les faits n'obéissent pas toujours à la doctrine ; on pourrait même dire qu'ils s'en éloignent souvent. Les conditions de vie de la femme musulmane ont toujours varié considérablement d'une époque à l'autre et elles varient encore aujourd'hui d'une région à l'autre[38]. D'une manière générale, on peut dire que « quand le Coran et la tradition du Prophète ne heurtèrent pas les coutumes » d'un pays devenu musulman, « ils ont été adoptés sans aucun problème », mais que ce qui, « en revanche, choqua les mentalités n'eut aucune chance d'être accepté »[39] ou ne le fut que très lentement.

Cela dit, il faut prendre en considération le manque d'unité, au moins relative, du monde musulman dû à l'interprétation de la loi, aux influences des traditions pré-islamiques des divers peuples qui ont embrassé l'islam et à celles de grandes cultures, en commençant par celles de la Grèce, particulièrement sensibles sur le statut de la femme. Les textes fondateurs ont été largement commentés (une science est vouée aux commentaires coraniques, le *tafsir*), parfois compris de diverses manières dans le sunnisme où il existe quatre écoles juridiques, et dans le chiisme et ses nombreuses sectes. Quant aux traditions locales préislamiques, si elles ont été parfois oblitérées, on a dû souvent aussi les accepter, composer avec elles, en les islamisant plus ou moins ou en se pliant à elles (par exemple, l'art funéraire, si brillant en pays musulman, est radicalement contraire à la loi, le défunt devant être enterré au désert sous une dalle anépigraphiée).

La femme dans la société arabe préislamique

Il n'est pas sans intérêt de se demander si le statut de la femme dans l'Arabie préislamique a influé sur celui de la femme musulmane. Plusieurs chercheurs ont insisté sur les efforts du Coran et du Prophète pour améliorer son sort. Ils citent à l'appui de leurs dires l'interdiction d'enterrer vivantes les petites filles, la limitation de la polygamie, le droit successoral qui peut être désavantageux mais a le mérite d'exister, l'indépendance économique[40]. D'autres ont affirmé que Mahomet eut le désir de faire participer les femmes aux exercices de dévotion et à la vie spirituelle de la Communauté (Umma), mais que « cela allait à l'encontre des habitudes établies […] et que les érudits […] adoptèrent la plus sévère interprétation de la loi et considérèrent que la charia exigeait l'isolement de la femme dans la maison[41] ». Cette optique paraît douteuse, d'abord parce que les interdictions coraniques devaient viser à l'amendement de la société : puisqu'on reconnaît que la défense de l'infanticide entendait mettre fin à une pratique usuelle, on doit admettre aussi que l'exhortation à la pudeur entendait remédier à l'impudeur. D'autre part, l'examen de la société préislamique tel qu'on peut maintenant le faire ne démontre pas que le statut de la femme y était mauvais. La première épouse de Mahomet, la seule qu'il eut tant qu'elle vécut, Khadidja, de beaucoup son aînée, était une riche veuve qui se livrait au commerce international et au service de laquelle il était entré. La littérature arabe orale, puis écrite, des Expéditions (*maghazi*) et l'historiographie postérieure mettent en scène des Bédouines libres et influentes dans leur clan. « Elles donnent à penser que, contrairement à ce que nous affirme encore aujourd'hui la littérature apologétique musulmane [...], la place de la femme dans la société arabe préislamique était loin d'être secondaire et mineure[42]. »

De son vivant, le Prophète eut à subir une violente hostilité des femmes qui ne se fût sans doute pas produite si sa révélation s'était avérée très bénéfique pour elles et si elles n'avaient pas eu les moyens de la manifester. Sauf erreur, ce fut Pellat qui, le premier, en 1980, dans un colloque tenu à Strasbourg, attira l'attention sur l'animosité que manifestèrent contre le Prophète deux chrétiennes esclaves, dont il fit exécuter au moins l'une lors de son entrée victorieuse à La Mecque en 630, et qui révéla ainsi l'existence de ces femmes qui souhaitaient la mort de Mahomet. Nobles, esclaves, chanteuses de l'Arabie du Sud manifestèrent « une joie folle » à son décès et furent durement châtiées par le gouverneur musulman de la province. « Apparemment, les femmes bédouines ne furent pas les dernières à lever l'étendard de la révolte qui secoua alors l'Arabie. » Le récit d'Ibn Ishaq, transmis par le grand historien Tabari, « met en relief le rôle de deux d'entre elles comme instigatrices, voire comme leaders de l'opposition au héros-prophète ». Les noms de quelques-unes de ces irréductibles sont parvenus jusqu'à nous : Umm al-Qirfa et sa fille Salma, qui furent tuées en l'an 6 de l'Hégire (628 ; elles furent écartelées entre deux chameaux), Asma, fille d'un homme en place, Marwan, qui fut assassinée pendant son sommeil[43].

Il faut très vraisemblablement revenir sur le jugement de l'Histoire. Le statut très inférieur de la femme en terre d'islam, que l'on ne peut guère nier sauf par romantisme culturel ou flagornerie, ne marque pas un progrès sur celui de l'Arabie préislamique, mais une réaction contre des mœurs trop libres, un retour en arrière dont la Bible peut être en partie responsable, mais dont elle ne saurait porter seule toute la responsabilité, ni même sans doute la plus grande part.

Le Coran

La foi et la loi reposent sur deux fondements essentiels : le livre révélé par Dieu (Allah), le Coran, et les recueils des dits et actes du Prophète (Mahomet), les *hadith*. Le premier est indiscutable. Noté du vivant de Mahomet et mis en forme quelques années après sa mort, le Coran, pour un musulman, est bien la Parole de Dieu. Les seconds, rassemblés en livres bien plus tard (au IXe siècle), sont en général considérés comme authentiques, mais peuvent à la rigueur être contestés. Pour éviter de nous perdre dans le labyrinthe des centaines de traditions recueillies, nous y ferons peu appel ici. Les nombreuses citations que nous faisons du Coran sont au reste largement suffisantes pour nous permettre de cerner la position de la femme dans la société musulmane.

Sans reprendre exactement les versets de la Bible, le Coran accepte la version que celle-ci donne de la création de l'homme et de la femme et, en même temps, toutes les conséquences qu'elle implique. « C'est l'un de ses signes qu'Il [Allah] ait créé pour vous, *de vous-même*[*], des épouses pour que vous cohabitiez avec elles[44]. » « Ô hommes ! Craignez votre Seigneur qui vous a créés d'un seul être et qui, *de celui-ci*, a créé son épouse[45]. » La femme, née de l'homme, est dépendante de lui et inférieure à lui : « *Les hommes sont supérieurs aux femmes* par le fait qu'Allah en a élevé plusieurs au-dessus des autres[46][**]. « Ils ont sur elles la prééminence[47]. » Non que les femmes aient les

---

[*] Ici et plus bas, c'est l'auteur qui souligne.

[**] Ce qu'il faut sans doute comprendre ainsi : Dieu a élevé des hommes, non des femmes.

défauts qu'on se plaît à leur trouver en tant de civilisations. Tout au plus le livre fait-il référence à leur ruse, à propos de l'histoire (qu'il raconte largement) de Joseph et de la femme de Putiphar, ou encore à leur éducation émolliente : « C'est une de vos ruses ; en vérité grande est votre ruse[48]. » « C'est un être élevé dans les parures [ou : les bijoux] et dans les querelles sans cause [ou : qui jamais ne se montre au combat][49]. » Bien évidemment, elles sont considérées comme impures à cause de leurs pertes de sang, ce qui est le cas d'ailleurs à peu près universellement, ce pourquoi je n'en ai pas encore parlé, me réservant de le faire plus loin. Leur contact, les relations sexuelles avec elles sont à éviter ou à proscrire lors des exercices religieux : « Ne les fréquentez pas pendant que vous êtes en retraite spirituelle dans la mosquée[50]. » « N'approchez pas de l'office [de la prière] [...] si vous vous êtes entre-touchés avec des femmes[51]. » On remarquera que le texte s'adresse exclusivement aux hommes et n'ordonne rien aux femmes, pourtant astreintes aux pratiques religieuses. C'est là une première indication sur la position marginale du sexe.

Le Coran consacre la polygamie, même s'il la limite (ce que ne fait pas la Bible), mais c'est une limitation relative puisqu'il admet le concubinage avec un nombre non défini de domestiques, serves ou esclaves, ce qui explique le développement des harems et leur vastitude : « Prenez des épouses par deux, trois ou quatre parmi les femmes qui vous plaisent ou si vous craignez de n'être pas juste [c'est-à-dire de ne pas les aimer également ou, plutôt, de ne pas accorder à chacune la même attention sexuelle] une seule ou des esclaves que vos mains possèdent[52]. » Ici deux réflexions s'imposent : Mahomet n'a pas été soumis lui-même à la loi divine puisqu'il a eu la permission d'épouser simultanément neuf femmes ; sa polygamie fut, tout comme sa politique guerrière, souvent sanglante, une cause de scandale chez les chrétiens et une arme assez facilement employée par eux contre lui.

Les musulmans modernistes ont essayé de prouver que la polygamie était interdite de fait par le Coran, car nul homme ne saurait aimer et prouver qu'il aime de la même façon, et que le concubinage pouvait être assimilé à l'amour libre. Si la première proposition est à la rigueur défendable, la seconde ne l'est pas, puisque l'homme peut prendre comme concubines nombre d'esclaves et que la femme ne peut pas prendre de concubins parmi ses esclaves (en admettant qu'elle en ait en propre qui ne soient pas des eunuques).

En islam, le mariage est une union sexuelle, et rien d'autre. C'est un contrat par lequel une femme, le plus souvent sans être consultée, est mise sexuellement à la disposition d'un homme[53]. « Elles sont un vêtement pour vous et vous êtes un vêtement pour elles[54]. » « Elles sont pour vous un champ. Venez à votre champ comme vous l'entendrez[55]. » Cependant, quelques sentiments peuvent y trouver place : « Il [Dieu] a établi entre vous l'affection et la tendresse [ou : la compassion, la miséricorde][56]. » Il implique le versement d'une dot par le mari à la femme : « Donnez librement à vos femmes leurs dots, et si elles sont assez bonnes pour vous en remettre une part, jouis-sez-en avec aide et commodité [ou : à bien manger et à bien boire][57]. » La dot, dans la pratique, était souvent versée au père. On a donc pu comprendre qu'il s'agissait d'un achat de l'épouse et, en effet, il en a bien été parfois ainsi, ce qui a causé de grandes difficultés aux garçons impécunieux. Mais la loi n'a jamais eu cette intention. Elle visait à assurer l'indépendance financière de l'épouse, à lui apporter une relative sécurité puisqu'elle pouvait être répudiée à tout moment, et enfin à concrétiser une union qui n'avait rien de sacramentel, en levant religieusement le tabou dont étaient frappées les relations sexuelles[58].

Le but du mariage n'est ni de constituer une cellule familiale ni d'associer les époux, mais plutôt de sanction-ner leur séparation et de creuser plus profondément le fossé dû au système social qui sépare les univers masculin et féminin[59] : l'existence de deux sociétés parallèles, isolées, sans passerelles de l'une à l'autre hormis celle de la sexualité, est l'un des caractères fondamentaux du monde musulman. Cela a au moins comme heureux effet d'assurer à la femme mariée, veuve, répudiée ou célibataire, une personnalité juridique indépendante et la capacité d'acquérir, d'aliéner, d'ester en justice, sans autorisation maritale (avec quelques restrictions en droit malékite).

L'inceste, pris dans sa plus large acception, est prohibé : « Il vous est défendu d'épouser vos mères, vos filles, vos sœurs, vos tantes paternelles et maternelles, la fille d'un frère ou d'une sœur, vos mères de lait [nourrices], sœurs de lait, la mère de vos femmes et vos belles-filles [filles des épouses][60]. » Il est interdit d'épouser deux sœurs, les femmes déjà mariées, sauf les captives de guerre, les belles-mères (femmes du père) et les « faiseuses de dieux », c'est-à-dire les idolâtres[61], non les juives et les chrétiennes ; cela ne vaut pas pour les femmes : en principe une musulmane n'épouse jamais un non-musulman[62].

Le Coran recommande à l'époux : « Comportez-vous convenablement avec elle [l'épouse]. Si vous avez de l'aversion pour elle, il se peut que vous en ayez pour une chose où Dieu vous fasse grand bien[63]. » « Les femmes vertueuses sont dévouées, conservent avec soin pendant l'absence [de leur époux] ce qu'Allah a gardé avec soin. [...] Quant à celles dont vous craignez l'infidélité, exhortez-les, abandonnez-les dans leur lit et *battez-les*. Si elles vous obéissent, ne cherchez pas de voies contre elles[64]. »

Ni la claustration dans le harem, ni le port du voile recouvrant le visage, ni même ce que l'on nomme aujourd'hui le « foulard islamique » ne sont inscrits dans le Coran. Ils ont vraisemblablement été empruntés à Byzance et sont des phénomènes essentiellement urbains, mais peu à peu ils ont pris force de loi, car, comme le dit Bousquet, ils sont dans la ligne du système[65]. Tout ce que réclame le livre saint, pas seulement aux femmes mais aussi aux hommes, c'est une tenue pudique : « Dis aux croyantes qu'elles baissent leurs regards et qu'elles observent la continence [mot à mot : « qu'elles gardent leurs parties sexuelles »] et qu'elles ne fassent voir de leurs ornements que ceux qui sont extérieurs, qu'elles *couvrent de leur voile leurs seins*[66]. »

L'âge auquel une fille peut contracter union n'est pas rigoureusement déterminé. On estime que le mariage peut être consommé dès que celle-ci est pubère, ce qui laisse souvent une marge d'incertitude. Probablement parce que le Prophète a épousé Aïcha quand elle avait six ans et l'a déflorée trois ans plus tard, il est admis que neuf ans est un bon âge pour convoler. De toute façon, les relations sexuelles avec une impubère ne sont ni sanctionnées ni blâmées[67]. Chez les hétérodoxes ibadites, le seul critère retenu est « l'agrément que pourra trouver le mari avec sa jeune épouse[68] ». La satisfaction sexuelle de l'homme entre seule en ligne de compte et on prétend qu'elle est plus grande avec une vierge et une femme jeune ; et c'est pourquoi cette dernière importe seule vraiment. On ne s'intéresse guère qu'aux jouvencelles. Avec l'âge, dit-on, l'homme devient de plus en plus beau, car il a été créé du limon de la terre qui, de jour en jour, devient plus solide et plus éclatant. Mais la femme, plus elle avance en âge, plus elle devient laide parce qu'elle a été créée de chair et que la chair se corrompt avec le temps[69]. Maints peuples musulmans ont brodé sur cette idée. Ainsi les Maures croient qu'un garçon naît avec cent mauvais esprits et la fille avec cent bons esprits, mais que chaque année un esprit malin quitte l'homme pour passer dans la femme, un esprit bénéfique, la femme pour passer dans l'homme, si bien qu'une vieille femme n'est plus que mal[70].

Selon la loi, le consentement de la femme est nécessaire à la conclusion du mariage, mais, au moins dans les rites malékite et chafiite, la jeune fille « consent » par le représentant de son père[71]. Plus généralement, il existe un droit de contrainte matrimoniale (droit de *djabr*). Le consentement de la femme n'est requis que si elle est veuve, divorcée ou orpheline. Autrement dit, il ne concerne pas la vierge, ni même l'impubère, que le droit de *djabr* peut livrer à n'importe qui[72]. Quand on refuse de marier une fille, elle peut faire appel au juge (*cadi*).

La femme mariée n'a pas obligation de travailler, de tenir la maison, de pourvoir à l'entretien des enfants, même si dans la pratique, et tout en rappelant avec fierté la loi, le mari musulman, quand il le peut, accable de travail son épouse. Elle n'a aucun devoir sinon celui d'être fidèle et toujours sexuellement disponible[73]. La mère « qui veut donner un allaitement complet allaitera deux ans pleins. Au père de l'enfant de le nourrir et de le vêtir[74]. » L'homme et la femme adultères, selon la loi, devraient subir la fustigation : « Le fornicateur et la fornicatrice, fouettez-les chacun de cent coups de fouet. [...] Que la pitié à leur égard ne vous arrête pas[75]. » Si la faute est commise par une concubine, la sanction prévue est de moitié moindre. On sait que, sociologiquement, l'époux n'est pas puni et que l'épouse est lapidée, conformément à la tradition juive, mais, dit le texte sacré, « il vaut mieux pour vous user de patience. Allah pardonne[76] ». Toutefois, toutes les précautions ont été prises par le Coran et par les législateurs pour que l'adultère ne puisse pas être prouvé et donc châtié. La conviction intime du juge et l'opinion générale ne servent jamais de preuves. Une grossesse survenue en l'absence du mari ne démontre pas l'infidélité de sa femme, car l'enfant peut être depuis longtemps endormi dans son sein. Enfin l'acte sexuel illicite doit avoir été constaté *de visu* avec précision par quatre témoins mâles (le témoignage d'une femme ne compte pas ou vaut la moitié de celui d'un homme) : « Contre celles de vos femmes qui ont commis l'adultère, appelez quatre témoins d'entre vous et s'ils témoignent (unanimement) gardez-les dans leur maison jusqu'à ce que la mort les enlève ou qu'Allah leur procure un moyen de salut[77] » — ce qui semble en contradiction avec la fustigation. En outre, le dénonciateur prend un grand risque, car « ceux qui portent de fausses accusations contre les femmes honnêtes sans produire quatre témoins seront frappés de quatre-vingts coups de fouet[78] ».

La dissolution du mariage s'effectue en général sur l'initiative de l'homme. La femme devrait pouvoir quitter son mari quand elle le veut : « Ne [les] retenez pas par force[79]. » En théorie, elle peut demander le divorce au juge, mais encore faut-il qu'elle y ait accès, ce qui n'est pas toujours facile et n'est accepté que par le rite malékite[80]. La répudiée n'a aucun recours tandis que le répudiateur peut se rétracter : « Pour qui se détourne de sa femme, un délai [de réflexion] de quatre mois est accordé. Et s'il revient [à elle], en vérité Allah pardonne [...] et s'il décide irrévocablement le divorce, en vérité Allah l'entend. [...] Celles qui sont répudiées devront attendre pour elles-mêmes trois périodes [trois flux menstruels]. Il ne leur est pas permis de cacher ce qu'Allah a créé dans leur sein. » Un couple divorcé a le droit de se reconstituer deux fois : « S'il divorce [d'elle] une troisième fois, il ne lui est permis [de la reprendre] qu'après qu'elle aura épousé un [autre] mari et que celui-ci l'aura répudiée [...][81]. »

La polygamie est forcément rare et n'intéresse guère que la haute classe fortunée, ce qui fait qu'elle n'a jamais influé beaucoup sur la société musulmane. La répudiation, en revanche, est entrée dans les mœurs et a toujours été d'usage fréquent. Tout mari a toujours pu renvoyer sa femme sans formalités, sans motifs... et sans indemnité. Plus que toute autre chose, elle a contribué à empêcher la constitution de familles stables et elle a été cause de désordre social. On a pu parler à son propos d'un véritable fléau[82]. Les conséquences psychologiques en ont parfois été graves. Comme le remarque R. Charles : « L'épouse vivra dans l'inquiétude d'être chassée le lendemain de ses noces si la qualité de ses charmes a déçu ou de devenir sur ses vieux jours, au mieux-aller, la servante d'une jeune remplaçante[83]. » Mais cela est surtout vrai en théorie. Le

Coran recommande assez de renvoyer sa femme avec honneur pour que les instincts les plus bas soient réfrénés. On admettra qu'un homme bien né — et il n'en manque pas — ne se conduit pas comme un goujat, que des sentiments d'affection et d'amour unissent souvent les couples.

La fille hérite de ses parents, mais, dit le Coran, « Allah vous commande de léguer à vos enfants, pour un enfant de sexe masculin la portion de deux enfants de sexe féminin[84] ». Cette dernière inégalité de traitement peut paraître particulièrement injuste, mais elle se justifie par le système de la dot que le garçon est obligé de donner à celle qu'il épouse et qui le rend parfois plus pauvre qu'elle.

La femme a une âme. Comme l'homme elle sera jugée par Dieu. Un *hadith* rapporté par Bukhari dit : « Chacun de vous est un berger et chacun de vous est responsable. L'homme est un berger et est responsable. La femme est une bergère pour la maison de son mari et est responsable[85]. » Cette responsabilité la destine soit au séjour bienheureux dans le paradis, soit aux tourments de l'enfer : « Entrez dans le paradis, vous et vos épouses, et réjouissez- vous[86] ! » La description de ce lieu de béatitude est faite à l'aide d'images très matérielles, comme l'est celle de l'enfer : « Il y a [pour l'élu] des ruisseaux dont l'eau est incorruptible et des ruisseaux de lait [...] et des ruisseaux de vin, délices de ceux qui boivent [...] et le miel limpide[...] et toutes sortes de fruits[87]. » Hommes et femmes en jouiront. Mais, pour les premiers, « là seront de jeunes vierges au regard modeste que n'a jamais déflorées ni homme ni génie. [...] Il y aura de très bonnes et très belles [femmes] [...] des vierges aux grands yeux noirs[88] » : ce sont les fameuses *houris* destinées au plaisir et « qui recouvreront sans cesse leur virginité ». Le texte sacré ne dit pas que les femmes auront pour récompense la compagnie de beaux et bons jeunes hommes.

La réalité sociologique

À de notables exceptions près, l'islam a imposé sa vision de l'organisation sociale, a rendu stricte la totale séparation des sexes et a consacré l'infériorité féminine. Von Grunebaum, qui fait encore autorité, a pensé que « l'élimination de la femme de la vie politique et sociale [...] était déjà totale dès l'époque de Haroun al-Rachid (786-809) ». Le rôle de Zubaida, la favorite de ce grand prince, ne plaide pas en faveur de cette thèse. Peut-être cependant y eut-il en effet une réaction après la mort de sa mère, Khaizuran. Celle-ci, épouse du calife al-Mahdi (775-785), avait exercé sur lui une profonde influence. Fabuleusement riche, elle ne cessait pas de recevoir ceux qui attendaient d'elle gratifications, faveurs ou places. Sa dictature était telle que son fils le calife al-Hadi (785-786) chercha à la faire périr par le poison pour se débarrasser d'elle. Elle se vengea en le faisant empoisonner, ce qui permit l'avènement de son second fils, Haroun al-Rachid. Elle conserva sous ce dernier et tant qu'elle vécut le pouvoir qu'elle avait toujours connu.

À Bagdad, reprend Von Grunebaum, l'homme éduqué partageait ses intérêts et ses plaisirs intellectuels « avec un groupe de femmes entièrement séparées de celles avec lesquelles il partageait sa vie familiale[89] ». On mentionne en effet un certain nombre de femmes instruites, voire savantes, souvent des esclaves, peut-être chrétiennes, juives ou mazdéennes. Shéhérazade, la conteuse, est la plus célèbre. Et puisque nous citons son nom, nous ne pouvons pas manquer de dire, car cela laisse songeur sur la validité des opinions qu'on s'est faites et qu'on se fait encore, que, dans l'un de ses contes nocturnes (*Les Mille et Une Nuits*), elle met en scène une savante qui discute avec un homme de la prééminence d'un sexe sur l'autre[90].

Dans le califat omeyyade de Cordoue, à peu près à la même époque, la femme n'avait rien à envier à celles du califat abbasside de Bagdad. Abd al-Rahman III

(912-962), grand amateur du beau sexe, a nonobstant une favorite, al-Zahra, à laquelle il ne sait rien refuser. C'est pour elle, croit-on, qu'il fait construire sa nouvelle résidence dans la banlieue de sa capitale, c'est du moins à elle qu'il la voue quand il la nomme Medinat al-Zahra, « la ville de Zahra » (936) et, pour le bien montrer, il fait ériger sa statue sur la porte principale, au grand scandale des bien-pensants. Sous ce prince et sous son successeur, al-Hakam (962-976), la culture féminine brille d'un rare éclat. Qu'elles le doivent ou non à la claustration dans le harem, les femmes consacrent l'essentiel de leur temps à s'instruire et celles qui en tirent renom sont si nombreuses qu'on ne peut toutes les évoquer. C'est Aïcha, « la plus belle, la plus savante et la plus aimable de son temps » ; c'est Safiya, « poétesse distinguée et femme charmante » ; c'est l'esclave Lobna, grammairienne, mathématicienne, poétesse et si bonne calligraphe qu'elle devient la secrétaire particulière du prince ; c'est Fatima, fille d'un employé de l'Alcazar, elle aussi calligraphe, ou Maryam dont l'école forme une pléiade de savantes et de lettrées. Et c'est encore la favorite d'al-Hakam que le prince nomme « mon heureuse étoile »[91].

S'il en est ainsi dans des cours arabes, que n'en sera-t-il pas dans celles des princes turcs qui, bien ou mal islami-sés, apportent avec eux leurs traditions des peuples de la steppe où, nous allons le voir, la femme jouit d'une liberté et d'une autorité sans égales ? De ces traditions, Tamerlan est imprégné, tout bon musulman qu'il est ou donne l'illu-sion d'être, et son entourage féminin rayonne. Il aime ses sœurs, ses filles, ses brus, et peut-être celles qui partagent son lit. C'est pour recevoir les corps de plusieurs d'entre elles qu'il fait ériger cette merveille de grâce et de beauté qu'est la nécropole du Roi Vivant, le Chah-i Zindeh, qui s'étend au flanc de la colline d'Afrasiyab, le vieux Samar-kand. À sa cour, les femmes participent aux festins, aux fêtes et en offrent. L'ambassadeur de Castille, don Ruy Gonzalès de Clavijo, et d'autres décrivent avec délectation et émerveillement ces banquets et la vêture somptueuse des grandes dames[92]. Elles agissent. Tuman Aka, une des épouses du Grand Émir, profite d'une de ses expéditions pour faire construire un hôpital et son époux l'en félicite. Sa belle-fille Khan Zade vient se plaindre à lui de ce que son mari Miran Chah boit, joue, la bafoue et elle demande justice. Elle est reçue à la capitale comme peu de reines le sont et elle sait en tirer profit. Chad al-Mulk, l'épouse de Khalil (un autre fils de Timur, son successeur pendant quelques mois (1405-1407)), une femme de rien, une concubine que le prince a enlevée dans un harem, et néfaste s'il en est, vit avec le prince un roman d'amour si ardent, si beau qu'il transcende la mort et efface dans une large mesure leur folie et leurs crimes. Quand Khalil, détrôné, est enlevé par la maladie, désespérée, Chad al-Mulk se perce la gorge avec un poignard. Et les amants « sont enterrés ensemble à Rey dans le même tombeau, [...] car ils n'avaient fait qu'un seul et même être en deux personnes ».

Ce qu'on appelle la « Renaissance timouride », l'époque des successeurs de Tamerlan, truffée de vice, de débauches, est aussi celle des passions amoureuses, sans doute moins absolues mais non moins tumultueuses : union libre et adultère, tout aussi interdits pourtant par la loi coutumière turque que par l'islam, sont monnaie courante. Un oncle de Babur Chah se montre si épris de son épouse qu'il s'aliène complètement et finit, pour échapper au déshonneur, par la faire mettre à mort. Husain-i Baiqara, le dernier grand prince de la famille avant le conquérant des Indes, devient un jouet entre les mains d'une concubine qu'il fait reine pour le plus grand malheur des siens[93].

Aussi ne peut-on pas s'empêcher d'être ému, après tant d'excès, quand on voit Babur, le futur fondateur de l'empire des Grands Moghols des Indes (1526-1530), un Timouride lui aussi, manifester en toute pudeur son attachement indéfectible à celle que nous ne connaissons que par son surnom affectueux, Mahum, « ma Lune ». « Elle était avec moi, dit-il, dans la plupart de mes expéditions.

[...] Peu de personnes de son sexe avaient autant de bon sens et de sagacité[94]. » Et c'est encore l'émotion qui l'emporte quand la femme de son fils Humayun fait élever pour celui-ci à Delhi, huit ans après sa mort, par piété conjugale, un gigantesque et somptueux mausolée.

Nous sommes à la veille d'une des plus brillantes époques de l'histoire indienne, prémices de ce qu'on a depuis nommé « le règne de la femme ». Déjà au XVIᵉ siècle, les femmes s'imposent. Khan Zade Begum, la tante de Humayun, fait de la politique. Maham Anaga, prétendue nourrice d'Akbar (1556-1605), fonde une madrasa à Delhi et milite en faveur de l'éducation féminine. Une des sœurs d'Akbar, Bakhtuma Begum, gouverne Kaboul comme d'autres femmes gouvernent le Badakchan et le Dekkan occidental. Puis arrive Djahangir (1505-1622). Ce prince avait rencontré avant qu'elle ne se marie une jeune fille qui l'avait séduit. Quand elle devint veuve, il l'épousa (1611). On la nommait Nur Djahan, « Lumière du monde ». Ce fut sans doute la plus heureuse des actions de Djahangir. Il était alcoolique et, sans parvenir à le guérir, elle le contint dans ses ivresses. Il était veule, abruti par les plaisirs, incapable de gouverner. Elle gouverna à sa place, signant avec lui les firmans, inscrivant, chose inouïe, son nom à côté du sien sur les monnaies, s'entourant d'hommes compétents et sûrs. Non seulement elle sauva ainsi l'empire, mais elle le hissa au plus haut de sa gloire. Elle était belle, cultivée, écrivait des vers en persan et en arabe, peignait, jouait et composait de la musique. Elle était plus encore intelligente et sage, sage au point de se retirer du pouvoir à la mort de son époux. Elle mourut en 1645 en laissant un impérissable souvenir.

Celle qui lui succéda, Mumtaz Mahal, l'épouse de Chah Djahan (1627-1658), n'eut pas sa stature politique bien qu'elle fût souvent conseillère avisée du souverain. C'est elle qui, peu avant de mourir, le persuada de chasser de Hugli les Portugais dont la présence était préjudiciable à l'ordre au Bengale. Ce qui lui donna tout son lustre fut

l'extraordinaire amour que lui porta l'homme, au fond
assez peu recommandable, qu'était son époux, amour qui
résista aux années de vie commune, au trépas, et qui,
comme celui de Khan Zade et de Khalil, toucha à l'immortalité. Mumtaz Mahal mourut en donnant naissance à un
de ses enfants, le huitième, le dixième, le quatorzième peut-
être (on ne sait pas exactement) et son mari resta inconso-
lable. Pour elle, il fit ériger à Agra le plus beau mausolée,
peut-être le plus beau monument du monde, le Tadj Mahal.
Et quand, détrôné par son fils Awrengzeb, il fut condamné
à la prison à vie dans un pavillon du château d'Agra, il avait
la consolation de voir dans le lointain le palais funéraire de
marbre blanc où dormait sa bien-aimée. Il mourut le
21 juin 1666 « après avoir porté un dernier regard vers lui ».

Chah Djahan ne finit pas sa vie en solitaire dans sa
prison dorée. Sa fille Begum Sahib était venue le rejoindre,
car elle avait largement participé au règne du souverain :
on disait que toute faveur, tout poste dépendaient d'elle,
comme on disait aussi (par calomnie ?) que le père et la fille
s'aimaient peut-être trop intimement. L'éducation soignée
qu'elle avait reçue et dont elle donna la preuve était usuelle
pour les princesses du sang et survécut à la grande époque.
Zulbunissa Begum, la fille du musulman austère, guerrier,
intolérant que fut Awrengzeb (1658-1707) eut la réputation d'être une maîtresse accomplie dans les lettres et les
sciences et l'une des personnes les plus cultivées de son
temps. Par un curieux paradoxe, le fanatisme d'Awrengzeb, le repliement des Grands Moghols sur eux-mêmes et
sur les plus sévères principes de l'islam qui ne cessa de croître
avec la décadence, s'accompagnèrent d'une nouvelle orientation, bien peu islamique, des artistes musulmans : les
peintres pénétrèrent dans les gynécées pour peindre la
femme dans son intimité.

Faut-il, après avoir évoqué les cours arabes, timourides,
mogholes, nous pencher sur celle des Ottomans ? Le
tableau qu'elle nous présenterait ne serait pas très différent.
Depuis Roxelane au moins, la Slave que Soliman le

Magnifique (1520-1566) épousa au grand scandale de son entourage et qui serait responsable, par jalousie, de la claustration des concubines impériales dans le harem, les femmes et surtout les *valide*, les reines mères, jouèrent, par l'intermédiaire de leurs fils, un grand rôle dans la politique de l'empire, rôle toujours néfaste, parfois catastrophique. On ne peut rien inscrire de positif à l'autorité que s'accordèrent la Vénitienne Baffa, favorite de Murad III (1571-1595), ou Kösem († 1651), concubine d'Ahmed Ier (1603-1617), véritable souveraine de 1625 à 1632. Seule s'avéra peut-être plus heureuse Aimée Dubuc de Rivery, cousine de Joséphine de Beauharnais, puisque son fils naturel ou adoptif, Mahmud II (1808-1839), entreprit de réformer l'État à une époque où il en avait bien besoin.

Je me suis attardé sur ces princesses musulmanes parce qu'elles présentent un visage qui ne correspond pas à l'image que nous nous faisons de la femme dans la société islamique, ce qui oblige à être prudent quand on entend la décrire. Mais ce qui a lieu dans la très haute société, qu'il ne faudrait pas généraliser, ne traduit pas nécessairement la réalité sociologique de l'islam populaire.

Là où l'infériorité et la sujétion féminines voulues par la *charia* sont des faits, la femme peut trouver sa revanche. On dirait même que la claustration, l'humiliation lui forgent une âme vigoureuse et un caractère qui ne manque pas l'occasion de s'affirmer quand elle se présente. Étrangère au domicile de son mari, elle y règne cependant sans restriction parce que l'homme est exclu d'une maison qu'on ne peut plus dire « familiale », parce qu'elle sait prendre de l'ascendant sur celui qu'on ne peut vraiment pas nommer son seigneur et maître. C'est une évidence mille fois constatée et que met en relief l'histoire d'un homme qui, dit-on, ne put jamais posséder son épouse.

N'ayant pas toujours sa place dans le lit conjugal, l'homme l'a bien moins encore dans la demeure où vivent son épouse et ses enfants. Plus la femme est cloîtrée, plus l'homme est mis à la porte. Il vit dehors, dans la rue, au marché, au café. Il suffit qu'il voie en revenant chez lui une paire de babouches féminines sur le seuil pour qu'il comprenne que sa femme reçoit une visite et pour qu'il s'interdise d'entrer. Que ferait-il d'ailleurs dans un appartement où il n'y a aucune intimité possible ? Cela n'a pas empêché qu'il y eût des mariages heureux et des couples unis. Les Turcs ont un vœu pour les jeunes mariés : « Qu'ils vieillissent ensemble sur le même oreiller ! » Ajoutons que la vie est sensiblement différente à la ville, à la campagne ou au désert. Dans les villages, dans les fermes, sous la tente, la femme jouit d'une liberté inconnue dans la cité. Elle n'est pas enfermée ; elle participe, parfois trop, à des tâches qui sont communes aux deux sexes. Et ajoutons encore et surtout que, ici et là, l'homme et la femme se retrouvent dans l'amour immense, très musulman, qu'ils portent à leurs enfants, dans le respect et la vénération pour leurs parents.

Pour illustrer les différentes situations sociologiques dans le monde musulman, Bousquet a donné quelques exemples pris au Maghreb. Il évoque la vie très émancipée de la Touareg avant son mariage tardif, la prostitution usuelle des filles de la tribu arabe des Ouled Naïls ou encore la pratique du concubinage avant le mariage chez les Berbères Zemmoun[95]. Il eût pu en fournir bien d'autres.

Si, en effet, les Berbères ont réagi vigoureusement devant la loi qu'on leur avait imposée en se montrant assez libéraux envers les femmes, les musulmans d'Afrique noire ou les Indonésiens ne sont guère en reste avec eux, et il n'est nullement impossible, loin de là, que l'amour courtois soit né en Espagne musulmane. Mais ce sont certainement les Turcs qui ont gardé le plus longuement leurs traditions préislamiques, ce qui est d'autant plus remarquable que le statut féminin était chez eux étonnamment élevé. Leur grammaire elle-même ne connaît pas de genres et il faut préciser que l'on parle d'un individu féminin ou masculin, ce qui en dit long[96]. Quand les turcophones bulgares de la Volga se convertis-

sent à l'islam (xe siècle) et reçoivent un ambassadeur du
califat, Ibn Fadlan, celui-ci se plaint de ce que tous ses
efforts pour convaincre les femmes de cacher leur visage
sont vains[97]. « Un jour, écrit-il, je vis l'épouse de mon
hôte au beau milieu de la conversation soulever sa jupe
et se gratter le sexe. » Il exprime son effroi. Le Bulgare se
met à rire. « Explique, dit-il à l'interprète, que si ma
femme découvre son sexe à la vue de tous, elle le garde
hors d'atteinte et en interdit l'accès. Cela vaut mieux que
de le cacher en le laissant prendre[98]. » Ibn Rusteh au
IXe siècle et Al-Bakri au XIe disent que la jeune fille turque
à sa majorité est libre de choisir le mari qui lui plaît[99]. Le
Marocain Ibn Battuta, grand bourgeois et grand voyageur (XIVe siècle), ne cesse de se scandaliser de la vie que
mènent les femmes tant au Kiptchak (actuelle Ukraine,
alors turque) qu'en Anatolie ou au Khwarezm (delta de
l'Oxus). Il est reçu par elles en absence de leur mari, boit
en leur compagnie, et il conclut : « Je fus témoin de la
considération dont les femmes jouissent chez les Turcs.
Elles y tiennent en effet un rang plus élevé que celui des
hommes[100]. » Une grande épopée turque médiévale (dont
les manuscrits datent du XVIe siècle) loue la femme qui
reçoit ses hôtes[101], décrit la rivalité à la course et au tir
entre garçons et filles, leurs empoignades, comment naît
l'amour dans le cœur des jeunes gens et comment ils y
répondent[102]. Au Caire, en 1437, sous le régime mame-
louk, quand éclate une épidémie de peste, les théologiens
incriminent les femmes qui se promènent nuit et jour
dans les rues[103]. On pourrait multiplier les exemples.
Nous ne pouvons pas douter que la violente diatribe
antiféministe de Nizam al-Mulk, le grand vizir des Seldjoukides (1018-1092), ait été inspirée par la conduite des
Turques en général et des grandes dames en particulier.
Écoutons-le : « Les ordres qu'elles donnent sont
nécessairement contraires à ce qui est juste et vrai, et
elles font naître [dans l'État] la mésintelligence et la
discorde. [...] Il faut, pour qu'une entreprise ait un

heureux résultat, faire le contraire de ce que disent les femmes. » Et de truffer son texte d'anecdotes sur les malheurs qu'elles ont provoqués depuis notre père Adam[104]. Écrit de circonstance ? Oui. Mais très représentatif des idées dominant en islam.

CHAPITRE VII

La femme chrétienne

Jésus et les femmes

Aucune femme ne fut choisie par le Christ pour faire partie de l'aréopage des apôtres et des disciples, mais nombreuses furent celles qui s'attachèrent à lui, l'accompagnèrent dans ses déplacements, le servirent et contribuèrent de leurs deniers à l'entretien de la petite communauté. C'est trop peu que de dire qu'il n'en eut aucune parmi ses ennemis[1]. Toutes l'aimèrent. Il les aima toutes. Il fit pour elles ce qui n'avait jamais encore été fait. Il les consacra dans leur pleine dignité de personnes[2], les éleva où nul n'était jamais monté.

Elles étaient là, anonymes souvent, discrètes, silencieuses — présentes. Et, soudain, elles surgissaient, elles se montraient en pleine lumière, pour un geste sublime, pour une parole bouleversante, pour accueillir d'immenses révélations. Ce n'étaient pas des saintes. C'étaient des femmes comme les autres, avec leurs grandeurs et leurs faiblesses. Beaucoup étaient des pécheresses, des criminelles aux yeux de la loi juive, et toutes transcendaient leur condition, s'élevaient au-dessus des hommes, étaient là quand ils n'y étaient pas, comprenaient ce qu'ils ne comprenaient pas. Ce n'est pas l'une d'elles qui aurait demandé après la mort et la Résurrection : « Seigneur, le temps est-il venu où vous rétablirez le royaume d'Israël[3] ? » C'étaient des hommes, les disciples, les apôtres, ceux qui avaient assisté à la Transfiguration et à la Cène, et qui n'avaient pas encore vu ce qui était pourtant bien visible, entendu ce que Jésus leur répétait sans cesse : « Mon royaume n'est pas de ce monde. »

Ne parlons pas de la mère du Sauveur : dans la perspective chrétienne, elle dépasse trop la condition humaine. Ce sont les autres femmes qui nous intéressent ici, la Cananéenne, Véronique, l'hémorroïsse, Marie de Magdala que nous nommons Marie-Madeleine, celles qui n'ont pas été choisies pour l'Incarnation, mais pour l'amour, la libération et la révélation.

C'est à une femme, une Cananéenne, une de ces étrangères que les juifs n'aiment pas, que Jésus démontre par un miracle que la foi et l'humilité (« les petits chiens mangent, dit-elle, les miettes qui tombent de la table de leur maître ») peuvent triompher de tout[4]. C'est à une pécheresse notoire, à une dévergondée, à Marie-Madeleine, n'en doutons pas, qu'il affirme, et par elle au monde, que l'amour, quand il arrive à un certain degré, suffit à effacer les fautes : « Je te le déclare, ses nombreux péchés lui sont pardonnés parce qu'elle a beaucoup aimé. »[5] C'est à Marie-Madeleine et à Marthe, sa sœur, qu'il explique non qu'il faut paresser mais que, dans certaines circonstances, la contemplation est plus conforme au génie féminin que l'action : « Marie a choisi la meilleure place [aux pieds du Seigneur] et elle ne lui sera pas enlevée[6]. » C'est en pardonnant à une adultère prise en flagrant délit qu'il rompt avec l'ignoble tradition de la lapidation (« que celui qui n'a jamais péché lui lance la première pierre[7] ») et enseigne que Dieu aime mieux pardonner que châtier.

Affranchissement de la loi ? Oui, certes, mais affranchissement total, absolu, sans réserve, des tabous et des servitudes. Il a redressé la femme courbée, miracle qui parle de soi-même[8]. Il a guéri la belle-mère de Pierre[9], miracle qui paraîtrait un peu mince à côté des résurrections s'il ne touchait pas à ce côté scabreux des relations familiales, à un symbole inconscient mais universel des conflits de famille[10]. Il va faire plus, bien plus. Il va libérer la femme de la malédiction qui pèse sur elle parce qu'elle perd régulièrement un peu de son sang. Ce n'est pas une menstruante mais une hémorroïsse depuis douze ans atteinte de saignements, une impure entre les impures, qui, profitant de la foule, s'approche par-derrière de Jésus, ose toucher la frange de son vêtement, terrorisée par son audace car sa maladie, comme la lèpre, l'exclut. Et Jésus lui dit : « Prends courage, ma fille. Ta foi t'a guérie. »[11] Et pour qu'on ne s'y trompe pas, pour que chacun comprenne qu'il a libéré la femme, qu'elle ressuscite, aussitôt après il arrache à la mort la fille de Jaïre, une gamine qui vient d'atteindre l'âge de la puberté, l'âge de l'impureté. « La jeune fille n'est pas morte, elle dort. » C'est vrai. La femme n'était pas une morte dans la société. Elle dormait et Jésus la réveille à jamais, pour peu que l'homme comprenne[12].

Les femmes vivent, dans les Évangiles. Elles sont pleinement et toujours éveillées. Que n'y font-elles pas ! L'une, Marthe, dès que Jésus arrive à la maison où Lazare est mort, court au-devant de lui : « Seigneur, si vous aviez été là, mon frère ne serait pas mort. » Et Marie vient, elle répète la phrase de sa sœur et pleure, et Jésus « frémit en son cœur et se laisse aller à son émotion »[13]. Une autre, la femme de Pilate que l'évangile de Nicodème nomme Claudia Procula[14], intervient auprès du procurateur romain : « Qu'il n'y ait rien entre toi et ce juste[15] », fait-elle dire à son mari. Elle est la seule à le faire tandis que les amis puissants de Jésus gardent, apparemment, le silence, un Joseph d'Arimathie, un Nicodème qui pourtant ne manqueront pas plus tard de courage. Et il dut bien y en avoir une autre, comme le dit la tradition en la nommant Véronique, parmi ces femmes de Jérusalem qui suivaient la via Dolorosa, le chemin de croix, qui pleuraient et à qui Jésus disait : « Femmes, ne pleurez pas sur moi ! Pleurez sur vous et sur vos enfants »[16]. Oui, il dut y en avoir une qui est venue essuyer le visage du Christ : « Elle existe, s'écriait Mauriac. Ce n'est pas un personnage inventé. Il ne se peut pas qu'une femme ait résisté au désir d'essuyer cette face terrible[17]. »

Nous sommes à la Passion. Quelques jours auparavant, à peine, à Béthanie, Marie-Madeleine s'est accroupie aux pieds du Seigneur, comme elle avait l'habitude de le faire, et a répandu sur eux « une livre de nard très pur et très précieux », puis elle les a essuyés avec sa chevelure. Jésus a dit : « Elle a gardé ce parfum pour le jour de ma sépulture[18]. » C'est dire que Marie-Madeleine ensevelit le Sauveur avant qu'il ne soit mort, comme lui-même, de son vivant, donnera à ses disciples sa chair à manger et son sang à boire : l'une et l'autre quittent le temps historique pour entrer dans le temps absolu ou mystique, car, de même que « dans tout sacrifice le repas suit forcément l'immolation[19] », l'ensevelissement a lieu après la mort.

Descente de croix, mise au tombeau : la mère, c'est normal, reçoit au pied du gibet le corps de son enfant. Si les Évangiles ne le disent pas, il faut que la tradition soit bien forte pour que cette image ait inspiré tant de nos peintres ! Mais qui est là, en face du sépulcre, qui regarde où on met le corps[20] ? Des femmes. Où sont donc les disciples ? Qui, le soir, va préparer des aromates et des parfums[21] ? Des femmes. Qui, à l'aube de la Résurrection, se rend au tombeau afin d'embaumer Jésus[22] ? Des femmes. Mais que font donc les hommes pendant ces grandes journées de deuil ?

Les grandes révélations

Est-ce assez ? Les Évangiles ont-ils fait la part assez belle aux femmes ? Peut-on ajouter quelque chose ? Il manque encore au tableau l'essentiel : les deux révélations fondamentales, qu'il est le Messie et qu'Il est ressuscité, c'est à des femmes que Jésus les fait.

Pour aller de Jérusalem à la Galilée, Jésus passe par la Samarie, ce pays que les juifs exècrent, qu'habite un peuple honni. Un proverbe dit : « L'eau des Samaritains est plus impure que le sang, même celui du porc. » Il est midi. Il fait chaud. Jésus se repose au puits de Jacob où une femme est venue emplir sa cruche. Il lui dit : « Donnez-moi à boire. » Elle lui répond : « Comment, vous qui êtes juif, me demandez-vous à boire à moi, qui suis une Samaritaine ? » Elle aurait pu ajouter : « À moi qui suis impure comme cette eau puisque j'ai eu cinq maris et vis maintenant en concubinage. » Mais cela Jésus le sait. Alors ils parlent du Messie attendu et, à elle la Samaritaine, à elle l'impure, il dit ce qu'il n'a jamais dit à personne : « Je suis le Messie, moi qui vous parle »[23]. Et elle croit sur-le-champ. Elle accepte immédiatement ce que les apôtres même les plus aimants, les plus ardents ne parviendront pas à admettre avant l'Ascension, avant la Pentecôte.

Et puis c'est l'aube du dimanche. Les femmes se rendent au tombeau pour embaumer le corps et elles voient que la pierre qui le scellait a été enlevée et que la grotte est vide. Et voici qu'un ange leur dit à peu près (les mots varient selon les textes, mais le sens est le même) : « N'ayez pas peur ! Jésus est ressuscité comme il l'avait annoncé. Allez le dire à ses disciples »[24]. Qui sont-elles celles qui, les premières, reçoivent la grande nouvelle ? Combien sont-elles ? Les Évangiles ne sont pas entièrement d'accord sur leur nombre et leur identité, mais tous, unanimes, affirment qu'il n'y a là que des femmes. Marie-Madeleine est parmi elles, certainement, puisque bientôt, la première encore, elle verra le Christ devant elle et voudra se jeter sur lui pour l'étreindre. Il lui dit : « Ne me touchez pas ! »[25]. Il fallait que, sans l'identifier par ses traits, sans manger avec lui (comme les disciples d'Emmaüs), sans le toucher (comme Thomas), elle acceptât l'inacceptable, elle crût l'incroyable.

Paul fera bon marché de ce fantastique témoignage. Dans sa lettre aux Corinthiens, il écrira en effet : « Il est apparu à Céphas, puis aux Douze. Ensuite il est apparu à plus de cinq cents frères à la fois dont la plupart sont encore vivants et dont quelques-uns sont morts. Il est apparu à Jacques et à tous les apôtres. Il m'est aussi apparu à moi comme à l'avorton[26]. » C'est que Paul n'est pas le fils de Dieu. Il n'est qu'un juif qui vit en milieu juif, qui se veut efficace et sait bien que l'on accorde peu de foi à ce que disent les femmes. Le contraste est grand entre l'enseignement des Épîtres, dont l'un des propos est de fixer la vie d'une communauté nouvelle, et celui des Évangiles qui n'est pas de ce monde.

Après le Christ

Après la mort de Jésus, les femmes qui l'ont suivi, qui l'ont aimé sont toujours là, mais leur présence s'estompe : c'était Jésus qui, par son regard, les mettait en lumière. Les textes en parlent peu, peut-être parce qu'il n'est pas séant pour des juifs de trop parler d'elles, peut-être parce que, comme Marie-Madeleine, elles s'enferment dans la contemplation. Et pourtant ! Pourtant comment les disciples ne peuvent-ils pas porter un intérêt passionné à la mère du Sauveur ? D'elle on ne sait presque rien, pas même avec certitude où elle vécut, où elle acheva sa vie terrestre. Il faudra des apocryphes, en particulier le proto-Évangile de Jacques (dès le IIe siècle), pour trouver sur elle une littérature qu'on peut juger quelque peu romancée. Et ce sont des récits tardifs, des légendes, qui évoquent la Madeleine venue évangéliser les Gaules et achever son existence à la Sainte-Baume de Provence.

Étrange silence qui contraste avec l'ardent féminisme que l'on trouve un peu plus tard dans la gnose, dans le montanisme et dans les sectes, avec la place égale ou supérieure à celle des apôtres que ces dernières donnent aux femmes[27]. Il est vite fait de relever dans les Actes des Apôtres et dans les Épîtres les textes qui leur sont relatifs.

On sent que l'on est dans un monde d'hommes, un monde tout entier tourné vers l'action. L'essentiel est dit quand on a écrit qu'après l'Ascension les disciples se réunirent au cénacle et que « tous, dans un même esprit, persévéraient dans la prière avec quelques femmes et Marie, mère de Jésus[28] ». Quelques noms — très peu — sont cités ici et là, au hasard des textes : une Marie et sa servante Rhodé, une Julie, une autre Marie sans doute, mère de Rufus, sœur de Néré[29], qui doivent être engagées dans l'apostolat. Paul le dit du moins pour Perside, « la bien-aimée qui a beaucoup travaillé[30] », pour Phœbé la diaconesse[31], et surtout pour Prisca ou Priscilla, femme d'Aquilas, qui, avec son mari, a risqué sa vie pour lui, qui sont ses « coopérateurs en Jésus-Christ » et réunissent une église dans leur demeure[32]. Une autre, à laquelle un assez long paragraphe est consacré, Tabitha (en grec Dorcas) a été ressuscitée par Pierre à Joppé, peu après la conversion de Paul sur le chemin de Damas[33].

L'enseignement des Épîtres

C'est dans les Épîtres plus que dans les Évangiles que la doctrine chrétienne sur la femme se trouve exprimée, encore qu'il faille reconnaître qu'elle demeure bien obscure sur certains points, ce qui permettra aux Églises de l'interpréter de différentes manières, ainsi pour des questions aussi importantes que le divorce et le remariage, ou encore le célibat des prêtres. Certes, sur le plan spirituel, il n'existe plus de différences entre les humains. Paul déclare : « Vous êtes tous fils de Dieu par la foi dans le Christ Jésus. [...] Il n'y a plus ni Juif ni Grec, il n'y a plus ni esclave ni homme libre ; il n'y a plus ni homme ni femme, car vous n'êtes tous qu'une seule personne dans le Christ Jésus[34]. » Mais on sait bien que les hommes restent des hommes et les femmes, des femmes, comme les Grecs restent grecs, et les esclaves, esclaves. Pour la vie de la terre, la femme demeure ce que sa création postérieure à celle d'Adam et sa « fabrication » à partir de celui-ci ont à jamais fixé. C'est une erreur de croire que les lettres apostoliques reflètent la misogynie de Paul, due à son judaïsme ou à ses idées propres, car Pierre, qui s'exprime moins que lui, dit la même chose que lui : « Femmes, soyez soumises à vos maris[35]. » Quant à Paul, il le répète à toutes les églises, à celle de Corinthe, à celle d'Éphèse, à celle de Colosse — et c'est donc qu'il trouve la chose essentielle : « Le chef de tout homme, c'est le Christ. Le chef de la femme, c'est l'homme[36]. » « Que les femmes soient soumises à leur mari comme au Seigneur, car le mari est le chef de la femme comme le Christ est le chef de l'Église[37]. » « Vous, femmes, soyez soumises à vos maris comme il convient dans le Seigneur[38]. » Toutefois, il a une vision très claire de l'unité que forment les deux sexes, et cela est une révélation fondamentale. Le couple naît. Les sexes s'organisent dans une parfaite symétrie : « Les maris doivent aimer leurs femmes comme leur propre corps. [...] C'est pourquoi l'homme quittera son père et sa mère pour s'attacher à sa femme et de deux ils deviendront une seule chair[39]. » « La femme n'a pas puissance sur son propre corps, mais le mari ; de même le mari n'a pas puissance sur son propre corps, mais la femme[40]. » On le voit, il va déjà plus loin que la Genèse qu'il cite et transfigure : « Ni l'homme n'est sans la femme ni la femme sans l'homme dans le Seigneur. Car si la femme a été tirée de l'homme, l'homme aussi naît de la femme[41]. » L'amour, cet amour qui est au cœur du christianisme, doit en tout état de cause transcender toute infériorité : Paul, avec la même insistance, répète aux époux : « Aimez vos femmes comme le Christ a aimé l'Église (c'est-à-dire jusqu'à donner sa vie pour elle). Que chacun aime sa femme comme soi-même[42]. » Et Pierre : « Vous, maris, aimez vos femmes et ne vous aigrissez pas contre elles[43]. » Et encore : « Vous, maris, conduisez-vous avec sagesse à l'égard de vos femmes comme avec des êtres plus faibles, les traitant avec honneur[44]. »

Ces textes semblent établir les bases de la famille, et pourtant le mariage, loin d'être exalté, apparaît presque comme un pis-aller. Dans les Évangiles, un logion, déjà, relativisait peut-être son importance en le considérant comme un fait purement terrestre. Jésus, dans un discours que Luc rapporte plus explicitement que Marc, avait dit : « Les enfants de ce siècle se marient et sont donnés en mariage, mais ceux qui ont été trouvés dignes d'avoir part au siècle à venir et à la résurrection des morts ne prennent point de femme et n'ont point de mari[45]. »

Le célibat, dans les Épîtres, est considéré comme préférable de beaucoup à la vie de couple. « Celui qui est marié a souci des choses de ce monde. Il cherche à plaire à sa femme. [...] De même, la femme qui n'a pas de mari et la vierge ont souci des choses du Seigneur afin d'être saintes de corps et d'esprit. Mais celle qui est mariée se soucie des choses de ce monde ; elle cherche à plaire à son mari[46]. » « Es-tu lié à une femme, ne cherche pas à rompre ce lien. N'es-tu pas lié à une femme, n'en cherche pas. Si pourtant tu t'es marié, tu n'as pas péché ; si la vierge s'est mariée, elle n'a pas péché[47]. » « Le père qui décide de garder sa fille vierge fait bien. Celui qui marie sa fille fait bien et celui qui ne la marie pas fait mieux[48]. » Or qui dit célibat dit virginité, car si l'acte sexuel n'est pas faute dans le mariage, il est péché grave en dehors de lui ; c'est du moins ce que l'on peut conclure des mots « impudicité » et « brûler » insérés dans d'autres versets. « Il est bon pour l'homme de ne pas toucher de femme. Toutefois, pour éviter toute impudicité, que chacun ait sa femme et que chaque femme ait son mari[49]. » « À ceux qui ne sont pas mariés et aux veuves, je dis qu'il est bon de rester comme moi-même [Paul est célibataire]. Mais s'ils ne peuvent se contenir, qu'ils se marient, car il vaut mieux se marier que brûler[50]. » Ainsi s'annonce cet idéal de la virginité que le culte marial contribuera beaucoup à renforcer.

Dans la société romaine où le père détient toute l'autorité et marie ses filles, le droit au célibat est une révolution dont nous avons peine à mesurer la portée. La vieille fille, comme on disait naguère, est un personnage inconnu du monde antique, quand bien même elle existe, transfigurée, dans la mythologie, et malgré les Vestales, une poignée de filles qui d'ailleurs n'ont pas choisi leur destin mais ont été « consacrées » très jeunes par leurs pères, à qui elles obéissent. Comment un chrétien pourrait-il, après s'être imprégné de ces textes, refuser à sa fille de rester célibataire ? La femme y gagne la première de ses libertés, celle de disposer de son corps. Nous avons vu comment l'Écriture sainte donnait un acte de naissance officiel au couple. Nous voyons maintenant que le vœu de virginité fonde la valeur de l'individu face à la collectivité et, plus encore, face au couple. C'est encore d'une importance capitale pour la femme qui n'existait qu'en tant qu'enfant, épouse ou mère, et cela n'a pas été sans jouer un rôle dans son adhésion enthousiaste au christianisme. Mais j'ai parlé d'une « première » liberté ; j'aurais dû parler d'une seconde, car la femme en avait obtenu auparavant une autre, tout simplement le droit de vivre. L'antique infanticide qui frappait les filles plus que les garçons est enfin devenu un crime et le devient cet autre infanticide qu'est l'avortement ; on en discutera pendant un temps, mais saint Basile (321-379) tranchera en refusant de prendre en considération la question de savoir si le fœtus est formé ou ne l'est pas encore.

On ne peut guère douter que le mariage auquel Paul se réfère est monogamique. Cela ressort sans ambiguïté des textes relevés ci-dessus et de ceux que nous allons voir, mais il est remarquable qu'aucun ne condamne formellement la polygamie. Parlant des évêques et des diacres, dont le corps a été institué très tôt pour s'occuper des affaires matérielles[51], l'apôtre dit : « Il faut que l'évêque soit irréprochable, qu'il n'ait eu qu'une seule femme[52]. » « Que les diacres soient maris d'une seule femme[53]. » On peut en conclure que tous les autres hommes pourraient être polygames.

Monogamique ou non, le mariage chrétien est indissoluble. Jésus avait déjà été très ferme à propos de la répudiation de la femme : « Je vous le dis, celui qui renvoie sa femme si ce n'est pour impudicité et en épouse une autre commet un adultère, et celui qui épouse une femme renvoyée se rend adultère[54]. » Les Épîtres vont plus loin et proclament l'indissolubilité du mariage en des termes tels qu'il semble impossible de les récuser, et l'on s'étonne que les protestants et avant eux les orthodoxes, sinon par miséricorde, aient fermé les yeux sur le divorce et accepté que les prêtres bénissent une deuxième, voire une troisième union[55]. « Quant aux personnes mariées, j'ordonne, non pas moi, mais le Seigneur, que la femme ne se sépare pas de son mari [...] que le mari ne répudie point sa femme[56]. » « La femme est liée aussi longtemps que vit son mari. Si le mari vient à mourir, elle est libre de se remarier à qui elle voudra. Elle est plus heureuse si elle demeure comme elle est[57]. » « Une femme mariée est liée à son mari tant qu'il est vivant. [...] Si donc, du vivant de son mari, elle épouse un autre homme, elle sera appelée adultère[58]. »

La sollicitude pour la veuve est un souci lui aussi tout nouveau et presque singulier. Que l'on songe à son statut en Inde, voire dans l'Antiquité juive ou païenne ! C'est d'abord, comme on doit s'y attendre, l'Évangile qui le marque. À la naissance du Christ, une vieille prophétesse de quatre-vingt-quatre ans qui, après sept années de mariage, vit seule dans la retraite du Temple, Anne, mêle sa voix à celles des anges du ciel et de Siméon pour louer le Seigneur et chanter l'enfant[59]. Puis Jésus fait l'éloge de la pauvresse sans mari qui verse une misérable obole dans le tronc où tombent les offrandes des riches[60]. Et croyez-vous qu'il s'émeuve tant des pleurs de la veuve de Naïm en raison de la mort d'un jeune garçon ? Il est, hélas ! bien d'autres jeunes qui ont dû mourir sur sa route. Il est bouleversé parce que ce n'est pas une mère comme les autres qui se lamente, parce que c'est la malheureuse des malheureuses, une veuve, et que le garçon était son unique fils. Il rend donc le garçon à la vie. On les compte sur les doigts de la main ceux que le Seigneur a ressuscités[61]. La société chrétienne l'a compris et dès le temps des apôtres elle montre, elle aussi, sa sollicitude pour celles à qui la mort a enlevé ce qui était — ce qui aurait dû être — la moitié d'elles-mêmes. Les Actes font appel à elles comme aux saints[62]. Les Épîtres conseillent à celles qui sont encore dans la fleur de l'âge de se remarier, sans oublier que le célibat peut être pour elles plus sanctifiant[63]. Paul écrit un long texte à leur sujet, pour exhorter leurs enfants à s'occuper d'elles, pour fixer leur rôle dans la société, exiger que leurs proches veillent sur elles — un texte qui commence par ces mots : « Honorez les veuves[64] ! » L'Histoire connaîtra des veuves remarquables et leur accordera la célébrité, ne serait-ce que sainte Monique († 387) ou sainte Paule († 404).

L'acte sexuel n'a pas seulement pour objet la reproduction de l'espèce, comme on a l'impression que le pense l'Église, mais aussi le retour à l'unité primordiale : « Ne voyez-vous pas que celui qui s'unit à la prostituée est un seul corps avec elle. Car, dit l'Écriture, ils seront les deux en une seule chair[65]. » Par cela, ce mariage que l'on regarde avec suspicion devient saint : « Que le mariage soit honoré de tous, le lit conjugal exempt de souillure, car Dieu condamne les impudiques et les adultères[66]. » On sait ce qu'on entend par « adultère ». On voit moins bien ce que cachent les mots « souillure » et « impudique », ce qui a permis de leur donner une acception très large. Les Épîtres ne fournissent aucune indication précise, sauf à propos de l'homosexualité et de la sodomie : « Dieu les a livrés à des passions ignobles ; les femmes ont changé l'usage naturel en celui qui est contre nature. Les hommes, au lieu d'user de la femme selon la nature, ont, dans leurs désirs, brûlé les uns pour les autres, ayant homme avec homme un commerce infâme[67]. »

Nul doute que ce qu'on demande aux femmes ne vise ni à les dévergonder ni à leur donner de l'autorité. « Elles doivent être honorables, non médisantes, sobres, fidèles en toutes choses[68]. » « Que celles qui sont âgées soient sages conseillères capables d'apprendre aux épouses à aimer leur mari et leurs enfants, à être retenues, chastes, occupées aux soins domestiques, bonnes, soumises chacune à son mari[69]. » « Que vos femmes se taisent dans les assemblées, car elles n'ont pas mission de parler, mais qu'elles soient soumises comme le dit aussi la loi. [...] Il est malséant pour elles de parler dans une assemblée[70]. » « Qu'elle écoute l'instruction en silence, avec une entière soumission. Je ne lui permets pas d'enseigner ni de prendre autorité sur l'homme, mais elle doit se tenir dans le silence » (et Paul revient encore à ce propos à Adam et Ève[71]). Nous l'avons déjà vu en Grèce et dans la Bible : sois charmante et tais-toi !

Il est quelque peu piquant, en un temps où l'on parle tant du « voile islamique » (qui, rappelons-le, n'est pas coranique), de voir que le voile (dont nul ne parle plus en chrétienté) est néo-testamentaire : « Tout homme qui prie ou prophétise tête couverte déshonore sa tête. Toute femme qui prie ou prophétise la tête non voilée déshonore sa tête. [...] La femme (ayant été tirée de l'homme) doit avoir sur sa tête un signe de sujétion[72]. » Dans l'Antiquité, avoir la tête couverte était le propre des esclaves et les juifs priaient en mettant un calot sur leur tête, comme ils le font encore et comme font les musulmans, parce qu'ils étaient esclaves de Dieu, alors que les Grecs priaient tête nue. Affranchis par le Christ, devenus fils de Dieu, les chrétiens n'avaient plus à se couvrir, mais les femmes le devaient. Il n'y a pas si longtemps encore, une femme ne serait jamais entrée dans une église « en cheveux »...

Genèse de la société chrétienne

Les religions à mystères avaient séduit les femmes. Le christianisme le fit bien plus encore et elles jouèrent dans son expansion un rôle que ne mettent guère en évidence les textes, mais qui n'en est pas moins certain. On ne peut pas douter de la sincérité de leur foi quand on en voit tant accepter de souffrir et de mourir pour elle. N'y avait-il pas cependant dans quelque repli de leur cœur l'orgueil de lancer un défi inouï à une société qui les dévergondait et les opprimait à la fois ? Ce serait bien humain et bien excusable. Ce ne manquerait pas non plus de quelque grandeur. Une Cécile († v. 232), une Agathe († 251), une Érémentienne († 304), une Léocadie († v. 395), une Martine, fille de consulaire († 225), une Agnès, de naissance patricienne († 304), et tant d'autres, en se dressant contre la tradition, sinon toujours contre l'autorité paternelle, pour vouer à Dieu leur virginité ne sont pas seulement des contestataires, mais des héroïnes qui apportent leur pierre à la construction d'un nouvel humanisme[73]. D'une façon schématique, mais ô combien parlante ! des historiens de l'Église ont souligné le rôle des femmes dans la propagation de la foi : « Une première conversion acquise au milieu du IVe siècle concerne les femmes. [...] Les hommes, dans l'ensemble, restent païens. [...] À la génération suivante, ils acceptent d'épouser des chrétiennes et par celles-ci la religion nouvelle s'acclimate si bien qu'à partir des années 400 elle devient dominante[74]. » De cela, nous le verrons, Clotilde et Clovis donnent un exemple.

On sait avec quelles difficultés et dans combien de déchirements se sont fixés les grands dogmes chrétiens. La personnalité divine du Christ, les rapports entre ses deux natures, ceux qui existent entre la Vierge et son Fils ont donné lieu à des débats passionnés et à ce qu'on a appelé des hérésies — le gnosticisme, l'arianisme, le nestorianisme, le monophysisme pour ne citer que les principales. La constitution de la société chrétienne, loin de s'être effectuée plus facilement, a demandé au contraire bien plus de temps. Au début du IV⁰ siècle, un certain nombre de concepts étaient déjà bien admis : la séparation des clercs et des laïcs, l'exclusion des femmes des activités religieuses, la prééminence des évêques[75], mais il avait fallu les imposer contre la gnose et le puissant courant montaniste qui avait fait une recrue de poids avec Tertullien et avait été sur le point de tout emporter puisque Montan et son équipe, dans laquelle il y avait des prophétesses, tout en prônant la virginité reconnaissaient aux femmes le droit à la prêtrise et à l'épiscopat — mais on n'en parla plus après le III⁰ siècle.

D'autres concepts qui nous paraissent aujourd'hui inséparables du catholicisme n'ont pas vraiment fait partie de sa doctrine avant le XVI⁰ siècle et le concile de Trente, ainsi le mariage monogamique, indissoluble, saint et consacré. Pendant des siècles, le concubinage a rivalisé avec lui sans causer de scandales, y compris celui des prêtres, comme nous allons le voir. La maîtresse ne se distinguait pas de la servante et il était courant dans la haute société que la concubine vécût sous le toit de l'épouse. Assez vite, il devient rare dans les basses classes de la société, en partie pour des raisons économiques, et finit par être, chez elles, pratiquement éliminé. En revanche, il reste de mode dans la noblesse. Au début du XVI⁰ siècle seulement se perçoit bien la lutte que mène l'Église contre lui et contre la bâtardise, condamnant sans doute le premier pour éviter la seconde. Elle porte lentement ses fruits. « À la fin du XVIII⁰ siècle, [...] l'illégitimité nobiliaire était encore de 30 % », la roturière seulement de l'ordre de 1 à 2 %[76]. Quant à l'indissolubilité, si elle était respectée par les petits, elle était tournée par les grands qui avaient l'oreille de Rome et faisaient annuler leurs unions sous prétexte de liens de parenté ou de consentement extorqué.

Le célibat des prêtres séculiers, non des moines, ne fut pas adopté plus facilement par l'Église romaine. La question qu'il pose est de celles qui ont une grande importance, car elle en amène une autre qui intéresse l'ensemble des fidèles. Si l'on admet que le prêtre ne peut pas mener une vie conjugale à l'instar du laïc, c'est que l'on considère que la chasteté est la vertu par excellence et que toute œuvre de chair est plus ou moins entachée de souillure. On comprend la passion que cette proposition éveilla non seulement parmi les membres du clergé menacés de ne pas pouvoir satisfaire à l'instinct, mais encore parmi le peuple pour qui cette satisfaction, même avec le conjoint, apparaissait nécessairement comme impure. L'orthodoxie et le protestantisme optèrent pour le mariage. La première, en disant que sacerdoce et vie conjugale sont compatibles, n'en sentit pas moins le besoin d'ordonner une certaine retenue dans les ébats amoureux des ecclésiastiques en les interdisant pendant les périodes de jeûne et avant toute célébration eucharistique[77]. Le second vit dans le célibat une offense au Dieu de la Bible et à la nature humaine. Le catholicisme fut longtemps indécis. Sous l'Empire romain alors si corrompu, il arrivait, dans le bas clergé, que les clercs détournassent des filles plébéiennes pour en faire leurs concubines, dans le haut clergé, que les prélats séduisissent les filles des grandes maisons qu'ils fréquentaient. Par réaction, dès 325, au concile de Nicée, on proposa le célibat des gens d'Église, mais un grand ascète égyptien parvint à faire écarter cette proposition[78]. Ce n'est qu'après la crise du nicolaïsme du XIe siècle, en Allemagne, en Italie, en France, et la quasi-généralisation du mariage des prêtres[79] que le second concile du Latran (1139) remit en cause la décision de Nicée et rendit le célibat obligatoire. Il ne fut guère entendu et le concile de Trente (1545-1563) — qui consacra aussi, enfin et seulement, l'indissolubilité du mariage — fut obligé de répéter ce qui avait été décidé quatre siècles plus tôt. Ce ne fut que vers 1600 que la réforme entra vraiment dans les mœurs.

La Sainte Vierge Marie

Le fantastique développement de la mariologie dans la chrétienté, qui finirait par provoquer une vive réaction de la Réforme, est un phénomène unique dans l'histoire de l'humanité. Rien ne le laissait prévoir, ni le milieu juif d'où le christianisme était sorti ni la pensée grecque qui l'avait largement nourri et encore moins les textes canoniques si pauvres sur la mère du Christ. Paul ne nomme pas une fois Marie, se contentant de dire, en parlant de Jésus : « né d'une femme, né sous la loi[80] ».

Pour l'historien, qui n'a pas à se placer sur le terrain de la théologie, le culte marial est issu de la rencontre de deux courants, l'un interne, l'autre externe. Le premier est constitué par la nécessité de garantir par la virginité de la mère la réalité de l'incarnation divine (ce qu'exprime Tertullien), la filiation du Fils avec Dieu seul (comme le dit Origène). Le second est le flot immense de tout ce que l'humanité charriait de religion féminine qui n'avait jamais trouvé la possibilité de s'exprimer complètement. Comme l'écrit Eliade, « la théologie mariale représente la transfiguration des plus anciens et des plus spécifiques hommages apportés depuis la préhistoire au mystère religieux de la féminité[81] ». Le culte de la Sainte Vierge n'a pas cessé de croître au cours des siècles et a abouti, du moins au niveau populaire, à une quasi-divinisation. Michelet divague, bien sûr, mais ses divagations font partie de son génie et ne sont pas loin de la pensée d'Érasme quand il écrit : « Dieu changea de sexe, pour ainsi dire. La Vierge devint le Dieu du monde. » Dès les IIᵉ-IIIᵉ siècles, on sait dans des milieux sans doute influencés par l'hellénisme, le gnosticisme et le montanisme que la mère du Christ participe de l'œuvre rédemptrice par sa maternité, et l'on commence à voir en elle la « nouvelle Ève », coopératrice du nouvel Adam, la mère du genre humain faisant profiter tous les hommes des mots adressés par Jésus sur la croix à sa mère et à son disciple Jean : « Femme, voici ton fils.

Voici ta mère ! » En même temps, le proto-Évangile de Jacques, qui narre la vie de Marie, obtient un vif succès populaire et notamment donne naissance à la fête de la présentation au Temple qui ne sera pourtant célébrée qu'à partir du VIIᵉ siècle, et d'autres textes, peut-être contemporains, les *Transitus*, racontent sa mort et son élévation corps et âme au ciel. Aux IVᵉ et Vᵉ siècles, Jérôme, Amboise, Augustin la proposent aux femmes comme un modèle parfait.

Virginité et maternité divine sont inséparables. La première est essentielle et peu mise en cause. La seconde donne lieu à plus de discussions. Au début du IIIᵉ siècle, d'abord à Alexandrie, Marie est la *Daipana* (Celle qui enfante le Dieu), puis elle devient la *Theotokos*, la Mère de Dieu, ce que l'Église affirmera dogme de foi en 431 au concile d'Éphèse en même temps que sa perpétuelle virginité, *ante partum, in partu, post partum*. Plus rien, dès lors, n'entrave l'épanouissement du culte marial. Il franchit une étape importante au VIIIᵉ siècle quand les principales fêtes qui célèbrent Marie sont adoptées en Occident, et surtout celle de l'Assomption, le 15 août, nommée d'abord, au VIᵉ siècle, de la Dormition. Il arrive à son paroxysme aux XIIᵉ-XIIIᵉ siècles, après que l'on a suggéré pour la première fois le dogme de son immaculée conception (promulgué seulement en 1854 par Pie IX) ; quand saint Bernard (1090-1153) voit en elle « la médiatrice de toute grâce », jusqu'à écrire : « Dieu a voulu que nous ne possédions rien qui ne passât d'abord par les mains de Marie[82] » ; quand saint Bonaventure (1221-1274) propose la co-rédemption mariale : par ses souffrances offertes, Marie a pris part au sacrifice rédempteur de Jésus ; quand circulent dans les milieux universitaires des poèmes et des prières dédiés spécialement à la Vierge ; quand Rutebeuf écrit son joli *Miracle de Théophyle* où un homme qui a vendu son âme au diable (longtemps avant Faust) obtient de la Mère de Dieu qu'elle rachète la charte fatale qu'il a signée de son sang ; quand se multiplient les sanctuaires consacrés à Notre Dame — en général les plus vastes, les plus beaux — à Rouen (1145), à Senlis (1153), à Laon (v. 1160), à Paris (1163-1250), à Amiens (1220), à Reims (1221), à Chartres. Nous en conservons une trentaine en France. Il en existait certes depuis longtemps — ainsi à Fourvière (Lyon) au IXe siècle, à Clermont-Ferrand et au Puy au Xe, ce dernier centre de pèlerinage actif dès les années 990, mais ils disparaissaient en quelque sorte dans la dense forêt des lieux dédiés aux saints : Sainte-Cécile (d'Albi), Saint-Sernin (de Toulouse), Saint-Lazare (d'Autun), Saint-Hilaire (de Poitiers), et autres Saint-Jacques, Saint-Pierre, Sainte-Foy, Saint-André, etc.

C'est l'époque où saint Dominique (1170-1221) confie à son ordre la mission de propager le chapelet, sans doute en usage dès le XIe siècle ; celle où les couvents commencent à réciter des *Ave Maria*, accompagnés de sonneries de cloches, à l'origine de l'angélus qui, trois fois par jour, le matin, à midi et le soir, frappe les oreilles et attire l'attention du peuple sur la grande nouvelle de jadis, toujours neuve : « L'ange du Seigneur annonça à Marie qu'elle enfanterait le Sauveur et elle l'a conçu par l'opération du Saint-Esprit. Je vous salue, Marie pleine de grâces... »[*]. Les temps ultérieurs n'auront guère à ajouter. Mais le XIXe siècle inaugure les apparitions de la Mère de Dieu à La Salette (1846), à Lourdes (1858), à Fatima (1917), etc.

Vierge et démone

Ce ne peut être un hasard si le XIIe siècle est à la fois celui du grand essor du culte marial et celui où la femme enflamme les poètes, accède à une très haute culture, devient consciente de sa valeur et de son pouvoir sur les

---

[*] Une tradition fait naître l'angélus à la cathédrale Saint-Pierre de Saintes au XIIe siècle.

hommes. Toutefois, plus on exalte la Vierge, la nouvelle Ève s'associant à l'économie de salut, plus la première Ève, par opposition, se noircit et s'associe à l'économie de perdition, et cette optique laisse la porte ouverte à la misogynie ou à l'incompréhension des problèmes féminins. En règle générale, la chrétienté donnera rarement à la femme la grande place que Marie aurait dû lui assurer. Comme Ève, Marie est mère, non pas mère d'un criminel, mais mère de Dieu. Certes, et la mère s'en trouve grandie. Mais elle est aussi, et j'allais dire surtout, vierge, de quoi tout naturellement naît un culte pour la virginité considérée comme le mode de vie idéal, presque déjà comme la sainteté en soi. Le message biblique, les visions pauliniennes de l'opposition entre la chair et l'esprit qui, notons-le, étaient aussi celles du stoïcisme et du néoplatonisme, se conjuguent pour convaincre que l'œuvre de chair est mauvaise et pour faire renaître un antiféminisme ancestral. Le concile de Trente déclarera encore : « Si quelqu'un dit que ce n'est pas meilleur et plus heureux de demeurer dans la virginité et le célibat que de se marier, qu'il soit anathème ! »

Les chrétiens cependant n'avaient attendu ni le concile de Trente, ni le XIIᵉ siècle, ni le développement du culte marial pour fuir avec horreur la sexualité. Saint Bruno (v. 1030-1101) et les chartreux avaient été devancés par saint Benoît de Nursie (v. 480-v. 547) et les bénédictins. Il était de mode, dès les temps anciens, de quitter la ville, de se réfugier au désert ou dans la montagne[83] pour échapper à toute tentation, pour dominer sa chair, pour, comme on dit, la dompter. Si l'on en croit la tradition, l'érémitisme prit naissance en Thébaïde, c'est-à-dire en Haute-Égypte au IIIᵉ siècle sous l'impulsion de Paul de Thèbes et de saint Antoine d'où il gagna d'abord la Syrie et l'Anatolie, puis l'Europe avec un saint Honorat (v. 350-v. 430) et un saint Avit († 530). Il peut être antérieur si Marie-Madeleine vint bien en Provence, si Zachée s'installa bien à Rocamadour. Il dura plus longtemps qu'on ne l'imagine volontiers, jusqu'à un saint François de Paule au XVᵉ siècle, un saint Ignace de Loyola au XVIᵉ, le fondateur des Jésuites. Des femmes s'illustrèrent comme cénobites, une sainte Énimie, la sœur du roi Dagobert, au VIIᵉ siècle, une Hildegarde ou une Rosalie au XIIᵉ siècle. La haine du sexe devint telle qu'un grand esprit comme Origène (185-254) en vint à interpréter dans son sens littéral un logion du Christ rapporté par saint Matthieu[84] et s'émascula. Solution extrême ! Mais il ne manqua pas d'avoir des imitateurs moins célèbres. On vit même en Russie une véritable épidémie de castration contre laquelle sévirent en vain les autorités : entre 1840 et 1858, quinze cents hommes se mutilèrent ; d'autres, moins nombreux, jusque dans les dernières décennies du XIXᵉ siècle[85].

On peut dire que toute la genèse de la civilisation chrétienne s'est effectuée dans une atmosphère d'attirance passionnée pour la féminité et d'extrême méfiance vis-à-vis des femmes et des rapports physiques et intellectuels que les hommes peuvent avoir avec elles. Un Ambroise (v. 340-399) déclare que le péché originel se transmet par l'acte d'amour ; un Maxime le Confesseur (580-622) démontre que ce dernier, comme la mort, est une conséquence de la faute de nos premiers parents[86]. Un Jérôme (v. 347-419) explique que le mariage était de l'ancienne loi (« croissez et multipliez-vous »), la virginité de la nouvelle. Un des propos des *Confessions* de saint Augustin, un homme brûlant de toutes les passions, est de nous montrer à quel point l'attachement amoureux et les jouissances qui l'accompagnent perturbent les âmes en quête de Dieu : « Je n'aimais pas encore, mais j'aimais à aimer. [...] Aimer et être aimé m'était plus doux quand je jouissais du corps de l'objet aimé[87]. » « J'étais pris dans les liens tenaces de la femme [...] et c'était là l'unique raison de mes flottements dans tout le reste, de mes langueurs, des soucis rongeurs qui me dévoraient[88]. » « Le désir des voluptés charnelles me tenait étroitement enchaîné[89]. » Dans son âge avancé, devenu évêque, il était si méfiant qu'il ne voulait même pas parler à une femme[90]. Pour tout un courant de pensée du haut Moyen Âge, la femme était devenue « comme une propriété de l'homme ou comme une machine à faire des enfants » et l'on se demandait si elle avait une âme[91]. Mais ce courant était-il majoritaire ? Ce n'est pas sûr.

CHAPITRE VIII

La femme dans l'Occident chrétien

La Gaule mérovingienne

À l'époque mérovingienne, dans ce qui sera la France, la vie de la femme est conditionnée par nombre de traditions différentes dont il est malaisé de jauger le poids et qui sont de surcroît, pour certaines, encore mal connues, celles de Rome d'abord ou plus exactement de la culture gallo-romaine, celle de la civilisation celte et druidique, celle des Germains, Francs, mais aussi Burgondes et Wisigoths, et, à partir des débuts du VIᵉ siècle au moins, celles du christianisme. Bien que ce dernier, souvent dans sa version arienne, ait pénétré dans les masses barbares avant la conversion de Clovis, son adoption par le plus grand souverain des Francs (496) est un événement essentiel pour l'Église, pour la France, et pour notre sujet, car il donne à la femme une place nouvelle. Jusqu'alors, si l'on met à part une Marie-Madeleine, une Marthe, une Marie Salomé et toutes celles qui ont accompagné Jésus dans sa brève vie publique ainsi que quelques rares exceptions, surtout des veuves, comme sainte Monique, la mère de saint Augustin († 387), les femmes n'étaient reconnues saintes que si elles étaient vierges ou martyres ou, mieux encore, vierges et martyres. Elles ne sont pas moins d'une trentaine entre le Iᵉʳ et le VIIᵉ siècle dans le manuel romain à arborer ces titres contre une demi-douzaine qui sont ou ont été mariées. Tout change avec la conversion de Clovis. Son épouse, Clotilde, princesse burgonde, est catholique ; elle obtient du roi qu'il fasse baptiser ses enfants avant même que de l'amener, avec nombre de ses guerriers, à entrer dans le giron de l'Église. C'est, n'en doutons pas, à la suite d'une longue préparation psychologique que le roi, à la bataille de Tolbiac contre les Alamans, se tourne vers le Christ quand il se juge perdu et crie : « Christ que Clotilde assure le Fils de Dieu vivant, si tu me donnes la victoire je croirai en toi et me ferai baptiser[1]. » Ainsi, une femme, épouse, mère et reine, est à l'origine de la vocation religieuse de ceux qui seront les rois très chrétiens du pays qui sera la fille aînée de l'Église. Elle sera canonisée bien plus tard et proposera l'image de la sainte, mère du « roi par la grâce de Dieu », lui-même imprégné de sainteté. Remarquons à ce propos que Clotilde eut des imitatrices, ainsi Ingonde, fille de Sighebert et de Brunehaut, qui ramena à l'orthodoxie son mari, le roi des Wisigoths, et d'autres qui convertirent des princes de moindre majesté.

Cela prouve la très grande influence qu'exerce la femme dans la société et à quel point elle sait se faire écouter par celui qui l'épouse. Elle jouit souvent d'un charisme tel qu'elle peut de la même façon transporter les foules. Quand, en 451, les Huns marchent sur Lutèce, une femme — la future sainte Geneviève — âgée de vingt-huit ans calme l'angoisse et empêche l'exode des Parisiens (*Parisii*) en affirmant que les envahisseurs se détourneront de la ville. Quand les Francs l'assiègent, elle stimule l'ardeur des défenseurs, « les soutenant de parole et d'action » et mène une expédition fluviale pour aller chercher des vivres à Corbeil et à Melun.

Il semble, alors que les souverains ne répugnent pas à la polygamie, que certaines filles de grande naissance parviennent à faire répudier les co-épouses, parfois en les faisant enfermer dans des cloîtres, voire en les faisant disparaître, ou qu'au moment de leur mariage elles exigent d'être seules dans le lit conjugal. Une légende résume bien certaines mœurs de l'époque et souligne la liberté des femmes. Traduisant peut-être quelque ancien mythe franc, elle raconte comment la belle Basine, fille du roi des Thuringiens et future mère de Clovis, quitta son mari et passa le Rhin pour épouser Hilderik dont elle avait reconnu « le mérite et la vaillance[2] ».

Deux femmes, Frédégonde et Brunehaut, par leur puissante personnalité et leurs actions, atteignent au VIe siècle une renommée supérieure à celle de toutes les autres et emplissent la Gaule du fracas de leur haine. Gardons-nous cependant de ne voir l'époque qu'à travers elles, car c'est aussi celle de Radegonde, femme de Clotaire Ier, qui fuit la violence de son mari, refuse de se laisser reprendre par lui et qui, devenue veuve, fonde à Poitiers un monastère (538) dont l'abbesse sera sainte Agnès. Elles se ressemblaient aussi peu que possible, ces deux ennemies. L'une, Frédégonde, était une esclave d'Andowère, belle et monstrueuse, qui parvint vers 562-565 à épouser le roi de Neustrie, Hipérik. L'autre, Brunehaut (Brunehilde), était fille du roi des Wisigoths et se maria avec le roi d'Austrasie, Sigebert, en 566 ou 567. Soit par le truchement de leurs maris sur lesquels elles exerçaient un ascendant prodigieux, soit par elles-mêmes, elles mirent à feu et à sang tout l'empire des Francs, tant la Neustrie que l'Austrasie. La première mourut de sa belle mort à la fin de 597 ou au début de 598, laissant un souvenir abominable ; l'autre, après avoir encore tenté de régner, bien qu'octogénaire, à la place de ses arrière-petits-fils, fut torturée et ignominieusement exécutée en 613 par le fils de son ennemie Frédégonde, Clotaire. Les Francs gardèrent d'elle une fort mauvaise image, mais les Gallo-Romains qui l'aimaient brossèrent d'elle un tableau favorable qui traversa les siècles et vient, comme les vagues sur une plage, perler de son écume le seuil de notre temps. Pourquoi faut-il que la femme remarquable que fut Bathilde, l'épouse de Clovis II, elle aussi ancienne esclave, et qui fut deux fois régente, en 639, puis de 657 à 664 pour son fils

Clotaire III, nous demeure si inconnue ? N'aimerait-on que les monstres ? Grégoire de Tours ne connut pas Bathilde, mais il donne l'exemple d'une admirable vertu qui surprend dans cette époque de violence et d'immoralité, celui de la femme de l'évêque d'Autun Réticius[*] qui, au moment d'expirer, lui dit : « Frère très cher, [...] lorsque ta course en ce monde sera terminée, que ton corps soit placé dans le sépulcre où va descendre le mien afin que nous reposions côte à côte sous la même pierre, nous qui avons conservé dans le même lit l'amour de la chasteté[3]. »

La longue aube du XIIe siècle

Dans l'Empire romain d'Occident où, nous l'avons vu, le rôle des femmes pouvait être considérable, il ne serait jamais venu à l'idée de qui que ce fût d'aller jusqu'à faire de l'une d'elles une régente ou la détentrice d'un titre honorifique personnel. Les épouses des sénateurs participaient aux honneurs, non au pouvoir. Quand, en Gaule mérovingienne, une Clotilde ou une Frédégonde s'illustrent, c'est sous le couvert d'un époux ou d'un fils. Brunehaut qui veut agir par elle-même y perd la vie. Il en va tout autrement dans l'Empire romain d'Orient. La femme y assume souvent de hautes responsabilités, peut gouverner réellement, bien que sous le couvert d'un homme, et afficher avec fierté des titres qui ne sont pas nécessairement ceux de son mari. On le voit très tôt avec la mère de Constantin, Hélène, l'inventrice de la Sainte Croix, qui serait non seulement un jour proclamée sainte, mais encore, de son vivant, *Augusta*. Comme l'a très bien montré K. F. Werner[4], c'est évidemment sous l'influence orientale que les titulatures féminines (*ducissa, comitissa*)

---

[*] On voit Réticius, premier évêque d'Autun connu, participer au concile d'Arles en 314.

commencent à apparaître en Occident au milieu du VIIIᵉ siècle, en l'occurrence en Italie méridionale, avec les duchesses de Spolète (Hermalinde) et de Bénévent (Scaumbiega), d'où elles gagnent l'ensemble de l'Europe. La *ductrix*, qualifiée comme le *dux* par des superlatifs (*gloriossima, christianissima*), prend souvent une part active au pouvoir et prend rang avant tous les fidèles de son mari, ce qui sera la position de la *domina* (la « dame ») vénérée par les vassaux du XIIᵉ siècle[5]. En pays franc et à la cour pontificale, la résistance sera longue à cette promotion officielle de la femme, mais une fois acquise elle durera davantage. Quand l'impératrice Irène de Byzance se fait consacrer *basileus* (empereur) et entend gouverner seule, l'émotion est énorme en Europe, non par suite des crimes qu'elle a commis en détrônant son fils et en lui faisant crever les yeux (797), mais bien parce qu'elle s'arroge une autorité qui ne peut être que masculine. Le scandale qu'elle suscite n'est pas la moindre des causes qui portent Charlemagne à l'empire.

Est-ce par réaction contre Byzance ou par inclination personnelle que Charles le Grand évince sa mère Berthe dont le rôle politique n'avait pas été des moindres sous Pépin, en lui offrant d'ailleurs une retraite honorable ? Que, tout en laissant ses filles qu'il adore mener la vie qu'elles veulent à condition qu'elles soient près de lui, il tient, en faisant quelque peu figure de sultan dans un harem, ses épouses à l'écart des affaires ?

Ce ne sera qu'une pause. La renaissance carolingienne est sans doute le moule dans lequel se forme ce que l'on considère trop souvent comme une brusque émergence de la femme au XIIᵉ siècle, comme la reconnaissance « pour la première fois depuis les gnostiques du IIᵉ siècle de sa dignité spirituelle et de sa valeur religieuse[6] ». La science d'une Héloïse (1101-1164), ancienne élève du couvent d'Argenteuil jusque vers ses quinze ou seize ans, âge où elle le quitta parce qu'elle ne pouvait plus rien y apprendre, la culture, le goût, la curiosité intellectuelle d'une Aliénor d'Aquitaine (1122-1204), les talents de cette étonnante

Hildegarde de Bingen (1098-1179), visionnaire certes, mais aussi musicienne, épistolière, théologienne, anatomiste et sainte, ou encore ceux de Herrade von Landsberg (v. 1125-1175), abbesse de Sainte-Odile en Alsace et auteur de l'*Hortius deliciarum*, ouvrage sur l'histoire spirituelle de l'humanité, ne peuvent pas sortir de rien. Ils sont le fruit d'une longue gestation. Tout ce qui s'exprime dans l'amour courtois, et d'abord le « vrai amour », « implique une culture supérieure et complexe, voire une mystique et une ascèse[7] », qui n'ont pu que lentement se former. On ne fait pas en un instant, même au temps des fées, d'une rustre ou d'une souillon un être raffiné et suprêmement délicat.

La femme, toutefois, n'était ni souillon ni rustre. Dès la fin du IVe siècle, la fondation, dans l'aura de saint Jérôme (v. 347-419), d'un premier couvent de femmes à Bethléem affirme la vocation des monastères féminins à l'étude tout autant qu'à la prière. Une nonne comme Paula sait l'hébreu comme le latin, connaît à fond les Écritures. Peu après, en 513, la sœur de saint Césaire d'Arles, Césarie, ouvre le premier couvent de femmes en Gaule et s'inspire largement des règles de son prédécesseur en Terre sainte. Dès lors, toutes les communautés féminines sont « marquées par un intense besoin de vie intellectuelle en même temps que spirituelle[8] ». Tous les jours, deux heures doivent être consacrées à la lecture ; l'enseignement, au moins à partir du IXe siècle, comprend l'étude du latin, du grec et du droit ; maintes femmes se mettent, sur le dur parchemin, à copier des textes au même titre que les hommes, et pas seulement dans les couvents : nobles comme roturières nous sont connues par leurs colophons. Et elles composent, ainsi cette nonne allemande Hrotsvitha (Raswitha) du Xe siècle que l'on nomme la Dixième Muse, ainsi Dhuoda qui écrit entre 841 et 843 le premier traité sur l'éducation, le *Manuel pour mon fils*, et espère, reprenant les mots de sainte Monique, que, grâce à cela, elle le met au monde une seconde fois[9]. Ce souci éducatif fera long feu. Très vite les monastères, ceux de femmes surtout, deviennent des écoles pour garçons et filles âgés de quelque six à douze ans et les grands seigneurs offrent des bourses aux enfants pauvres pour qu'ils puissent les fréquenter. Un enseignement libre se développe parallèlement dans les cités. On recensait encore vingt-deux maîtresses d'école à Paris au XIVe siècle, et à Florence, un enfant sur deux, tant mâle que femelle, fréquentait la « petite école ».

La crasse médiévale est, du moins à cette époque, une autre légende obscurantiste. Les soins de l'esprit ne dispensaient pas de ceux du corps. Dans les couvents, la toilette quotidienne était obligatoire, le bain recommandé. En 1292, il y avait vingt-six bains publics à Paris, ouverts tous les jours non fériés.

L'accès à l'instruction ouvre l'accès aux carrières. Les femmes les exercent à peu près toutes. Elles ne sont pas seulement les bergères des pastourelles de *L'Astrée* et de la célèbre chanson « Il pleut, il pleut... ». On les trouve dans le petit et dans le grand commerce, dans les professions libérales comme la médecine. Il est, à côté des *mires* (barbiers, c'est-à-dire médecins), des *miresses* qu'on verra exercer leur art jusqu'à la fin du XIVe siècle, alors non sans difficultés, il est vrai. Certaines pratiquent les sports, telle cette joueuse de paume originaire du Hainaut qui se produit avec succès à Paris vers 1425. Souvent, on les utilise dans les services de renseignement et l'on peut déjà parler de belles espionnes. Quelques-unes font la guerre, mais, s'exclame Georges Duby, « celles-ci sont-elles encore vraiment des femmes[10] ? ». Elles dirigent leurs terres. Une enquête concernant la Champagne entre 1152 et 1284 montre que sur deux cent soixante-dix-neuf possesseurs de fiefs, deux cent quatre sont des hommes, quarante-huit des dames, dix des demoiselles[11]. Chrétien de Troyes présente deux de ces femmes, nées de son invention, et les fait monter à cheval, seules ou en compagnie de leurs seigneurs. Elles interviennent au plus haut niveau de l'État. Judith de Bavière (v. 800-843), épouse de Louis le

Pieux, qui parvint à écarter les enfants d'un premier lit de
son mari, se révèle très influente, et l'est autant la
première impératrice d'Occident, Ermengarde (v. 856-
897), et plus encore Adélaïde (v. 931-999), épouse
successivement de Lothaire II et d'Otton Ier, qui exercera
aussi la régence pour Otton III. Ce que l'on reprochait à
l'Orient, c'est dorénavant l'Occident qui le fait. Ermengarde, alors reine de Provence, défend seule Vienne en
Dauphiné pendant deux ans ; Emma, fille de Robert Ier
(866-923) et mariée au roi Raoul (923-936), tient, seule
aussi, et longtemps la ville résidence de son mari, et met à
la raison des vassaux récalcitrants[12]. Ce sont sans doute
des exceptions et il ne convient pas de leur attacher une
grande importance. En revanche, on ne saurait trop en
accorder aux canonisations des souveraines qui se
multiplient. C'est d'abord Clotilde dont Adson de
Montiérender se fait l'avocat ardent et heureux auprès de
son ami le pape Sylvestre II (999-1003), puis, après elle,
toute une série de princesses qui reçoivent la couronne de
sainteté, en commençant par cette Adélaïde finalement
canonisée en 1097 par Urbain II. Après avoir été reconnue
comme sainte — ou tout simplement reconnue — quand
elle s'était immolée pour sa foi ou quand elle avait gardé
sa virginité, puis comme mère des rois, la femme l'est
désormais pour son action en faveur de l'Église ou,
comme Adélaïde, en tant que « mère des royaumes[13] ».

C'est de l'Orient chrétien qu'arrivent aussi en Occident
au VIIIe siècle les principales fêtes mariales. Le culte de la
mère du Christ était peut-être, en Asie Mineure, influencé
par le souvenir de la grande déesse mère qui y avait sa terre
d'élection et, si l'on veut, par un retour à la tradition. Ce
ne le fut certes pas en Europe occidentale où rien n'y
prédisposait. Avec une rare perspicacité, Henri Martin a
vu, il y a longtemps, qu'il répondait à un élan de l'âme vers
une nouvelle idéalité qui reconnaissait dans la femme la
grande puissance morale de la création[14].

Les Évangiles apocryphes, très populaires et auxquels nous avons tant emprunté, à commencer par les images de la crèche avec l'âne et le bœuf qui, de leur souffle, réchauffent l'enfant Jésus, exercèrent une très grande influence sur le culte marial, surtout dans le peuple, car ils parlent de la mère du Sauveur à proportion du peu qu'en disent les Évangiles canoniques. C'est alors qu'on commence à dédier des églises à Notre Dame, que les saintes, et pas seulement les saints, donnent leur nom aux sanctuaires : il faut cependant attendre, sauf erreur, l'année 1282 pour voir une grande église, à Albi, porter un nom de femme, celui de sainte Cécile.

Le monde musulman aussi fait sentir son influence. Sa richesse et son luxe sont indéniables et s'opposent à la relative pauvreté, à la rudesse du monde chrétien. Seul, avec Byzance, il frappe l'or, monnaie indispensable au grand commerce international qui ne va pas tarder à prendre son essor. Au milieu du XIIIᵉ siècle encore, le dirham fait prime et les princes occidentaux, quand ils se décident à ne plus avoir pour seul étalon l'argent, l'utilisent ou l'imitent en frappant, chose inouïe, des monnaies à inscriptions arabes[15]. On a longuement discuté d'une influence de l'islam sur l'amour courtois. On l'a jugée impossible au motif que la société musulmane faisait trop mauvaise place à la femme. Pour d'autres, la réclusion, la stricte séparation des sexes ont paru des raisons suffisantes pour le développement de sentiments exaltés qui ne pouvaient que rester platoniques. Voire ! Mais il est certain qu'une poésie amoureuse arabe existe, comme il existe une poésie bacchique arabe alors même que la consommation du vin est interdite. Très prudemment, Eliade a conclu que l'Espagne mauresque avait pu agir comme un stimulant[16]. Nul n'a nié l'éblouissement des croisés devant le luxe oriental, la convoitise qu'il a éveillée : les objets, en particulier les tissus qu'ils rapportèrent de Terre sainte et que conservent nos musées et les trésors des cathédrales en témoignent. On n'a peut-être pas mesuré la portée qu'a pu avoir, antérieurement à la croisade, la lente *Reconsquista* de l'Espagne où le califat de Cordoue (dissous en 1031) et les cours princières n'avaient rien à envier au califat abbasside de Bagdad et aux cours des émirs de Jérusalem, d'Acre, de Tripoli ou de Damiette. Or, dès 1071, Tolède, l'antique capitale wisigothique, tombe aux mains des chrétiens. Et au tombeau de saint Jacques, découvert miraculeusement au IXe siècle à Compostelle, les foules ne tardent pas à se rendre, par troupes entières, en pèlerinage.

La féodalité

C'est bien dans le sud de la France, plus sensible aux influences orientales, byzantines et musulmanes, qui a mieux conservé que le nord la culture antique et où la vie est rendue plus douce par le climat, que vont naître les « cours d'amour » qu'Aliénor d'Aquitaine et d'autres apporteront en Île-de-France, en Champagne, en Flandre, en Angleterre. Quand ont-elles vu le jour ? Elles sont déjà mentionnées sous le nom de « jeux d'amour » dans les chansons du duc Guilhem (Guillaume) IX d'Aquitaine (1071-1124), troubadour de haute naissance — tous ne sont pas fils de commerçants comme Bernard de Ventadour (v. 1125-fin XIIe siècle) — dont des pièces cyniques et gaillardes contrastent avec d'autres qui expriment un amour très pur. Ce seront, pendant toute l'époque féodale qui vient de naître, les deux volets du diptyque amoureux et poétique.

C'est dans le Nord, où l'empreinte des Celtes est la plus forte, que la semence méridionale, en fécondant l'âme celtique, portera tous ses fruits. Pendant toute la longue époque où la femme profite de l'élévation de la Vierge Marie pour s'élever elle-même — « la femme règne dans le ciel, elle règne sur la terre » (Michelet) —, où elle acquiert des titres nobiliaires, peut exercer un pouvoir en son nom et devenir sainte sans être jetée aux fauves et sans détourner ses regards des hommes, se fabrique la « matière de Bretagne ». Les vieux personnages que les bardes ont chantés, et qui ont pour la plupart vécu, les chefs de guerre comme Arthur et Pérédur, les poètes comme Merddhyn (notre Merlin) commencent par être mythologisés (du VIIᵉ au IXᵉ siècle) : Arthur devient un roi divin, Pérédur, « le chercheur du bassin », représente celui qui est initié aux mystères, qui va à la quête de l'antique chaudron de Kerridwen, ancêtre du saint Graal, le vase sacré dans lequel aurait été recueilli le sang coulant du flanc du Christ. À partir du IXᵉ siècle et bien plus aux Xᵉ-XIIᵉ siècles, ils se transforment en héros de romans, tandis qu'apparaît un nouveau personnage, Tristan. L'une des métamorphoses qui peut paraître le plus évidente, mais que l'on conteste, est celle de la déesse Morrigan, sauvage guerrière, en Morgane, l'une des grandes figures de notre folklore avec Mélusine et Viviane, la fée qui soigne les chevaliers blessés, mais dont la puissance peut encore, comme celle de son éventuelle ancêtre, devenir négative[17].

À la fin du IXᵉ siècle commencent à s'instituer ces relations d'homme à homme, celles du seigneur et de son vassal, l'un accordant sa protection à l'autre en échange de l'hommage et des services, qui, pour les juristes du XVIIᵉ siècle, sera la féodalité, pleinement constituée au Xᵉ siècle. Avec elle, le cavalier, élément le plus efficace de l'armée, devient le chevalier, le membre d'une caste qui se donne certes des droits, mais se reconnaît des devoirs et se montre réceptive à un idéal peut-être irréalisable pour la faiblesse humaine, du moins apte à la porter aux plus sublimes visions.

La *Chanson de Roland*, qui doit remonter aux toutes dernières années du Xᵉ siècle, n'est pas un roman de chevalerie, mais elle contient au moins en germe bien des traits qui caractériseront le chevalier. C'est une histoire d'hommes, écrite pour des hommes et où les femmes ne trouvent pas leur place. Et voilà que, tout à la fin, jaillit un éclair, le seul à cette époque et peut-être le plus beau :

la mort subite d'Aude quand elle apprend que celui qu'elle aime, Roland, ne reviendra jamais. Comme le dit Henri Martin dans une phrase magnifique : « Par la femme, l'amour commence[18]. » Il va bientôt allumer un immense brasier.

À peu près au même moment se développent la soif de la connaissance, qui sera l'un des puissants stimulants des futures universités, et le goût de l'aventure, peut-être nés l'un et l'autre des chevauchées guerrières et des pérégrinations vers les lieux de pèlerinage. Je ne me hasarderai pas à décider si les croisades ont profité de ces aspirations nouvelles ou si au contraire elles les ont inspirées, mais il serait difficile de nier que celles-ci et celles-là furent liées.

Enfin le XIe siècle découvre le conduit de cheminée, invention capitale et non bagatelle, comme on pourrait le croire, après des millénaires où le feu ne pouvait être allumé qu'en plein air. La maison, qui n'était qu'abri, devient foyer. On se groupe auprès des bûches qui flambent, qui éclairent, qui chauffent ; on y travaille, on y converse. La femme n'a plus à courir du four au moulin. Elle trouve sa place dans la famille ; elle est promue « femme au foyer ». Près de celui-ci, elle coud ou brode, réunit sa marmaille, et l'homme, transi par ses longues chasses, vient à ses côtés. Les veillées s'y organisent et prennent un charme infini pour peu qu'un jongleur ou un troubadour vienne à passer. La communauté familiale s'en trouve renforcée, on pourrait presque dire qu'elle est enfin créée[19].

Tout était prêt pour la révolution du XIIe siècle. Toutes les conditions étaient réunies pour qu'elle éclatât. Tous les acteurs étaient formés qui n'auraient plus qu'à jouer leur rôle.

Littérature de cours

On peut admettre que sont à peu près contemporaines la découverte des romans bretons et du cycle du roi Arthur d'une part, de l'autre l'importation dans le nord de la France et en Angleterre, puis en Allemagne, des « tribunaux » ou des « cours » d'amour de la France méridionale où l'on discutait de subtils problèmes de sentiments, où l'on établissait des codes de bien-aimer, ces règles charmantes et tout compte fait assez artificielles. C'est en 1137 qu'Aliénor d'Aquitaine épouse Louis VII, en 1152 qu'elle est répudiée et se remarie avec Henri II, futur roi d'Angleterre. C'est, dit-on, vers 1125-1130 que Gautier Callon, archidiacre d'Oxford (d'où le nom, sous lequel il est mieux connu, de Gautier d'Oxford), découvre un vieux livre en breton, le *Brut y brengned* (Tradition des chefs), et entre 1140 et 1145 qu'il en donne une version latine enrichie de légendes glanées un peu partout, introduisant ainsi le cycle arthurien dans la littérature mondiale. Au même moment, en 1135, Geoffroi de Monmouth attire l'attention sur le monde celte avec son *Historia regum Britanniae* que Wace traduira en 1155 sous le nom de *Roman de Brut*. Le roman courtois peut naître.

La courtoisie, l'hommage rendu aux femmes sont pourtant antérieurs. C'est à une femme que Hugues de Sainte-Marie (dit aussi de Fleury-sur-Loire) dédie son *Historia ecclesiastica* (1109) où il déclare : « Loin que le sexe féminin soit privé de l'intelligence des choses profondes, il y a généralement chez une femme une plus grande ingéniosité d'esprit et une élégance de manière tout à fait remarquable. » Héloïse traduit dans la réalité ce qui pourrait être compris comme une élucubration de poète. Hugues n'est pas mort, qu'elle commence avec Abélard ses tumultueuses amours (1118) ; plus tôt encore, Robert d'Arbrissel fonde Fontevrault — nous allons sans tarder rendre visite à ce haut lieu. Dans un ouvrage latin du début du XIIᵉ siècle d'André le Chapelain, *Le Traité de l'amour*, on lit : « Les femmes étant l'origine et la cause de tout bien et Dieu leur ayant donné une si grande prérogative, [...] il est manifeste que chacun doit s'efforcer de servir les dames afin qu'il puisse être illuminé de leur grâce[20]. »

Mais c'est bien dans la seconde moitié du XIIe siècle que les chefs-d'œuvre de la courtoisie éclosent. En 1160, le *Roman d'Énée*, anonyme, présente le héros troyen comme un chevalier courtois. Entre 1155 et 1170, deux poètes, Béroul et Thomas, écrivent séparément l'histoire de *Tristan et Iseult*, poème de la fatalité où l'amour, dû à un philtre magique et qui ne peut mener qu'à la mort[21], est plus fort que la séparation, plus fort que les lois divines et humaines, plus fort que les inquiétudes et les remords des amants. À peu près au même moment, Chrétien de Troyes publie sa première grande œuvre, *Érec et Énide,* que suivront vers 1177 *Yvain le chevalier au lion* puis *Lancelot le chevalier à la charrette*, et enfin, vers 1182, *Perceval ou la Quête du Graal*. Marie de France (1154-1189), notre première poétesse, chante l'amour dans ses *Lais*. Posons à nouveau la question : est-ce vraiment un fait du hasard si en 1163 on donne le premier coup de pioche au chantier de Notre-Dame de Paris et si, vers 1170, on sculpte au portail de la cathédrale de Senlis une glorification de la Vierge ?

Le roman de Fontevrault

Il n'y a guère d'histoire plus extraordinaire que celle de l'abbaye de Fontevrault (Fontevraud) et de son fondateur et, si elle est bien connue, on peut s'étonner de ce qu'on ne lui accorde pas une plus grande place, de ce qu'elle ne soit pas généralement l'un des centres de notre réflexion, encore que Michelet, pour une fois perspicace, mais sans insister, lui ait donné la primauté. Robert d'Arbrissel (ou, plus rarement, d'Arbisselles ; 1045-1116), était un moine breton quelque peu vagabond, qui, comme les chevaliers ses contemporains, était toujours en quête d'aventures, fuyait la solitude et, comme eux, cherchait à s'agglutiner, car il n'aurait existé « d'errance solitaire que dans la fiction romanesque[22] ». Il prêchait la réforme du cœur, la chasteté et la recherche de la sainteté, était plein de sollicitude pour les femmes, pour les plus malheureuses, pour les prosti- tuées qu'il allait quérir au fond des maisons closes ; elles renonçaient à leur vie de débauche et le suivaient, comme hypnotisées par lui. Un jour, en l'an 1100 ou peu s'en faut, il vint échouer dans une solitude poitevine, pas très loin de la Loire, où il dressa son camp. Il eut l'idée d'y fonder un monastère mixte, où les femmes prieraient et les hommes travailleraient et où ils ne se retrouveraient qu'à l'église.

L'idée n'était pas neuve. Elle avait été exploitée depuis longtemps par les moines irlandais élèves de saint Colom- ban (v. 540-615). Adon, trésorier de Dagobert, avait ouvert un couvent à Jouarre vers 630, et il y en avait eu d'autres depuis. La mixité de la société devenait de mode depuis que dames et seigneurs écoutaient ensemble les chansons de geste et s'asseyaient aux mêmes tables pour boire le même vin, manger la même chère et converser d'amour. Ce qui était nouveau, ce qui ne s'était jamais vu et ne se reverrait jamais, ce qui demeure unique dans les annales françaises et ecclésiastiques, c'est que l'institution, selon la volonté expresse de son fondateur, devait être dirigée par une femme ni vierge, ni mariée, mais veuve. On verrait à sa tête, dès 1115, une femme de vingt-deux ans, Pétronille de Chemillé, qui avait perdu son mari deux ans plus tôt. Elles seraient trente-sept à se succéder comme abbesses pendant six cent quatre-vingt-neuf ans, jusqu'à ce que la Révolution française mette fin à cette aventure unique. L'ordre devint vite aristocratique. Aliénor d'Aquitaine lui montra un atta- chement fidèle. En 1114, une femme qui avait défrayé les chroniques scandaleuses, Bertrade de Montfort (v. 1070- v. 1118), y vint et y trouva refuge pendant que sa sœur Isabelle ne craignait pas d'endosser la cotte de mailles et de monter à cheval comme un homme. Par la suite, d'autres très grandes dames accédèrent à sa direction, des Renée et Louise de Bourbon et la sœur de Mme de Maintenon, Gabrielle de Rochechouart-Mortemart, qu'on surnomma « la reine des abbesses ». Le succès était éclatant : il y eut dans les murs de Fontevrault jusqu'à trois mille personnes et un peu partout s'élevèrent des filiales, principalement en Bretagne où une trentaine d'abbayes furent édifiées.

L'amour

Avant que de parler d'amour courtois, de la vénération des dames, il convient sans doute de parler tout simplement d'amour. Le lyrisme des lettres françaises en naît qui s'exprime dans divers modes, mais surtout dans le plus noble, les « chansons d'amour », dites à leurs débuts « chansons de toile », car écrites pour charmer les belles occupées à tisser ou à broder, puis enfin « pastourelles », car on y voit des chevaliers courtiser des bergères. Les plus grands, tel Guillaume IX d'Aquitaine, « prince des troubadours », tel Jean de Brienne († 1237), ne les dédaignèrent pas. Jean écrivit de beaux vers, mais les plus beaux ne sont-ils pas ceux de Jaufré Rudel dans *Amour lointain*, écrit au milieu du XIIᵉ siècle, grave, rêveur, empli du sens de la nature, source où s'abreuveraient bien des écrivains ultérieurs jusqu'à Rostand quand il écrirait sa *Princesse lointaine* ?

On aime au XIIᵉ siècle, et on aime encore au XIIIᵉ siècle, et cet amour prend toutes les formes, des plus éthérées aux plus charnelles. On oublie trop souvent ces dernières pour ne parler que des premières. Rien ne prouve formellement que la courtoisie des romans passa dans la vie des chevaliers et des dames, qu'elle ne resta pas au niveau de l'aspiration ou du rêve. Georges Duby se montre à ce propos fort sceptique et raille un peu « ceux qui croient à la promotion de la femme du XIIᵉ siècle [...] qui se plaisent à imaginer dans un décor troubadouresque des belles couronnant des preux » et fait remarquer « combien la présence de la courtoisie est discrète »[23]. Le mouvement des Goliards (« gloutons », « débauchés »), qui emplit le XIIe siècle, disparaît, victime de ses excès, au XIIIe siècle. Y adhèrent des hommes qui deviendront d'éminents intellectuels, voire des évêques. Ce n'est pas tant une manifestation d'opposition subversive que le mode d'expression d'étudiants chahuteurs, vagabonds, pauvres, déracinés, de toute origine, et, comme le dit l'un d'entre eux, « plus avides de volupté que de salut éternel[24] ». Enivrés par leur jeunesse et leur liberté, ils chantent le vin, le jeu, le plaisir sexuel dans une langue sans retenue qui va jusqu'à l'obscénité, et leurs propos semblent laisser entendre qu'ils récusent l'effort de mise en ordre d'une société où chacun a trouvé sa place et doit y rester, qu'ils ont l'intention d'abattre le système, de jeter à terre l'édifice, sans dire bien entendu comment ils en reconstruiraient un autre, s'il fallait en reconstruire un autre. Nous connaissons cela ! Tout est leur ennemi, l'Église, le noble, le paysan. Seuls, à leurs yeux, ont des mérites les clercs qu'ils sont ou qu'ils vont devenir, notamment parce qu'ils font l'amour mieux que les chevaliers[25]. Ils se posent du moins comme leurs rivaux, et les moines le font aussi, et la chevalerie n'aime pas cela. Si « elle entend se réserver toutes les femmes de son sang », elle accepterait à la rigueur les clercs, mais s'indigne que « des filles de bonne famille offrent leurs corps à des religieux[26] ».

Faire l'amour ! C'est bien une des préoccupations essentielles même des belles dames qui s'entourent de poètes évanescents, qui organisent les cours d'amour. L'une des plus hautes figures de la courtoisie, Aliénor d'Aquitaine, est loin de mener une vie « sage » qui dit, en parlant de son premier mari Louis VII — peu sensible quant à lui à la glorification de la femme et qui parle tout bonnement du « meilleur des sexes », le mâle —, qu'elle « [a] épousé un moine plutôt qu'un roi ». Les autres, épouses ou filles, ne sont pas différentes. « Les filles, écrit Duby, dans les maisons de haut parage, n'étaient pas toutes dociles ; il arrivait que leurs amours soient libres, que des couples se forment sans l'autorité de la parenté. [...] Rapts, fugues, engagements clandestins, bref, l'amour [venaient] contrecarrer la manigance des chefs de famille[27]. » Et les seigneurs, quand leur histoire perce sous la légende, ne semblent pas sortis des romans de Chrétien de Troyes. Ils partagent plutôt l'optique du roi Louis. Certainement, « jamais écart n'a été plus grand entre l'idéal et la réalité[28] », et pourtant il ne manque pas de dames entrées au couvent après la mort de celui qu'elles aimaient, fût-il simple troubadour, et de chevaliers qui, à l'imitation de Guillaume d'Orange, devenu veuf de la Sarrasine Otrable qu'il avait convertie[29], sont partis mourir en Terre sainte après la mort de leur amie. La comtesse de Die est la plus célèbre qui, au XIIIe siècle, se fit religieuse après la mort du troubadour Guilhem Adhémar.

Les plus grands esprits sont au moins réticents devant ces manifestations de romantisme échevelé, quand ils n'y sont pas franchement hostiles. Thomas d'Aquin (1227-1274) n'est pas dupe ; aristotélicien, il tient pour indubitable la supériorité de l'homme sur la femme. Les légistes et l'université de Paris sont plus sévères encore. Les poètes peuvent l'être. Vers 1277, Jean de Meung, le continuateur de Guillaume de Lorris, qui ne mérite ce nom que parce qu'il « continue » le *Roman de la Rose* laissé inachevé par Guillaume, mais qui prend en tout le contre-pied de celui-ci, chante un hymne à la fécondité de la nature, lance un appel effréné à la sexualité — « La nature n'est pas si folle. Elle nous a faits, beau fils, n'en doutons pas, toutes pour tous et tous pour toutes[30] » — et maltraite fort la femme, considérant les relations amoureuses comme celles du chat et de la souris et revenant ainsi à la vision qu'ont si bien eue les peuples de la steppe, de la proie et du prédateur. Inutile de dire que, si Guillaume de Lorris ne cueillait pas la rose, Jean de Meung, lui, la cueille, et ce n'est pas là mince différence.

Il y a plus grave encore. Le bourgeois, avec son esprit gaulois, ne manque pas, dans les *Fabliaux* du XIIe siècle, de se moquer des femmes, qu'il dit versatiles, bavardes, frivoles, et, posant néanmoins comme acquise leur supériorité intellectuelle, il entend démontrer leur infériorité morale. Sa moquerie est mordante et peut aller loin quand elle porte sur les ruses et la fourberie naturelle, presque sataniques, qu'il prête aux femmes, ainsi, par exemple dans le *Dit des perdrix* : « Femme est faite pour tromper. D'un mensonge elle fait vérité et d'une vérité mensonge. » Or le bourgeois « monte ». Sa puissance s'affermit, s'étend, l'avenir est à lui, et le sort du statut de la femme est désormais entre ses mains. Il ne saurait être en de plus mauvaises !

L'une des créatures mythiques les plus populaires, la fée Mélusine, a son mystère et son côté sombre que son mari, en regardant par le trou de la serrure, découvre un samedi, le jour où nul ne doit la voir car alors elle se transforme à moitié en serpent. On peut tirer de cette histoire bien des leçons : que la curiosité est toujours punie, que le manque de confiance, « la volonté d'être lucide à tout prix » détruisent l'amour ou l'objet de l'amour[31], que chaque être a son secret que l'entourage doit respecter ; c'est chercher bien loin ! La leçon la plus évidente est que la plus parfaite des femmes a son côté monstrueux, qu'elle reste le serpent auquel elle est liée depuis le paradis terrestre. Même dans les plus purs romans d'amour, ce côté sombre ressort. Le Perceval de Chrétien de Troyes se laisse prendre au piège. Un jour, à son réveil, il voit devant lui une femme qui lui offre, pour peu qu'il fasse ce qu'elle voudra, de lui procurer le cheval dont il a besoin. À ces mots, « il est tout joyeux, comme un homme qui ne prend pas garde à qui il parle. Il pense parler à une femme, mais ce n'en est pas une. C'est l'ennemi [le diable] qui cherche à le tromper et à le mettre en danger de perdre son âme pour toujours[32] ».

Revenons aux sentiments. Ils s'expriment merveilleusement dans l'une des plus belles chantefables, *Aucassin et Nicolette* (v. 1225), qui raconte les amours contrariées de deux adolescents irrésistiblement attirés l'un vers l'autre, qui triomphent de tous les obstacles, et qui finissent par s'épouser — thème idyllique récurrent au Moyen Âge : « Il pensait tant à Nicolette, sa très douce amie, qu'il tomba durement sur une pierre et se démit l'épaule. [...] Il regarda [...] les étoiles dans le ciel, en vit une plus claire que les autres, et dit : "Étoilette, je te vois, Nicolette est avec toi, ma petite amie aux cheveux blonds." » Il y a là une poésie toute simple et toute pure, celle-là même qui naît de la plume de Marie de France, faite de rien, du bonheur délicat de deux êtres qui se sentent en étroite communion, du ravissement que deux âmes éprouvent à s'aimer. Marie, précieuse entre toutes, car l'amour médiéval est habituellement vu avec les yeux des hommes ! Elle nous livre, comme Héloïse, le trop rare témoignage de ce que sont les cœurs féminins faits d'indéfectibles fidélités, de dévouements silencieux, du don total de soi qui peut aller jusqu'au sacrifice suprême. Héloïse aime Abélard, mais elle lui écrit, immolant sa passion, pour qu'il renonce à l'épouser : « Tu ne pourrais t'occuper avec autant de soin d'une épouse et de la philosophie[33]. »

L'amour courtois

L'idéal que propose la littérature de cour, ou littérature courtoise, est tellement élevé qu'il paraît irréalisable. Un fabuleux travail de valorisation de la femme et de sublimation de l'amour ne se contente pas d'établir l'égalité des sexes et de faire de « l'amour vrai » un sentiment impérissable. Il détache l'amour de toute contingence charnelle et des mesquineries de la vie quotidienne. Il élève la femme bien au-dessus de l'homme, lui accorde toutes les vertus, la porte à une hauteur où il est impossible, même pour des êtres d'élite, de se soutenir. La première partie du *Roman de la Rose,* toute de délicatesse raffinée, est le véritable code de l'amour courtois que Guillaume de Lorris dédie à « celle qui a tant de prix et est si digne d'être aimée qu'elle doit être appelée la Rose ». La rose, soit ! Mais bientôt la femme est presque déifiée. La France, sachant peut-être mieux raison garder, ne va pas jusque-là. Mais, au-delà de ses frontières, des âmes encore plus ardentes n'y hésiteront pas. Le *Parzifal* de Wolfram von Eschenbach (v. 1170-v. 1220) place dans le combat la protection de la femme plus haut même que celle de Dieu[34] ; Gottfried de Strasbourg, dans sa version allemande de *Tristan et Iseult* (v. 1220), transforme l'amour humain en puissance divine, et Dante transfigure, comme jamais femme ne l'a été, Béatrice Portinari (v. 1265-1290), la rendant supérieure aux anges et aux saints, immunisée au péché, médiatrice entre l'homme et Dieu[35].

Naturellement, la loi chevaleresque ordonne : « Il faut honorer les femmes et porter grand prix à défendre leurs droits[36] » ; que le fort protège le (la) faible ou plutôt que la puissance physique se soumette à la puissance spirituelle et morale. Dans le roman courtois — et dans la vie ? —, le chevalier des XIIe et XIIIe siècles va beaucoup plus loin. Ce serait un jeu pour Merlin l'Enchanteur que de sortir du cercle magique où l'a enfermé Viviane, mais il accepte avec joie, pour elle, la captivité amoureuse. Ainsi fait le noble. Il ne peut vivre qu'agenouillé devant celle qu'il a choisie, dans un perpétuel tremblement. Il ne peut qu'accomplir ce qu'elle lui demande, il lui obéit en tout, la sert, l'adore. « Dame, déclare Yvain, nulle force n'est aussi forte, sans mentir, que celle qui me commande de consentir à votre volonté en toutes choses. » Et Lancelot envoie une pucelle vers celle qu'il aime : « Vous lui direz qu'aucune chose ne me coûte à faire dès qu'il lui plaît de me l'ordonner[37]. » D'elle il n'attend rien en échange de sa soumission, de son dévouement. La seule récompense de celui qui aime est un regard, un mot, un sourire, le droit de toucher un vêtement et, suprême audace, de recevoir un baiser[38]. Hors la fidélité jurée, elle ne doit rien. Tout ce qui vient d'elle est don gratuit, faveur, grâce. Et elle, répondant au vœu secret de son amant, elle s'éloigne, soucieuse de sa vertu ou de sa réputation, devient inaccessible. Elle a pris conscience du pouvoir qu'elle a, et elle en use non par coquetterie mais parce qu'elle a trouvé quelqu'un qui la protège, quelqu'un qui ne la traite pas en marchandise et, avouons-le, parce qu'il est agréable d'être aimé ainsi, bon de régner. Elle règne comme la reine Guenièvre, qui inspire tous les romans, règne sur les chevaliers de la Table ronde. « Elle enseigne et instruit tous ceux qui vivent. D'elle descend tout le bien du monde. [...] Elle en est source et origine. [...] Nul n'observe droiture et ne conquiert honneur qui ne l'ait appris d'elle[39]. » L'homme qu'elle a agréé comme ami lui prête foi et hommage comme il le fait pour son seigneur, à genoux, les mains dans ses mains, et il reçoit d'elle l'épée. Il porte ses couleurs au combat. À la joute, sur le champ de bataille, il arbore un ruban ou une tresse qu'elle lui a donné(e). C'est pour elle qu'il entreprend, qu'il lutte, qu'il triomphe. Elle a l'honneur des tournois et des fêtes ; applaudissements et sourires récompensent les « mieux faisants ». Henri Martin compare cette élégance, cette noblesse des réjouissances médiévales aux « jeux atroces » de l'amphithéâtre et à la dépravation des dames romaines[40].

Faut-il, sur ce tableau, porter un œil soupçonneux ? « Regardons cependant de près, dit Duby, quel rôle est assigné aux femmes. Elles sont là pour exciter les guerriers à plus de vaillance. On se bat mieux sous leur regard ; la guerre, ou le simulacre de la guerre, prend alors l'allure d'une compétition de mâles, d'une de ces parades érotiques dont les ethnologues nous persuadent qu'elles entrent en jeu au plus élémentaire des mécanismes de la vie[41]. »

Restons dans la fiction ! C'est le pur amour des âmes ! Il se manifeste partout et là où on l'attendrait peut-être le moins. Saint Bernard (1091-1153), à qui l'on a fait une réputation d'austérité pour ne pas dire d'insensibilité, en est la consciente victime et l'avoue quand il écrit à la fille de Foulques d'Anjou, Ermengarde, abbesse de Fontevrault : « Si tu pouvais lire en mon cœur cet amour pour toi que Dieu a daigné y inscrire, tu comprendrais que ni la langue ni la plume ne suffisent à exprimer ce qu'en ma moelle la plus intime l'esprit de Dieu a pu imprimer[42]. » Certes, on ne l'avait jamais encore autant exalté ce sentiment des âmes. Était-il cependant inconnu dans la douce France quand elle était la Gaule ? Venance Fortunat (v. 530-600), évêque de Poitiers, l'exprimait dans les lettres qu'il envoyait à la reine et abbesse Radegonde avec laquelle il était dans une totale intimité de pensée, dans une sorte de « mariage mystique ». Grégoire de Tours, nous l'avons vu, le découvre dans les cœurs de l'évêque d'Autun Réticius et de sa femme et, à nouveau, en y insistant bien davantage, dans ceux de sainte Scholastique et de son mari, un noble jeune homme. Scholastique, au début de sa nuit de noces, versant des torrents de larmes, avoue à son époux qu'elle a consacré son corps à Dieu et ne peut le lui donner sans se perdre. Comme il l'aime, il comprend, il accepte. « Ils couchèrent depuis pendant un grand nombre d'années dans le même lit et vécurent dans une admirable chasteté. Quand elle mourut, il dit : "Je te rends [...], ô Dieu éternel, ce trésor sans tache comme je l'ai reçu de toi"[43]. »

Le christianisme auréole certes ces chastes amours d'une lumière spécifique, celles-ci ne lui appartiennent cependant pas en propre. Le plus célèbre des romans arabes, *Leyli et Medjnun,* dont le thème, formé au VIIIe siècle, fut inlassablement traité par les plus grands poètes, y compris persans comme Djami ou turcs comme Fuzuli, raconte l'histoire de deux amants qui, sans cesse séparés, se rejoignent enfin, après mille aventures, dans la même tombe et pour l'éternité sans avoir jamais connu de leur vivant l'étreinte charnelle. Il est vrai que Leyli a pourtant déployé tous ses charmes pour que Medjnun tombe dans ses bras, et que nous abordons ici un autre thème qu'il nous faudra revoir.

Dans la chrétienté, l'amour idéal n'est pas, à l'origine, opposé au mariage. Marie de Champagne insiste sur le caractère sacré de celui-ci, sur le lien solide qu'il établit et que nul ne doit rompre. L'amour n'est pas nécessairement platonique. Dans *Érec et Énide* comme dans *Yvain le chevalier au lion*, les amants sont époux et, après leurs aventures, les maris reviennent à leurs épouses. Mais si le mariage chrétien fait le couple, il fait de l'homme le chef de la femme : Énide est soumise presque autant que Griselide, l'héroïne du *Décaméron* de Boccace (1313-1375), qui est la figure la plus parfaite de l'épouse obéissante.

Le mariage nobiliaire, bien que dans la plupart des coutumes médiévales la fille soit majeure à douze ans et puisse choisir de ce fait librement son mari dès ce jeune âge, est trop souvent arrangé, presque dès la naissance, par les parents. Il est une affaire politique, on n'ose pas dire commerciale, puisqu'il est le moyen le plus adéquat pour acquérir des fiefs : on marie des terres beaucoup plus que des êtres humains, ce qui n'est pas le bon moyen de sceller une union matrimoniale, rendue aussi fragile que les traités de paix ou d'alliance qu'elle concrétise. « Il n'est pas d'usage, à l'époque, de prendre pour femme qui n'a rien. [...] Les pucelles sans appui, sans avoir, trouvent malaisément preneurs [...] et risquent fort [...] d'aller à la honte[44]. »

La vie conjugale est pleine de petits tracas et de tout ce que, nécessairement, elle a de sordide. Les hommes cherchent souvent à s'y soustraire en vivant dehors. Dans la maison, l'épouse n'occupe qu'une place marginale[45]. On parle peu d'elle. On ne la voit, avec ses filles, que dans les grandes occasions, notamment pour gémir, pleurer, exprimer son désespoir lors d'un deuil.

Mais le mariage veut être consommé et l'amour physique est diamétralement opposé à celui que prône la courtoisie, laquelle se veut platonique, d'une absolue pureté.

On en vient donc assez vite à considérer que le mariage est une chose et l'amour une autre, que l'amour vrai ne peut s'épanouir qu'hors du mariage, puis contre lui. « Le mariage est un lien détestable », écrit Jean de Meung. Le résultat est que la femme, comme la reine Guenièvre, comme Iseult, a deux époux, celui de l'âme et celui du corps.

Sans doute quelques spécialistes de l'étude du manichéisme ont-ils signalé le fait — je l'ignore —, mais je m'étonne qu'on ne l'ait pas souligné davantage : le rapprochement que l'on peut faire entre l'idéal des cathares, les « purs », prônant le célibat et l'abstinence sexuelle, et celui de la littérature courtoise paraît évident, d'autant plus que l'hérésie albigeoise a trouvé sa terre d'élection dans le sud-ouest de la France, là même où étaient nées les cours d'amour, et au même moment. Il y a cependant une différence de taille. On prenait les prescriptions des cathares à la lettre et on ne faisait plus d'enfants ; on lisait les romans courtois et l'on forniquait d'abondance.

La fin du Moyen Âge

La croisade contre les albigeois commencée en 1208 ruine la civilisation méridionale et notamment l'œuvre d'Aliénor d'Aquitaine. Le catharisme, vaincu puis persécuté, disparaît vers 1330. En 1316, Philippe V le Long fait approuver son accession au trône par une assemblée des trois ordres qui ressort des tiroirs la vieille loi des Francs Saliens, non sans que les légistes usent d'une argumentation spécieuse, puisque ladite loi prévoyait que seul le « chef-manoir » (le manoir principal) revenait au mâle et que les autres biens devaient être partagés entre tous, filles et garçons. Qu'importe ! La loi salique revue et corrigée pose pour principe que « les femmes ne succèdent pas au royaume de France », ce qui permet à Philippe d'écarter l'héritière, la reine de Navarre Jeanne II, fille de Louis X, puis assure le couronnement du frère du roi Charles IV le Bel, Philippe n'ayant pas eu d'héritier mâle. En 1346, à Crécy, la chevalerie française, vaincue par la piétaille anglaise, laisse quelque trois mille trois cents des siens sur le champ de bataille et parmi eux quelques-uns des plus grands seigneurs de France : cette déconfiture la discrédite. Toute une civilisation meurt ce jour-là. Deux siècles et demi plus tard, Cervantès, raillant avec la cruauté et le génie que l'on sait la chevalerie et l'amour courtois ou plutôt, car il les regrette, la chevalerie et l'amour courtois tels que son temps les caricature, ne fait que tourner en dérision des hommes, des coutumes et des sentiments obsolètes.

Des grandes catastrophes marquèrent les XIVe et XVe siècles. Elles avaient devancé Crécy puisqu'il y avait eu en 1315-1317 une terrible famine. Elles continuèrent, en s'aggravant et beaucoup. Ce fut la grande peste venue d'Asie en 1348, qui fit disparaître des populations entières et qui, après avoir été endiguée, reviendrait sporadiquement pendant longtemps. Puis ce furent les guerres franco-anglaises. Comme si la maladie n'avait pas été suffisante, la lutte centenaire acheva de détruire ce qui n'était déjà que ruines. Elle sauva de la sujétion la France en passe de devenir une colonie anglaise — une colonie comme le serait l'Irlande ! — mais n'apporta rien d'autre. Il fallut attendre 1494 pour que les armes ouvrissent un nouvel horizon. Cette année-là, Charles VIII conduisit ses troupes en Italie et annonça que la Renaissance italienne gagnerait la France.

La décadence commence pour la femme, dans son statut personnel et plus encore dans l'image qu'on se fait d'elle. Cela est vrai, mais cependant moins qu'on ne le croit ! Les monastères ayant particulièrement souffert de la maladie, comme toutes les communautés et plus que les autres à cause de leur dévouement aux malades, manquent de maîtres et de maîtresses. On pense moins à s'instruire qu'à survivre. La femme, dans ces époques de violence, se masculinise. Cela aussi est vrai, mais une Blanche de Castille qui, écrit Régine Pernoud qui exagère, « domine toute la première moitié du XIIIe siècle, comme Aliénor avait dominé la seconde moitié du XIIe siècle[46] », Blanche, la mère de Saint Louis, qui avait assuré la régence de 1226 à 1234, puis de nouveau de 1248 à 1252, pendant la septième croisade, ne paraissait-elle pas déjà assez virile ? Les hommes choisissent parfois des femmes pour gouverner : ainsi fait Louis XI quand il désigne comme co-régente sa fille Anne de Beaujeu (1483). Certaines peuvent influer sur les plus graves événements, ainsi sainte Catherine de Sienne (1347-1380) qui intervient pour le retour du pape à Rome, qui conseille Urbain VI à la veille du Grand Schisme... Elles guerroient au besoin comme ces dames de Flandre, Marguerite ou Jeanne, laquelle « se bat comme un lion » dans les années 1342-1345. Le Tasse dessine dans son épopée de belles figures de guerrières, une Clorinde, certes, mais aussi une Gildippe et même une Armide qui prend les armes sur le tard. C'est une jeune fille, une enfant presque, qui, de 1429 à 1431, illumine la fin du Moyen Âge, sauve l'honneur de son pays et devient la plus belle figure féminine de l'histoire de France. « L'an mil quatre cent vingt-neuf, reprit à luire le soleil », écrit Christine de Pisan, une des rares plumes contemporaines à rendre pleine justice à Jeanne d'Arc.

Sommes-nous loin de la courtoisie, des beaux chants d'amour, de la culture féminine ? On n'ose répondre. La Jérusalem délivrée, au XVIᵉ siècle encore, brosse des descriptions enchanteresses des femmes, reprend des mots anciens — « Je suis ton chevalier » ; « Moi aussi je voudrais être le chevalier de quelque belle[47] » —, multiplie les pleurs et les pâmoisons. Pourtant celui que depuis des siècles on reconnaît comme le poète par excellence de l'amour, Pétrarque, pour la première fois aime sans sublimer la femme, sans la parer de toutes les vertus. Il aime Laure comme une créature purement humaine, toute concrète. Il faut mesurer la nouveauté de cela. Nous sommes en 1327. Et les plus beaux poèmes des temps à venir ne tarderont plus à célébrer des femmes de chair et de sang, avant de devenir de purs cris de mâles en rut. Certes, Charles d'Orléans (1394-1465) écrit encore de charmants vers d'amour courtois et Villon (1431-apr. 1463) évoque bien joliment avec nostalgie « les dames du temps jadis ». Certes, aux alentours de 1470, Jean le Chartreux publie *La Gloire des femmes*. Certes, Christine de Pisan (v. 1365-1430) n'est pas trop indigne de Marie de France, notamment dans son *Épître au dieu d'amour* (1398), poème qui répond à la misogynie de Jean de Meung et ouvre une interminable querelle littéraire avec les tenants du cynisme amoureux et de l'antiféminisme que sont les clercs parisiens et de l'Université. Par ordre du roi, une cour d'amour, comme au XIIᵉ siècle, sera convoquée chez le duc de Bourgogne pour tenter de la résoudre (1401)[48].

Mais le temps des grands enthousiasmes est passé. Nous l'avons dit : on avait placé la femme trop haut, il ne pouvait y avoir que des désillusions. À côté de l'amour platonique, il y avait eu trop d'appels à la sensualité. La chevalerie meurt et la bourgeoisie commence son irrésistible ascension avec son prosaïsme, sa quête non pas du sublime mais de l'utile, sa méfiance envers la femme, l'héritage persiflant de ses *Fabliaux*. L'Université a fait admettre qu'elle est un collège d'hommes, fait pour les hommes. La forme de la langue française, qu'elle prend alors et que fixera Vaugelas au XVIIᵉ siècle, en dit plus qu'un long discours : les accords s'y font au masculin même lorsqu'il n'y a qu'un seul mot masculin contre plusieurs féminins. Aux cartes, aux échecs (et peu importe si ces jeux sont d'origine orientale) le Roi l'emporte sur la Dame. Le droit romain pointe son nez dans les décombres du vieil empire que l'on commence à fouiller. La Renaissance, qui se veut un retour à l'Antiquité, le réhabiliterait et, par lui, la femme redeviendrait, dès le XVIᵉ siècle et de plus en plus par la suite, la mineure perpétuelle qu'elle avait été à Athènes et à Rome. Première mesure pour restreindre sa liberté : on amenuise celle du couple ; en 1556, Henri II accorde par décret aux parents le droit de déshériter leurs enfants qui se sont mariés sans leur consentement.

En même temps, l'Église réagit contre les dérèglements trop évidents des mœurs. Le sexe devient la femme, et la femme, le sexe. On le dit « beau » quand on est galant, « faible » quand on se veut protecteur ; le plus souvent on n'emploie aucun adjectif et ce n'est pas, comme on l'a dit, une invention moderne ! Il faut cependant nuancer. C'est le temps où l'on fait de la femme le symbole de la luxure, c'est vrai, mais l'art roman n'a-t-il pas déjà représenté ce péché capital par la femme aux serpents ? Ainsi à Moissac. C'est le temps où elle fait peur, comme Jean Delumeau l'a montré par cent exemples[49], où les hommes aiment à se réfugier dans le célibat dont le taux augmente de siècle en siècle — mais cette frayeur qui conduit à l'impuissance n'est-elle pas de tous les temps ? C'est celui où l'on voit partout des sorcières, où l'on érige des bûchers pour les brûler, mais n'en avait-on pas dressé auparavant, même à Rouen ! Quand en 1581 Jean Bodin fera paraître sa *Démonomanie des sorciers*, il estime qu'il y en a près de deux millions en Europe ; n'y en avait-il pas avant ? Tout cela amène à faire de la femme un monstre ou plutôt, dans un univers qui en a toujours été peuplé, *le* monstre par excellence. C. Kappler, qui insiste sur cette métamorphose de la fin du Moyen Âge, cite à l'appui de sa démonstration un texte énergique, le *Malleus maleficarum* ou « Marteau des sorcières » : « Tu ne sais pas que la femme est une chimère, mais tu dois le savoir. Ce monstre prend une triple forme : Il se pare de la noble face du lion rayonnant ; il se souille d'un ventre de chèvre ; il est armé de la queue venimeuse d'un serpent. Ce qui veut dire : son aspect est beau, son contact est fétide, sa compagnie mortelle[50]. »

La Renaissance

La Renaissance amène, comme en tout, un renouveau. On dit souvent que le XVIIIe siècle fut celui de la femme, mais, réplique Meyer, le XVIe siècle mérite plus sûrement cette appellation[51]. On peut en effet accorder, pour le féminisme, une supériorité à celui-ci sur celui-là, du moins dans sa première moitié, dans ce qu'on appelle « le joyeux XVIe siècle », non pas une primauté absolue qui reviendrait aux XIIe et XIIIe, si ceux-ci ont bien répondu à l'image que propose la littérature courtoise. Marguerite de Navarre (1492-1549), la sœur de François Ier, est une érudite, une intellectuelle, un authentique poète qui a été trop méconnu (on découvre à peine son œuvre) et son *Heptaméron* (1533), une œuvre de poids. Une hirondelle ne fait pas le printemps, et Louise Labé (1526-1566), dite « la belle Cordière », qui chante la joie de vivre et le malheur d'aimer, n'est pas digne de voler à ses côtés. Cet *Heptaméron* d'ailleurs reflète dans maints de ses récits la dureté de la condition féminine et « conte de grasses et terribles histoires dont la femme la plupart du temps sort humiliée[52] ». Il paraît l'année même (1533) où Rabelais invente son univers de paillards dans lequel la femme a si peu de place, où elle n'apparaît que « tant propre, tant mignonne, docte à la main, à l'aiguille, à tout acte "mulièbre" [féminin][53] » ; l'année aussi qui voit naître Montaigne, peu tendre pour les femmes. L'auteur des *Essais* n'écrit-il pas : poésie, histoire, philosophie légère, « voilà, pour le plus, la part que je leur assignerois aux sciences », car leur savoir demeure superficiel — « La doctrine qui ne leur a pu arriver à l'âme, leur est demeurée en la langue »[54]. Et ailleurs : « C'est ridicule et injuste que [leur] oisiveté soit entretenue de notre sueur et travail[55]. » Son contemporain Brantome est-il plus indulgent dans sa *Vie des dames galantes* ?

On voit les grandes dames surveiller leurs affaires, fréquenter les notaires, car tout acte exige leur signature et une Corisande (1554-1620) se ruine pour aider le futur Henri IV. Mais elles n'ont plus le droit de choisir leur mari. Heureuse la paysanne, serait-on tenté de dire, qui privilégie « le choix d'amitié ». Oui, mais, dans sa classe sociale, on meurt tôt, on met au monde quatre ou cinq enfants, voire plus entre la puberté et une ménopause qui survient quand on est encore jeune, vers trente-cinq, trente-huit ans ! On construit certainement un art d'aimer que Ronsard, avec ses amantes — la jeune Italienne Cassandre, l'Angevine de quinze ans Marie, la fille d'honneur de Catherine de Médicis, Hélène — peint d'un trait délicat et lyrique ; qui réhabilite le mariage, bon, « s'il en est », quand il « refuse la compagnie et conditions de l'amour [et] tâche de représenter celle de l'amitié »[56] ; qui s'exprime, ce qui est une nouveauté totale, *post mortem,* sur les pierres tombales, ainsi en 1559 : « Repose ici, maître Mathieu, qui épousas Jehane [...] qui chastement près de lui reposa et cinquante ans l'un à l'autre fidèles eurent un lit sans noises ni querelles[57] » ; mais qui revêt aussi d'autres masques, tous les masques, y compris celui de la sordide vénalité.

Le salon de la dame est encore un lieu de conversation où les mœurs, la langue, la tenue s'adoucissent, où, à défaut d'être courtois, on devient galant. La galanterie restera vertu française jusqu'au milieu du XXe siècle où elle perdra toute raison d'être, les femmes voulant être en tout comme des hommes, et les hommes ne voyant pour la plupart nulle raison de la pratiquer. Le salon survivra à toutes les épreuves du temps. Il sera célèbre au XVIIe sous le nom de « salon littéraire », deviendra plutôt « philosophique » au XVIIIe siècle, et, au début du XXe siècle encore, les femmes auront leur « jour », celui où elles restent à la maison à attendre les visites. On y rencontre des écrivains, des hommes du monde, certains artistes (peintres, sculpteurs, architectes), voire des savants. Celles qui tiennent salon ne sont pas toutes pour autant très cultivées. Dans ses *Mémoires,* Marmontel dit de Mme Geoffrin qu'elle « était sans aucune teinture ni des arts ni des lettres », qu'elle n'avait « de sa vie rien lu ni rien appris qu'à la volée ». C'est qu'on néglige de plus en plus l'éducation des filles. L'Université leur est fermée, elle leur a toujours été hostile. Dès le début du XIVe siècle, des poursuites sont engagées contre les « miresses », les femmes médecins. L'âge de la majorité recule. L'Église va le fixer à dix-huit ans pour les filles, à vingt pour les garçons ; la France préférera que les mâles restent mineurs jusqu'à vingt-cinq ans et ne dira rien pour celles-là, ce qui sous-entend qu'elles ne sont jamais majeures. On les met au couvent pour n'y rien apprendre que des « travaux de dames » et elles n'en sortent que pour se marier. En 1687, Fénelon, le premier, dans son *Traité de l'éducation des filles,* ose protester : « Rien n'est plus négligé que [leur] éducation [...]. Il suffit qu'elles sachent gouverner un jour leur ménage et obéir à leurs maris sans raisonner. » Mais la violence croît. Bientôt elle se déchaîne dans les guerres de Religion. Ni la Réforme protestante, ni la Contre-Réforme catholique ne sont « féministes ». Il est bien fini le temps des dames... « Seules les robustes viragos se font entendre[58]. » À la mort de François Ier, en 1560, Catherine de Médicis devient régente, et c'est, en 1572, le massacre de la Saint-Barthélemy ! En 1593, une loi nommée « arrêt Lemaître » interdit à la femme toute fonction dans l'État.

Vers la France moderne

Ne nous berçons pas d'illusions ! Il ne reviendra pas le temps des femmes, du moins celui de l'amour courtois. Marie de Médicis, régente en 1610, est plutôt catastrophique, et Anne d'Autriche († 1673) n'est pas Blanche de Castille. *L'Astrée* (1608), avec ses amours de bergers et de bergères, a beau servir de manuel de civilité à tout le siècle, il est trop artificiel et loin de valoir *Parzifal* ou le *Roman de la Rose.* Qu'importe que « tout Paris pour Chimène a[it] les yeux de Rodrigue » ! L'héroïne cornélienne, comme le héros, est déjà d'un autre temps et celle-là ne se différencie guère de celui-ci, l'un et l'autre s'élevant au-dessus des sentiments humains pour ne penser qu'au devoir, qu'à la grandeur d'âme. *La Princesse de Clèves* (1678), pourtant l'œuvre d'une femme, plus humaine, si touchante, ne présente pas moins une noble dame héroïque dans son abnégation. Quand Molière, en 1662, met en scène une petite fille achetée à ses parents et élevée de façon « à la rendre idiote autant qu'il se pourrait », il amuse et ne surprend pas plus que ne le fait La Fontaine en montrant Perrette « en grand danger d'être battue » par son mari. Il tire à boulets rouges sur les précieuses, enfants de la marquise de Rambouillet (1588-1655), qui, malgré leurs mérites, voulant s'enrichir l'esprit, appauvrissent la langue et se rendent « ridicules » ; ou sur celles qui, se piquant de sciences et de philosophie, deviennent « savantes »[59]. Racine, dans ses pièces, donne la première place aux femmes, celle qu'elles semblent occuper dans la haute société de son temps, mais s'il pénètre dans les replis de leur cœur, s'il excelle à les peindre, si la personnalité d'une Andromaque, d'une Iphigénie, d'une Phèdre, d'une Bérénice, d'une Esther, d'une Athalie écrase celle de Pyrrhus, de Thésée, de Titus ou d'Assuérus, il les montre faibles ou résignées, sans volonté, incapables de résister à leurs passions, soumises à leur instinct et inaptes à se diriger. La diatribe de Richelieu (1585-1642) dans ce qu'on nomme son « testament politique » n'est pas si ancienne qui, par sa violence, fait penser à celle de cet autre grand ministre que fut le vizir des Seldjoukides, Nizam al-Mulk : « Rien n'est plus capable de nuire aux États que ce sexe. Les meilleures pensées des femmes étant toujours mauvaises[60]... » Quelques décennies plus tard, vers 1678, une bande de grands seigneurs fondera une société secrète (et peu importe qu'elle soit d'homosexuels) qui aura pour insigne un homme piétinant une femme, à l'imitation de l'ordre de Saint-Michel dont le blason représente l'archange terrassant le démon.

Le XVIIIe siècle commence à faire passer dans les lois ce qui est dans les mœurs. Le jurisconsulte Pothier (1699-1772), l'un des prédécesseurs des rédacteurs du Code civil et professeur de droit romain, enseigne que « la puissance du mari sur la personne de la femme consiste par le droit naturel dans le droit qu'a le mari d'exiger d'elle tous les devoirs de soumission qui sont dus à un supérieur[61] ».

Faut-il évoquer les philosophes ? J.-J. Rousseau a écrit un livre sur l'éducation, *L'Émile*, et de longues pages sur celle des filles. Cet homme qui a exercé une telle influence sur son temps et sur les hommes de la Révolution se montre dans cet ouvrage sur bien des points ultra-conservateur, sur d'autres réactionnaire, et aussi, parfois, soucieux de rompre avec des traditions qui pèsent sur le sexe féminin — le mariage arrangé par les parents, l'interdiction faite « par de sévères instituteurs » des chansons profanes, de la danse, « invention du diable » —, soucieux de considérer la femme comme la compagne de l'homme et non comme sa servante : « Le plus grand charme de la société, écrit-il, manque à [l'homme] lorsque, ayant une femme, il est réduit à penser seul[62]. » Cela dit, comment Rousseau voit-il Sophie (et les autres) ? Femme, elle doit être « passive et faible » quand l'homme est « actif et fort ». Toute son éducation « doit être relative aux hommes », car les femmes « ne cessent jamais d'être assujetties » (bien que « le plus fort soit le maître en apparence et dépende en effet du plus faible »). « Faites pour obéir à un être aussi imparfait que l'homme, [...] elles doivent apprendre de bonne heure à souffrir même l'injustice et à supporter les torts d'un mari. » Elles doivent être « modestes, attentives, réservées », leur « plus grande qualité [...] est la douceur ». Elles pratiqueront « les travaux de leur sexe, même ceux dont on ne s'avise point, comme de tailler et couper les robes », les ouvrages à l'aiguille, la dentelle, la cuisine, elles connaîtront « les prix et les qualités des denrées », elles sauront « tenir les comptes »... Il est inutile, n'est-ce pas, d'interroger davantage notre maître à penser.

Je n'oublie pas les cent tableaux de la vie quotidienne ou de la petite histoire qui permettraient de nuancer ce qu'on a tendance à brosser à grands traits, cette explosion de l'homosexualité féminine (expression d'une révolte contre l'homme ?) que rendit célèbre une marquise de Fleury et surtout la Raucourt, comédienne que ses talents auraient suffi à immortaliser ; ces femmes libres, ces hommes qu'elles ridiculisent, tels ces quatre grands seigneurs que la châtelaine de Kerjean, en Bretagne, tient enfermés et contraint à tisser. Je n'oublie ni Mme de Sévigné, ni Mme de La Fayette, ni même Mlle de Scudéry, ni toutes celles qui, après Perrault, découvrirent les contes de notre folklore, les collectionnèrent ou en inventèrent, et je n'oublierai pas non plus, au seuil du XIXe siècle, Germaine de Staël, cette Suissesse qui écrivit le premier roman féministe, *Corinne*[63].

Nous sommes entrés dans les Temps modernes. Nous les connaissons. Les suffragettes ne devaient pas les trouver à leur goût. Ils sont trop foisonnants pour qu'on s'y aventure. Il faudrait évoquer les chantres de la femme, nos grands classiques, Lamartine, Musset, et les femmes chantres, une George Sand, une Anna de Noailles. Peut-être serait-il aussi nécessaire de rêver longtemps devant ce tableau de Delacroix, *La Liberté guidant le peuple* (1830), où une femme débraillée, aux seins nus, brandissant un drapeau d'une main et de l'autre une baïonnette, flanquée d'un gosse armé d'un pistolet et marchant sur un monceau de cadavres, entraîne les hommes. Je me demande ce qu'en auraient pensé Dante ou Chrétien de Troyes. Qu'on veuille bien m'excuser : j'aime mieux Béatrice et Iseult la Blonde…

Derrière toutes ces images des époques classique et contemporaine se dissimulent d'antiques visions et les sentiments éternels. On continue à aimer, à admirer, à craindre, à mépriser la femme, à se soumettre à elle et plus souvent à la soumettre. Le regard porté sur elle et la façon dont elle-même se regarde n'ont guère changé. Seul ou presque le Moyen Âge a été inventif. Il y a des faits liés aux traits physiques, physiologiques et psychologiques de la femme et des images d'elle qui semblent insérés dans le patrimoine génétique, que les mythes ont également transcrits et que les millénaires ont transmis. Ils hantent toujours l'inconscient collectif.

SECONDE PARTIE

La femme dans les mythes

*On ne sait jamais au juste chez la femme
où cesse l'ange et où le diable commence.*

HEINE, *Atta Troll.*

« *En me tuant, je ne puis m'empêcher
d'aller mourir sur tes lèvres.* »

SHAKESPEARE, *Othello.*

CHAPITRE IX

Naissance de la mère

L'unité primordiale

Le masculin et le féminin sont les deux faces d'une même espèce végétale, animale ou humaine qui s'affrontent et tendent en même temps à se rapprocher, à s'unir pour, idéalement, constituer un seul être. Cet élan qui les pousse l'un vers l'autre ne vise-t-il pas à reconstituer une unité perdue, à ramener aux origines ? Nonobstant, leur existence peut être considérée comme une donnée, ne pas poser question, et il en est bien ainsi parfois, mais rarement, car cela est trop contraire à la nature de l'homme qui a toujours eu la vanité de vouloir connaître le comment et le pourquoi des choses. Son interrogation l'a dès lors conduit inexorablement aux origines du monde, le problème de la dichotomie sexuelle étant inséparable de la cosmogonie : si le mâle et la femelle n'existent pas de toute éternité, il n'y a guère lieu de penser qu'ils sont apparus longtemps après la création et il y a beaucoup de raisons de croire qu'ils sont contemporains.

La plupart des grandes civilisations ont imaginé l'univers primordial comme « une masse compacte et homogène dans laquelle aucune forme n'était discernable[1] », comme un tout auquel on donne en général, à la suite des Grecs, le nom de chaos, par opposition au cosmos, le monde

organisé. Certaines, comme celles de Mésopotamie, consi-
dèrent que « seule une matière indifférenciée s'étendait de
toute éternité[2] », ou, comme celles d'Égypte, que cette
matière « semble toujours avoir été là[3] ». Parfois on assigne
au chaos un point de départ, une création ou, plutôt, une
apparition : « Chaos, l'abîme béant, naquit le tout
premier », dit Hésiode dans sa *Théogonie*, et il le définit
comme quelque chose qui ressemble au vide absolu et
immense. Des siècles après lui, Ovide écrirait à son
tour : « La nature, sur toute l'étendue du monde, n'offrait
qu'une apparence unique, ce qu'on appelle chaos, masse
informe et confuse[4]. » Ce serait la tâche des philosophes
d'expliquer ce qu'avait pu être cet abîme : la masse informe
des éléments mêlés, diraient-ils en général avec les stoïciens.
D'autres, au contraire, le verraient comme une matière
première portant vie, possédant en puissance l'avenir de
tout ce qui serait : « Ce monde antérieur contient en lui,
mais à l'état latent [...], toutes les matières premières qui
vont être mises en œuvre pour la création[5] », disent les
Égyptiens. Souvent on se le représente comme un œuf,
donc une cellule vivante, une matrice, oserait-on dire, ainsi
en Inde, en Indonésie, en Afrique noire, en Égypte encore,
surtout dans la théologie d'Hermopolis. Un mythe chinois
qui connut une grande célébrité raconte que le chaos
(*houen-touen*) « ressemblait à un œuf » dans lequel naquit
P'an-kou, l'être primordial, pendant dix-huit mille années,
témoin ou acteur (selon les leçons) de la formation de
l'univers[6]. Plus souvent encore, en Inde, au Japon, en
Égypte, en Mésopotamie, en Israël, on considère qu'il est
constitué par une gigantesque masse aquatique, elle aussi
vivante, porteuse de germes comme toute eau et, comme
toute eau, source de vie. Une variante japonaise remplace
celle-ci par un océan d'huile où gisent les germes que les
dieux agitent[7]. Cet océan, c'est déjà la femme ; c'est déjà,
plus que la femme, la mère. Un texte cosmogonique indien,
le *Catapatha Brahmana*, le sent si bien qu'il fait exprimer
aux eaux du « commencement » un « désir » : « En vérité

comment pourrions-nous enfanter[8] ? » Là intervient peut-être l'esprit divin, le dieu créateur. Sur les eaux, dit le texte indien, « flottait Narayana » et il se forma en elles un œuf d'or. De même dans la Bible, quand, « au commencement, [...] la terre était informe et vide [...], l'esprit de Dieu se mouvait sur les eaux[9] ». Et les cosmogonies égyptiennes qui, presque toutes, évoquent un océan primordial, obscur, glacé et informe[10], mettent en scène Atoum qui enferme en son sein tous les contraires.

La division

Le passage du chaos au cosmos implique la séparation en deux de ce qui était unique, l'assignation d'une place à chacun des éléments antagonistes, confondus à l'origine. L'*Enuma elish,* poème babylonien de la Création, comme la Bible qui lui est peut-être redevable sont particulièrement explicites. On lit dans le premier : « De la masse [des eaux primordiales] se dégagèrent les deux principes élémentaires, Apsou et Tiamat, les eaux douces et les eaux salées[11]. » La seconde fait dire à Dieu : « Qu'il y ait une étendue entre les eaux et qu'elle sépare les eaux d'avec les eaux » ; le texte ajoute : « Il sépara les eaux qui sont au-dessous de l'étendue d'avec celles qui sont au-dessus de l'étendue [...]. Dieu appela l'étendue ciel. [...] Il dit : "Que les eaux qui sont au-dessous du ciel se rassemblent en un seul lieu et que le sec apparaisse." [...] Il appela le sec terre et l'étendue d'eau mer[12]. » L'*Enuma elish* ne s'en tient pas là. On y lit : Tiamat est la mer, l'eau salée féminine qui va donner naissance aux créatures, Apsou, l'eau douce masculine qui, par les fleuves et les pluies, ne cesse de pénétrer dans le corps de Tiamat[13]. » Plus loin, on y explique encore comment le grand dieu Marduk transforme en monstre Tiamat, puis comment, « le coupant comme un poisson séché, il en assujettit la moitié pour faire la voûte du ciel », l'autre pour faire la terre, et enfin comment il sépara le ciel de la terre. Un hymne sumérien chante le temps où « le ciel fut éloigné de la terre, la terre fut séparée du ciel[14] ». Héritiers des Sumériens, Akkadiens et Babyloniens ne firent que modifier la version du grand poème de leurs prédécesseurs ; leur cosmogonie raconte que les deux masses aquatiques différenciées donnèrent naissance à l'esprit du monde, composé d'An, le Ciel, et de Ki, la Terre, et que ceux-ci s'unirent pour produire une nouvelle force spirituelle, En-lil[15]. La vision est-elle singulière ? Nullement. Très loin du Proche-Orient, au Japon, on croit qu'il fut un temps où « le ciel et la terre, Izanagi et Izanani, n'étaient pas séparés : ensemble ils constituaient un chaos qui ressemblait à un œuf au milieu duquel se trouvait un germe. Alors que le ciel et la terre étaient encore confondus de cette manière, les deux principes mâle et femelle n'existaient pas. [...] La séparation entre le ciel et la terre marque à la fois l'acte cosmique par excellence et la rupture de l'unité primordiale[16]. »

Si l'eau n'est pas nécessairement l'élément premier, la plupart des cosmogonies admettent que la masse indifférenciée se sépara pour former le ciel et la terre. Quelques-unes, peut-être d'origine populaire, racontent avec verve comment s'est effectuée la séparation. Dans le mythe de P'an-kou, on dit que le ciel chaque jour s'élevait d'un *tchang* (environ trois mètres) et que la terre s'épaississait chaque jour d'un *tchang*. À Tahiti, on imagine qu'une plante en croissant démesurément repousse le ciel dans les hauteurs. Les Maoris disent aussi que les enfants du ciel et de la terre, à moitié étouffés par leurs parents, tâtonnant dans les ténèbres, voulurent les séparer. L'un d'eux s'arc-bouta et poussa vers le haut, l'autre vers le bas[17]. Sur un ton beaucoup plus grave, le taoïsme, qui établit le *Tao* comme principe premier, antérieur à tout et somme des deux modalités que la Chine nomme *yin* et *yang* depuis un temps immémorial (puisqu'elles sont attestées antérieurement aux plus anciens textes par la représentation graphique), le taoïsme, dis-je, pense que « les grossiers éléments qui forment le *yin* tombèrent et constituèrent la terre ; que le *yang*, léger, monta pour constituer le ciel[18] ». Une idée analogue est exprimée par Ovide pour qui « un dieu, aidé du progrès de la nature [...] sépara du ciel la terre, et de la terre l'eau, en dissociant de l'éther fluide l'air dense. Une fois ces éléments démêlés et arrachés à la confusion de la masse, il établit entre eux [...] l'harmonie et la paix[19] ».

La formation du ciel et de la terre est en général considérée comme simultanée, puisque effectuée par séparation, mais l'une des deux zones cosmiques peut être pensée comme antérieure à l'autre. C'est le cas dans la Grèce archaïque où Hésiode affirme l'antériorité de la terre et ses fonctions de mère. « Avant toutes choses, écrit-il, fut Chaos, puis ensuite Gaia [la terre] aux larges flancs [...] et aussi Éros [le désir amoureux]. » Alors Gaïa « donna naissance à Ouranos [le ciel] égal à elle-même afin qu'il l'enveloppât de toutes parts[20] ». Dans une telle vision, le principe féminin est antérieur au principe masculin ; la femme a primauté sur l'homme.

Après la séparation du ciel et de la terre apparaissent leurs hôtes, dont les humains, rarement formés en même temps qu'eux. Ils le sont peut-être en Chine avec un P'an-kou, en Inde avec un Prajapati, le maître des créatures. En général, le ciel est l'époux de la terre, tous deux sont nostalgiques du temps où ils n'étaient qu'un, désireux de se réunir, et tous les êtres sont leurs enfants. L'Afrique noire le démontre[21], comme les Scythes selon Hérodote[22] ou les Turcs dont la plus ancienne cosmogonie connue, du VIIIe siècle, dit : « Quand en haut le ciel bleu, en bas la terre sombre se furent formés, entre les deux apparurent les fils de l'Homme[23]. »

La classification des choses

Ce qui était un et contenait le tout s'étant divisé en deux moitiés, le ciel et la terre, chaque élément de ce tout initial devrait en bonne logique relever de l'un ou de l'autre.

C'est par exemple ce qu'Ovide pense quand, après avoir raconté que dans le chaos « les principes s'opposaient entre eux, car, dans une masse unique, le froid combattait la chaleur, l'humidité la sécheresse, la mollesse la dureté, la légèreté la lourdeur », il conclut que la séparation du ciel et de la terre mit fin au conflit « en assignant à chacun sa place distincte[24] ». Non, chacun n'est pas forcement là où il devrait être. Un certain désordre règne, peut-être parce que les liens entre les deux zones du cosmos restent étroits. Parfois ils relèvent de l'un et de l'autre, ce qui implique une séparation incomplète, une sorte d'échec dans la constitution de l'harmonie cosmique. Si, comme nous le percevons déjà par les textes cités ci-dessus, si, comme tout nous le fait pressentir, la terre est féminine et le ciel masculin, les objets célestes et terrestres devraient relever du sexe qu'ont les zones du cosmos où ils se trouvent. Cependant, les hommes qui vivent sur la terre ne sont pas pour autant féminins, ni les animaux, ni les végétaux. Le classement établi par les diverses sociétés n'est pas de ce fait partout le même, bien que souvent l'évidence qui devrait s'imposer ne soit pas mise en doute. Nul ne nie les oppositions découlant de la division, celles du chaud et du froid, de la nuit et du jour, du haut et du bas... Nul ne prétend que le soleil, la lune, les étoiles, ne sont pas des objets célestes, mais, tout en l'étant, ils sont aussi souvent féminins, comme sont masculins les mâles des créatures terrestres ou encore parfois les arbres et les fleuves.

La Chine, en insistant sur l'importance des relations entre les deux modalités cosmiques, le *yin* et le *yang,* qui « se succèdent dans un mouvement sans fin sans jamais se confondre[25] », a établi la plus systématique des classifications. Est *yin* ce qui est terre, féminin, sombre, humide, froid, occidental et nordique, union, douceur, repos, négatif, néfaste ; est *yang* ce qui est céleste, masculin, lumineux, chaud, sec, oriental et méridional, sage, dur, actif, positif, faste. Le *yang* monte la garde à l'extérieur, le *yin* veille à l'intérieur[26]. Mais l'un et l'autre sont à la fois séparés et unis, ou plutôt une seule et même chose sous deux aspects opposés[27]. « L'opposition rituelle entre les deux sexes exprime à la fois l'antagonisme complémentaire [...] et l'alternance [...] le rythme cosmique et social[28]. »

Que la Chine classe la femme dans l'ensemble *yin* en fait un être de la terre comme elle fait de l'homme un être du ciel quand elle le place dans le *yang*. Ce n'est guère original (nous l'avons déjà dit), mais pèse lourd sur le destin de la femme : c'est une des premières causes de son infériorité, puisque le ciel est « en haut », la terre « en bas », et que tout ce qui est élevé est par nature supérieur à tout ce qui est abaissé. Cela dit, comme le mâle a des affinités telluriques, la femelle a des affinités ouraniennes non moins importantes — et nous touchons à nouveau aux difficultés de la classification : la femme est en effet associée à la lune, pour des raisons que nous verrons, et entre dans un ensemble qui comprend également l'eau (*yin* en Chine) et les plantes[29].

Masculin et féminin

Le masculin et le féminin, qui étaient confondus dans l'Un, se dissocient avec lui et normalement en même temps que lui. On le voit en Iran où l'on affirme qu'hommes et femmes furent faits de la même argile et que l'âme leur fut insufflée au même moment et dans la même mesure, sans que les uns eussent de l'avance sur les autres[30]. Ce n'est pourtant pas toujours le cas et il peut y avoir, contre toute logique, une antériorité de l'un ou de l'autre des deux principes, le plus souvent du masculin sur le féminin. Que cela gêne, la Grèce le prouve quand elle admet d'une part l'antériorité du principe féminin puisque Gaia, la terre, engendre Ouranos, le ciel, d'autre part celle du principe masculin puisque Pandora, la femme, est très postérieure à l'homme. Il semblerait qu'une même hésitation marque la pensée de la Bible. Dans l'une de ses deux cosmogonies, celle que l'on dit yahwiste, le ciel est créé avant la terre, Adam avant Ève, formée d'une de ses côtes ; dans la seconde, nommée élohiste ou sacerdotale, elle déclare qu'originellement Dieu « créa [les hommes] mâle et femelle ». Dans un nombre considérable de civilisations, le féminin est considéré comme postérieur au masculin, parfois même issu de lui, comme Ève l'est d'Adam. Au Moyen Âge, les Turcs Kiptchak des plaines d'Ukraine racontaient que des eaux charrièrent d'abord dans une caverne de la glaise qui emplit une fosse de forme humaine, que cette glaise prit vie sous l'effet de la chaleur et produisit l'homme ; que, par la suite, le phénomène se reproduisit, mais que la cuisson fut incomplète, ce qui eut pour effet de faire naître la femme[31]. Dans le védisme, c'est le mâle originel, Purusa, qui projette hors de lui sa *shakti*, l'énergie féminine, pour créer les mondes. Là même où l'on veut voir une création simultanée des deux sexes, il peut y avoir antériorité d'un principe initial sexué. C'est le principe masculin qui est antérieur dans des mythes iraniens où, à la mort de Gayomart, fils du dieu Ohrmuzd et de la terre, son sperme tombe sur l'humus et donne jour au premier couple, Mashya et Mashyani[32]. C'est le principe féminin qui l'est non seulement chez Hésiode, mais encore dans l'un des scénarios de l'Insulinde selon lequel la déesse primordiale, soit spontanément, soit après avoir été fécondée par le vent, donne le jour à un fils qu'elle épouse, qui l'engrosse de jumeaux, appelés plus tard à s'unir[33].

La femme terre

Il est aisé de comprendre pourquoi la femme fut considérée comme terrestre et assimilée à la terre. La vie sort de la terre spontanément ou par ensemencement. La vie sort de la femme parce qu'elle a été ensemencée par l'homme ou spontanément sans intervention d'un mâle. Cette spontanéité n'élimine pas pour autant le principe générateur masculin. Toute femelle doit être fécondée par un mâle. L'expérience le montre : chaque naissance découle d'une fécondation. C'est pure élucubration d'ethnologues, aujourd'hui dépassée, mais qui fait encore des dupes, de croire que le « primitif » ne fait pas de rapport entre le coït et la grossesse[34]. Terre et femme portant également des fruits sont donc semblables. Dans les rapports sexuels les plus « normaux », l'homme est sur la femme, comme, pour parler avec Hésiode, Ouranos est sur Gaïa. Cette similitude, tout le monde l'a observée, soit dans le cadre d'une mythologie particulière, soit en la généralisant à l'histoire comparée des religions. Un spécialiste de la Mésoamérique écrit par exemple : « La femme mère, la terre mère sont parmi les premières divinités dont le témoignage est conservé[35] » et le phénoménologiste Van der Leeuw constate : « On considère la terre comme une femme et la femme comme appartenant à la terre[36]. »

Oui ! On a beaucoup glorifié la terre mère. Écoutons cet hymne homérique : « Chantons la grande déesse Gé ! [Gaïa]. Chantons la terre, mère universelle, socle éternel de la vie, vénérable aïeule dont le sein nourrit toutes les créatures, tous les êtres qui marchent sur le sol divin, tous ceux qui nagent dans les ondes ou volent dans l'azur transparent. » Écoutons Eschyle : « Terre, [toi] qui enfantes tous les êtres, les nourris, puis en reçois le nouveau germe fécond[37] ! » Écoutons Lucrèce : « Aussi le répéterai-je, le nom de mère appartient à la terre qui le mérite puisqu'elle a créé la race humaine et produit [...] toutes les espèces animales[38]. »

Il est inutile d'insister longuement sur la grande déesse terre que tant de civilisations ont connue, mais que la religion ouranienne, celle du père, ou tout simplement celle du mâle, a souvent essayé d'éliminer, a profondément mutilée, est arrivée à affaiblir, voire à faire disparaître au moins dans deux grandes aires culturelles, celles du judaïsme et de l'islam. Dans le monothéisme judaïque, il n'y a pas de place pour la femme. Il n'y en a pas davantage dans l'islam sunnite, son héritier. En revanche l'islam chiite lui en a fait une, plus considérable qu'il ne veut toujours l'avouer, en promouvant d'une part le culte de Fatima, la fille du Prophète, d'autre part en spéculant sur les valeurs spirituelles de la féminité. Quant à la société occidentale, bien que le christianisme soit aussi et avant tout une religion du père, elle a exalté, avec la gnose, la mère, « Silence mystique », « Esprit saint », « Sagesse première et dernière », avec le catholicisme et l'orthodoxie elle a fait retour à une religion de la femme par la grande figure de Marie, fille et mère de Dieu, fille par la création, mère par l'engendrement, elle a renoué en quelque sorte avec les plus vieilles croyances de l'homme, celles qui promouvaient la mère.

En Grèce, où la religion minoenne a laissé des traces profondes dans celle, très syncrétique mais orientée vers les dieux célestes, que les conquérants misogynes ont créée, au Japon où la femme occupe une position privilégiée au sein de l'univers religieux parce qu'elle demeure liée à la vie de la nature en général, à la croissance des plantes et du riz en particulier[39], et ailleurs le culte de la grande déesse mère apparaît encore en filigrane. Que ce soit en Crète, en Anatolie ou en Grèce achéenne, « les déesses gardent la prépondérance et continuent à régner sur la vie de la nature et des champs[40] ». À côté de Gaïa, la mère primordiale, Déméter (non confondue avec elle, bien que *meter*, « mère », soit qualifié par le doublet de Gaïa, *dé*) préside à la terre cultivée, est mère féconde[41], peut, quand elle est en colère, frapper le sol de stérilité : on le voit quand Hadès, dieu des Enfers, a enlevé sa fille Proserpine. Les autres déesses grecques ont toutes, au moins de façon allusive, des liens avec la Grande Déesse. Il y a une Aphrodite à la colombe, une Aphrodite aux serpents... Artémis est sans doute celle qui demeure la plus proche du prototype : en Anatolie, avec ses seins multiples, comme on la voit à Éphèse, elle est essentiellement nourricière, mais en Grèce d'Europe, sous une plastique autre, elle est encore dame des fauves, vierge accoucheuse. Sous d'autres cieux que celui des Hellènes, la plupart des déesses antiques gardent, comme les grecques, des liens avec la terre mère, la Grande Déesse, au Proche-Orient, Ishtar, Astarté, Anat, sœur de Baal, vierge guerrière qui préside à la fertilité et à la fécondité, en Inde, Kali... En Chine, la terre fut d'abord représentée comme une puissance créatrice cosmique, puis elle devint nourricière, force de la nature, dispensatrice des aliments[42].

Fécondité de la terre et des femmes

C'est, dans toutes les civilisations, y compris dans la nôtre, un véritable leitmotiv, une rengaine obsédante de mettre en parallèle production de la terre et production de la femme, de faire dépendre l'une de l'autre, « au sens religieux[43] » de l'expression, dit Van Der Leeuw. Eliade résume des pages de déclarations savantes en une ligne : « La fécondité de la femme influe sur celle des champs ; l'opulence de la végétation aide à son tour la femme à concevoir[44]. » L'hymne homérique à la terre dont nous avons cité plus haut le commencement se poursuit par ces mots : « C'est grâce à toi, divinité souveraine, que les mortels ont de belles moissons et de beaux enfants. » On lit dans Sophocle cette malédiction : « Que la terre soit pour eux sans semence, la femme sans postérité[45] ! » La Bible ne fait aucune différence entre les produits de la nature et ceux du corps de la femme : « Béni soit le fruit de ton ventre, le fruit de ton sol, le fruit de ton bétail[46]. » « Yahwé, ton Dieu, te fera surabonder de bonheur dans le fruit de ton ventre et le fruit de ton bétail comme dans le fruit de ton sol[47]. » Le *Videvdat* iranien n'est pas moins clair : « La terre n'est pas une joie qui a reposé longtemps non cultivée. [...] De même la femme qui va longtemps sans enfant. [...] Celui qui travaille cette terre lui apporte un accroissement comme l'homme aussi, couché sur des coussins, apporte à sa femme aimée un fils ou un accroissement[48]. »

La grotte, lieu sombre et humide, est, dans la Préhistoire et largement encore dans l'Histoire, un symbole du ventre de la mère. Son humidité, son obscurité sont celles de la matrice. Comme celle-ci est placée au centre du corps de la femme, celle-là est au centre de la terre. Son orifice, étroit, son mystère, ses promesses attirent comme le ventre féminin. Elle éveille, comme lui, le désir et la crainte de la pénétration. On y naît souvent, on s'y abrite, on s'y cache, on s'y réfugie, on en fait sa demeure, on y célèbre le culte, on y peint ou on y sculpte ses rêves, ses craintes ou ses aspirations. Naissance, vie et mort ! Les mythes abondent dans toutes les religions qui montrent à quel point la grotte est liée à tous les moments de l'existence, mais les plus nombreux, les plus significatifs d'entre eux se rapportent à des unions sexuelles et à des accouchements. Déjà, à l'époque minoenne, la déesse des femmes enceintes, Eileithya, était vénérée dans plusieurs cavernes de Crète, des îles et de l'Attique, et l'on pensait que l'eau qui y coulait facilitait la parturition[49]. La Grèce classique conservait le souvenir de la naissance de Zeus dans une grotte du mont Dicté. Eschyle montre Prométhée sous les traits d'un héros civilisateur qui, avant même que de donner le feu aux hommes, les tire « du fond de la terre où ils vivaient dans des grottes closes au soleil[50] ». En Haïti, les Caraïbes affirment que les humains sont nés dans deux cavernes situées dans les montagnes de l'île Caunas. Les Mexicains croient qu'ils tirent leur origine d'un endroit appelé Chicomoztac, « les Sept Grottes[51] ». C'est dans une grotte que, selon le mythe turc des Kiptchak (dits aussi Comans et Polovtses) évoqué plus haut, la brusque montée des eaux donne naissance aux premiers individus de notre espèce. Et l'on sait que le Christ lui-même, soucieux d'employer la langue la plus usuelle des hommes afin d'en être compris, naquit dans une grotte, si l'on en croit la tradition des Pères et les

Évangiles apocryphes... et fut enseveli dans un tombeau taillé dans le roc.

Le soc et le sillon

Le labourage est affaire d'hommes. La semence est enfoncée dans la terre comme elle l'est dans la femme. L'acte sexuel est donc tout naturellement comparé au labourage, le vagin au sillon, la verge au soc de la charrue. Chez les Bantous, le roi, responsable de la fertilité du sol et des femmes, est le phallus du pays[52]. En Inde, on assimile usuellement le sillon et la vulve (*yoni*). L'héroïne Sita, « le Sillon », a été trouvée dans un champ par son père Janaka, « le Progéniteur », pendant qu'il labourait[53]. On lit dans l'*Atharva Veda* : « Cette femme est un vivant terroir. Mettez en elle, hommes, la semence[54] ! » et les Lois de Manou concèdent : « La femme peut être considérée comme un champ, le mâle comme la semence[55]. » En Grèce, on assimile graines et sperme. Par la cérémonie du mariage, la femme se voit traitée comme un champ dont le labourage et l'ensemencement sont pratiqués par l'époux, et poètes comme philosophes aiment à comparer l'accouplement au labour[56] : « Comme dans une terre labourée, ils vont semer dans la matrice », dit Platon, qui conseille de s'abstenir « d'ensemencer n'importe quel sillon féminin où l'on ne voudrait pas voir lever le grain »[57]. Les Romains ne diront pas autrement. Lucrèce explique que les mouvements lascifs des femmes contrarient la conception : « Ils rejettent le soc du sillon[58]. » Nous avons déjà cité le texte coranique : « Les femmes sont votre champ, labourez-le comme il vous plaira. » Au Moyen Âge, Jean de Meung ordonnera : « Pour Dieu, seigneurs, [...] suivez la nature. [...] Labourez, pour Dieu, barons, labourez et restaurez le lignage[59]. » Au XVIIe siècle, on trouvera encore un auteur, Jacques Duval (il doit y en avoir d'autres), pour écrire : « [La nature] stimule l'homme à la culture du champ humain », et aussi : « La verge est le laboureur porte-semence »[60].

La mentalité primitive et celle de gens bien plus évolués perçoivent un rapport fondé sur ce qu'on a nommé parfois la magie sympathique entre la fertilité du sol et les agissements sexuels : « Ce qu'on accomplit ensemble donne de meilleurs résultats[61]. » Eliade y insiste : « La solidarité entre fécondité de la terre et force créatrice de la femme est une intuition fondamentale. [...] La solidarité des formes et des actes de la vie a été l'une des découvertes les plus essentielles de l'homme archaïque »[62]. Le coït est fort et dégage une force rayonnante. On pense qu'il peut stimuler la nature et on l'accomplit parfois dans cet unique propos. En Afrique occidentale, chez les Ewe, à la veille des récoltes, on se livre à des orgies sexuelles[63]. En Chine, jeunes gens et jeunes filles s'unissaient librement au printemps sur la terre, convaincus que ce faisant ils contribuaient à la régénération cosmique[64]. En Ouganda, une femme stérile est toujours dangereuse pour le jardin[65]. L'abondance des figurines féminines dans la préhistoire de la Méso-Amérique (1300-900 avant notre ère) est considérée par les américanistes comme un signe prédominant du culte de la fécondité[66]. Celles que les archéologues ont nommées les « jolies femmes » sont une représentation probable des épis de maïs. Trois mille ans plus tard, on voit les Aztèques célébrer le maïs avec de jeunes danseuses accoutrées comme les statuettes[67]. Dans les populations d'Amérique centrale, quinze jours avant de confier la semence à la terre, les hommes s'abstenaient de tout commerce avec les femmes, « pour que, la nuit avant de planter, on pût s'abandonner plus complètement à la passion. On dit même que certaines personnes étaient désignées pour accomplir l'acte sexuel au moment précis où l'on déposait dans le sol la première semence ». Et Frazer multiplie les exemples pris au Pérou, en Nouvelle-Guinée, en Australie, chez les Noirs africains, en Indonésie[68]. Inversement, la continence peut être considérée comme nécessaire pour que l'énergie créatrice ne soit pas dispersée et se concentre uniquement sur la terre. De cela on trouvera, une fois encore dans Frazer, nombre d'exemples[69]. Disons aussi, comme l'auteur britannique l'a déjà fait remarquer, que les comportements illicites en amour, l'inceste au premier chef, l'adultère ensuite ou toute déviation de l'instinct, tendent à nuire à la fertilité du sol et aux récoltes parce qu'ils dérangent l'ordre établi. La Bible comme l'Antiquité classique le démontrent déjà. Quand Job proteste de son innocence, il déclare qu'il n'est pas adultère, car, dit-il, « ce serait un crime abominable [...] un feu qui dévore et consume et qui anéantirait tous les biens[70] ». Quand Sarah est prise par un prince qui ignore son statut d'épouse d'Abraham, Dieu rend stériles ses femmes et ses servantes[71]. Sous le règne d'Œdipe, Thèbes souffrant de disette, de peste et de la stérilité des femmes et du bétail, l'oracle de Delphes, consulté, déclara que le seul moyen de restaurer la prospérité du pays était d'en chasser le coupable[72].

Si le labourage est une affaire strictement masculine, la plupart des travaux des champs relèvent des femmes. Cette division du travail ne répond certes pas à une nécessité biologique, et Servier a raison de le rappeler, bien qu'il soit au moins ambigu quand il écrit qu'elle découle de la volonté masculine[73]. Il est seulement dans l'ordre de la vie, qu'on le veuille ou non, que la femme vive avec ce qui est féminin, avec la terre, femme comme elle, et sache comment s'occuper de ce qui en relève. L'étude du rituel montre à quel degré, même quand elle est exclue du sacerdoce ou tenue en marge de la vie religieuse officielle, elle intervient dans les rites de fécondité. Chez les Germains, « symbolisant par sa nature la fertilité, [elle] est associée à des rites ayant pour but la fertilité sous tous ses aspects[74] ». Au Japon, « le sacré qui suggère vie et fécondité ressortit naturellement de la féminité. [...] Pendant la saison agraire, l'essentiel des fonctions rituelles est dévolu à la femme[75] ».

Femme, eau et lune

L'expérience le prouve, la terre n'est fertile que si elle est arrosée. Quand les pluies se déversent sur elle, elle les absorbe goulûment ; d'elle, l'eau sort dans un jaillissement qui semble inépuisable. Puisqu'elle est terre, la femme est étroitement liée à l'eau et les psychologues ont souvent souligné à quel point elle en avait conscience. Elle aime se baigner. Elle est, plus que le mâle, sujette aux pleurs. L'être qui se forme en elle baigne dans le liquide amniotique qui se répand hors du corps, comme d'une fontaine, au moment de l'accouchement. En d'innombrables lieux il existe des sources sacrées où elle va s'immerger lorsqu'elle est stérile ou désire un enfant.

Ces liens en entraînent un autre avec la lune que nous verrons encore mieux s'affirmer (*cf.* chap. XI). Dans certains rites d'initiation, les jeunes filles reçoivent l'ordre de ne pas voir le soleil pendant quelque temps afin de mieux prendre conscience de leurs affinités lunaires. On croit en effet assez généralement qu'il existe des relations étroites entre l'eau et l'astre nocturne. Comme l'eau, celui-ci exerce son influence sur la fécondité. En Égypte ancienne, on pensait son rôle déterminant sur les crues du Nil[76]. Une inscription d'Edfou fait dire au dieu-lune : « Je t'accorde une belle inondation qui produira le blé, exempte de stérilité[77]. » Plutarque résume très bien ce qui est attesté par les textes hiéroglyphiques : « La lune est favorable à la reproduction des animaux et à la croissance des plantes parce qu'elle donne une lumière fécondante et humidifiante[78]. » À Canaan, le dieu-lune déclare : « Je transformerai ton champ en vignoble, le champ de son amour en verger[79]. » En Iran mazdéen, un texte dit : « Quand la lune brille claire pour la croissance des plantes, celles-ci poussent de la terre, vertes et fraîches au printemps », et un autre chante à l'astre : « Quand tu crois, tu fais croître le monde entier créé par Ohrmuzd [...] les plantes les plus vertes[80]. » En Inde, « la notion de fécondité est si étroitement liée à ce que représente la lune pour les poètes brahmaniques qu'ils l'imaginent visitant la terre au cours des nuits où elle n'est pas visible dans le ciel[81] ». En Indonésie, à Céram, la divinité féminine revêt deux aspects : elle est déesse-terre et déesse-lune[82]. En Méso-amérique, la planète est une divinité de la terre et de la végétation et, chez les Aztèques, elle forme une trinité avec la terre et l'eau[83]. Les correspondances entre la lune et l'eau sont telles qu'elles en viennent parfois à se confondre. En Chine, on dit que la lune est de l'eau[84]. On pourrait multiplier les références à l'infini.

Les rapports entre la femme et la lune, avec ou sans l'intermédiaire de l'eau, sont si pertinents que l'école de Jung en est venue à leur accorder une place centrale. Une élève du maître, Esther Harding, en a fait le cœur d'une longue étude qui tend à prouver que « le symbole [...] de la femme dans ce qui la distingue de l'homme est l'astre nocturne » et que cela est établi de façon à peu près universelle et « depuis les premiers âges »[85].

On a fait remarquer que, dans les pays chauds, « le soleil était sec et dur et [que] la lune était douce et fraîche[86] ». Nul n'ignore que, sous tous les cieux, notre satellite change sans cesse de place et de forme, qu'il se montre et disparaît. Il est difficile de décider si ce comportement a influé sur certains traits du caractère que l'on attribue à tort ou à raison aux femmes — douceur, fraîcheur, versatilité, mobilité, humeurs changeantes... — ou si ces traits, existants ou supposés exister, ont contribué à faire naître ou à renforcer leurs liens avec la lune.

Les traits chtoniens de la femme

La femme, étant terre, doit avoir avec celle-ci, outre les fonctions génétiques, des points communs et d'éclatantes ressemblances. Il importe donc de saisir quelles idées la terre a fait germer dans l'esprit humain. La première découle sans doute d'un questionnement lié à ses fonctions de productrice, de génératrice de vie. Comment la terre peut-elle avoir de telles fonctions ? Comment peut-elle les exercer inlassablement non seulement par le travail des hommes, mais d'elle-même dès qu'elle est arrosée ? Comment peut-elle transformer la graine semée en une multitude de graines, ou en faire naître un buisson, un arbre ? On se trouve au seuil d'un angoissant mystère, car nul ne peut répondre à ces questions. C'est ce même angoissant mystère que, pour l'homme, représente la femme.

La seconde image qu'elle impose est celle de la terre nourricière à la générosité inépuisable. Certes, elle est sujette à des caprices, elle n'offre pas toujours ce qu'on attend d'elle. Est-ce vraiment de sa faute ? N'a-t-elle pas été victime d'accidents climatiques, c'est-à-dire de méchants esprits ? La maman est comme elle jusque dans cette sévérité que l'enfant ne comprend pas et qui lui semble aussi caprice. Nous l'avons vu, on chante la terre-mère, on la célèbre pour sa maternité. C'est dans ses fonctions maternelles que la femme, malgré le désir qu'elle inspire, malgré l'amour qu'on lui porte, malgré le mépris qu'on a souvent pour elle, est d'abord, et constamment, et infiniment aimée et respectée. Presque partout l'homme distingue avec soin celle qui sert aux plaisirs et celle dont chacun naît, dont naissent ses enfants. L'être humain, quel que soit son sexe, n'oublie jamais qu'il est sorti d'elle et même si, comme on dit, le cordon ombilical se trouve quelque jour coupé, il demeure entre elle et lui un lien subtil et indestructible. En naissant, le premier visage que le bébé voit est celui de sa mère ; la première image qui se forme en lui est celle de sa mère. Elle s'incruste en lui et jamais elle ne s'effacera. D'elle vient sa première nourriture. C'est serré contre elle qu'il commence à vivre. C'est à son contact que lentement il se forme. Elle représente la puissance avant que celle du père ne commence à s'esquisser, la protection, le refuge. C'est elle qui accorde et refuse, elle qui console, essuie les pleurs, calme les terreurs et les angoisses de vivre que, plus tard, hélas ! on devra bien affronter seul ; elle qui endort en berçant, elle qui soigne les petits bobos. Cela ne s'oublie pas, et les Noirs de la civilisation dite des clairières l'ont admis plus franchement que la plupart des humains en disant qu'elle reste pour eux, leur vie durant, la source de tout confort matériel[87]. Revers de la médaille peut-être, cette dispensatrice de nourriture et de soins se trouvera tout naturellement prédisposée à demeurer pour l'adulte ce qu'elle fut pour l'enfant, la ménagère.

La terre est passive. Elle semble demeurer immobile, inerte, alors que le ciel tourne sans cesse, que les corps qui l'habitent montent et descendent, qu'il change de couleurs, qu'il déverse la pluie, la neige, les rayons brûlants du soleil, qu'il procure le chaud et le froid. C'est à peine si, elle, se craquelle quand il fait trop sec, à peine si l'on patauge sur elle quand il fait trop humide. Quand, par hasard, elle bouge, ses mouvements sont inattendus, violents, généralement catastrophiques — éboulements, séismes, éruptions de feu. Les Noirs Bambara ont une sorte de dicton qu'ils emploient surtout pour la femme : « Inerte et passive comme la terre[88] ».

La terre est avide, gloutonne. Elle absorbe l'eau qui tombe du ciel comme si elle demeurait toujours assoiffée, et aussi le sang qu'on lui offre en oblation ou que le meurtre fait couler sur elle, et les cadavres des bêtes et des hommes qu'on enfouit en son sein. Elle détruit, dissout, mange tout ce que l'on dépose en elle. On le constate quand, pour l'un de ces rites assez souvent pratiqués, on déterre un mort : il ne reste pas grand-chose de lui au bout de quelques semaines. Elle a, ici et là, des trous béants, des gouffres, plus souvent des pentes qui essoufflent quand il faut les gravir, et des lieux inaccessibles, les hauts sommets, les forêts denses, les déserts infinis de caillasses ou de sables ; rivières et fleuves, torrents même parfois forment des obstacles difficiles à franchir. On se perd aisément sur elle et seul le ciel alors permet de retrouver sa route. Elle produit, même en ces lieux où elle est le plus souriante, des baies vénéneuses et des serpents venimeux qui semblent ne faire qu'un avec elle. Sauf dans les cultures qui pratiquent l'incinération et obéissent à d'autres schémas de représentations, c'est en elle que l'on enfouit les corps. Elle est ainsi vraiment le début et la fin de tout être. « Elle réalise la fusion des principes de vie et de mort[89] », comme on le dit en Méso-amérique, et chez les Aztèques le moment de l'accouchement s'appelle le moment de la mort. C'est dans le sang, donc dans l'image même du trépas, que le bébé naît, et la première image qu'il impose aux adultes est celui de sa fin. Le culte de Cybèle symbolisait « les rites de la mort et de la fécondité, de la fécondité par la mort[90] ». De nombreuses sociétés ont situé le lieu de survie au ciel, mais de plus nombreuses ont imaginé un au-delà au sein de la terre. C'est le *kingalou* des Mésopotamiens, enfermé par une septuple enceinte où les défunts sont nourris grâce aux dons des vivants[91]. C'est le *shéol* des Hébreux, une fosse où règne l'obscurité, un lieu d'abandon où l'on est couché avec les pères. C'est, à l'origine du moins, l'*hadès* des Grecs, le pays « où une nuit funèbre s'étend sur les mortels malheureux assoiffés de sang[92] ». Les Indiens, à l'époque védique, priaient pour que le défunt « y repose [...] dans l'ampleur et que les oblations de miel ruissellent sur lui[93] ». Les Chinois pensaient que l'une des âmes au moins, l'âme sang, se dissolvait dans l'humus[94].

Que ce lien entre la terre et la mort en entraîne aussi un entre la mort et la femme, c'est ce que prouve le fait que toutes les grandes déesses orientales de l'amour sont aussi celles de la mort et de la guerre[95]. Inanna et sa descendante Ishtar seraient remarquables parce qu'elles régiraient à la fois la naissance et la mort en tant que déesses de l'amour et de la guerre[96]. Mais elles ne sont pas les seules. Hors de toute mythologie, la chrétienté, au moins depuis saint Augustin, voit dans la femme le trépas et la venue au monde, en Ève, la première femme, celui-là, en la nouvelle Ève, Marie, la mère du Sauveur, celle-ci.

« Si le grain de blé tombé en terre ne meurt, il demeure seul, mais s'il meurt il porte beaucoup de fruits[97] », a dit Jésus. Tout comme la semence enfouie dans le sol, le mort peut espérer revivre sous une forme nouvelle. Mais c'est un fait qu'on ne le voit pas sortir du sol là où on l'a enfoui. C'est donc qu'il ressuscite ailleurs ou d'une autre façon. Ailleurs ? Peut-être dans le royaume des trépassés, enfer ou paradis. D'une autre façon ? Peut-être en sortant du ventre de cet équivalent de la terre qu'est la femme — et l'on peut penser que c'est là une des raisons les plus anciennes qui ont imposé en tant d'endroits la foi en la réincarnation. La femme, déesse ou mortelle, comme la terre, doit redonner la vie, conduire à l'immortalité. Nous verrons cela plus loin.

CHAPITRE X

Virginités

La terre inculte

L'homme des sociétés pré-agricoles se nourrit essentiellement de gibier et de produits de la pêche, mais il pratique aussi la cueillette. Si cette dernière est de moindre intérêt pour le nomade éleveur et pour le laboureur sédentaire, elle leur fournit pourtant des ressources complémentaires non négligeables : sel, miel, champignons, fruits sauvages (châtaignes), racines, parmi lesquelles l'oignon, riche en vitamines. Pour l'homme, la terre a deux visages, celui du sol cultivé et celui du sol inculte. De l'un comme de l'autre, il le constate, la terre mère produit la vie, soit qu'il l'ensemence, soit même sans qu'il intervienne, mais ce qui sort d'elle spontanément est moins utile, de valeur inégale, plus souvent mauvais que bon. De même, l'animal domestiqué est docile, donne en abondance ses œufs, son lait, sa laine, ses peaux, sa viande... et l'animal sauvage ne donne rien qu'il ne faille conquérir, au prix d'efforts bien plus grands et souvent de dangers. La terre non cultivée représente donc dans sa plénitude la nature, opposée à la culture, le non-civilisé opposé à ce que les Grecs nomment la *polis*, la cité et tout ce qui l'entoure, la non-œuvre par rapport à l'œuvre. Elle est le domaine du possible et aussi des excès, de la démesure, de la violence, le lieu où domine l'instinct.

Elle est maîtresse d'elle-même ou elle appartient en bien propre aux dieux, aux génies, à ce que les Turco-Mongols nomment « les maîtres possesseurs de la terre et des eaux ». Elle est le lieu où l'on se retire pour la méditation, pour le ressourcement, pour l'initiation ou la révélation, car on y est en contact bien plus étroit avec le surnaturel.

Toute terre a été inculte avant d'être cultivée. Toute terre peut redevenir sauvage si l'homme cesse d'y apporter ses soins. Il en va ainsi de la femme : avant d'être épouse et mère, elle est enfant et jeune fille. Chacune passe nécessairement par l'état de virginité. Certaines y restent ; presque toutes le quittent, ce qui est conforme à leur destin. Mais puisqu'elles sont terre, toutes peuvent y revenir. La virginité perdue peut se recouvrer. Ce qui nous paraît aujourd'hui irréversible ne l'est que pour nous. Shakespeare l'avait compris qui fait dire à l'une de ses héroïnes : « On peut retrouver dix fois sa virginité perdue[1]. » Il ressort de ce parallélisme entre la femme et la terre qu'il y a absolue hétérogénéité entre vierge et non-vierge et en même temps possibilité de similitude, aucune différenciation définitive. Nous touchons là deux points essentiels.

Le premier est que la vierge relève essentiellement de l'état de nature ; celle que les hommes ont connue, de la *polis*. Il y a autant de différences entre l'une et l'autre qu'entre le champ de blé et la steppe, le vignoble et la forêt. Le second est que la vierge est susceptible de porter fruit au même titre que la femme mariée, au sens le plus concret du terme, non forcément par phénomène de parthénogenèse comme on ne cesse de le répéter, mais parce qu'elle a été fécondée par quelque chose qui n'est pas l'homme, qu'on pourrait appeler la nature, mais qui est bien mieux défini par le nom de « génie » ou celui de « Dieu », car on sait depuis toujours que toute naissance a pour principe l'union d'un mâle et d'une femelle. Certaines sociétés acceptent cette fécondation *sine concubitu* sans discuter tout en la considérant parfois comme « miraculeuse » ; d'autres la refusent et font intervenir de façon concrète le dieu dissimulé sous une forme qui n'est pas la sienne. On a trouvé cette dernière façon de voir, notamment grecque, plus « raisonnable ». Si l'on veut !

L'un des exemples les plus pertinents de la non-opposition entre vierge et mère est apporté par la déesse celtique connue sous divers noms (dont le plus célèbre est Brigitte), car elle possède à la fois les deux fonctions de vierge et de mère[2], mais on peut penser que ces deux fonctions sont inhérentes à l'essence de la divinité féminine. Le monde grec a ses grandes déesses vouées à la virginité, mais la reine des dieux, Héra, qui ne l'est pas, se retrouve chaque année pucelle en se baignant dans une source sacrée[3]. La virginité est en effet en rapport étroit avec la maternité, car elle est porteuse de la vie à venir et elle favorise les naissances. Alors même que les jeunes filles ne sont pas admises aux accouchements, si le travail dure trop longtemps on va en chercher quelques-unes pour le hâter : il y a là une application d'un fait général, celui de l'alternance des signes et de l'attirance des contraires[4]. Artémis, la déesse grecque par excellence, celle qui n'accouchera jamais, s'intéresse à tout ce qui touche à la féminité, tient dans ses mains le sort de la future mère, facilite la délivrance, s'occupe des jeunes enfants, préside à la fécondité annuelle ; elle est la nourricière de tous ceux qui vivent en marge de la société et on la nomme l'Accoucheuse[5]. Frazer a fait remarquer que Vesta, déesse du foyer latin, a toujours porté le nom de mère, jamais celui de vierge, qui lui revenait pourtant de droit[6]. L'Ishtar babylonienne et sa descendante Astarté sont des pucelles, en même temps considérées comme des courtisanes célestes[7].

Toute active qu'elle est, la terre inculte est censée dormir. Les contes et les traditions populaires ont vivement affectionné le thème de la jeune fille qui sommeille et que le prince charmant réveille. Les principales héroïnes de ces nombreux récits sont dans toutes les mémoires : Brunehilde, la Walkyrie, qu'Odin (Wotan) châtie en la blessant avec son épée magique, qu'il enferme dans un cercle de

flammes et qui sera libérée par Sigurd nommé Siegfried par
les Allemands ; Blanche-Neige que l'on croit morte empoi-
sonnée par une pomme et qui retrouve vie sous les baisers
d'un beau chevalier ; la Belle au Bois dormant piquée par
un fuseau dans son travail de femme ; et bien sûr Psyché,
endormie par un philtre, dont l'histoire est une inépuisable
source de symboles[8].

Le mythe de Psyché nous amène à un nouveau thème
non moins intéressant. La jeune fille abandonnée dans la
montagne au sommet d'une roche attend d'être emportée
par un monstre affreux quand le souffle du zéphyr la transporte au fond d'une vallée, dans un merveilleux palais où,
de nuit, tandis qu'elle dort, elle sent une présence près
d'elle, celle d'Éros, et s'aperçoit que l'Amour n'a pas le
visage bestial qu'elle redoutait. Ce thème de la Belle et la
Bête, assez usuel dans le folklore, est parfois, rarement,
inversé : c'est alors une vieille très laide qui s'offre au beau
jeune homme et, s'il l'accepte, elle devient entre ses bras
la plus ravissante des filles. On le rencontre plusieurs fois
dans le cycle romanesque du Saint Graal et Eliade signale
son existence antérieure en Inde[9]. La signification de ce
thème est difficile à saisir pleinement, mais il est vraisemblable qu'il exprime surtout l'idée de l'effroi ressenti
devant la nature sauvage et celle de l'heureuse surprise
qu'elle cause une fois cultivée par l'homme.

Les habitants des terres vierges

Les terres sauvages sont habitées par une bien plus
grande variété d'êtres que celles qui sont cultivées, et ces
êtres sont souvent inconnus, nés des imaginations, des
rêves, des terreurs. Ils sont mauvais ou bons, angoissants ou
charmeurs, craints ou aimés. Certains sont masculins,
d'autres féminins, mais on croirait volontiers que la sauvagerie attire davantage les seconds que les premiers, et c'est
vrai parce que les femmes aiment la nature, parce qu'elles

sont plus que les hommes proches d'elle, obéissent à l'instinct plutôt qu'à la raison. S'il arrive qu'une crise de démence s'empare d'elles, elles quittent la cité, s'en vont errer dans les monts. C'est ce que font les Bacchantes que Dionysos entraîne à sa suite dans une farandole effrayante, ivres de vin, se nourrissant d'herbes, de baies, de lait cru, dormant sur la mousse, se baignant dans les rivières, et les Thébaines qui se joignent à elles ne doivent pas former une exception, qui font jaillir les sources, allaitent les faons et les louveteaux.

Les hommes des terres incultes sont proches des monstres quand ils n'en sont pas vraiment. Ce sont d'abord les sauvages, ceux, par exemple, que Virgile évoque sous le nom d'« hommes féroces des montagnes[10] » et qui perdureront jusqu'au yéti, l'abominable homme des neiges. Souvent ils se signalent par une taille hors du commun, des nains ou des géants, ces derniers plus souvent mâles que femelles bien qu'il y ait des ogresses. Beaucoup sont fabuleux, tels les cyclopes que l'on croit volontiers de création grecque mais que l'on retrouve jusque dans le nord de la Mongolie[11], ils sont moitié hommes moitié animaux, comme les hommes-loups de l'Europe médiévale ou les hommes-léopards d'autres continents, les griffons et, le plus universel de tous, le dragon : celui-ci est chinois, indien, grec, musulman, européen. Scylla, monstre marin du détroit de Messine qui commença sa vie sous la forme d'une belle jeune fille et que la jalousie de la magicienne Circé transforma, leur est apparentée, comme elle l'est aussi aux sirènes. « Elle a, chante Virgile, le haut du corps d'un être humain, le sein d'une vierge, mais, passé la ceinture, c'est un monstrueux dragon[12]. »

Les femmes peuvent appartenir également à des espèces mixtes et elles abondent alors. Les plus célèbres sont les harpies, les sirènes et les sphinx — on devrait dire les sphinges. Les premières, dans l'Antiquité, apparaissent comme des femelles ailées armées de griffes et au bec crochu, avides de tout, dévorant tout, souillant tout,

« hurlantes et puantes[13] », dit Virgile ; au contraire, dans le monde musulman qui en raffole et les représente en miniatures, en sculptures et sur les céramiques, ce sont de beaux oiseaux à visage de femme, un peu hautain. Les sirènes, qui ont survécu dans les contes modernes, sont essentiellement des séductrices, des enchanteresses. Femmes-oiseaux dans certaines traditions, notamment dans celle de la Grèce et de Rome, elles sont femmes-poissons dans d'autres. Sous une forme ou sous une autre, elles ont comme principale occupation d'appeler les hommes et de les entraîner à leur perte. Nous les retrouverons. Les sphinges classiques, qui n'ont rien à voir avec le sphinx d'Égypte, sont des monstres féminins nés d'Echidna (la Vipère), anthropophages, au visage de femme, pourvues d'ailes, dont les pattes et la queue sont d'un lion et dont le corps se termine en dragon. Par Œdipe, nous savons qu'elles aimaient à poser des questions énigmatiques[14].

Les sorciers relèvent des deux sexes, il est vrai, mais le compte est facile à faire : il y a partout plus de sorcières que de sorciers ; pour ces derniers on emploiera d'ailleurs plutôt le nom de magicien qui sous-entend le recours à une certaine technique. Les Noirs Lounda expliquent à leur façon la raison de cette prépondérance : « Le mal virtuel étant lié au sexe féminin, [...] la sorcellerie s'hérite en ligne maternelle[15]. » On se les représente assez bien chez nous, et malgré leur innombrable variété on les voit plus ou moins toujours chevauchant un balai ou se livrant à des incantations. Le grand tableau de la nuit de Walpurgis, sur le Harz, en Allemagne orientale, les peint en train de danser devant le diable. Shakespeare les évoque cherchant « l'ombre et le silence de la nuit », s'envolant « dans un épais brouillard »[16]. Presque partout elles offrent le même visage. Au Népal, elles ont les cheveux hirsutes, des ongles démesurés avec lesquels elles lacèrent leurs victimes, des yeux verts qui lancent des regards obliques, les pieds inversés, et on les suspecte de pouvoir prendre une forme animale[17]. J'ai, dans un ouvrage précédent, évoqué une sorcière des Vosges, par ailleurs brave femme et bonne ménagère, qui, la nuit, sortait de sa maison sous la forme d'un lièvre[18]. Certaines sont ogresses comme celles qui sont maîtresses des espaces sauvages du Maghreb[19] ou comme la grande Lamachtou de Babylone, aux seins nus, à la tête de lionne, aux pieds en serres d'oiseau de proie, qui s'en prend aux femmes enceintes et aux accouchées[20]. Il faut que l'on croie ardemment à elles, il faut qu'on les redoute à l'extrême, qu'on en voie partout pour qu'on les mette si souvent sur le bûcher, comme chez nous au Moyen Âge et plus tard encore. On le faisait déjà à Babylone, ou plutôt on utilisait pour cela des figurines les représentant, ce qui semble moins cruel, mais ne l'est guère, car à travers les images on comptait bien détruire le modèle : « Je les mets dans la bouche du dieu feu qui brûle, consume, lie et atteint toutes les sorcières[21]. »

Les plus jolies filles

Sorcières et démones sont le côté sombre et inquiétant de la féminité, vierge en principe dans la nature, mais souvent nymphomane, à l'active sexualité, car elles résistent souvent mal à la débauche. Il y a, faisant avec lui un violent contraste, le côté lumineux. Même en se cantonnant dans le monde gréco-romain, on se perd aisément dans cette guirlande de jeunes filles, toutes plus charmantes les unes que les autres, qui ornent la terre. Elles sont partout, dans les sources, dans les monts, les vagues de la mer, l'écorce des arbres, hantent et animent en tout lieu la nature, susceptibles parfois de faire peur (car l'invisible a toujours quelque chose de terrifiant), comme leur ami Pan générateur de la panique, et même de provoquer des crises d'épilepsie[22], plus généralement gracieuses, souriantes, espiègles, pleines d'attentions pour les petits enfants, inspiratrices et conseillères comme le sera dans le Latium une des plus célèbres d'entre elles,

Égérie, en qui Frazer a vu une manifestation de Diane[23] et qui au moins lui est liée. On les nomme Nymphes, et parfois Néréides, Naïades, Dryades, Oréades, selon qu'elles animent les mers, les eaux douces, les bois ou les montagnes. Elles sont mortelles sans doute, mais douées d'une exceptionnelle longévité, et quand on les chante on les dit immortelles : c'est du moins ce que fait Hésiode quand il évoque les premières « qui ont peu d'égales parmi les déesses nées dans la mer inféconde », une Amphytrite, une Spéio la rapide, une Eunicé aux bras de rose, une Ménippe la divine[24]. De l'une d'elles, Thétis, naquirent les Océanides, innombrables, qu'Hésiode estime, lui, à trois mille, « race sacrée des jeunes filles à qui il revient de veiller par toute la terre avec le seigneur Apollon et les Fleuves à la croissance des garçons », Admète, Uranie, Métis, Europe, Asie et la désirable Calypso, et surtout Styx et Callarrhoé « qui vont et viennent en tous sens, radieuses entre toutes »[25].

Les femmes-oiseaux, si ce ne sont pas les sirènes, les harpies et quelques autres qui s'écartent du modèle, ont-elles été connues de l'Antiquité gréco-romaine ? Sans doute non, et pourtant elles sont parmi les plus universels de ces êtres surnaturels qui entrent parfois en contact avec les humains et se laissent, à leur corps défendant, capturer par eux. On les rencontre en Asie du Sud-Est sous la forme de danseuses coiffées de tiares, gardant encore le buste d'une femme mais portant plumes et queue empennée[26], très probablement en Chine, certainement en Asie centrale chez les Turcs et les Mongols, en Asie orientale chez les Mandchous, au nord chez les Lapons et les Samoyèdes, en Europe chez les Polonais, les Russes et les Germains. Parfois, mais rarement, ce sont des pigeons ou des colombes, le plus souvent des cygnes ou des oies, les deux espèces animales étant généralement confondues. Leur cycle légendaire est connu comme étant celui du « lac aux cygnes », celui que Tchaïkovski a immortalisé. C'est en effet dans un lac, ou encore dans un fleuve ou une rivière, que se situe leur histoire, agrémentée par une foule de variantes sur des points de détail et qui se prolonge parfois par des aventures inattendues, mais est en fin de compte assez monotone. On peut la résumer en quelques mots. Un homme se rend au bord d'un lac ou d'une rivière et voit que des femmes s'y baignent nues. Elles ont laissé sur le rivage leurs vêtements. Par jeu ou par calcul, il dérobe les habits de l'une d'elles. Toutes, après le bain, s'habillent et s'envolent sous la forme de cygnes ; celle à qui on a volé son vêtement reste seule et sans pouvoir. Elle tombe alors aux mains de l'homme, devient sa chose, lui livre ses secrets ou son corps. S'il l'épouse, elle le rend père d'un ou plusieurs fils, généralement fondateur(s) d'une dynastie ou d'un peuple, ainsi celui des Bouriates. Dans certaines versions, au bout d'un certain temps elle retrouve ses ailes et part rejoindre les siens[27]. L'épopée de *Nibelungen* apporte à ce récit répétitif de sensibles amendements. Il n'y est plus question de mariage, de maternité, mais toujours de femmes-oiseaux qui se dénudent et se font dérober leurs habits, les célèbres et singulières personnes que sont les Walkyries. Deux d'entre elles se laissent prendre, l'une par Hagen qui la contraint à lui prédire l'avenir, l'autre, Brunehilde, par Agnar qui l'oblige à l'aider dans la guerre qu'il mène contre un favori de Wotan[28].

Les plus belles figures de la mythologie grecque et romaine sont aussi des jeunes filles dont on fixa d'abord l'habitat sur le mont Hélicon : les Muses. La tradition la plus communément admise en fait les neuf filles que Zeus et Mnémosyne, la Mémoire, conçurent après neuf nuits consécutives d'étreintes amoureuses, mais, dans les versions les plus anciennes, elles étaient un trio, puis on porta leur nombre à sept, puis on finit par ne plus savoir combien elles étaient, et ce fut Rome qui fixa définitivement leur nombre, leurs noms, et leur attribua des compétences spécialisées. À Clio revint l'histoire, à Euterpe la musique, à Thalie la comédie, à Melpomène la tragédie, à Terpsichore la danse, à Érato, le chœur lyrique, à Polymnie la poésie, à Uranie l'astronomie et à Calliope l'épopée. Homère déjà les chantait comme « habitant les demeures olympiennes, déesses présidant à tout et sachant tout », puis Hésiode, dans de longues pages lyriques : « Autour de la source aux sombres eaux violettes [...] elles dansent. Elles baignent leur tendre corps dans les eaux [...], puis, au sommet de l'Hélicon, forment des chœurs beaux à ravir et leurs pieds virevoltent vivement. [...] Elles vont [...] sur les sentiers de la nuit, lançant leurs voix, belles entre toutes. [...] En leur poitrine, elles n'ont souci que de chants et leur cœur est tranquille[29]. »

Elles chantent, elles dansent, mais ce ne sont pas seulement des chanteuses divines. Comme les déesses mésopotamiennes que nous avons déjà rencontrées, « elles patronnent toutes les activités intellectuelles, tout ce qui libère l'homme de la matière et lui donne accès aux vertus éternelles[30] », poésie, musique, danse, éloquence et aussi connaissance du passé, prescience de l'avenir, mathématiques, astronomie... Elles savent adoucir les angoisses humaines. Elles démontrent que l'inspiration est féminine, que sont féminins les dons purificateurs et les fonctions d'immortalité.

Nés d'une vierge

Les vierges mères sont innombrables qui prépareront les hommes à la virginité de Marie, la mère du Christ, à l'incarnation du Verbe par l'opération du Saint-Esprit, à sa manifestation sous forme de lumière ou, comme le dit Tertullien, « d'un rayon lumineux qui descend en Marie et s'y fait chair[31] ». Jean l'Évangéliste écrit : « La lumière vint dans le monde, [...] le Verbe s'est fait chair et il a habité parmi nous[32] », identifiant dans ces deux phrases distinctes la lumière et la parole, Dieu et la lumière. Malgré son audace, l'évangéliste ne propose pas ici, pour la première fois, la force fécondatrice de la lumière. Dans la Chine mythique, chez les Tchao postérieurs, les Pei Han, il y eut un être surnaturel ayant l'apparence d'un homme qui vint trouver une femme et lui donna un objet qui répandait un éclat merveilleux pour qu'elle eût un fils[33]. Fou-pao, la mère de l'empereur mythique Houang-ti, devint enceinte d'un éclair qui zébra le ciel d'une campagne inculte[34]. La mère de Yu le Grand vit une étoile filante et avala une perle, incarnation de la lumière solaire ou, selon une autre version, « essence de lune[35] ». Un roi de Corée, jaloux, tenait sa femme enfermée dans un palais quand un rayon de soleil l'atteignit et elle accoucha d'un œuf d'où sortit un enfant[36]. Par exception, il ne s'agit pas ici d'une vierge, mais le scénario et la théophanie sont les mêmes. Une tradition tibétaine affirme qu'à l'origine les êtres étaient asexués et portaient la lumière, mais que celle-ci s'éteignit en eux quand l'instinct de reproduction apparut[37]. Le père M. Hermanns rapporte que, selon un moine tibétain, les anciens, au début des temps, se multipliaient par la lumière émanant du corps de l'homme et pénétrant dans celui de la femme[38]. Le souverain de la dynastie Shanishiya de Delhi est né d'un rayon sidéral qui brilla sur le front de sa mère[39]. Chez les Kurdes Ahl-e-Haqq, Mubarrak chah, au XIIIe siècle, fut conçu d'un rayon de lumière qui pénétra le sein d'une jeune fille[40]. Dans la mythologie des Pueblos d'Amérique, une jeune fille qui cueillait des pommes de pin dans les collines fut fécondée par le soleil[41].

Toute grossesse dite miraculeuse n'est pas due nécessairement à la lumière, mais elle implique en général qu'un objet s'est introduit dans le corps, soit par absorption, soit par simple contact avec la femme. Nana, la mère d'Attis, devint enceinte en mangeant une grenade. Ovide rapporte la tradition romaine selon laquelle Mars serait né de Junon touchée par une fleur sans intervention de Jupiter[42]. C'est la version tardive de l'histoire grecque de Héra enfantant Arès. Chez les Aztèques, la mère de Quetzalcoatl, le héros civilisateur, conçut après avoir avalé un jade, celle de Huitzilopschtli fut enceinte parce qu'elle avait caché dans son sein une plume blanche[43]. K'ien-ti, mère de l'ancêtre des Yin, se baignait ; un oiseau passa, laissa tomber un œuf ; elle l'avala[44]. Selon une tradition ancienne, les Mandchous, appelés à fonder en Chine la dernière dynastie impériale, tireraient leur origine d'une fille qui se baignait dans un lac quand une pie céleste laissa tomber sur elle un fruit rouge[45]. Le plus important des mythes de Trobriand, île du Pacifique à l'est de la Nouvelle-Guinée, révèle que la mère du héros devint femme en buvant quelques gouttes d'eau tombées d'une stalactite[46]. Plusieurs récits, surtout mais non exclusivement grecs, préfèrent que l'objet fécondant soit une hypostase d'un dieu. On sait que la pluie d'or qui féconda Danaé n'était autre que Zeus en personne ; comment il devint cygne pour posséder Léda, taureau pour jouir d'Europe. L'Égyptien Ammon déclare : « C'est moi qui suis ton père. Je t'ai engendré dans tous tes membres divins après m'être transformé en bélier[47]. »

On remarquera, dans nombre de ces exemples, que la semence fécondatrice vient d'en haut, du ciel — la lumière, la pluie d'or, le cygne, la plume, l'œuf que laisse tomber un oiseau. Il y a cependant des exceptions : la grenade, le bélier, le jade. La Chine en offre une particulièrement remarquable par suite de la profonde signification qu'a la trace du pied dans la pensée humaine en tant que signe évident d'une présence que l'on ne perçoit pas autrement. (C'est l'histoire de Robinson Crusoé et de son sauvage, Vendredi.) La mère du fondateur de la dynastie des Tcheou en promenade devint grosse en posant son pied sur l'empreinte de celui d'un géant[48].

Naturellement il n'est pas question pour un homme de procréer sans femme. Il y a bien dans l'Histoire et les croyances populaires, souvent teintées de magie, des hommes qui accouchent à l'instar des femmes ; on les nomme « hommes-femmes », on les dit androgynes. Ce n'est pas le désir qui leur manque, mais évidemment les moyens. Il est rare qu'ils les trouvent. La jarre étant souvent un symbole de la matrice, un récipient dans lequel on place les cendres du mort « revenu à la mère » peut remplacer la femme, mais l'homme n'a alors que l'illusion d'agir par lui-même. Le *Mahabharata* en donne un exemple avec Drona, né du sperme de son père répandu dans un de ces récipients[49]. Zeus décida un jour de procréer par sa seule puissance et Athéna sortit tout armée de sa tête. Le beau mensonge ! Les Grecs s'y plurent et tous les monuments qui représentent la naissance d'Athéna donnent au dieu la figure d'une accouchée[50]. Que s'était-il donc passé en réalité ? Zeus avait pris pour épouse Métis, et « comme elle s'apprêtait à enfanter Athéna, la déesse aux yeux de lumière, il circonvint Métis par des propos insinuants et la mit en réserve dans son ventre. Il mit lui-même au monde Tritogénie [autre nom de la déesse]. [...] Elle sortit de sa tête, l'auguste et redoutable déesse[51]. » Le scandale, au demeurant, fut énorme et Héra s'en plaignit : « Voilà qu'il a mis au monde sans moi Athéna aux yeux pers. [...] N'était-ce pas mon rôle de l'enfanter, moi qui suis son épouse dans l'Olympe[52] ? » On tricha moins avec Dionysos, sorti, lui, de la cuisse de Jupiter. On l'appela le deux fois né car on savait bien qu'il avait été formé dans une femme, qu'il était issu d'une femme.

Danseuses et épouses du dieu

Les conceptions « miraculeuses », du moins celles pour lesquelles on nous dit qu'un dieu intervient, démontrent le goût très vif que les divinités ont des mortelles — les mythes gréco-romains à eux seuls en apportent des preuves péremptoires. Ces dieux concupiscents résistent d'autant moins que des mortelles leur sont parfois offertes ou qu'elles-mêmes déploient leurs charmes pour les séduire.

Chanteuses, danseuses, telles que Nymphes ou Muses, expriment leur joie pour elles-mêmes, parce que c'est dans leur nature de le faire, mais bien plus encore dans le désir de plaire, pour charmer les autres, hommes ou dieux. Toutes, peut-on penser, traduisent le rythme de la vie, représentent le dynamisme cosmique, créateur, maintenur et finalement destructeur de l'univers, imitant le dieu qui a mis le monde en mouvement, comme on le sent en Inde et comme on l'exprime avec la figure du Shiva dansant, du Shiva inventeur de la danse ; comme on le sent aussi dans ce monde musulman qui est pourtant hostile à ces manifestations bruyantes, dans diverses congrégations religieuses et en premier lieu chez les mevlevis, les derviches tourneurs. Parlant de leur fondateur, Djelal ed-Din Rumi, surnommé Mevlana, son fils écrit : « Il tournoyait sur la terre comme la roue du ciel. [...] Il devint sur terre semblable au firmament qui tourne[53]. » Et ses disciples chantaient : « C'est à la révolution des sphères que nous avons pris ces mélodies. [...] C'est le son des mouvements du firmament que les hommes reproduisent avec la guitare et leur gorge[54]. » Quand elles sont humaines, l'insertion des danseuses dans le tournoiement du ciel est une union avec la Création et en même temps avec le Créateur ou une déclaration d'amour, une offrande qu'elles lui font de leur personne, amour et union représentées de façon très matérielle, mais qui, bien évidemment, peuvent se situer sur le plan mystique. C'est encore en Inde que le fait se vérifie le mieux où les danseuses, au cours de l'extase procurée par la danse, « expriment l'amour qu'elles ressentent pour Lui [...] et deviennent ses amantes[55] ».

Quelques-unes sont des créatures célestes venues sur terre pour consoler, pour séduire ou pour réjouir les cœurs, ainsi les *apsaras*, du moins celles de l'Asie du Sud-Est, du Cambodge, du Laos, de Birmanie, de Thaïlande qui se donnent en représentation « pour la joie et l'émerveillement des humains[56] ». Des jeunes filles, bien de la terre, pouvaient prendre leur place, agir en leur nom et le spectacle sacré courait le risque de devenir profane. Le livre des Juges montre la fille de Japhté « qui sortit à sa rencontre au son des tambourins et des danses[57] » ; Judith, après son sinistre triomphe, « s'avança au-devant de tout le peuple en dansant en tête de toutes les femmes[58] ». D'autres, plus nombreuses, sont des mortelles qui exercent leur art pour la plus grande gloire de Dieu ou, dans la Chine des Tcheou, pour celle des ancêtres[59] ou, en Égypte, pour celle de Pharaon[60]. En Israël, les Psaumes énumèrent les instruments de musique utilisés « pour louer Yahwé ». Ils supposent des danses que nous percevons mal, mais qui existent. Myriam, la prophétesse, sœur d'Aaron, « prit à sa main un tambourin et toutes les femmes vinrent après elle, avec des tambourins et dansant[61] ». Elles ne se soucient pas des hommes, celles qui louent Dieu, n'ont pas le droit de poser leurs regards sur eux, souvent parce qu'elles sont vouées à une éternelle chasteté, consacrées aux divinités dont elles sont les prêtresses, les servantes, les amantes. Les dieux les apprécient. Une légende cambodgienne raconte qu'à l'issue du grand conflit qui opposa les *deva* (dieux) aux *asura* (démons), les premiers, vainqueurs des seconds, s'emparèrent, en même temps que de la liqueur d'immortalité, de toutes les *apsara* pour en faire les danseuses et les courtisanes du ciel d'Indra[62]. Aussi ne s'étonne-t-on pas qu'il y ait eu si souvent des collèges de danseuses attachées aux temples en Égypte pharaonique, en Inde septentrionale jusqu'au jour où la domination musulmane les fit interdire, au Japon... Dans ce dernier pays, les *miko* descendaient d'anciennes prêtresses magiciennes qui rendaient des oracles en état de transe ; au cours des temps, leurs pouvoirs évoluèrent et elles en vinrent à présider aux rites de purification et d'exorcisme[63]. En Inde, on les nommait *devadasi,* « esclaves du dieu », et elles lui étaient vouées dès leur plus jeune âge ; elles étaient considérées comme sacrées en tant qu'épouses divines et hautement respectées, mais, peu à peu, la distance entre elles et les courtisanes alla en s'estompant[64].

Toutes les filles qui étaient offertes aux divinités n'étaient pas danseuses ou musiciennes. Frazer a rassemblé maints exemples de personnes du sexe qui étaient censées servir aux plaisirs des Immortels[65]. Leur statut, bien qu'il soit remarquable puisqu'il suppose un commerce intime entre la race humaine et les puissances de l'au-delà, n'est en définitive qu'une des manifestations d'un comportement bien plus général qui consiste à détruire un peu de ce que l'on possède (sacrifice ou oblation) ou à y renoncer en partie en en faisant don (consécration). Les femmes données aux dieux s'apparentent, à des fins naturellement différentes, aux animaux soustraits aux troupeaux que l'on ne pouvait ni monter, ni atteler, ni traire, dont on ne pouvait pas tondre la laine ou manger la viande, et qui appartenaient aux puissances de l'invisible. À Babylone, au sommet de la ziggourat, temple-montagne, était installé un lit spacieux dans lequel l'épouse choisie pour le dieu venait passer la nuit. Il en allait de même à Thèbes, dans le sanctuaire d'Ammon. Chez les Indiens du Pérou, on mariait une fille à un rocher où l'on croyait que le dieu venait résider. On est en droit de penser que les vestales romaines, prêtresses vierges assujetties à une chasteté absolue pendant toute la durée de leur service auprès du feu sacré, étaient les héritières d'Indo-Européennes qui lui étaient charnellement offertes. L'une d'elles, Sylvia, fille de Numitor, fut aimée de Mars, conquise par lui, et devint enceinte des jumeaux divins Romulus et Rémus. Le mythe, ici, n'est pas de maigre conséquence. C'est sur lui que serait fondée Rome.

CHAPITRE XI

Après la séparation

La division en deux de l'Un primordial, qui contenait en lui la somme de ce qui est ou pourrait être, est génératrice d'entités diamétralement opposées, mais complémentaires comme le sont le ciel et la terre, et par deux indispensables l'une à l'autre. La nuit est l'antithèse du jour, mais nuit et jour se confondent en de rares moments pour former le crépuscule et l'aurore, et, ensemble, constituent le nycthémère. Sans nuit, le jour ne se peut concevoir et la réciproque est vraie. De même la femelle est l'antithèse du mâle, mais tous deux forment l'espèce animale ou humaine et s'unissent dans l'acte d'amour. Seule la différence est créatrice : le semblable, au mieux, ne produit que le semblable. Toutefois l'opposition est moins marquée dans ce second exemple qu'elle ne l'est dans le premier, car les deux sexes possèdent plus de points de ressemblance qu'entre elles la lumière et l'obscurité. Il en va souvent ainsi avec d'autres objets, le chaud et le froid qui sont gradués et ont un point d'équilibre dans le tempéré, tels le blanc et le noir qui, mêlés, donnent le gris, plus ou moins clair ou foncé. En considérant globalement le genre humain, on remarque à la fois l'absolue hétérogénéité des deux sexes et leurs caractères communs ; Rousseau s'en émerveillait : « C'est peut-être une des merveilles de la nature d'avoir pu faire deux êtres si semblables en les constituant si différemment. » Les caractères sont en effet si communs qu'il peut arriver qu'on perçoive mal ce qui distingue les sexes, qu'on les confonde presque, ce qui d'une part peut conduire à l'androgynie, d'autre part à la volonté d'accentuer les différences et, plus rarement, de les atténuer ou de les effacer.

Caractères physiques

L'homme et la femme diffèrent physiquement, physiologiquement et psychiquement. Si l'on peut, non sans difficulté, nier les différences psychiques ou discuter de leur pertinence, les différences physiologiques et physiques sont évidentes. Les représentants des deux sexes se distinguent physiquement par des caractères primaires, ceux qui existent avant la puberté (pour l'essentiel l'ensemble de l'appareil génital) et par des caractères secondaires qui ne se manifestent qu'à l'âge que l'on nomme fort bien celui de la formation — chez la femme : naissance et développement des seins, type laryngal et tonalité de la voix plus aiguë, pilosité plus localisée (pas de barbe ni de moustache), répartition de la graisse sous-cutanée, forme générale du corps et en particulier du bassin, taille et poids moins élevés, capacité crânienne sensiblement inférieure. Par ailleurs, la fille se développe plus rapidement que le garçon. Les premiers signes de la puberté se manifestent chez elle vers les onze ans (deux ans avant les premières règles), vers les treize ans chez lui. La ménopause, qui survient à un âge indéterminé et variable, en général entre quarante et cinquante-deux ans, fait cesser son pouvoir de reproduction qui, théoriquement, n'a pas de limite chez le mâle. La longévité est toujours un peu plus élevée chez la femme que chez l'homme quand leurs conditions de vie sont identiques. Tous ces phénomènes que nous nous hasardons à situer à divers moments de l'existence sont évidemment sujets à variations par suite des modes alimentaires, des conditions de vie, de l'environnement, du climat et sans doute de l'atavisme ethnique. On peut néanmoins admettre que, dans un groupe donné, si la taille à la naissance est égale pour les deux sexes (0,50 mètre), et si le poids d'un bébé mâle est légèrement supérieur à celui d'un bébé femelle (3,20 kilos contre 2,91), à l'âge adulte un sujet masculin de vingt ans mesure 1,75 mètre et pèse 69 kilos, tandis qu'un sujet féminin mesure 1,65 mètre et pèse 55 kilos. Toutes ces constatations n'ont pas manqué d'être faites par les peuples anciens ou peu acculturés, voire par ceux de la Préhistoire (encore que nous n'ayons pas de moyen sûr de connaître l'âge de la ménopause, peut-être rarement atteinte par suite de la mortalité précoce, ni celui de la puberté, qui a pu être très tardive si l'on en juge par certains peuples contemporains, ainsi ceux de Nouvelle-Guinée où les premières menstrues ne surviendraient qu'à dix-huit ans), et ils ont certainement contribué à établir les concepts relatifs à l'inégalité des sexes. En revanche, il n'était pas possible pour des individus de l'ère préscientifique de mesure la capacité crânienne. Celle-ci mérite pourtant de retenir notre attention, car elle a été à la base de certaines théories évolutionnistes, lesquelles ont répété à satiété que « l'intelligence de l'homme n'a pas cessé de se perfectionner en même temps qu'augmentait sa capacité crânienne[1] ». Or la capacité crânienne moyenne des contemporains varie, selon les régions, pour l'homme de 1 400 à 1 600 g, pour la femme de 1 280 à 1 450 g, ce qui, notons-le, n'a guère changé depuis le Néandertalien (entre 1 400 et 1 625 g). Cette même différence se retrouve chez le Sinanthrope (1 100-1 200 g pour les hommes, 1 050 g pour les femmes) ou dans la race de Cro-Magnon (1 550-1 590 g pour un sujet mâle, 1 500 pour un sujet femelle), comme d'ailleurs chez les Romains (1 500 et 1 312 g)[2]. Si la théorie évolutionniste était juste, elle démontrerait avec éclat que la femme est moins intelligente que l'homme, proposition que nul n'oserait plus aujourd'hui soutenir.

Caractères psychologiques

Des livres entiers et très contradictoires ont été écrits sur la psychologie féminine. On ne manque donc pas de matériaux pour la bien connaître. Ce n'est pourtant pas sa connaissance qui nous importe ici, mais de savoir comment, au cours des temps, elle a été vue, comprise et décrite par les hommes, non ce qu'est réellement la femme, mais comment ils l'ont représentée.

L'impression dominante qui ressort de la lecture des textes historiques, mythiques ou romanesques, c'est qu'elle s'est révélée le plus souvent incompréhensible, qu'elle a quelque chose qui échappe à l'analyse et que l'on a appelé — qu'on appelle encore[3] — son mystère. Jung, qui a cherché à décrire la réalité psychique de la femme et non ce qu'elle a inspiré, a brossé un tableau que ne refuserait pas l'homme des sociétés traditionnelles. Son idée fondamentale, que développe presque exclusivement son *Essai de psychologie analytique*, est que les rapports de la femme avec le monde intérieur ou spirituel ne sont pas gouvernés par des lois masculines, mais féminines. Pour Jung, le féminin personnifie l'aspect de l'inconscient, *anima*, les sentiments et les humeurs vagues, les intuitions prophétiques, la sensibilité à l'irrationnel, la capacité d'amour personnel, le sentiment de la nature, les relations avec l'inconscient[4], peut-être ce qu'Érasme appelle sa « folie », ce qui dans un *Éloge de la folie* est un compliment évident : « Une femme, dit-il, est toujours femme, c'est-à-dire toujours folle. » Ses liens avec la terre nous ont déjà montré que cela était vrai et nous aurons plus loin l'occasion de le vérifier plus encore.

Ce ne sont certes pas les textes qui nous le disent. Ceux-ci, quand ils parlent des femmes, se contentent d'énumérer ou d'illustrer, par le comportement qu'ils leur prêtent, leurs qualités ou leurs défauts. Hésiode, en parlant d'Aphrodite, disait déjà : « Depuis le début, parmi les dieux et les hommes lui sont réservés [...] les babillages de jeunes filles,

les sourires, les tromperies, les délices du plaisir, la tendresse et la douceur[5]. » Ce n'est là qu'un exemple et l'éventail est ample, comme d'ailleurs il l'est pour l'homme. Il n'y a aucun vice, aucun travers qu'on leur refuse ; on s'est souvent complu en revanche à les accumuler, à les mettre en évidence. Il n'y a presque pas de vertus morales, intellectuelles ou physiques qui ne leur aient été reconnues, mais, hormis une ou deux, on a moins insisté sur elles. Ces accusations et ces louanges sont justifiées ou ne le sont pas : c'est une affaire d'interprétation personnelle, bien que, pour les principales d'entre elles, il semble y avoir à peu près unanimité de toutes les époques, de toutes les cultures, de tous les observateurs.

Parmi les qualificatifs les plus usuellement employés pour définir la femme, deux tiennent une place plus importante que les autres et reviennent comme des *leitmotiv* : elle est belle, et elle est faible.

Elle est faible : Platon y insiste sans rien y voir de rédhibitoire, mais les Perses, eux, pensent que s'entendre traiter de créature plus faible qu'une femme est l'outrage le plus terrible qui soit[6] et ils utilisent cette insulte quand ils attaquent les Grecs[7]. « Quelle faible chose que le cœur d'une femme[8] ! » dira encore Shakespeare. Et qui ne connaît son mot : « Fragilité, ton nom est femme[9] » ? Nous avons dit que cette faiblesse de la femme était la clef qui permettait sinon de la comprendre, du moins de comprendre les jugements portés sur elle et certaines des réactions masculines. Elle découle de constatations physiques et physiologiques. Elle explique entièrement toutes ses déficiences qui ne sont pas tant des passions entraînantes que l'impossibilité de résister à ce qu'il y a de plus pervers dans sa nature, la ruse, la coquetterie, la curiosité, et, en partie du moins, son besoin compensatoire de séduire, d'entraîner à sa suite, de tromper, sur lequel nous aurons à revenir.

Rusée ? Héra l'est qui fait jurer à Zeus « un grand serment dont il devait souffrir par la suite » parce qu'il ne comprit pas sa ruse[10], et l'est Rébecca qui fait bénir Jacob à la place d'Ésaü[11], et Isis qui se déguise en vieille femme, puis en jouvencelle ravissante, pour aguicher Seth et l'amener à reconnaître que les droits au trône reviennent à Horus[12]. Nul besoin d'insister : « En vérité, grande est votre ruse[13] », dit le Coran.

Coquette ? Dès le début du IIe millénaire av. J.-C., l'Égypte ancienne le constate non sans inquiétude. De nos jours, un mythe congolais en montre les désastreuses conséquences. Les Lolo racontent que Dieu présenta aux premiers hommes deux paquets, l'un contenant des perles, des couteaux et des bijoux, l'autre l'immortalité, et qu'il leur permit de choisir celui qu'ils voulaient. Hélas ! Les femmes se précipitèrent sur le premier paquet, si vite que les hommes n'eurent pas le temps d'intervenir et que l'humanité perdit à jamais le don de l'immortalité[14].

Curieuse ? On n'en finirait pas d'en donner des exemples, les uns tragiques, les autres presque comiques, débouchant du moins sur des perspectives heureuses (mais les exemples sont nombreux d'hommes qui, pour leur bonheur ou leur malheur, cèdent aussi à la curiosité). C'est, on s'en souvient, Pandora qui ne peut résister au désir d'ouvrir la jarre dans laquelle tous les fléaux sont emprisonnés. C'est Sémélé qui veut contempler son divin amant Zeus dans toute sa splendeur, qui ne peut en supporter l'éclat et s'effondre foudroyée. C'est la déesse germanique Idun que Loki parvient à livrer aux mains d'un géant en l'emmenant dans une forêt sauvage où poussent, dit-il, des pommes encore plus belles que dans son verger[15]. Et c'est encore, dans le conte, la femme de Barbe-Bleue à qui une pièce du château, une seule pièce, est interdite et qui naturellement ne pense qu'à en ouvrir la porte avec sa petite clef. Un mythe japonais raconte comment Amaterasu, la déesse du soleil, se jugeant maltraitée, s'enferma dans une grotte et refusa d'en sortir. Le monde, plongé dans les ténèbres, commença à gémir, et les dieux tourmentés tinrent conseil pour trouver un moyen de vaincre son obstination. Ils décidèrent de miser sur la curiosité inhérente à la nature féminine et, pour l'éveiller, ils vinrent danser devant l'antre où elle se tenait. Amaterasu entrouvrit la porte, puis l'ouvrit en grand, sortit, et les dieux s'empressèrent de la refermer derrière elle[16]. La belle histoire de Psyché, illustrée par des marbres et des peintures alexandrins mais que nous ne connaissons qu'au IIe siècle dans la version d'Apulée, montre la jeune fille deux fois victime de sa curiosité et finalement sauvée. Elle aimait et elle était aimée. Dans un merveilleux palais où elle avait été mystérieusement transportée, Éros venait passer toutes les nuits avec elle. Qui était-il ? Comment était-il ? Elle l'ignorait. Son amour était comme un rêve puisqu'elle ne pouvait voir l'amant, et ses sœurs, par jalousie, lui disaient qu'il était un monstre affreux. Elle voulut savoir. Elle prit une lampe. Elle l'alluma. Elle vit. Mais Éros s'éveilla : « Tu as voulu me voir, dit-il. Tu m'as vu. Je m'en vais et tu ne me reverras plus. » Psyché pleura, chercha le bien-aimé et finit par se livrer à Vénus bien que celle-ci l'eût en haine parce qu'elle était trop belle. La déesse la tortura, l'accabla de travaux. Puis enfin elle lui ordonna de descendre aux enfers pour en rapporter un coffret contenant un onguent de beauté, en lui interdisant de l'ouvrir. Psyché l'ouvrit. Une vapeur de sommeil s'en échappa et elle s'endormit. Pour la seconde fois, la curiosité l'avait perdue. Mais l'amour était plus fort que la faiblesse de la femme. Quand il vit son amante endormie, Éros alla vers elle pour la réveiller, puis il demanda à Zeus la permission de l'épouser. De leur union naquit une fille, Volupté[17].

Il est difficile de vaincre ses défauts. Pourtant les Anciens pensaient que la curiosité est de ceux que l'on peut surmonter. Il existait à Athènes une épreuve d'initiation certainement très dure pour des petites filles qu'Aristophane dit âgées de tout juste sept ans. On les tenait cloîtrées pendant un an sur l'Acropole, puis on leur remettait une corbeille renfermant des objets sacrés pour qu'elles la portassent par un souterrain au sanctuaire d'Aphrodite où elles l'échangeaient contre une autre corbeille contenant d'autres objets qu'elles devaient, par le même chemin, apporter au temple d'Athéna. Il leur était interdit, sous peine des pires sanctions, à l'aller comme au retour, de regarder, dans ce sinistre couloir, ce qui leur était remis, ce qu'elles portaient dans leurs mains[18] : effort pénible à faire contre soi-même ! Victoire sur un péché capital !

La toute belle

Il y a des femmes qui ne sont pas rusées, qui ne sont pas curieuses, pas coquettes, qui ne sont même pas faibles. Il n'y en a pas qui soient laides. Lisons seulement les poètes. C'est un hymne perpétuel qui jaillit de leurs lèvres pour chanter la beauté de la femme. Que vais-je chercher ! A-t-on besoin d'évoquer les poètes ? C'est une donnée initiale, un postulat qui ne saurait se démentir. Méchant, Anacréon explique : « La nature arma le front des taureaux et le pied des coursiers ; elle donna aux lièvres des jambes agiles [...], aux oiseaux des ailes, une âme courageuse à l'homme. Elle ne pouvait la donner aux femmes. Quel fut donc leur partage ? La beauté[19]. » La Bible, dès ses premières pages, s'écrie : « Les fils d'Élohim s'aperçurent que les filles des hommes étaient belles[20]. » Hésiode, décrivant Pandora, commence par dire que les dieux lui donnèrent la beauté et la grâce[21]. On croit rêver ou alors l'être humain, depuis les temps anciens, a sensiblement changé ! Ouvrons les yeux. Pas plus que l'homme, la femme en soi n'est belle. Il y a de belles femmes, comme il y a de beaux hommes, mais la beauté masculine, sauf exceptions — ô Apollon ! ô Adonis ! —, n'est guère chantée. Alors même qu'on la découvre, on ne peut s'empêcher de dire qu'elle est inférieure à celle de la femme. Vénus, s'entretenant justement avec Adonis, lui dit que le corps d'Atalante est « aussi bien que le mien ou que serait le tien si tu devenais femme[22] ». Il y a des femmes qui sont quelconques et beaucoup qui sont laides. Est-ce être pessimiste ? Je ne le suis pas plus qu'Érasme qui écrit : « Vénus accorde rarement le don de la beauté », que Montaigne qui, parlant des Italiens, remarque qu'ils « ont plus communément de belles femmes et moins laides que nous », mais que, nous comme eux, possédons peu de « rares et excellentes beautés », que Brantôme qui s'écrie : « Une femme toute parfaite en beauté malaisément se trouve-t-elle. »[23] Et pourtant ces auteurs louent la beauté, « présent le plus précieux que les Immortels puissent faire aux hommes » (Érasme), « qualité puissante et avantageuse » qu'aucune autre « ne surpasse en crédit », « qui est pièce de grande recommandation au commerce des hommes »[24] (Montaigne). Elle frappe d'un coup de foudre. Rappelons-nous que Clovis vit Clotilde, « en fut enchanté et l'épousa », que Clotaire Ier n'eut qu'à voir Radegonde pour la choisir comme reine[25]. On ne reconnaîtra jamais la laideur féminine ou alors on parlera de sorcières. C'est le désir masculin qui fait la femme belle ou, si l'on veut, l'amour, c'est-à-dire l'illusion — bien plus que le souci qu'elles ont de se parer, de se soigner, de se rendre belles. « Cupidon, dit Érasme, n'est-il pas un dieu aveugle ? Ne prend-il pas souvent la laideur pour la beauté ? » Certes, mais peu importe, dit notre humaniste hollandais : « Si une femme paraît à son mari aussi belle que la déesse de Cythère, le mari n'est-il pas aussi heureux que s'il possède une Hélène ? » Imagination créatrice ! Justement Pâris s'éprend d'Hélène au seul portrait qu'on en brosse. Rousseau s'en souviendra sans doute qui rendra Émile amoureux de Sophie par la description qu'en fait son précepteur. Il eût pu trouver des modèles ailleurs. *Les Mille et Une Nuits* ont six histoires d'amours nées d'une description ou d'un tableau[26]. Murasaki Shikibu a imaginé un général animé d'une passion dévorante pour une princesse, sa cousine, à lui confiée par son mari mourant et qu'il n'a jamais rencontrée[27]. Don

Quichotte avoue à Sancho : « Je n'ai jamais vu Dulcinée. Je l'aime sur sa réputation, d'une manière idéale et platonique[28]. » Rien n'est plus banal ! Imagination créatrice, dans deux cas au moins, puisque Sophie et Hélène se révéleront effectivement l'une d'une stupéfiante beauté, l'autre telle qu'« auprès d'elle les hommes oublient les belles ». Les Grecs l'ont bien compris pour qui la beauté représente le passage de l'enfance à la nubilité[29]. Hélène, la belle Hélène est, notamment à Sparte, la ville où elle a son sanctuaire, la divinité qui préside à cette étonnante métamorphose. Hérodote illustre cette généralité par une historiette qui se veut exemplaire. Il y eut à Sparte « une enfant disgraciée […] si laide » que sa nourrice « la portait chaque jour au sanctuaire d'Hélène et suppliait la déesse de lui ôter sa laideur ». Un jour, une femme apparut, vit l'enfant, « lui caressa la tête et déclara qu'elle deviendrait la plus belle femme de Sparte ». Elle le fut, et « de loin »[30].

Don inestimable ! Rien ne peut surpasser la beauté, peut-être parce que c'est la plus profonde aspiration du cœur, peut-être parce qu'elle est la création essentielle de Dieu, Son reflet, parce que sa présence dans la nature, dans l'art, dans les sentiments comble l'homme, qu'il la recherche, l'admire, tente de la créer. Elle est toute-puissante. Phryné est traînée devant le tribunal pour ses mœurs impies ; elle va être condamnée ; son avocat a épuisé toutes les ressources de son intelligence. Alors il soulève le voile de la jeune femme, montre aux juges son corps parfait, et elle est acquittée.

Qu'elle soit belle, peu importe le reste. Rendons grâces au Coran qui ajoute à la beauté des houris, la bonté[31], mais il est vrai qu'un même mot embrasse, en grec, le bel et le bon et que notre langue familière s'en souvient encore. Chacun veut posséder la plus belle, croit qu'il la possède, comme Candaule, roi de Lydie, qui, dans sa passion pour convaincre Gygès de l'incomparable éclat de son épouse, l'oblige à la contempler nue, et la perd, et y laisse en même temps son trône et sa vie[32]. C'est que « la beauté de la femme rend joyeux le visage et surpasse tout désir de l'homme[33] ». Chacune veut être la plus belle, s'estime la plus belle, et c'est pourquoi la déesse de la discorde jette au festin des dieux, par dépit de n'y avoir pas été conviée, une pomme à l'adresse de « la plus belle », sachant bien que chacune, dans l'Olympe, estimera que le fruit lui revient. On connaît la suite : la prudence de Zeus qui refuse de se prononcer, le recours au jugement de Pâris qui fait paître son troupeau sur le mont Ida, les offres de gloire, de puissance et de beauté que font au royal berger Héra, Aphrodite, Athéna, le choix du corps d'Hélène, la plus belle des mortelles qui ait jamais existé, la guerre de Troie... « Par la beauté de la femme beaucoup ont été perdus[34] », dit l'Ecclésiastique.

Il n'y a pas un canon de la beauté féminine. « La mode même et les pays règlent souvent ce que l'on appelle beauté » (Pascal). Les femmes de Rubens ne sont pas celles de Botticelli ni celles de Cranach. Les « Tartares » que l'Europe trouvait si laides, presque semblables à des bêtes, ont pu représenter l'idéal esthétique dans le monde musulman médiéval. Aux Indes, écrivait Charron non sans humour, la plus grande beauté est « ce que nous estimons la plus grande laideur, savoir en couleur basanée, lèvres grosses et enflées », etc.[35]. On n'en finirait pas de décrire les belles telles qu'elles se voient ou telles qu'elles ont été vues au long des temps sous toutes les latitudes, bien que d'ailleurs les textes, sauf ceux que je dirais « spécialisés », ne s'attardent pas longtemps sur leur description. Quand ils ont écrit le mot « belle », ils semblent avoir tout dit. Virgile n'a rien révélé de la reine de Carthage, il n'a pas même dit son âge, se contentant de la comparer à Diane et de la montrer marchant avec dignité. Tout au plus déclare-t-il qu'elle « était très belle[36] ». Homère n'est pas plus disert, mais on trouve pourtant chez lui quelques brèves descriptions qui peuvent nous servir d'exemples quand il chante les déesses : leurs caractères physiques valent aussi, cela va de soi, pour les mortelles[37]. On s'étonne cependant de la pauvreté de son vocabulaire, de son indifférence pour les jambes, les fesses, le ventre, la poitrine, qu'il peut trouver cependant « enchanteresse » chez Aphrodite. Du port, il dit seulement qu'il est noble ; du corps, que « ses courbes sont exquises » ; du pied, qu'il est léger ; des chevilles de Perséphone, qu'elles sont graciles. Les bras sont toujours blancs, parfois « comme l'albâtre[38] », les yeux peuvent être noirs[39], le plus souvent, ils sont pers ou clairs, brillants, vifs, et, ce qui ne nous semble pas un idéal, grands et allongés comme ceux d'une génisse ou d'une vache[40]. La blonde reçoit tous les suffrages, qu'elle ait de belles boucles, que ses cheveux flottent sur les épaules ou qu'ils soient tressés[41]. Parfois on dit qu'ils sont d'or. Goût pour l'exotisme chez ces Méditerranéens brûlés par le soleil et aux cheveux noirs ? Amour du contraste ? Souvenirs d'un temps où ils vivaient plus au nord ? On ne sait. Mais les cheveux blonds ne sont pas seulement homériques. Ils continuent pendant des siècles à séduire les hommes. On les entend chanter aussi bien par Anacréon[42] que par les alevis de Turquie qui vénèrent sur l'antique Ida la Sari Kiz, « fille jaune », c'est-à-dire blonde, que, chez nous, par exemple au XVIᵉ siècle, par l'Arioste qui évoque sa « blonde magicienne », par Le Tasse qui montre « les cheveux d'or de Clorinde flottant au vent » et « la blonde chevelure d'Armide qui cache le courage le plus mâle » ou, au XVIIIᵉ siècle, par Milton dans « l'Ève aux tresses dorées » de son *Paradis perdu*, en passant par notre Moyen Âge quand Aucassin parle de sa « petite amie Nicolette aux cheveux blonds », quand Érec déclare : « De vrai, vous dis que Iseult la blonde n'eut cheveux si blonds, si luisants[43]. » C'est que le brun est la nuit, le blond, le lumineux, évidemment le jour. En Chine la femme est toujours noire.

Homère s'intéresse davantage à la parure, aux beaux voiles, aux chlamydes ornées de mille merveilles, aux guirlandes de fleurs, de laurier, de lierre, aux boucles d'oreilles, à la ceinture, « belle et large ». Ce dernier accessoire de l'habillement est un objet essentiel pour deux raisons : le nœud ou la boucle qui le tient a une valeur symbolique qui définit soit le lien qui attache à un supérieur, soit au contraire l'indépendance de la personne ; sa position au-dessus des reins le met en rapport avec la sexualité. Le premier point est parfaitement clair chez les peuples de la steppe ; le second chez eux encore et en Grèce[44]. « Reçois, dit Aphrodite à Héra, cette ceinture [...] où siègent toutes les voluptés et mets-la sur ton sein[45]. »

Physiologie

La femme porte l'enfant. C'est là la véritable merveille. Cela ne surprend pas, ne suscite presque pas d'interrogations ni de commentaires, sauf s'il s'agit de contraception ou d'avortement, actes commis depuis les temps les plus anciens, même quand le législateur les interdisait formellement. Tout au plus cela peut-il éveiller la jalousie de certains mâles ou, comme en Grèce, être considéré comme un fait regrettable. Tout sur ce point a été entendu dès qu'on a assimilé la femme à la terre. La différence essentielle (il y en a une autre à laquelle nul ne semble prêter attention : la terre donne naissance au printemps, la femme n'importe quand), la différence, dis-je, et elle est de taille, c'est que la femme accouche dans le sang (300 ml environ), le sol, non. Cette singularité est évidemment considérée par maints peuples comme la cause essentielle et de la mortalité de la mère et de celle de l'enfant, si fréquente. Elle rend du même coup l'accouchée impure pendant un certain temps, pour les plus précis des peuples pendant les quarante jours s'écoulant entre la naissance et le retour de couches. C'est quarante jours après Noël que la Vierge Marie alla se faire purifier pour respecter la loi juive. « Quand une femme aura été fécondée et aura enfanté un mâle, elle sera impure pendant sept jours. [...] Elle restera en plus trente-trois jours dans le sang de sa purification » (et si l'enfant est une fille, son impureté durera deux fois plus, soit quatre-vingts jours)[46]. C'est là l'origine de notre « quarantaine », instituée pour isoler les personnes atteintes de maladies jugées contagieuses ou pour se consacrer à la pénitence (carême chrétien). Ailleurs, l'impureté peut durer plus ou moins longtemps : dix jours en Grèce, jusqu'à cent jours en Corée, des mois en Nouvelle-Guinée[47]. Bref ou long, l'isolement de l'accouchée, souvent dans une hutte dite « maison de l'accouchement » ou même « hutte de malédiction », qu'on brûle éventuellement quand la jeune mère l'a quittée, la peur que celle-ci suscite et les interdits qui la frappent existent chez presque tous les peuples. Le décès de la mère ou de l'enfant est sans doute ressenti comme un douloureux événement, mais n'est pas le fait principal. Ce qui compte avant tout, c'est le danger qui naît de la perte de sang, objet universel de toutes les terreurs.

Les menstrues

Hormis les excréments, tout ce qui sort du corps perturbe et effraie. C'est d'abord parce que tout écoulement corporel représente la perte de quelque chose qui appartient à l'être. C'est ensuite parce que rien ne l'explique, enfin parce qu'il s'accompagne de troubles physiques ou psychiques. Les larmes, de tristesse ou d'émotion ; le sperme, de plaisir ; le pus, de douleurs et d'infection ; la sueur est consécutive à un effort corporel ou moral. Quant au sang, sa perte est bien plus terrifiante. L'expérience l'apprend : si elle n'est pas enrayée, elle entraîne la mort. Le meurtre d'un animal ou d'un homme, dans l'immense majorité des cas, est sanglant. Le blessé, la parturiente, le phtisique qui crache des caillots, le malade dont une hémorragie rougeoie les selles sont condamnés, et seule peut les sauver une grâce exceptionnelle. Le sang est un signal de danger mortel. Plus que tous le savent le guerrier et le chasseur pour qui il est associé à la souffrance et au trépas[48]. Véhicule de la vie des corps, boisson dont on abreuve les dieux et les défunts, il contient une force puissante, celle active des êtres[49]. Sauf par accident, l'homme ne saigne pas. La femme saigne sans accident apparent, avec une régularité qui correspond exactement à celle du cycle lunaire, ce qui renforce ses liens avec la lune que nous avons déjà évoqués. Dans maintes langues, il n'y a qu'un mot pour dire « lune » et « menstrues »[50]. De nombreux mythes expliquent l'origine des règles par l'attraction de la lune ou des aventures vécues par des femmes avec des personnages lunaires. La femme perd son sang et qui plus est par cet organe « qui est pour l'homme un centre d'intérêt essentiel, par un organe avec lequel le contact est le plus étroit[51] ». Rien ne provoque en lui une pareille émotion, rien ne l'angoisse davantage. Les questions se pressent en lui : cette effusion n'est-elle pas contagieuse ? N'a-t-elle pas des effets désastreux sur tout ce qu'elle asperge ? N'affaiblit-elle pas, avec le sujet qui y est soumis, le mari, la famille, le clan ? Il ne serait pas impossible, il serait même très satisfaisant de penser que l'exogamie, si fréquente dans toutes les sociétés et sur laquelle on a tant écrit, trouverait par là sa justification : les femmes non apparentées demeurent étrangères au groupe et leurs menstrues ne font pas couler le sang de celui-ci. Oui ! C'est une terreur folle qui s'empare de l'homme. Elle se retrouve dans l'acte terrible de la défloration. On a vu des hommes perdre l'esprit, d'autres mourir de peur, au sens propre, non au figuré, parce qu'ils avaient été en contact avec le sang féminin. Tous les peuples ont éprouvé cette terreur. Les grandes religions, sauf le christianisme, où elle survit dans les convictions populaires, voire savantes, l'ont légitimée. Il est écrit dans le Lévitique : « Quand une femme éprouve un flux, son flux étant du sang qui est en son corps, elle sera sept jours dans sa souillure[52]. » Et dans le Coran : « Ils t'interrogeront sur les menstrues. Dis : C'est une impureté[53]. » Le mazdéisme met au nombre des damnés « celui qui a eu commerce avec une femme ayant ses règles[54] ; de nos jours encore, ni le Parsi de l'Inde, ni le Guèbre d'Iran n'accepterait qu'une femme indisposée vînt près du feu[55]. » Les Lois de Manou affirment : « La sagesse, l'énergie, la force, la puissance et la vitalité de l'homme qui approche d'une femme couverte d'excrétions menstruelles disparaissent complètement[56]. » Bien qu'aucun texte néo-testamentaire ne donne d'indication à ce sujet, l'Europe ancienne a attribué au sang menstruel « diverses perspectives néfastes ». « L'arbre en meurt, c'est chose claire », dit au XVIᵉ siècle le poète Eustache Deschamps, et Ambroise Paré, pourtant habitué à s'approcher du sang étant spécialiste de la cautérisation des plaies et de la ligatures des artères, affirme : « Les femmes souillées de sang menstruel engendreront des monstres. [...] C'est chose sale et bestiale d'avoir affaire à une femme pendant qu'elle se purge[57]. » Qui ne sait qu'aujourd'hui encore il est des gens avertis pour soutenir qu'une femme réglée fait tourner la mayonnaise ?

Tous les chercheurs, hormis Claude Lévi-Strauss, soucieux sans doute d'originalité[58], ont constaté que le sang féminin, partout et toujours, éveille la crainte, est générateur d'une angoisse presque indescriptible. Une imposante collection de faits a été recueillie par Frazer, Durkheim, Briffault, Lévy-Bruhl, plus récemment par Cazeneuve ou Gélis, par bien d'autres encore, que dans un précédent travail j'ai contribué à accroître. Aucun sujet n'a été plus abondamment traité, non sans quelque monotonie, les observations ne différant guère les unes des autres. Il paraît donc inutile d'y revenir une fois de plus, quoiqu'il présente évidemment la plus haute importance pour une étude de la psychologie de la femme, de son statut social et de ses rapports avec les hommes. Quelques exemples et quelques réflexions les accompagnant devraient ici largement suffire.

Devant le danger extrême auquel le sang féminin expose les hommes, ceux-ci doivent avant tout prendre la précaution d'éviter tout contact, même visuel, avec lui : il peut lui être, il lui est presque toujours fatal. Chez les Dogons d'Afrique, si un homme voit un accouchement, si ses yeux tombent sur les jambes écartées de la nouvelle excisée, il mourra, et il mourra aussi s'il voit une femme menstruante dénouer son pagne[59]. Un contact même indirect, même incertain peut provoquer les pires réactions chez celui qui en est victime. Un jour, en Australie, il advint qu'une femme ayant ses règles se coucha sur la couverture de son mari ; celui-ci s'y étendit peu après, puis, apprenant que sa couverture avait été pénétrée d'impuretés, « il entra en fureur, tua son épouse et mourut lui-même de terreur »[60].

Parce que le repas a valeur communielle et que la nourriture absorbée introduit avec elle la vie dans le corps, jamais une femme indisposée ne doit préparer les aliments pour sa famille, ni toucher aux ustensiles de cuisine, ni cueillir légumes ou fruits que l'on va consommer. Le fait a été relevé et décrit d'abondance en Afrique noire[61], chez les Esquimaux, les Indiens Guaranis, les Thonga, les Dogons, les Bagonda, en Nouvelle-Guinée, en Polynésie, en Australie[62], en Amérique, aux Indes, au Cambodge[63].

Naturellement, nous l'avons déjà vu, toute relation sexuelle est interdite pendant les règles. Le Lévitique condamne à mort ceux qui s'y livrent : « Si un homme couche avec une femme qui a son indisposition et découvre sa nudité, s'il découvre son flux et qu'elle découvre le flux de son sang, ils seront tous les deux retranchés du milieu du peuple[64]. » Le Coran, moins sévère, se contente de dire : « Séparez-vous des femmes pendant les menstrues[65]. »

L'un des faits qui ont le plus intéressé le monde savant et donné lieu à des discussions passionnées est l'interdiction faite à la femme de chasser. C'est sans doute par milliers qu'on en a des témoignages, et pour ma part j'en ai recueilli plusieurs centaines chez les seuls peuples turcs et mongols. On en a conclu qu'il y avait incompatibilité entre le beau sexe et le gibier. Mais tous les interdits dont les chasseurs frappent la femme menstruée (ne pas toucher les armes, éviter les lieux que fréquente le gibier, ne pas approcher du chasseur avant son départ...) sont les mêmes que ceux dont les guerriers l'accablent et qui sont souvent levés quand la période des règles est passée. Il est évident que c'est le sang vaginal qui est incompatible avec la chasse, comme il l'est avec la guerre, c'est-à-dire avec le meurtre, non parce que le sang repousse le sang contrairement à ce qu'a pensé Testard dans une étude fort brillante[66], mais plutôt parce qu'il l'attire. Ce ne seraient ni l'ennemi ni la proie qui mourraient, mais celui dont on attendait qu'il donnât la mort. Le danger qui s'attache aux femmes se transmet à l'acte sexuel. Sans ce dernier, la femme, donc la vierge, peut à la rigueur être chasseresse et guerrière. Artémis/Diane, déesse de la chasse, est aussi une déesse vierge et son protégé Hippolyte unit la passion cynégétique à son mépris de l'amour.

Dans certains cas, dont il ne faut pas exagérer le nombre, car leur singularité a amené à les relever à tout coup et à les mettre en évidence, le sang menstruel peut avoir des effets bénéfiques soit par inversion des valeurs, soit parce qu'on s'en sert comme d'une arme efficace contre l'adversaire ou l'adversité. Makarius rappelle à ce propos qu'il y a une ambivalence inhérente au pouvoir du sang[67]. Euripide le savait déjà qui disait qu'une goutte du sang de la Gorgone « écarte les maux et entretient la vie que l'autre tue[68] ». Pline, dans son *Histoire naturelle,* en donne l'un des plus anciens exemples : « Si des femmes ayant leurs règles font, après s'être dénudées, le tour d'un champ de céréales, on voit tomber les chenilles, les vers, les scarabées et les autres insectes nuisibles. [...] Ce moyen fut découvert en Cappadoce lors d'une invasion de cantharides et c'est pour cette raison que les femmes y parcourent les champs la robe retroussée par-dessus les fesses[69]. » On trouve de nombreux exemples dans les travaux d'ethnologie[70].

Ne croyons surtout pas que ces fantasmes ne sont nés que dans l'imagination masculine. « La femme se sent elle-même dans une situation plus sacrale que l'homme et doit à ce titre observer plus de tabous[71]. » Elle a largement usé de son état, parfois pour en tirer avantage — au Japon, elle doit son pouvoir symbolique à son impureté[72] —, plus souvent pour seulement exalter sa féminité.

Parce que la femme est périodiquement impure pendant la majeure partie de sa vie (souvenons-nous de l'âge précoce de la mort), il s'attache à tout son être, hors des périodes menstruelles, une idée générale d'impureté. Il est facile de passer de la partie au tout. Durkheim l'a très bien expliqué : « Un être qu'on éloigne et dont on s'éloigne pendant des semaines, des mois ou des années, selon le cas, garde quelque chose du caractère qui l'isole, même en dehors de ces époques spéciales. » La méfiance envers la femme est donc de bon aloi. Mieux vaut se tenir sur ses gardes. N'est-on pas alors autorisé à penser que la notion de péché qui s'attache presque toujours à l'acte sexuel découle essentiellement des représentations qu'ont fait naître les règles, accessoirement de l'émoi causé par l'éjaculation du sperme, par des idéaux de moralité, de maîtrise de soi, par la méfiance des plaisirs, par la nécessité de réglementer les relations humaines ?

CHAPITRE XII

L'incomplète différenciation

Androgynes et hermaphrodites

« Aucun individu n'est entièrement mâle et entièrement femelle[1] », écrit, dans une formule excessive peut-être, mais qui se veut frappante, Esther Harding. Il est indiscutable qu'il existe des êtres dont les organes sexuels sont en apparence normaux, mais qui ont certains caractères secondaires de l'autre sexe, soit morphologiques (femmes à barbe) soit surtout psychologiques (hommes efféminés), et il est même rare de n'en rencontrer aucun dans un individu. L'Extrême-Orient en a eu pleinement conscience quand le fidèle taoïste, en se conformant au modèle du Tao, « réanime et fortifie ses virtualités féminines » et, d'une certaine façon, « s'efforce d'obtenir la modalité de l'androgyne »[2]. Chez d'autres personnes, les organes génitaux eux-mêmes sont modifiés, en général superficiellement, de telle sorte que la chirurgie peut les corriger[3]. La transsexualité qui est bien un fait réel, quoique rare, malgré Montaigne qui trouve « cette sorte d'accident » fréquent[4], intervient aussi dans les mythes et dans les légendes sans y être beaucoup plus usuelle. Ovide raconte maintes métamorphoses en plantes, en animaux, mais semble répugner à parler de celles d'hommes en femmes et de femmes en hommes : celle de la jeune Iphis, transformée en garçon la veille de ses impossibles noces avec une jeune fille qu'elle aime[5], demeure une exception, comme l'est dans Pline celle de Lucius Cassitius, devenu femme en ces mêmes circonstances[6], et dans l'*Énéide* celle de Caéné, jeune Thessalienne changée provisoirement en homme[7]. Le personnage le plus remarquable dans la fable antique est le devin Tirésias qui naît garçon, devient femme et achève sa vie en homme. Qu'il transcrive une expérience concrète ou soit purement mythique, il incarne celui qui a pu vivre et comprendre les deux natures, masculine et féminine : seul il est capable de rendre compte aux dieux de ce que ressent chaque représentant de l'un et l'autre sexe. Il le paie cher puisqu'il éveille la colère de Zeus et de Héra à qui il révèle que la femme éprouve neuf fois plus de plaisir sexuel que l'homme[8].

Quand ces malformations physiques, « considérées comme une aberration de la nature[9] », se manifestent visiblement à la naissance, la réaction la plus habituelle est un rejet du bébé, souvent suivi, ainsi en Grèce et à Rome, de son exposition ou de sa mise à mort par les parents eux-mêmes ou par d'autres[10]. Lucrèce tranche, sans nuances : « En aucun temps n'a pu vivre un être à double nature, combinaison de deux corps[11]. »

En revanche, l'androgynie apparaît comme une sorte d'idéal rituel, philosophique et artistique. L'art grec, dans sa période archaïque, accuse le moins possible la différence entre les corps de l'homme et de la femme et, plus tard, il y a une certaine féminisation des sculptures, remarquable notamment par le souci de ne pas représenter les femmes plus petites que les hommes[12] et finalement cette androgynie diffuse aboutit à la représentation de véritables androgynes.

Le vocabulaire courant confond volontiers hermaphrodisme et androgynie. Eliade a raison de rappeler que, dans le premier, les deux sexes, coexistant anatomiquement et physiologiquement, procurent une surabondance de possibilités érotiques, tandis que, dans la seconde, il s'agit au contraire d'une fusion qui est plénitude[13]. La légende d'Hermaphrodite telle que la rapporte Ovide doit être assez récente et ne plus même tenir compte de l'étymologie (Hermès et Aphrodite) qui opère en un seul corps la synthèse des deux pouvoirs sexuels[14]. Un jeune garçon de quinze ans se baigne nu quand une nymphe « s'élance sur lui, le saisit, l'enlace ».Comme « il ignore ce qu'est l'amour », il se débat, la repousse. « Tu ne m'échapperas pas », dit-elle et elle implore les dieux : « Faites que jamais cet enfant ne puisse se détacher de moi, ni moi de lui. » « Alors ce ne sont plus deux êtres et pourtant ils participent d'une double nature. [...] Il devient à double forme. »[15] C'est l'amour charnel de la nymphe qui forme l'hermaphrodite. Un amour spiritualisé, l'amour idéal, « polarité magnétique due à Dieu », formera en revanche un androgyne mystique où les protagonistes deviennent une seule âme en deux corps[16]. Nous en avons rencontré dans l'Histoire.

Il est certain que l'hermaphrodisme et l'androgynie, cette dernière surtout, ramènent à l'unité de l'origine, à celle de Dieu ou du premier humain. Sans vouloir revenir sur les mythes cosmogoniques, nous pouvons rappeler qu'on a pu penser que nombre de dieux répartis par couples seraient le plus souvent des inventions tardives ou « des formulations imparfaites de l'androgynie primordiale[17] ». Dieu, être complet, n'étant limité par rien, contient en lui tous les contraires et le plus important de ceux-ci, le mâle et la femelle. On représente encore parfois des divinités androgynes. Le grand dieu indien Shiva en fournit une parfaite illustration, notamment sur les reliefs des temples de Mathura[18]. L'un des hymnes les plus célèbres du *Rig Veda* chante « la division première du divin en haut et en bas en un principe masculin et féminin[19] ».

Il est plus difficile de justifier l'androgynie des premiers hommes et c'est souvent un exercice d'école qui permet de le faire. On peut dire bien sûr que Dieu, ayant créé l'homme « à son image et à sa ressemblance », l'a voulu complet, parfait et par conséquent androgyne. On a beaucoup glosé sur l'androgynie d'Adam que peut évoquer le récit yahwiste de la Genèse, qu'un maître comme Dhorme a trouvé « mal avisé[20] », mais qui s'appuie, bien plus que sur la Bible, sur le *Midrash Biresht Raba,* qui dit en clair que Dieu créa Adam en même temps homme et femme, et sur les *Haggada* qui racontent qu'après un premier essai de création humaine, manqué par la simultanéité de la création de l'homme et de Lilith, la femme, Dieu créa un être unique qui se subdivisa en mâle et en femelle[21]. La vision est plus précise dans l'Inde védique : l'homme primordial est à la fois totalité cosmique et être androgyne. Il engendre l'énergie créatrice féminine (*viraj*) et est enfanté par elle[22]. Bien qu'on ait considéré que les religions révélées avaient ignoré le thème, pourtant presque universel, de l'androgynie, la thèse de l'unité primordiale de l'être humain a été défendue par plusieurs autorités. Scot Érigène, qui la pose comme une donnée fondamentale, dit qu'elle fut détruite par le péché et qu'elle sera reconstituée à la fin des temps[23]. Clément d'Alexandrie, à deux reprises au moins, évoque « les deux qui seront un, le mâle avec la femelle, ni mâle ni femelle[24] ». C'était une idée récurrente chez les gnostiques que la créature devait tendre à l'unification ou à la réunification des sexes. L'Évangile de Thomas écrit : « Si vous faites le mâle et la femelle en un seul, afin que le mâle ne soit plus mâle et la femelle plus femelle, alors vous entrerez dans le Royaume », et l'Évangile de Philippe : « Le Christ est venu pour rétablir ce qui a été ainsi séparé au commencement et pour unir à nouveau les deux »[25]. On peut rapprocher, mais non sans quelque risque, ces textes de l'Épître aux Galates : « Il n'y a plus ni homme ni femme. » L'hermétisme place dans la bouche d'Hermès Trismégiste la réponse à la question suivante : « Quoi ! Tu dis que Dieu possède les deux sexes ? — Oui, et non seulement Dieu, mais tous les êtres animés et les végétaux[26]. »

Le récit le plus célèbre fondé sur l'unité primitive et la séparation des sexes est celui de Platon dans *Le Banquet.*

Il y avait, est censé dire Aristophane, « d'abord trois espèces d'hommes [...], le mâle, la femelle et, outre ces deux-là, une troisième composée de deux autres [...] qui a disparu, mais dont le nom reste, l'androgyne. [...] De plus, chaque homme était dans son ensemble de forme ronde. [...] Le mâle tirait son origine du soleil, la femelle de la terre, l'espèce mixte de la lune. [...] Comme ils avaient de grands courages, [...] ils tentèrent d'escalader le ciel pour combattre les dieux. » Zeus, ne voulant pas détruire les hommes, décida de les affaiblir en « les coupant en deux l'un après l'autre », et « chacun, regrettant sa moitié, allait à elle, et s'embrassant, s'enlaçant les uns et les autres avec le désir de se fondre ensemble ». Leurs sexes étant placés par-derrière, ils ne le pouvaient pas et la race était en voie de s'éteindre. Alors Zeus « transpose les organes génitaux sur le devant. [...] C'est de ce moment que date l'amour des hommes les uns pour les autres. L'amour recompose l'antique nature, s'efforce de fondre deux êtres en un seul[27] ».

L'inceste

Les parents, la mère surtout, ne sont-ils pas un avec leurs enfants ? Ce que la femme a porté en son sein, ce qui est sorti de son ventre, n'est-ce pas un peu elle ? Le frère et la sœur, et bien sûr surtout s'ils sont jumeaux, ne sont-ils pas deux versions du même être ? Si, à la première question, tout être répond par l'affirmative, la seconde porte pour le moins au doute. Unis par leur origine, doivent-ils ou ne doivent-ils pas redevenir un par l'union sexuelle ? À cette dernière interrogation, l'humanité, dans son ensemble, et avec quelques fortes exceptions, a répondu par la négative. Ce qui a été séparé ne doit pas se rejoindre. L'inceste éveille la plus vive réprobation. La Chine, la Grèce, l'islam, les Hébreux, la plupart des peuples de tradition orale n'ont pas trouvé de mots assez durs pour le prohiber. Peu de comportements humains ont donné lieu à tant de débats scientifiques, de théories pour justifier sa prohibition. Certaines cultures l'ont considéré dans sa plus large extension, ainsi l'islam, et ont interdit tout rapport sexuel entre cousins, même éloignés, entre alliés qui ne sont pas du même sang, par exemple entre un homme et sa belle-fille ou sa belle-mère. Plus généralement, on s'en est tenu à un sens étroit, en ne jugeant incestueuse que l'union entre la mère et le fils, le père et la fille, le frère et la sœur. La première est la plus rare et la plus scandaleuse : Œdipe et Jocaste en fournissent l'exemple le plus fameux. La deuxième, plus fréquente dans les cours souveraines, est presque aussi odieuse ; elle arrache des cris horrifiés à Ovide quand il narre l'aventure de Myrrha, séductrice monstrueuse de son père Cinyras[28], mais n'émeut pas la Bible quand elle rapporte l'union de Lot et de ses filles dont naîtront Moabites et Ammonites[29]. La troisième, celle du frère et de la sœur, est, si j'ose dire, la plus banale et sans doute celle dont on pourrait s'accommoder le mieux.

Si, pour le commun des mortels, l'inceste, quels que soient les partenaires, est presque toujours interdit, avec cette exception remarquable de l'Iran mazdéen, dans nombre de civilisations il est admis pour les souverains et souvent proposé par les mythes. On peut avoir quelque raison de penser, en s'appuyant sur ces derniers, sur quelques textes religieux, dont la Bible, enfin sur les systèmes archaïques de parenté qui assimilent d'une façon ou d'une autre sœurs et épouses[30], qu'il n'a pas toujours éveillé, du moins quand il avait lieu au niveau fraternel, la vive répulsion que nous constatons ensuite historiquement. Les cosmogonies qui imaginent l'humanité issue d'un couple unique (tel celui d'Adam et Ève) ont été obligées d'admettre que leurs enfants se sont unis entre eux. Les thèmes diluviens, qui ramènent à l'origine, supposent aussi qu'ont été seuls sauvés des eaux soit un homme et une femme ou une famille (c'est ce qui arrive dans la Bible), soit un frère et une sœur. Dans l'un et l'autre cas, le recours à l'union incestueuse est encore inévitable. Dans un récit du déluge relevé dans le centre de l'Inde, un frère et une sœur, seuls rescapés, sont en même temps effrayés et tentés par l'inceste, reculent devant lui, se fuient, puis sont ramenés par la fatalité à se retrouver et à s'unir[31]. La même aventure ou à peu près est racontée en Chine et presque partout dans le monde asiatique : seuls sur terre, le frère et la sœur doivent commettre le crime pour assurer la survie de l'espèce[32].

Ces unions primordiales semblent répondre dans une certaine mesure à des pratiques qui n'étaient pas condamnées. C'est en toute candeur que la Genèse nous montre Abraham marié avec Sarah sa sœur ou, pour être plus exact, sa demi-sœur[33], et, comme nous l'avons déjà dit, l'union de Lot et de ses filles. Pourtant la loi juive est formelle. Le Deutéronome comme le Lévitique sont d'une sévérité absolue pour ceux qui voudraient imiter le patriarche : « Maudit qui couche avec sa sœur, fille de son père ou fille de sa mère ! » « Et l'homme qui prend sa sœur, fille de son père ou de sa mère, [...] c'est une ignominie. Ils seront retranchés sous les yeux des fils de leur peuple »[34].

Puisque le frère et la sœur sont en quelque sorte un être unique sous deux formes différentes et que le sont plus encore les jumeaux, ici vénérés, là maudits[35] — comme l'expliquent les Dogons quand ils voient chez les êtres humains un couple de jumeaux manqué[36] —, leur union transcende les apparences, les ramène à leur réalité, fortifie ou reconstruit leur androgynie. C'est de l'archétype de l'androgyne que Jung fait dériver le thème de l'inceste[37]. Marie Delcourt dit : « L'union du frère et de la sœur symbolise le retour à l'être primordial[38] », et Marcel Mauss y voyait la reproduction de l'inceste original du ciel et de la terre[39], on pourrait aussi dire de celui des premiers humains ou des dieux. C'est l'exemple de ces derniers qu'évoque Byblis après avoir vainement lutté contre la passion qu'elle éprouve envers son frère[40].

Le statut divin des rois peut donc les autoriser, voire les obliger à pratiquer l'inceste. Parmi les souverains, nul plus que Pharaon n'est dieu. Nul plus que lui, sinon les empereurs d'Iran, ne contracte d'unions incestueuses. Ramsès II (v. 1301-1235 av. J.-C.) en donne une parfaite illustration, qui épouse ses trois filles. À l'époque ptolémaïque, neuf des treize souverains de la dynastie effectueront des mariages incestueux. Partout en Afrique noire, sans qu'il y ait lieu de chercher une influence égyptienne, il en va de même.

L'inceste peut paraître pour le moraliste et le mystique comme une fausse et vaine union des semblables ou une simple exaltation du moi[41], comme voué à la stérilité puisque seule la différence est créatrice et que l'union du même au même est évidemment stérile. Il peut aussi, dans une perspective plus large et en fait plus spirituelle, être considéré comme une exaltation de l'Un, comme une voie étrange qui vise à mener à Dieu. Pour l'ethnologue et l'historien, il répond à de tout autres préoccupations qui doivent ressortir des avantages et des inconvénients qu'il procure.

L'inceste, et plus particulièrement celui du roi, peut avoir des avantages et chacun de ceux-ci a été proposé comme étant sa raison d'être. Il préserve la pureté de la race[42], permet au souverain de n'avoir pas de relations sexuelles avec des femmes indignes de lui et, dans la mesure où il est dieu, d'épouser une déesse. Bleeker le voyait en Égypte et Lehmann chez les Incas[43]. Il permet au fils d'accéder à l'héritage paternel, terre ou couronne, quand celui-ci revient de droit à la fille[44]. Il met en œuvre une force surnaturelle[45] et, comme nous l'avons dit et comme le disent souvent ceux qui proposent aussi d'autres raisons, il répète l'acte primordial et ramène à l'unité. L'iraniste Kellens l'a très bien écrit : « Le mariage incestueux répond sans doute à des préoccupations secondaires, [...] à la fonction religieuse reconnue à la femme, mais surtout reproduit les procédures qui ont enclenché le temps et préfigure les événements qui doivent pour chaque homme y mettre fin[46]. »

Il a aussi ses inconvénients. D'abord, comme l'a bien vu Tylor, le mariage endogame isole. Il enlève à la fille la valeur d'échange qu'elle a dans un système exogame et réduit ou annihile l'ouverture sur les autres — on l'a démontré au moins pour les Esquimaux[47]. Ensuite et surtout, lors de la défloration, lors des accouchements et tous les mois, c'est le sang le plus proche du roi ou de tout homme incestueux qui coule. C'est une raison plus que suffisante pour que ce soit la prohibition de l'inceste qui, dans l'immense majorité des cas, s'impose[48].

Je n'ai pas dit un mot de l'Iran. Il convenait, je crois, de traiter l'exemple de ce pays à part pour mieux souligner sa profonde originalité dans un concert de voix qui proclament le contraire de ce qu'il pense et propose. Pour lui, l'inceste n'est pas condamnable, mais recommandé, loué. Il ne constitue pas seulement un fait mythique ou royal, bien que ce soit surtout par le roi qu'il nous soit évidemment le mieux connu historiquement, comme permet de s'en rendre compte la liste dressée par Claire Herrenschmidt des souverains ayant contracté des mariages consanguins depuis la fondation de l'Empire achéménide jusqu'à la chute de celui des Sassanides[49]. Bien que les Guèbres et les Parsis s'indignent des mœurs qu'on prête à leurs lointains ancêtres (et peut-être à des aïeux moins anciens que ceux-là), l'union incestueuse a bel et bien existé, non comme un idéal mais dans la réalité, « comme une forme supérieure de piété, même [si elle] demeure rare en dehors des familles de souverains, de prêtres et de bigots[50] ». Les textes anciens évaluent certes avec quelques différences ce qui attend dans l'au-delà ceux qui le pratiquent ou le refusent, mais se situent pour l'essentiel sur le même registre. Selon une tradition, « parmi les plus belles œuvres qui soient, se trouve le mariage consanguin [*xvadodah*], surtout s'il s'agit d'une union avec quelqu'un de très proche, mère, fille ou sœur[51] ». L'*Ardaz Viraz* considère que ceux

qui ne l'ont pas accompli peuvent atteindre les deux sphères inférieures du paradis, non les deux supérieures[52]. Un
autre texte va jusqu'à dire que les femmes qui s'y sont
opposées sont damnées[53]. Ce qui ajoute à l'intérêt que
présente cette optique du mazdéisme ancien, c'est sa
claire explication du sens que prend ce mariage « au plus
près » : celui-ci doit être accompli pour répéter les trois
incestes primitifs, celui avec la fille (le mariage
d'Ohrmuzd et de la terre), avec la mère (le mariage de
Gayomard, fils des deux précédents, encore avec la terre)
et avec la sœur (les deux jumeaux, Mashya et Mashyana,
nés de cette dernière union et convolant pour créer
l'humanité)[54].

Femme homme et homme femme

Dans certaines civilisations, l'appartenance à l'un des
deux sexes n'est pas considérée comme acquise avant la
puberté, voire avant le mariage et le premier accouchement.
L'enfance est encore neutre. Nous en avons gardé des
souvenirs : en allemand, par exemple, on n'emploie pas
l'article féminin *die* pour la jeune fille, mais l'article neutre
das (*das Mädchen, das Fräulein*). En Afrique noire, tout individu est bisexué à sa naissance, et seule la circoncision ou la
clitoridectomie lui donne son sexe[55]. En Australie, les non-
initiés sont asexués[56]. Ce n'est pas la nature qui fait le mâle
et la femelle, mais l'homme. L'individu est donc mal fixé
dans son sexe et peut éventuellement en changer.

Tirésias et Hermaphrodite n'ont pas été les seuls trans-
sexuels ou androgynes, car le désir de l'androgynie est un
fantasme récurrent[57] dont on retrouve au moins des traces
dans toutes les cultures et qui peut servir à expliquer en
partie l'homosexualité. Donnons-en trois exemples.
Dionysos, à l'origine personnage très viril et barbu, est
déjà interprété dans Eschyle comme un « homme
femme », dans Euripide comme un « étranger à l'aspect de

femme », puis plus tard, à Rome, Ovide et Sénèque lui donneront un visage de vierge[58]. Selon un mythe thaïlandais, après le déluge la terre a été repeuplée par des brahmanes qui n'étaient ni hommes ni femmes[59]. L'épopée irlandaise *Tain bo Cuailngé* montre les guerriers de l'Ulster condamnés à subir une fois dans leur vie les douleurs de l'enfantement[60]. Ce dernier fait évoque irrésistiblement le chamanisme de l'Asie centrale, de la Sibérie et de l'Amérique du Nord, où s'affirme avec le plus de force l'hermaphrodisme. Antérieurement à mes travaux, E. Lot-Falck a bien montré la signification des relations ambiguës du chaman et de son esprit zoomorphe qui transforme celui-ci d'époux en épouse. Le chaman s'habille en femme, se conduit comme une femme, prend parfois un mari, et peut enfanter à l'instar d'une femme : en Amérique, on précise qu'il a des règles comme une femme[61]. Tout cela trahit cette nostalgie de ne pas porter l'enfant évoquée plus haut, et surtout un effort désespéré pour « arriver par des moyens concrets, physiologiques, à une totalité paradoxale de l'être humain[62] ». On ne sait pas encore s'il faut mettre en rapport avec les chamans les Énarées — « les non virils » — des Scythes dont parle Hérodote, atteints d'une « maladie féminine » : Dumézil y voit une tumeur qui donne naissance à des enfants[63].

Si c'est l'enfantement qui rend pleinement femme, la femme ne peut devenir vraiment homme que si elle refuse ce pour quoi elle est faite, donner la vie, et si elle le prouve en donnant la mort. Il y a bien des peuples où les chasseresses et les guerrières continuent de se sentir femmes et d'être considérées comme telles par les hommes. Nous en avons signalé quelques-unes dans l'Histoire, en France ou ailleurs, en des moments d'exception, au moins comme des singularités. Il est presque certain que sous d'autres cieux ou en d'autres temps, il y eut des milices féminines régulièrement constituées et en constante activité, mais nous percevons mal le statut de celles qui les composaient, leurs raisons d'être, ce qu'on pensait d'elles. On fait plus que soupçonner qu'il a existé en Afrique noire une tradition de femmes soldats puisque les campagnes coloniales de la fin du XIXe siècle opposèrent celles du célèbre Béhanzin, roi du Dahomey (actuel Bénin), au général Dodds. Elles étaient quelque cinq mille, vierges ou éventuellement déflorées par le seul souverain, dont elles constituaient la garde, se tenant près de lui pendant les expéditions cynégétiques ou militaires, dépendant entièrement de lui et se signalant non seulement par leur courage, mais par leur cruauté. De tels faits, bien qu'attestés dans une moindre mesure chez les peuples de la steppe eurasiatique, demeurent exceptionnels. En règle générale, guerrières et chasseresses sont plutôt vues comme des transsexuelles ou des femmes manquées. Xerxès l'Achéménide aurait dit, et si ce n'est pas un mot de lui c'est un mot d'Hérodote, à propos de la reine d'Halicarnasse, Artémise : « Je vois que les femmes sont aujourd'hui devenues des hommes[64]. » Assez singulièrement, le Tasse attribue cette transformation à l'amour : « D'une faible femme, tu fis une intrépide guerrière[65]. » Celles qui s'adonnent aux activités cynégétiques ou militaires sont naturellement vierges. Les deux grandes déesses de l'Antiquité, mal fixées dans leur féminité, sont Athéna et Artémis. Elles incarnent les deux aspects de la masculinité chez la femme, la guerre et la chasse.

La première, Athéna, déesse de la raison et de la paix, est, plus encore, la soldate. « Son plaisir est dans les cris et les mêlées de la guerre[66]. » « Elle est vierge parce qu'elle est guerrière[67] », dit Pierre Grimal, et l'on pourrait ajouter qu'elle est guerrière parce qu'elle n'est pas née dans le sang maternel, étant sortie de la tête de Zeus par un coup de hache frappé, dit Pindare, par Héphaïstos : « Elle en jaillit en poussant un cri formidable et l'Ouranos (le ciel) en frissonna ainsi que la terre mère[68]. »

On pourrait dire de la seconde, Artémis, la même chose que de la première : elle est vierge parce qu'elle est chasseresse. On la montre comme « l'archère qui de son trait frappe les cerfs », et ses domaines de prédilection, les cimes, les forêts, « retentissent des cris affreux des bêtes aux abois[69] ». Et comme Athéna est déesse de la paix parce qu'elle fait la guerre, Artémis est protectrice des fauves parce qu'elle les chasse. La femme guerrière, signalée partout dans le monde, ne passe pas inaperçue. Hormis dans quelques civilisations, elle éveille horreur ou vénération. C'est un monstre ou une sainte.

C'est un monstre : c'est ce que pensent les musulmans des *Mille et Une Nuits* dont quatre contes mettent en scène des femmes soldats, toutes relevant de peuples étrangers, lointains, sauvages[70]. C'est ce que pensent les Grecs quand ils parlent des Amazones, des femmes, qui, pour eux comme pour la plupart des peuples anciens, se comportent comme des hommes[71], suppriment la moitié au moins de leur féminité en se faisant amputer d'un sein sous le prétexte de pouvoir mieux tirer à l'arc ; qui ne voient dans les mâles que des partenaires sexuels occasionnels, n'ont guère besoin que d'un étalon ; qui tuent les garçons auxquels elles donnent le jour pour ne garder que les filles ; qui sont proches de l'animalité[72], dont la divinité ne veut même pas la conversion mais la mort, comme le montre l'histoire d'Héraclès et d'Hippolyte, leur reine[73]. Elles étaient femmes pourtant, avaient des désirs sexuels et pouvaient en inspirer. Hérodote, qui transcrivit leur déclaration, ne doit pas avoir été trop infidèle : « Nous, nous tirons à l'arc, nous lançons le javelot, nous montons à cheval et nous n'avons pas appris les travaux que l'on réserve à notre sexe[74]. »

C'est une sainte : il est inutile d'en donner un autre exemple que celui de Jeanne d'Arc, tant il est éclairant : elle est vierge, très jeune, elle a été choisie par Dieu, elle s'habille en homme, et elle triomphe, elle sauve sa patrie et son roi, mais elle meurt, elle ne peut que mourir. Les grandes guerrières du Tasse, Clorinde, Gildippe, meurent aussi ou renoncent. Armide, à la fin du poème, dit à Renaud : « Commande à ton esclave, décide de son sort. Tes désirs seront des lois[75]. »

La chasseresse est moins remarquable ; ses actions sont moins spectaculaires. La fable antique en présente une qui semble très caractéristique avec Atalante, une fille qui est à moitié animale puisqu'elle a été exposée par son père, c'est-à-dire rejetée du monde des humains, et élevée par une ourse. Célèbre par sa rapidité à la course, elle s'illustre dans la catastrophique chasse de Calydon au cours de laquelle elle blesse la première le sanglier furieux, se fait offrir sa dépouille et provoque la colère d'un chasseur : « Allons, laisse cela et ne viens pas, ô femme, nous enlever ces glorieux trophées qui nous reviennent[76]. »

Gommer les différences sexuelles

Le thème de la jeune fille qui se déguise en guerrière en diverses occasions et dans divers propos est des plus connus. La littérature française l'a largement exploité depuis les XIIIᵉ et XIVᵉ siècles, par exemple dans *Huon de Bordeaux* ou dans *Tristan de Nanteuil*, puis dans les « romances » du XVIᵉ siècle, et l'a mis à la mode à l'époque classique où l'on aime à disputer de l'héroïsme féminin avec des œuvres comme le *Marmoisan* de Mlle L'Héritier ou *Belle belle ou le Chevalier fortuné* de Mme d'Aulnoy. Le père du Bosc, exaspéré, déclare alors : « Affecter les vertus d'un autre sexe, c'est une espèce d'usurpation, qui n'est permise qu'avec beaucoup de talent et de sobriété[77]. »

Cette abondante littérature, qui propose aussi quelques histoires d'hommes déguisés en femmes, relève, pour l'essentiel, de la fantaisie romanesque et n'a pas de valeur sociologique ou ethnologique. Elle ne justifie guère les raisons de ces travestissements auxquels les chercheurs ont donné maintes explications, des plus simples aux plus complexes. Certains, tels ceux des bals masqués, ne sont guère motivés que par le désir de s'amuser ou, comme le prouve le chevalier d'Éon (1728-1810), par celui de mystifier. Quand, soumis à la pire des humiliations, celle de servir Omphale, Héraclès passe trois ans à ses pieds à filer comme une femme, vêtu en femme, il ne veut sans doute que s'humilier davantage, que sombrer plus encore s'il se peut au fond de la déchéance. Plus souvent, les travestissements répondent au souci de passer inaperçu dans un groupe d'individus de l'autre sexe. Le vaste recueil des *Mille et Une Nuits* raconte trente-deux histoires de déguisement, dont treize en personnes de sexe opposé, sept d'hommes en femmes, et six de femmes en hommes. Pour ceux-là, il s'agit toujours de s'approcher d'une femme ou d'entrer dans un harem. Pour celles-ci, les motivations sont plus variées : trois fois la femme vise à échapper à un danger, deux fois à accompagner ou à rejoindre un homme en voyage, une seule à accomplir une action d'éclat[78]. Il en va à peu près de même dans d'autres aires culturelles : les femmes y ont peut-être plus souvent tendance à s'illustrer par leurs exploits ; les hommes se contentent de s'introduire dans le milieu féminin : les dieux et héros en rapport avec les Amazones, Dionysos, Héraclès, Achille, Thésée, se déguisent en femmes[79]. Leucippe se conduit comme un héros des contes arabes quand il veut rencontrer Daphné qu'il aime et qui hait les hommes[80]. C'est vêtu en femme que Penthée, roi de Sparte, va se mêler aux Bacchantes. Innocents et futiles ou graves et coupables, ces déguisements ne laissent jamais indemnes ceux qui s'y essaient et ils peuvent exprimer autre chose que ce qu'ils montrent pour peu qu'on les considère d'un point de vue mythologique ou psychiatrique, exercice dans lequel on se perd aisément quand on a l'imprudence de s'y engager.

Cette influence sur le psychisme, même indirecte, peut être suffisamment grave — ou le devenir — pour que le travestissement, comme tout ce qui amène à la confusion des genres, ait été, sauf nécessité rituelle, tenu pour honteux et condamné par l'opinion publique et le législateur. La loi de Moïse défend aux hommes de s'habiller en femmes, aux femmes de s'habiller en hommes, ce qui, comme l'a remarqué Frazer, n'a pas empêché qu'on le fît à *purin*[81] : « Une femme ne portera pas un costume d'homme et l'homme ne revêtira pas un vêtement de femme, car celui qui fait cela est une abomination pour Iahwé[82]. »

Le déguisement peut répondre à des préoccupations plus sérieuses quand il est adopté soit à l'occasion de cérémonies rituelles, de célébrations du culte, soit avec l'évidente volonté de changer la personnalité. La principale question qui se pose est de savoir si, en s'attribuant un costume ou des organes postiches de l'autre sexe (faux seins, faux testicules ou faux pénis), on vise à l'androgynie ou à la transsexualité. Quand Eliade ou Marie Delcourt ramènent tous les travestis à « des versions atténuées de l'androgynie[83] », ils peuvent être confortés dans leur position par l'existence, très largement notée (surtout chez les Araucans du Chili au XIXᵉ siècle), de prétendues femmes chamanes en Amérique qui seraient en réalité des hommes déguisés en femmes et se comportant en tout comme des femmes. Et il est vrai que, sur le continent américain du Nord, « les travestis bardaches représentent à la fois les pouvoirs masculin et féminin[84] ». Pourtant ces auteurs n'expliquent pas grand-chose, ne rendent pas compte de la diversité des faits et ne voient pas que, loin de créer un hermaphrodite, le déguisement est poussé au point qu'on ne peut plus reconnaître le sexe réel. Eliade sait pourtant bien qu'en Inde des hommes portent des seins artificiels lors des fêtes vouées au culte du dieu de la végétation[85].

Il est toujours tentant de trouver une seule et unique cause à un fait historique ou à un trait de civilisation. Cela simplifie la tâche de dire que le déguisement répond au vœu de revêtir pour un temps plus ou moins long la personnalité de l'autre sexe. Mais pourquoi ce désir ? Il est probable qu'il est inspiré presque à chaque fois par une raison différente. S'il en est bien ainsi, toutes les explications sont recevables. Quand, en Grèce antique, les danseurs arborent des masques et des vêtements féminins pour participer à des fêtes de la végétation[86], il est probable qu'ils veulent s'identifier aux génies femelles de celle-ci.

Quand, à Sparte, on travestit la mariée en homme[87], quand, à Argos, l'épouse arbore une fausse barbe pour sa nuit de noces[88], quand, à Cos, le jeune marié met des vêtements féminins pour recevoir son épouse[89], il s'agit évidemment de rites nuptiaux[90] accomplis soit pour tromper les esprits malfaisants et dangereux pour l'hymen, soit pour écarter le danger qui menace les conjoints à la simple vue l'un de l'autre — ce qui peut expliquer pourquoi Éros n'apparaît pas à Psyché. Quand, pour le deuil, on porte un vêtement féminin ce n'est sans doute pas, contrairement à ce que pensent Plutarque et Valère Maxime, parce que les femmes ont le droit de se livrer à des pleurs et à des gémissements, mais peut-être plutôt, comme le suggère M. Delcourt, parce que la femme, ayant moins de valeur, n'attirera pas autant les démons[91]. Ce serait aussi pour détourner ces derniers que, dans maintes régions du sud et du centre de la France, on utilisait pour les accouchements des pièces de vêtements masculins[92]. Et il n'est pas impossible qu'avant la guerre de Troie Achille, déguisé en fille, ait en réalité participé à un rite de passage de l'enfance à l'âge d'homme, à un rite d'initiation juvénile[93].

On s'est beaucoup interrogé sur ce que les hommes souhaitaient exprimer par la couvade. Peu pratiquée en Europe où elle n'est pourtant pas inconnue, notamment des Basques et des Celtes, on la trouve tardivement encore en Navarre, dans le Béarn, le Nivernais et sans doute ailleurs[94], elle est attestée à peu près partout. Les Anciens la signalent ou la décrivent à Chypre, en Corse, en Espagne, à Rhodes. Le XVIIIe siècle a mené sur le sujet des enquêtes poussées aux Antilles et au Brésil, préludes à d'autres qui eurent lieu en Inde et en Amérique du Nord. Pour Bouthoul, il s'agit d'un rituel de reconnaissance du père, une sorte d'adoption[95]. This y voit une certaine nostalgie de ne pas porter l'enfant, ce qui n'est pas très loin de l'idée que s'en fait Frazer, pour qui le père veut participer aux douleurs de la femme ; d'autres encore interprètent la couvade comme le désir de détourner sur

un être fort et bien portant les dangers qui menacent la
parturiente, et Claude Lévi-Strauss, toujours imaginatif,
que le père ne joue pas le rôle de la mère, mais celui de
l'enfant[96] ! Quelle que soit la raison qui incite les hommes
à simuler un accouchement, avec ses douleurs et l'allaitement subséquent, le fait brutal est là : ils se comportent
comme des femmes, dans ce qu'elles ont de plus spécifique.
Plus encore que le travestissement, c'est un moyen pour
gommer les différenciations sexuelles — et c'est aussi un
hommage exceptionnel rendu à l'autre sexe.

Pour mieux fixer le sexe

La volonté de gommer la différenciation sexuelle est un
phénomène marginal. En revanche, celle de la renforcer,
de chercher à éliminer ce qui est féminin dans l'homme et
masculin dans la femme, a tenu une place bien plus
importante et se trouve à l'origine de comportements
sociaux, de rites, d'habitudes qui conservent aujourd'hui
encore leur importance : stricte séparation des sexes en
toutes les circonstances ou dans certains cas ; distribution
de l'espace ; éventuellement spécialisation du travail et des
activités en sont des signes visibles. La circoncision et la
clitoridectomie en relèvent aussi certainement, bien qu'on
ait mis longtemps à l'admettre et que, de nos jours encore,
il ne manque pas de gens pour refuser cela et pour se livrer
à une véritable désinformation.

La circoncision était fort probablement pratiquée dès
l'époque préhistorique, mais elle est attestée pour la
première fois en Égypte par un bas-relief de Saqqarah daté
de 2600 avant notre ère, et elle a dû être connue par beaucoup de peuples antiques, Phéniciens, Syriens, Éthiopiens,
Arabes. Elle existe dans la majeure partie de l'Afrique noire,
sauf dans la zone paléonégritique et chez certains peuples
de la côte de Guinée ; elle est très répandue en Australie, en
Nouvelle-Guinée. Aujourd'hui, maints Américains la prati-

quent, sans être pour autant d'origine juive. Il se peut qu'elle ait été abandonnée par beaucoup au fil des siècles, mais elle a été validée par deux grandes religions, le judaïsme et l'islamisme, qui l'ont considérée comme un signe d'appartenance, bien que dans les pays musulmans elle ne soit pas exigée et relève plus de la coutume que de la loi. Partout où elle est pratiquée, elle n'est pas un choix individuel, mais une décision du groupe, la répétition d'un acte primordial effectué à une époque mythique ou ordonné par les dieux, comme le dit la Bible.

La clitoridectomie, assez répandue, l'est moins que la circoncision et n'est pas, comme elle, un signe d'appartenance à l'une des deux grandes religions abrahamiques, sans doute parce que leurs sectateurs portaient moins d'intérêt aux femmes. Dans le monde islamique, elle est rare, se limite souvent à un geste symbolique comme une légère piqûre du clitoris. Elle s'est conservée en revanche dans le continent africain où l'on affirme souvent que « l'abolition de l'initiation serait la désintégration de la tribu », où l'on juge que l'interdiction de la clitoridectomie, sous influence européenne, est une menace de désafricanisation[97]. Elle était pratiquée par les Grecs lors de rites initiatiques, et s'accompagnait de l'ablation des petites lèvres, ce qui est encore le cas en diverses régions du monde[98].

Maints modernistes contemporains pensent, avec Hérodote, qu'on circoncit « par souci de propreté », que « l'on préfère à une meilleure apparence »[99]. Ce n'est certainement pas la bonne raison. Quant à vouloir traiter la circoncision comme l'une des pratiques de mutilation rituelle[100], comme un « signe distinctif », disait Pascal en parlant des juifs, voire comme un « signe visible par tous de la modification de l'individu »[101], c'est une erreur, car c'est une mutilation bien particulière ; le sexe est en effet un organe que cachent même les peuples qui se vêtent le moins. La recherche moderne, plus à l'écoute des intéressés, a entendu ce que ceux-ci disaient : c'est un rite d'initiation, le signe d'une mort et d'une résurrection de l'initié, dit-on généralement en Afrique, un moyen, comme l'affirment les Dogons et les Bambaras, pour faire perdre à l'homme son androgynie, pour lui conférer son sexe définitif [102] ou, comme on le pense en Terre d'Arnheim, pour établir de manière irréversible la séparation des sexes [103]. Le clitoris est une petite verge, donc un témoin de la masculinité dans le corps féminin ; le prépuce est un rappel du vagin, donc un signe de la féminité dans le corps masculin. Leur ablation annule ce que chacun porte en soi du sexe opposé, accentue les caractères virils de l'homme et féminins de la femme. En toute logique, les deux opérations devraient être exécutées en parallèle. L'une a été codifiée par les textes révélés, l'autre non ; l'une demeure répandue, l'autre se fait rare. Cette évolution peut s'expliquer par le désir des hommes de s'affirmer pleinement hommes et de ne pas accentuer les caractères féminins de la femme, déjà assez marqués et fâcheux. Il est ridicule d'entendre dire que les peuples qui conservent l'excision entendent diminuer le plaisir sexuel de la femme, et scandaleux que la justice des pays d'immigration traîne devant les tribunaux ceux qui entendent rester fidèles à des représentations certes fantasmatiques, mais logiques, et se mêlent de leurs traditions. Pourquoi, tant qu'à faire, ne pas condamner ceux qui circoncisent leurs enfants et leur infligent, quand ils sont déjà grands, un véritable supplice (dans le judaïsme, la circoncision a lieu en général le huitième jour ; en islam, quand le garçon a sept ou huit ans) ?

Séparation des sexes

Nulle part plus que dans le monde musulman la séparation des sexes n'a été érigée en principe, mais elle est généralement plus ou moins marquée dans la plupart des civilisations, chez les Grecs et à Byzance, en Chine, en Inde, chez les Indiens d'Amérique du Nord et du Sud, dans le Pacifique, en Nouvelle-Guinée, en Nouvelle-

Zélande, en Australie où les femmes ont parfois des camps distincts de ceux des hommes… Il en restait, il n'y a pas encore si longtemps, des traces en Europe occidentale : au Pays basque, hommes et femmes ne s'asseyaient pas ensemble à l'église ; partout, lors des obsèques religieuses, l'allée centrale du sanctuaire séparait hommes et femmes, respectivement installés à droite et à gauche.

Dans la symbolique et souvent dans la réalité de la vie quotidienne, les hommes relèvent de la droite, le bon côté, les femmes de la gauche, le mauvais, puisque ce qui est « gauche » est maladroit, « sinistre » (du latin *sinister*, gauche) — avec parfois une étonnante inversion, ainsi en Afrique chez les Bantous et les Zoulous[104]. On le constate dans la majeure partie de l'Afrique noire ; on l'a signalé en Inde, dans le Pacifique, en Nouvelle-Guinée ; chez les nomades turco-mongols, où la yourte est un microcosme dans lequel chaque personne et chaque chose ont leur place, celle qui leur revient dans la famille et dans la société, aux hommes appartient le secteur ouest, aux femmes, celui de l'est — l'orientation se faisant vers le sud, c'est donc bien le côté droit qui revient aux premiers, le côté gauche aux secondes. Une telle organisation de l'espace a été si souvent signalée que Herz la tient pour universelle[105].

D'autre part, certains gestes doivent être accomplis exclusivement avec l'une des deux mains, ainsi manger avec la droite, se toucher le sexe avec la gauche. Dans notre monde si éloigné des traditions, il demeure d'usage de tendre la main droite et c'est une marque de très mauvaise éducation, en fait impensable, de tendre l'autre. Selon une antique croyance européenne, si, pendant la grossesse, la mère est lourde ou a des douleurs du côté gauche, ou le sein gauche plus gonflé, c'est le signe qu'elle porte une fille. Si ces symptômes sont inversés, elle donnera naissance à un garçon[106].

Cette dichotomie conduit à une classification sérielle : à la droite appartiennent la masculinité, la pureté, la sécurité, l'efficacité naturelle ; à la gauche, la féminité, l'impureté, le danger, l'efficacité magique ou spirituelle[107].

La séparation des sexes revêt une importance particulière lors des repas. Qui n'a observé que, sous telle ou telle latitude, la femme ne s'asseyait pas à table et pas seulement parce qu'elle assurait le service ? À tout le moins, époux et épouses ne doivent pas manger ensemble ou absorber les mêmes aliments, même si, au moment de leur mariage, par inversion des valeurs, des rites nuptiaux les ont obligés à absorber le même mets ou la même boisson. Il en allait ainsi dans l'Antiquité, et Platon s'en offusque, qui conseille de changer cette coutume[108]. Il en va ainsi de nos jours en maints pays. Dans l'ouest du Cameroun, par exemple, les hommes ne doivent manger ni porc, ni tortue, ni panthère, les femmes doivent s'abstenir de viandes de bélier, de bouc, de chimpanzé, de boa, de poisson[109]. D'une enquête réalisée au milieu du XXe siècle à Léopoldville, il ressortait que 14,4 % seulement des familles interrogées n'étaient pas opposées aux repas en commun[110].

Manger ensemble a valeur communielle, que les dieux soient ou non invités au festin par des rites sacrificiels. On ne partage pas sa nourriture avec n'importe qui ; on devient un peu ce que l'on mange ; se réunir pour consommer ensemble est un acte sacré[111]. Manger avec sa femme revient, au moins en partie, à s'apparenter à elle et en conséquence à se placer en position quasi incestueuse. Les frères et sœurs de lait, nourris par le même sein, sont souvent regardés comme sexuellement interdits les uns aux autres. En Inde, les Lois de Manou ordonnent aux hommes : « Il ne faut pas manger en compagnie des femmes. » En Chine, seuls ne peuvent s'unir par le mariage ceux qui sont des commensaux[112]. Et, en l'un de ces moments où l'histoire sainte atteint un de ses sommets, le Jeudi saint, à la Cène, pour la première eucharistie, Jésus n'invite pas sa mère, les saintes femmes qui l'accompagnent habituellement, mais seulement les Douze, ses apôtres.

CHAPITRE XIII

L'union sexuelle

L'attirance

Quand on réunit les deux moitiés de ce qui a été séparé par volonté ou par accident, on reconstitue le tout. Si la séparation résulte d'un accident, il est légitime et louable de le faire ; si elle a été voulue par Dieu ou par la nature, on est en droit de se demander si l'on ne commet pas un sacrilège, si l'on ne s'insurge pas contre l'ordre établi. Quand la réunion concerne ces deux fractions que sont l'homme et la femme, elle semble inscrite dans le plan créateur puisqu'ils sont dotés d'organes sexuels pour qu'évidemment ils s'en servent. Ne pas le faire est contraire à la loi naturelle et conduit à l'extinction de l'espèce. Il n'empêche qu'il y a contradiction entre ce qui a eu lieu, la séparation, et ce qui doit avoir lieu, la réunion, dont peut naître angoisse et notion du péché. Tout retour à l'origine préfigure la fin. L'acte d'amour qui se veut créateur, et qui l'est par l'enfant à naître, voire par l'épanouissement du cœur des amants, est en même temps acte de mort. Il nous ramène, une fois de plus, à cette étrange et fatale connexion entre la création et la destruction, entre l'amour et la mort.

À cette totalité première, image du paradis perdu, l'être aspire. Elle lui paraît, dans sa misère, dans l'insatisfaction inavouée de sa situation, comme le moyen d'y échapper, de les transcender. Nous avons vu quelques-uns des fantasmes que cette aspiration a provoqués, l'androgynie, l'inceste, et comment l'homme les a en définitive repoussés, comment il a été effrayé par eux, a jugé qu'ils sont plus démoniaques qu'angéliques. Il lui reste l'amour, le désir, cette pulsion irrésistible de la sexualité. Se révéleront-ils plus efficaces et meilleurs ou conduiront-ils à de nouvelles déceptions, à des caricatures ? Leur motivation et leurs résultats sont identiques. Ils réunissent ce qui a été séparé, mélangent les genres, ce qui paraît le plus inconciliable, veulent refaire l'unité primordiale, recréer l'être unique. Dans *Le Banquet*, Éryximaque, après avoir expliqué l'harmonie du monde par l'union des contraires, conclut : « C'est parce que les hommes et les femmes diffèrent qu'ils sont appelés à se rapprocher ; la faiblesse recherche la force[1]. » « L'amour, dit Platon, recompose l'antique nature, s'efforce de fondre deux êtres en un seul[2]. » Et Novalis ne faisait que le paraphraser quand il écrivait : « La fonction voluptueuse ou sympathique est la plus mystique de toutes ; elle a presque le caractère de l'absolu, car elle tend à l'union totale, au mélange complet[3]. »

Échec presque absolu, et frustrant, si cette réunion n'est que momentanée, ne dure que le temps de l'orgasme et des quelques instants qui le précèdent et peut-être qui le suivent quoique alors chacun sache qu'il redevient lui-même ! Réussite presque absolue au contraire, mais si rare et peut-être impossible, si la copulation n'est qu'un signe, même essentiel, et que la réunion se serve d'elle, lui survive, amène les deux partenaires à se fondre pour toujours l'un dans l'autre, à un engagement de toute leur vie et, comme le disait quelque part Saint-Exupéry, à ne pas se regarder dans les yeux, mais à regarder dans la même direction. C'est l'ordre de l'Épître aux Éphésiens : « L'homme quittera son père et sa mère pour s'attacher à sa femme, et à eux deux ils deviendront une seule chair[4]. » C'est, souvenons-nous-en, ce que disait l'Indien : « Ce que tu es, moi je le suis, et tu es ce que je suis. » Et il ajoutait : « Je suis le ciel, tu es la terre[5]. » Par ces mots, il évoquait une image universelle. Servier dit bien : « Les hommes de toute civilisation ont vu dans le mariage le symbole de l'union des deux moitiés de l'univers[6]. »

L'attirance sexuelle est non seulement une loi de la nature, comme nous venons de le rappeler, mais la principale avec celles qui nous obligent à respirer, à manger, à boire et à dormir, puisqu'elle est indispensable à la propagation de l'espèce, donc à la vie. Elle porte le mâle vers la femelle et la femelle vers le mâle. L'acte qui en découle « doit normalement unir deux êtres munis de sexes opposés et adultes[7] », c'est-à-dire capables de se reproduire.

Comme l'écrit l'islamisant Bousquet, « tout mâle normalement constitué recherche la femelle et si un mâle ne la recherche pas, c'est le signe d'un état pathologique qui peut être fort grave[8] ». L'homosexualité est une attitude déviante, souvent qualifiée de vice, ce qui n'explique rien, alors qu'elle ne manque pas de raisons d'être, je ne dis pas d'excuses : absence de partenaire de l'autre sexe (dans les gynécées, les couvents, les collèges, à l'armée) ; peur du sexe opposé que nous retrouverons plus que largement ; refus de l'altérité... Bien que largement pratiquée, vantée, défendue par des philosophes et des penseurs qui ne sont pas des moindres, elle a été condamnée par toutes les religions et toutes les morales. Dans les mythes, elle représente le chaos, l'anarchie, la révolte contre les lois de la nature et de la cité. Le Seth égyptien, dont le nom signifie « désordre et violence, est en opposition dialectique avec l'ordre et la force disciplinée[9] ». Le Spartiate Laios, qui éprouve une passion pour le jeune fils de Pélops et introduit, dit-on, l'amour homosexuel chez les Grecs, est à l'origine de la malédiction qui pèse sur lui et sur ses descendants[10]. Nous l'avons déjà vu : seule la différence est créatrice. L'union des semblables est stérile. Il n'est donc pas dans l'ordre des choses, contrairement à l'opinion que Platon prête à Aristophane, que le semblable soit attiré par le semblable. On se souvient de la thèse platonicienne. À l'origine, l'humanité était composée de trois espèces d'êtres, les hommes, les femmes et les androgynes qui tous avaient été coupés en deux par ordre de Zeus, après la vaine tentative qu'ils avaient faite pour escalader le ciel, et « chacun regrettait sa moitié ». Or « tous les hommes qui sont une moitié de ce composé des deux sexes que l'on appelait alors androgyne aiment les femmes. [...] De même toutes les femmes qui aiment les hommes appartiennent aussi à cette espèce. Mais toutes celles qui sont une moitié de femme ne prêtent aucune attention aux hommes ; elles préfèrent s'adresser aux femmes. [...] Ceux qui sont une moitié de mâle s'attachent aux mâles[11] ».

Sex is sin

Si le semblable n'attire pas le semblable ou si son attraction est stérile, le différent, attiré par le différent, est en même temps repoussé par lui, et, pour que l'attrait triomphe, il doit vaincre la répulsion due, dans les rapports de l'homme et de la femme, « à la totale hétérogénéité de leurs êtres respectifs », à ce que « chacun voit dans l'autre la plénitude de la puissance », dit Van der Leeuw. C'est vrai ; et ce l'est aussi que s'expliquent ainsi « la timidité de la femme envers l'homme, aussi bien que la crainte de l'homme envers la femme, l'une et l'autre religieusement fondées[12] ». Mais l'explication est loin d'être complète. L'union sexuelle fait peur, en elle-même, pour les raisons que nous allons voir, et aussi en conséquence de l'éducation que l'on a reçue, soit familiale, soit religieuse, et, pour cette dernière surtout dans le monde chrétien où le péché par excellence, non dans l'esprit de la loi mais dans la réalité sociologique, est celui de la chair. Je parle bien entendu, ici et plus bas, de l'être normal, non du dévoyé, de la brute, de celui qui n'a reçu aucune éducation, aucune culture, qui répond sans réfléchir à ses pulsions et ne reconnaît pas de tabou.

On doit se poser la question bien qu'elle ne soit vraiment pertinente que pour l'homme, le sperme souillant moins la femme que le sang ne souille l'homme : est-ce le rapport physique avec la femme ou l'acte de chair qui est source d'impureté ? La réponse n'admet aucune hésitation. L'un et l'autre sont impurs, mais le premier beaucoup plus que le second. Si ce n'était que le contact avec la femme qui souillât, la masturbation, l'homosexualité, la pédérastie, la bestialité ne seraient pas condamnées presque d'une même voix par toutes les religions. Certes, la recherche du plaisir solitaire n'a pas toujours attiré les foudres du législateur. L'islam, par exemple, en parle peu. L'amour des jeunes garçons a trouvé bien des défenseurs. Platon dit sobrement : « Tant qu'ils sont enfants, [...] ils aiment les hommes et prennent plaisir à coucher avec eux et à être dans leurs bras[13]. » Mais ces attitudes demeurent exceptionnelles ou marginales et aujourd'hui que les mœurs sont si libres, la pédophilie est jugée criminelle : Platon serait traîné en justice, et aussi Gide et Montherlant, et combien d'autres. D'une façon plus générale, l'acte de chair accompli hors mariage (et hors concubinage ?) est condamné tant dans les sociétés les plus archaïques que dans les plus évoluées, d'une part parce que, nous le savons, tout ce qui sort du corps est une perte de substance et qu'en outre, en l'occurrence, cette perte s'accompagne d'un plaisir intense et suspect, de fatigue, voire d'épuisement, d'autre part parce que la satisfaction de l'instinct sexuel, comme celle incontrôlée de tout instinct, dénonce un manque de maîtrise de soi, peut faire naître de graves désordres individuels ou sociaux, détourner d'autres activités et, au premier chef, de la vie spirituelle. Dans le second cas, celui de l'assouvissement du désir, la peur relève de la morale, dans le premier, celui des relations sexuelles avec la femme, il relève et de l'expérience et de l'irrationnel.

Montaigne parle, non sans humour, de « l'insolente liberté de ce membre s'ingérant si importunément quand nous n'en avons que faire, et défaillant si importunément lorsque nous en avons le plus grand besoin », et il met ses défaillances au compte des troubles « de plusieurs diverses façons » qui perdent aisément « l'âme de l'assaillant »[14].

Ces troubles sont ceux des deux sexes, mais n'ont de résultat visible que chez le mâle. Déjà l'amour, qui est censé sublimer l'acte de chair, a ravagé l'âme et le cœur des amants, a éveillé en eux des sentiments inconnus dont le moindre n'est pas la jalousie. Sublimation ? Tout le monde ne le juge pas ainsi. Dans une civilisation comme celle de l'islam qui exalte la sexualité, l'un des plus grands penseurs, al-Ghazali (1058-1111), est allée jusqu'à dire que l'amour avilit l'amoureux jusqu'à le mettre au-dessous de l'animal[15]. La satisfaction charnelle l'assoupit ou l'exalte et, dans ce dernier cas, la jalousie peut devenir dévorante. Il est plus supportable de ne pas pouvoir satisfaire sa passion et de ne pas posséder l'aimé, car il demeure l'espoir, que, quand on l'a satisfaite, de craindre de perdre ce que l'on a acquis enfin et que l'on considère comme sien.

La peur de l'autre

L'acte sexuel trouble plus encore que l'amour. Il éveille la peur. Peur de l'inconnu : on s'avance vers l'autre encore plein d'images ; celle, toute nouvelle, de l'amante qui s'offre au jeune homme se heurte à celle, enracinée en lui, de la mère, et — peut-être de manière moindre, car la jeune fille a été moins en contact avec lui — celle de l'amant se mêle en elle à celle du père. On voit dans le partenaire un monstre. Nous avons déjà abordé ce point en parlant de la terre vierge, avec Psyché qui s'aperçoit que l'amour n'a pas le visage bestial qu'elle redoutait, et nous avons dit que la transformation du monstre en prince charmant (ou en princesse charmante) exprimait celle de la nature sauvage devenant souriante en étant cultivée. Ce qui est vrai pour la terre vierge l'est pour l'homme et pour la femme qui le sont. Saintyves a analysé maints contes où l'amour transforme le conjoint, où le sentiment rend pur et beau l'acte animal de l'assouvissement du désir[16].

Le monstre est plus souvent femelle que mâle, à cause de la réputation qui est faite à la femme d'être sexuellement insatiable. La conviction exprimée par Tirésias à Zeus et à Héra que les femmes ressentent plus de jouissance que les hommes dans le coït, et celle qu'elles peuvent faire l'amour presque indéfiniment sont des lieux communs. Ce ne sont pas seulement des manuels d'Inquisition qui disent que « la passion charnelle est en elles insatiable[17] ». Montaigne répète, après le transsexuel grec qu'il cite : « Elles sont sans comparaison plus capables et ardentes aux effets de l'amour que nous » et il met en parallèle, pour illustrer son propos, « cet empereur romain [Proculus] qui dépucela en une nuit dix vierges sarmates, ses captives », et s'en vanta, et Messaline qui, dans le même laps de temps, « fournit à vingt-cinq entreprises, changeant de compagnie selon son besoin et son goût »[18]. Les psychologues ont montré que « les facteurs d'impuissance viennent en partie de cette crainte primitive, archaïque, de la possibilité qu'a la femme de répéter "indéfiniment" l'acte sexuel. L'homme se sentirait comme sucé, aspiré dans sa puissance vitale : dans la femme, il peut s'anéantir[19] ».

Peur de décevoir, et, si l'on est novice, de ne pas savoir faire ! Il n'est guère besoin d'y insister. Peur de la procréation, qu'elle soit souhaitée ou qu'elle ne le soit pas ! Si elle l'est, l'enfant n'en représente pas moins le mystère et l'avenir qui peut être bon ou terrible, qui change la vie. Si elle ne l'est pas, elle peut se montrer dramatique, du moins pour la fille si le père se dérobe, refuse de reconnaître le bébé. Peur de la transformation radicale qui s'opère en celle qui de fille devient femme (qui passe, diraient les Allemands, du *das* au *die*, du neutre au féminin), qui inéluctablement doit devenir mère. Peur de la violence qui se déclenche. Rien n'est plus fort, plus irrationnel que le feu du rut, que l'élan du désir, que la secousse de l'orgasme, que l'amour, la seule force créatrice de l'homme, car l'art n'est qu'une pâle imitation et la science qu'une ingéniosité. Il faut avoir grande faim pour voler ou pour tuer, pour se repaître goulûment. Il faut avoir grande soif pour se désaltérer à n'importe quel liquide. Il n'est pas nécessaire d'être chaste depuis longtemps pour rechercher de nouvelles étreintes.

Tuer même est moins terrible qu'aimer, car ce n'est que détruire, mettre fin à ce qui est et qui, de toute façon, finira, tandis qu'aimer non seulement peut aussi conduire à la mort, mais fait ce que Dieu seul peut faire, donner la vie.

Montaigne parlait de l'âme de l'assaillant. Ne voyons pas toujours le côté masculin des choses, même si, ici, il importe plus que le côté féminin. Ce n'est pas seulement la sienne qui est émue de « plusieurs diverses façons » ; c'est aussi celle de l'assaillie. On pourrait la trouver pire si l'homme n'avait pas en outre devant lui le plus grave danger qui puisse le menacer, celui du sang. Nous en revenons à cette hantise dont nous avons parlé à propos des menstrues. Il lui faudra pourtant l'affronter. Pour essayer de s'en protéger, il aura recours aux rites du mariage et aux ruses qu'il inventera pour son moment le plus risqué, celui de la défloration.

La défloration

Si, en demeurant très vigilant, l'homme peut se tenir à distance du sang féminin et principalement de celui de son sexe, il entre inévitablement en contact avec lui quand il brise l'hymen. La défloration a paru une affaire tellement importante qu'on en a parlé d'abondance, mais en oubliant sans doute trop que la pucelle devait en être aussi quelque peu effrayée : comment n'aurait-elle pas craint la douleur physique, l'expérience nouvelle, et plus encore la réalisation d'un acte qu'on avait pour elle entouré de mystères ou contre lequel on l'avait mise en garde. Songeons à ce que devait ressentir une gamine de douze à treize ans amenée comme concubine dans un gynécée ou une pensionnaire tout juste sortie du couvent et mariée à quelque libertin qui lui était inconnu.

Il est vrai que, pour l'homme chargé de la défloration, l'affaire est grave. Il y a au moins cinq raisons pour qu'elle le soit. La virginité ne découle pas, comme chez le garçon, de l'inaccomplissement de l'acte sexuel, mais de l'existence, voulue par la nature et donc significative, d'une membrane qui ferme plus ou moins complètement l'entrée du vagin et qu'il faut déchirer (ce qui fait qu'il est ridicule de parler de virginité masculine). La rupture de l'hymen implique la violence et la destruction d'une chose qui est ; elle transforme en femme un être encore neutre ; c'est un acte commis pour la première fois et l'on sait que ce qui n'a jamais encore eu lieu est infiniment plus grave que ce qui a été déjà accompli ; enfin, comme je viens de le dire, il souille la verge du sang féminin. Là où l'idéal de la virginité, pour ne pas évoquer des sentiments plus troubles, une sorte de sadisme, la fierté d'être le premier, nous fait penser à un privilège, et l'est bien pour maints peuples et maintes mentalités, les hommes, dans leur immense majorité, et pas seulement les « primitifs », ne trouvent qu'épreuves et périls. Le moyen le plus usuel pour atténuer les risques, non pour les éliminer, était de se marier, car certains rites nuptiaux avaient été institués pour cela. Un autre était, à l'issue de la nuit de noces, de montrer à tout un chacun les linges souillés pour reporter en partie le danger sur ceux qui verraient le sang, vision, on le sait, interdite et redoutable : par la même occasion, je le concède, on donnait une preuve publique de la sagesse de la jeune épousée. Enfin, plus on développait l'idéal de la virginité et plus on veillait sur la vertu des filles, plus on promouvait leur défloration en acte sacré, moins on risquait qu'elle fût exécutée au hasard, sans les précautions du mariage, et les autres. Tout cet arsenal de mesures paraissait cependant insuffisant, et la peur subsistait, et le mari cherchait une échappatoire. Tantôt il se déchargeait sur un autre moins directement exposé, sur le chef, le prêtre, un inconnu, tantôt il se réfugiait à l'abri d'un mythe d'origine, tantôt enfin, et c'est de beaucoup ce qui était le plus fréquent, il s'en tenait à la consommation différée du mariage.

L'abstinence de la premier nuit, « la nuit de Tobie », ou de plusieurs nuits consécutives, a des avantages certains : elle dissocie l'intégration de l'étrangère dans la famille et sa défloration ; elle permet, par des caresses et des baisers préliminaires, de se mieux connaître, de se préparer ; elle démontre la maîtrise de soi. Mais tout cela ne me paraît pas capital, et il doit bien y avoir quelque raison qui nous échappe : sans quoi la présence d'un tiers, personne ou objet, avec les époux ou entre eux, épée placée entre les deux corps chez les Germains, bâton chez les Indiens, mère ou belle-mère de la mariée en Australie, enfant ailleurs, demeure incompréhensible[20].

Le recours au passant n'est pas rare, soit qu'on se soucie peu de son sort, soit au contraire parce que, en tant qu'étranger et hôte, il est moins vulnérable, soit parce qu'il est anonyme. C'est au nom de l'anonymat encore qu'étaient organisées ces fêtes quasi orgiastiques où les filles étaient livrées à n'importe qui, à Babylone et ailleurs, et dont parle Hérodote[21]. L'intervention du prêtre ou du chef est plus répandue, le prêtre parce qu'il est sacrificateur et qu'il s'agit bien d'un sacrifice ; le chef, parce qu'il est habitué à agir au nom du groupe, parce qu'il a reçu des pouvoirs spéciaux qui lui permettent de verser le sang à la chasse ou à la guerre. Ce droit seigneurial, nommé en langue noble *jus primae nocte* (le droit de la première nuit), et en langue vulgaire « droit de cuissage », a été jadis mis en évidence avec la volonté de souligner l'obscurantisme de l'Ancien Régime ou du Moyen Âge, puis son existence a été niée par un excès de réaction. En réalité, ni les accusateurs ni les négateurs n'avaient compris de quoi il s'agissait. Le roi ou son représentant, grand ou petit seigneur, était ou aurait été amené à déflorer ses sujettes pour en porter la responsabilité, comme il portait celle de la chasse (dont il avait souvent le droit exclusif) et celle de la guerre (que seul il déclarait) — dans tous les cas, celle de verser le sang, ou du moins le plus dangereux, le premier. Beau privilège en vérité que celui de coucher avec quelque campagnarde, qu'il était toujours possible, à moindre frais, de culbuter dans les foins ou dans un fossé !

Le mythe est un merveilleux rempart derrière lequel s'abriter. Si, dans les premiers temps, la première femme a été déflorée par un être mythique, on peut admettre que celui-ci porte le poids de toutes les déflorations ultérieures. Mais il en va avec lui comme avec toute foi, elle est plus ou moins vive. Si elle est totale, elle parvient à supprimer la crainte. La lune en l'occurrence est la plus qualifiée, mais il en est d'autres, dont l'arbre auquel certains accordent tant d'attention qu'ils fabriquent avec son bois des phallus artificiels dont ils se servent pour briser les hymens[22].

Défense de la virginité

La pulsion qui jette l'homme sur la femme est plus forte que la peur ou assez forte pour qu'on se résigne à souffrir de la peur, et la virginité est ainsi constamment menacée. « Notre virginité, malgré tout son courage, est d'une faible défense[23] », fait dire Shakespeare à l'une de ses héroïnes. Elle est en principe un état provisoire que tout être connaît. « Il n'y a pas d'épouse qui n'ait d'abord habité le royaume d'Artémis [...], il est de ceux que l'on traverse. Nul n'y peut demeurer ni tenter d'y revenir impunément[24]. » Et c'est pour cela que celles qui s'y maintiennent sont considérées comme des saintes, celles qui y reviennent comme des surfemmes. C'est une force sauvage, une force qui, dans les romans du Moyen Âge occidental, est quasi magique, au moins mystique, et qui, à Rome, donnait aux Vestales leur efficacité religieuse. La faible femme, quand elle est pucelle, a en elle une puissance insoupçonnée qu'elle tire de son état. L'homme doit la dominer, la maîtriser, comme il maîtrise la terre sauvage qu'il veut ensemencer. Les tragiques grecs l'ont bien vu qui la comparent à une jument rétive, assimilant ainsi, comme bien d'autres qu'eux l'ont fait, la femme et le cheval qu'il faut domestiquer pour le plus grand bien de la cité. Jean-Pierre Darmon pense que les mythes de Bellérophon et d'Hippolyte font plein usage de cette symbolique et ne peuvent être compris que par elle[25].

Défense d'un côté, que la société encourage, peut-être non sans l'arrière-pensée de donner plus de prix à la victoire ! Attaque de l'autre, que la société ne peut désapprouver sous peine de s'anéantir dans la stérilité ! Pour la défense, l'arme la plus souvent recommandée et la plus simple est la claustration dans la maison, à l'abri de tout regard concupiscent, ou, pour les filles de bonne famille de la société occidentale classique, la claustration dans un couvent. Mais comment cloîtrer une fille si elle a le feu au ventre ? « Conduite par Vénus, la jeune fille passe furtivement au travers de ses surveillants endormis et, seule, pendant la nuit, va trouver son amant[26]. » L'Occident, à l'époque classique, tout en brandissant son sens de l'honneur, tout en multipliant les duègnes, la prône encore. Jacques Gélis cite l'exemple parmi cent autres d'un prêtre breton qui, en 1725, conseille aux jeunes filles de se détourner de tout ce qui peut les mettre dans le cas de paraître dans le monde, y compris les dévotions extérieures : « La retraite et la vie cachée sont leur sauvegarde[27]. »

Dans les mythes et dans les contes, la volonté de soustraire les vierges aux risques qui les menacent amène à les emprisonner dans des lieux jugés inaccessibles. Défense des pucelles ? On ne l'avoue pas ouvertement ; on préfère imaginer, pour la beauté de l'histoire, quelque jalousie, quelque crainte de vengeance, la menace d'un présage néfaste ou d'un maléfice jeté sur elle à la naissance, mais c'est pourtant bien de cela qu'il s'agit, sauf exceptions insignes comme celle que nous avons rencontrée de ce roi de Corée qui tint sa femme enfermée dans un palais et se fit cocufier par le soleil. Mesure vaine ? Oui, la cloîtrée est toujours, d'une façon ou d'une autre, déflorée. C'est Brunehilde, dont nous avons aussi parlé, enfermée par Wotan dans un cercle de feu que parvient à franchir Sigurd (Siegfried) ; c'est Blanche-Neige dans le château de la Belle au Bois dormant ; c'est Danaé reléguée dans une chambre d'airain où Zeus pénètre sous forme de pluie d'or. Un souverain des Hiong-nou avait deux filles très belles, trop belles pour être données à un mortel, et il les confina dans une grande tour érigée au nord de son royaume. Un loup survint. Il rôda longtemps dans les alentours, puis fit sa tanière au pied de l'édifice. L'une des princesses, pensant qu'il était un envoyé du ciel, parvint à descendre de la tour et se donna à lui ; leurs enfants furent les ancêtres d'une grande tribu[28]. Les Bunyara, Noirs de la région des grands lacs, racontent qu'un roi enferma sa fille dans un enclos sans porte où un vagabond, quelque jour, la découvrit et l'engrossa[29].

Plus souvent encore, la vierge ou son tuteur dressent entre elle et les prétendants une barrière d'obstacles à franchir, plus redoutables encore que les murailles et les forêts embrasées, des épreuves à subir et qu'on pense insurmontables, et qui seront naturellement en général surmontées. Ces épreuves sont souvent, nous allons le voir, au nombre de trois[30], peut-être parce qu'elles répondent à des rites initiatiques et aux trois étapes de l'initiation : la purification, la connaissance et le pouvoir[31], plutôt parce que le chiffre 3 est rituel, chargé d'une valeur sacrée qui se retrouve bien ailleurs que dans cette affaire. On peut croire que dans l'Antiquité il en allait déjà ainsi puisque les règles des jeux Olympiques voulaient qu'un lutteur ne fût proclamé vainqueur qu'après avoir terrassé trois fois son adversaire. Les contes en feront largement usage. Dans *Jean Balourd*, Andersen met en scène une princesse qui fait proclamer qu'elle donnera sa main à celui qui répondra le mieux aux questions qu'elle lui posera. L'auteur ne précise pas le nombre de ces questions, mais il est sous-entendu comme on le voit par la suite. Ce sont trois frères qui vont tenter leur chance et trois objets insolites que le dernier, un balourd ne sachant pas s'exprimer, emporte avec lui et qui lui permettent d'obtenir la belle[32].

J'ai dit que l'échec du prétendant était rare. Il n'est pas inconnu. En Indonésie, la déesse Tan Ana soumet le seigneur du monde à des épreuves si difficiles qu'il ne peut en triompher et, rendu fou de désir par ses échecs, se jette sur elle pour la violer[33]. Bellérophon épouse la fille du roi de Lycie parce qu'il échappe à une embuscade que celui-ci lui a tendue. Pélops, fils de Tantale, conquiert la fille du roi de l'Élide en gagnant une course de chars qu'il a d'ailleurs truquée. Dans le *Kitab-i Dede Korkut*, le héros veut épouser la fille du roi de Trébizonde. Ce dernier exige qu'il sorte vainqueur de trois combats contre des « fauves », un lion, un chameau, un taureau. Ici le récit, outre la triple épreuve, évoque le combat rituel que doit livrer, dans le monde turc, un adolescent avant de se marier ou le meurtre d'un homme ou d'un animal qu'il doit commettre, qui préfigure ou représente la copulation subséquente[34] et qui, en dehors de toute idée d'épreuve, est souvent une condition *sine qua non* du mariage. Ce meurtre peut se justifier de deux façons : avant de verser le sang de la vierge, il faut en avoir versé un autre moins dangereux ; en ayant tué, l'adolescent démontre sa force, prouve qu'il est entré dans l'univers des hommes dont les femmes sont exclues puisque, en principe, elles ne tuent pas. Dans les *Nibelungen*, Brunehilde ne consent à épouser que celui qui pourra la vaincre lors de trois engagements : beaucoup y perdent la vie avant que le roi Günther des Burgondes y réussisse. Atalante, « rebelle à toute union » et coureuse inégalable, déclare : « Nul ne me possédera s'il ne m'a pas d'abord vaincue à la course. Luttez de vitesse avec moi ; le plus rapide aura pour récompense ma main et ma couche. Ceux qui resteront en arrière n'y gagneront que de mourir » ; « Une foule de prétendants moururent. » Hippomène, par ruse (il lance en courant trois pommes d'or qui éveillent la convoitise de la jeune fille), réussit à l'épouser, mais il n'en tire guère profit : il sera changé en lion et Atalante en lionne frigide[35].

La course est la plus usuelle des épreuves. C'est qu'elle est enrichie par d'autres images fondamentales, celle de la pucelle qui s'enfuit, effrayée ou coquette, devant l'amant et est poursuivie par lui, celle du rapt qui est censé précéder tout mariage. Contrairement à ce qu'il advient communément dans les mythes et les contes, la vierge peut s'échapper. Si elle ne veut pas se marier ou si le prétendant lui déplaît, elle ne se laisse pas rattraper. C'est ce qui arrive en Malaisie où un vieillard conduit les « fiancés » à un grand cercle autour duquel ils courent. « Si le jeune homme l'attrape, il l'épouse, autrement il perd tous ses droits[36]. » Chez les Kalmoucks, « la jeune fille monte la première sur un cheval qu'elle fait galoper à toute bride. Son amant la poursuit et, s'il l'atteint, elle devient sa femme. Le mariage est consommé sur-le-champ. [...] Si la fille ne veut pas être épousée, l'homme ne parvient jamais à l'atteindre[37] ». Une même course a été signalée chez un autre peuple de la steppe, celui des Kazaks. L'homme lancé à la poursuite doit couper le chemin de la femme ou toucher son sein[38]. On n'évoque pas ici le mariage, mais il est sous-entendu, car toucher le sein de la jeune fille est un acte prénuptial assez bien attesté[39]. Le sein, organe spécifiquement féminin, est aussi source de vie, indispensable pour le nouveau-né, et le dévoiler, le saisir ou le caresser révèle la féminité cachée, la livre à celui qui y parvient. Le *Kitab-i Dede Korkut* en donne un exemple particulièrement éclairant, car il met en même temps en lumière le combat prénuptial des jeunes gens, variante de la lutte que le garçon livre contre l'animal. Une jeune fille déguisée en guerrier et un jeune homme se provoquent et se battent. « Ils s'empoignèrent, ils s'enlacèrent ; ils devinrent deux lutteurs. » Begrek, le garçon, finit par attraper la fille « par le bout du sein » et le combat cesse immédiatement. La jeune fille se fait reconnaître. « Ils s'embrassent. Ils échangent leurs anneaux[40]. »

Fuite et poursuite

La mythologie fourmille de ces histoires de femmes qui fuient, d'hommes qui leur courent après. Ce sont les Pléiades, troupe de vierges essayant d'échapper pour l'éternité au chasseur Orion[41]. C'est Creuse qui se sauve devant Apollon, mais qui n'y parvient pas et finit par se faire violer dans un antre — peut-on triompher d'un dieu[42]? C'est Daphné, la nymphe que Phébus a vue, dont il est tombé amoureux, cette pauvrette « qui ne se plaisait qu'aux retraites obscures, rebelle à tout époux », qui « n'a cure de l'hymen, de l'amour, du mariage », qui demande « la joie d'une éternelle virginité », et qui « fuit plus rapide qu'un souffle léger[43] ». C'est Scylla que Glaucos poursuit et qui, « là, sur cette colline, contemple, surprise, sa couleur, sa chevelure, [...] étonnée de voir son corps au-dessous de la ceinture se perdre en une queue de poisson enroulée », et qui, après avoir été sirène, finira transformée en rocher[44].

Terrible métamorphose que celle de la pétrification, causée par la dureté de l'âme ou qui anesthésie celle qui souffre trop, et n'y réussit pas toujours, comme on le voit avec Niobé qui, devenue roc, continue de pleurer ! Que de gens en ont été victimes, on n'ose dire bénéficiaires ! Les *Sieben Jungfrauen* de la vallée du Rhin sont les « sept jeunes filles » du seigneur de Schönburg métamorphosées par le dieu du fleuve dont elles ont refusé les avances. Dans le Dauphiné, on racontait naguère l'histoire de trois adolescentes qui, pour se dérober à des galants, ne trouvèrent pas d'autre échappatoire que de se faire rochers[45].

La vierge sait s'échapper. La femme se laisse plus aisément prendre : elle est devenue faible et n'a plus à défendre son pucelage. La légende épique et mythologique parle beaucoup d'enlèvements, ceux d'Io, d'Europe, de Médée, d'Hélène, et, nous l'avons vu plus haut, Hérodote ironise : « Enlever une femme c'est une injustice, mais vouloir à tout prix tirer vengeance de pareils enlèvements est une sottise », car « elles n'auraient pas été enlevées si elles n'avaient pas voulu l'être[46] ». La femme est un gibier. L'homme est un prédateur, fauve ou rapace. C'est ainsi que l'art animalier des steppes, l'Égypte pharaonique, la Mésopotamie, la Perse achéménide et tous ceux qui ont suivi représentent, sur ce qu'on nomme les plaques de combat ou sur des reliefs, des lions terrassant des bovidés ou des gazelles, des aigles saisissant dans leurs serres des herbivores, non pour les dévorer ou les tuer, mais pour s'unir sexuellement à eux : que l'on regarde seulement le visage radieux de la victime qui se tourne vers le bourreau ! Tous les peuples de culture traditionnelle savent que le gibier ne peut être capturé ou tué que s'il l'accepte[47], sinon la chasse est vaine. Ainsi de la femme. Qu'elle se refuse, qu'elle gagne la course, inutile d'insister. Merlin aime Viviane, mais veut qu'elle vienne à lui librement ; il cherche à la séduire, il lui fait une cour insistante, et elle se met à le haïr[48]. Les philtres d'amour sont-ils plus efficaces, celui de Tristan et d'Iseult ou ceux de ces délicieux poèmes indiens qui sont de véritables *mantras* ? Ils disent : « Comme le lierre tient l'arbre embrassé [...], ainsi embrasse-moi. Sois mon amante et ne t'écarte pas de moi. Comme l'aigle noir, [...] je frapperai à ton cœur. Sois mon amante. [...] Comme le soleil, j'entourerai ton cou. [...] Sois mon amante[49]. » Bien que l'on sache pertinemment qu'elle se donne plus qu'elle n'est prise, qu'elle choisit celui qui paraît la choisir, on continue à représenter sa capture. Presque toujours et partout, le mariage commence par un rapt ou un simulacre d'enlèvement. Il n'y a pas lieu de chercher des antécédents dans les mœurs grossières des brutes que sont censés avoir été les premiers hommes, mais dans le patrimoine génétique ; en Inde, innombrables sont les contes qui insistent sur la violence exercée non contre la femme, mais contre ce qui l'entoure, la protège et qui permet de maintenir la fiction du viol, et Porcher, le rapporteur de ces contes, sans insister davantage tant la chose est évidente, conclut : « Les simulacres d'enlèvement font partie intégrante des rites du mariage[50]. » Chez les hétérodoxes tahtaci de Turquie que j'ai beaucoup fréquentés, des sectateurs qui se plient mal aux mœurs de l'islam et où les jeunes gens se fréquentent librement et se marient par amour, le garçon, après en être convenu avec elle, s'en va un beau jour chercher la fille à sa tente et s'enfuit avec elle. « Tout mariage commence donc par un enlèvement[51]. » En Grèce antique, à la fin de la cérémonie nuptiale, le jeune homme prend la mariée dans ses bras pour la porter à son foyer[52].

Le mariage

L'enlèvement de la femme est un moyen de la faire passer d'un univers à un autre sans offenser les puissances spirituelles qui veillent sur elle et qu'elle sert, plus encore que d'affirmer la supériorité du mâle qui va être son maître. Elle quitte l'état de vierge et la tutelle des déesses de la virginité pour l'état de non-vierge, de future mère, et pour entrer sous l'égide des déesses de la fécondité. Elle abandonne le cercle familial et tribal, sauf si le mariage est endogame, parfois l'univers religieux qui était le sien, les obligations et les interdits que celui-ci imposait. Ses rapports avec sa famille d'origine deviennent différents, parfois cessent. Elle intègre une nouvelle communauté dans laquelle elle doit établir des relations aussi harmonieuses que possible, affaire toujours difficile, soit qu'elle s'insère étroitement à elle, comme en Iran ancien où elle doit être adoptée par le feu de ses beaux-parents[53], soit qu'elle y demeure toujours une étrangère, comme en Grèce ou en pays d'islam[54].

Les rites matrimoniaux, dont le simulacre d'enlèvement n'est qu'un des plus remarquables et qui varient à l'infini, annihilent ou diminuent les dangers inhérents à cette transformation, en même temps que ceux de la défloration. Dans l'orthodoxie et le catholicisme, le mariage est sanctifié et devient un sacrement. Partout, même là où théoriquement il ne devrait pas y en avoir, il s'accompagne de fêtes et de festins qui soulignent l'importance de l'événement. Dans le monde musulman où il est un simple contrat facile à rompre, comparable à ceux d'une vente ou d'un achat, la pratique se trouve très éloignée de la théorie, et presque partout se multiplient les cérémonies plus ou moins religieuses, voire magiques, qui ne sont rien d'autre que des rites de passage, peut-être souvenirs de l'époque préislamique[55]. Westermarck a bien montré qu'au Maroc nombre de ces usages viennent de l'idée que la mariée et, plus gravement, le marié sont en situation de péril, que la jeune femme est une source de dangers pour celui qui l'épouse et pour ses proches, qu'il faut y pallier[56]. Il en va de même ailleurs.

On devrait se demander comment, avec le concubinage reconnu, légitimé, parfois codifié dans de grandes civilisations comme celles de la Chine et de l'islam, on parvient à écarter ces périls, et pourquoi il n'a jamais empêché le mariage, l'une des plus vieilles et universelles des institutions. Je n'ai trouvé à ce comment et à ce pourquoi nulle réponse satisfaisante, si ce n'est le mépris profond pour la concubine qui n'est pas considérée comme une femme, de même que l'esclave dans les sociétés esclavagistes n'était pas considéré comme un homme. Malgré la vérité, difficilement contestable de ce fait, les deux questions restent posées et la défloration de la concubine continue à garder son mystère.

Le mariage donne à la femme un statut, une dignité que le concubinage lui refuse. Mais il l'engage pour toute la vie, voire pour l'au-delà, sauf si, par extraordinaire, elle peut avoir l'initiative du divorce. Il y a un contraste saisissant, mais très explicable, entre la rareté des sacrifices humains qui, malgré Iphigénie, ont pour victimes des femmes et la fréquence des immolations féminines à la mort de l'époux. Dans le premier cas, si l'on se garde de sacrifier une femme c'est en raison de sa « valeur marchande », de ses fonctions de reproductrice (un étalon suffit dans une manade), de ce qu'on ne peut pas répandre le sang de qui le perd spontanément ou, encore et surtout, de ce qu'on doit offrir aux divinités ce qu'on a de plus précieux, le mâle, non la femelle. « Prends ton fils, ton unique, celui que tu aimes [...] et offre-le en holocauste[57] », dit Dieu à Abraham.

Que l'épouse ne puisse pas survivre à l'époux, parce qu'elle lui appartient, certes, mais aussi ou surtout parce qu'elle est plus entière, parce qu'elle aime mieux, ce n'est pas seulement le *sita* hindou, l'immolation sur le bûcher, qui l'atteste, mais la plupart des sociétés dites primitives et, avec elles, d'autres qui le sont moins. Chez les Incas, les épouses favorites du roi « devaient se sacrifier et le suivre dans l'au-delà[58] ». En Afrique, le roi Oyo était enterré avec son épouse principale et trois ou quatre autres[59]. Sauf en Inde, où les raisons de telles exécutions sont plus subtiles, il s'agissait de fournir au défunt des compagnes pour l'éternité, comme on lui procurait des montures, du cheptel, des armes, de la nourriture ou des boissons, également ensevelis avec lui. L'épouse n'aurait pas été indispensable ; les concubines auraient pu suffire, mais les premières avaient plus de prix et on les supposait plus attachées à leur mari. Chez les peuples nomades de la steppe eurasiatique, de l'époque des Scythes jusqu'à la fin du Moyen Âge, à quelques exceptions près signalées chez les Bulgares pré-slaves ou les Joutchen (Djurtchet), la femme ou les femmes légitimes furent tôt épargnées, et ce furent des esclaves qu'on offrit au défunt. Cela n'empêchait pas les premières de demeurer liées à leur époux, tout en restant en vie. En effet, elles devaient se remarier avec un membre déterminé de leur belle-famille, leur « fils », c'est-à-dire leur beau-fils, ou, rarement, leur beau-frère et leur beau-père, censés les conserver pour le disparu, qu'elles rejoindraient un jour dans la tombe et dans la vie éternelle[60]. C'est la fameuse loi du lévirat des juifs[61] que l'on trouve encore chez d'autres peuples, ainsi à Sumatra selon Van der Leeuw[62]. Chez les Aztèques, où le mariage n'était pas indissoluble, la femme « devait épouser le frère de son défunt mari[63] ».

Fuir par coquetterie

La fuite féminine peut être refus de l'hymen ou d'un hymen particulier. Elle peut être coquetterie, moyen de stimuler les désirs masculins. Rousseau le sait : « Les femmes ne sont pas faites pour la course ; quand elles fuient, c'est pour être atteintes », et Montaigne aussi qui écrit plus subtilement : « Qu'elles fuient toujours devant nous, je dis celles mêmes qui ont à se laisser attraper : elles nous battent mieux en fuyant, comme les Scythes[64]. » Dès qu'il a cédé à la tentation de se lancer à la poursuite, l'homme ne peut plus s'arrêter ; il a perdu tout contrôle, est devenu aveugle. Dans un joli conte, Andersen peint l'appel amoureux d'une fée dans le jardin de paradis, qui illustre de façon ravissante ce que je viens de dire. « Tous les soirs, dit la fée au jeune homme, quand je te quitterai, je te dirai : "Accompagne-moi." Je me retournerai et, de la main, je t'engagerai à me suivre. Garde-toi bien de n'en rien faire. Ne bouge pas. À chaque pas que tu ferais, tu serais moins fort pour résister à mon appel. » Et le prince, sûr de lui, répond : « Je résisterai. Je me tirerai de l'épreuve à mon honneur. » Que croyez-vous qu'il arriva ? Dès le premier jour il céda. Il oublia ses belles promesses, ses fermes résolutions, et il perdit le paradis[65].

On imagine volontiers que l'homme est toujours disposé à céder, qu'il lui en coûte peu de satisfaire au désir d'une femme, qu'il n'a rien à perdre dans l'aventure. Il ne manque pas d'exceptions notoires. À tout le moins, plus fort que le héros d'Andersen, mais pour rien, on le voit souvent hésiter. Un très vieux mythe qui acquit sa plus grande popularité à l'époque de l'hégémonie mongole, celui de Buku Khan, personnage historique du VIIIᵉ siècle, mais considéré comme l'ancêtre du peuple ouïghour, montre les tergiversations d'un individu d'importance devant les sollicitations féminines qui dépassent de toute évidence l'ordre naturel des choses. Le grand historien persan Djuvaini en donne la version qui nous paraît la plus cohérente : « Une nuit, Buku Khan dormait dans sa yourte. La forme d'une jeune fille descendit par le trou à fumée [situé au centre de la demeure] et le réveilla, mais, dans sa crainte, il feignit de rester endormi. » Après trois apparitions, la troisième nuit, « il partit avec elle jusqu'à une montagne appelée mont Blanc [Ak Tag] [...] et pendant sept ans, six mois et vingt-deux jours, ils se retirèrent là chaque nuit[66] ».

La femme est tentatrice. On le sait depuis Ève. Elle tente par son corps qu'elle propose, qu'elle expose : souvenons-nous de saint Antoine ou du Bouddha. Elle tente par son chant : souvenons-nous d'Ulysse qui se fait attacher à son mât. Elle tente par ses paroles insidieuses : après Ève, ce sont, dans la Bible, les filles des Moabites qui incitent les Hébreux, à peine sortis du désert, à sacrifier à leurs faux dieux[67]. Elle tente parce qu'elle est ensorceleuse. Tibaud, que sa curiosité entraîne dans une île de l'Oronte, n'y voit rien qui l'intéresse, « mais un charme invisible l'y retient ». Il y séjournera jusqu'à son désenchantement dans les bras d'Armide, dans le palais d'Armide, dans le jardin d'Armide[68].

Que faire pour lui résister ? Se châtrer ? La castration peut paraître la solution extrême et radicale, mais on a vu des eunuques, dans les harems, se mourir d'amour pour une belle et se livrer avec elle à des jeux érotiques. Et dans l'Antiquité le castrat par excellence, Attis, devient par son automutilation « l'amant totalement dévoué de la déesse[69] ». Et puis ne plus être un homme ce n'est pas montrer que l'homme peut résister aux femmes.

Mettre en son cœur un profond dégoût d'elle ? Mais la nostalgie de ce qu'elle pourrait être à défaut de ce qu'elle est ou paraît être, mais le rêve peuvent changer les sentiments du plus grand misogyne et ne le rendent pas nécessairement maître du désir. Pygmalion, petit-fils du roi de Chypre, « plein d'horreur pour les vices que la nature a prodigalement départis à la femme vivait sans épouse, célibataire, et se passa longtemps d'une compagne partageant sa couche ». Hélas ! Incapable de résister à la beauté pure, « il sculpte dans l'ivoire un corps auquel il donne une beauté qu'aucune femme ne peut tenir de la nature ». Il tombe amoureux de la statue. Il la caresse, il l'embrasse, joue avec elle, lui apporte « les présents qui sont bienvenus des jeunes filles ». Enfin, un jour, il prie les dieux de lui donner une femme semblable à elle. Vénus l'entend et, quand il rentre chez lui, l'ivoire est devenu chair, la statue, femme[70].

S'enfermer dans un cloître, aller vivre au désert ? Là encore l'échec est possible. Le dieu Shiva en donne l'exemple, lui qui, en tant que renonçant, méprise l'amour, affectionne le célibat et qui en viendra à présider aux jeux sexuels et à la procréation, lui dont le *linga* deviendra le symbole de la fertilité[71]. L'aventure de l'Aztèque Quetzolcoatl n'est pas moins riche d'enseignement. Quetzolcoatl est un homme d'une pureté absolue jusqu'au jour où, sous la pression de mauvais conseillers, il s'enivre et commet l'acte de chair. Bouleversé par ce qu'il considère comme la pire des fautes, il décide de s'en punir par le feu. Alors, du bûcher où il s'immole, son cœur s'élève et, dans le ciel, devient la planète Vénus[72]. Quelques saints, dans la chrétienté surtout, mais aussi dans d'autres univers religieux, ont réussi là où ont échoué les dieux et les héros. Certes, l'érémitisme est motivé par bien d'autres choses que la fuite de la femme, mais le désir de lui échapper peut aussi en être la cause. Nous avons déjà évoqué l'effroi que ressentait saint Augustin qui, se sachant faillible, refusait d'avoir la moindre relation avec des femmes. Saint Marin (IIIᵉ siècle), pour échapper à une femme qui se faisait passer pour la sienne, trouva refuge sur le mont Titan qui porte aujourd'hui son nom, San Marino[73]. Saint Martinien de Césarée (dates controversées), quant à lui, vivait déjà dans une solitude quand une femme vint à lui dans le seul propos de prouver son pouvoir sur les hommes et de détourner de sa méditation celui qu'on citait trop en exemple[74].

La femme de perdition

Suivre la femme peut sauver ; c'est même le grand moyen, presque l'unique moyen de parvenir au salut — nous le verrons. Suivre la femme peut perdre, et c'est certes plus courant et plus facile. Au niveau le plus grossier, l'homme qui a été séduit et a écouté sa séductrice peut être entraîné dans un guet-apens où il se détruit ou meurt. La Judith biblique, héroïne sanguinaire et fascinante, attire Holopherne dans sa tente et le tue. Dalila, plus perverse, plus féminine, ne verse pas le sang, mais par ses cajoleries parvient à faire avouer à Samson en quoi réside son incroyable force, et quand elle sait que celle-ci tient à sa chevelure, elle le fait tondre pendant son sommeil[75]. Pierre Grimal le rappelle : « Le devin Amphiaraos savait bien par son art que l'expédition [des Sept Chefs contre Thèbes] conduirait à un désastre, mais il fut contraint de s'y rendre par sa femme Ériphyle, aux décisions de laquelle il avait juré d'obéir[76]. » À un niveau plus élevé, l'homme va encore à sa ruine, soit parce qu'il perd tout contrôle de lui-même, soit parce qu'il est victime d'un leurre. Celle qu'il croit une femme n'en est pas vraiment une. Elle en a le visage, la voix, les seins, mais le bas de son corps est celui d'un oiseau, d'un serpent ou d'un poisson : on a reconnu la sirène. Même s'il l'atteint, il ne pourra pas satisfaire son désir puisqu'elle n'a ni ventre ni organe de la génération. Il faut être Héraclès pour y parvenir quand, au pays des Scythes, il rencontre une créature ambiguë, mi-femme mi-serpent, répond à son désir charnel et la quitte en la laissant enceinte de trois garçons[77].

On la dit uniquement occupée d'elle-même, conquérant les cœurs non pour aimer mais pour soumettre ou détruire, pour s'emparer des âmes sans éprouver ni amour ni émoi, demeurant froide comme un poisson, piquante comme un serpent, évanescente comme un oiseau. Elle ne l'est pas toujours ; elle l'est moins qu'on le dit — on en a vu qui aimaient, qui allaient jusqu'à mourir de leur amour, touchantes exceptions dans ces affreux essaims — et elle peut avoir des excuses : elle n'est pas toujours responsable de ce qu'elle est, elle n'a pas toujours été ainsi. Scylla était une belle jeune fille avant sa transformation. Mélusine subit la juste mais dure punition que lui infligea sa mère pour s'être très mal conduite avec son père[78]. « D'où vous sont venues vos plumes, vos pattes d'oiseaux ? demande Ovide. Pour que votre chant mélodieux, fait pour le délice des oreilles, pour que le son de si beaux accents ne se perdît pas avec l'usage de la parole, votre visage de vierge et la voix humaine vous sont restés[79]. » On le décrit d'abondance, ce monstre ensorceleur : « Elle a le haut du corps d'un être humain, le sein d'une jeune fille, mais, passé la ceinture, c'est un monstrueux dragon[80]. » Elle est « moitié nymphe aux yeux vifs, aux belles joues, moitié serpent terrible et long à la peau tachetée[81] ». Bien que certains la valorisent, la sirène, oiseau ou poisson, demeure le symbole de la séduction mortelle. Elle l'est à un point tel que le Tasse donnera un instant à Armide son aspect : elle sort de l'eau, « elle charme les yeux par ses traits, les oreilles par son chant[82] ». Par sa beauté et par sa voix, elle attire les voyageurs et les entraîne dans les eaux pour s'en repaître. « Elle lui parle, elle lui chante. C'en est fait de lui[83] », dit Goethe. « De leur fraîche voix, elles charment tous les mortels qui les approchent, et le pré, leur séjour, est bordé d'un rivage tout blanchi d'ossements et de débris humains dont les chairs se décomposent[84]. » Il est d'autres ensorceleuses que d'autres mythologies que celle de la Grèce ont parées de mêmes effets. L'une des plus célèbres est la Lorelei que Brentano et Heine ont chantée, fille des eaux qui attire au droit des rocs où elle est assise les bateliers du Rhin et, eux, envoûtés par ses chants, se jettent dans la mort en l'écoutant.

J'ai dit que toutes n'étaient pas insensibles. Comme Armide qui tombe amoureuse de celui qu'elle hait d'abord et veut séduire, la Lorelei est plus humaine que les Grecques et les Latines. Un jour elle aimera et de désespoir se lancera dans les flots. Qui ne connaît les sentiments de la « petite sirène » d'Andersen dont les sœurs « chantaient merveilleusement, vantaient la beauté des fonds marins, invitaient les marins à ne pas craindre d'y descendre[85] » ?

Elles sont, ces filles, apparentées aux ondines et aux elfes qui ont hanté les imaginations européennes. Les elfes, « couronnées de thym et de marjolaine », éprises de danses nocturnes, semblent inviter les hommes à se joindre à leurs ébats, mais leur apportent la mort[86]. Les ondines, les *Nixe* germaniques, entraînent dans les abîmes aquatiques ceux dont elles s'éprennent, ou s'offrent à les conduire à travers la brume, les marais, les forêts, mais les égarent et ils en meurent[87]. En Irlande, des fées séduisent les hommes pour les mettre en morceaux ou les emprisonner[88]. Au Caucase, chez les Nartes, un héros chasse un cerf merveilleux, mais c'est une femme, la fille du roi du soleil, et les montagnes sont couvertes des ossements de ceux qui, comme lui, l'ont poursuivie sans pouvoir l'atteindre[89].

Quittons les femmes oiseaux et poissons, mais restons avec les femmes de perdition. Qu'elle est belle la Dame des neiges, tout sourire, qui, en Savoie, encourage du regard le chasseur imprudent, l'hypnotise, et l'amène à la suivre, à monter, à s'élever sans cesse, « ne voyant rien que son ravissant visage ». Et quand il fait un faux pas, quand il tombe dans l'abîme, elle pleure d'avoir été forcée d'accomplir son destin[90].

Les déesses offrent de grands exemples de cet ensorcel-
lement mortel. Ishtar présente sous les traits les plus
bestiaux cette force séductrice et ceux qui la subissent
parce qu'elle transforme ceux qu'elle aime en lion, en
cheval, en léopard, en épervier. Elle appelle Gilgamesh :
« Viens à moi, Gilgamesh. Sois mon époux. Accorde-moi
la douceur de ton corps. » Et le héros lui répond :
« Qu'adviendrait-il de moi ? Tes amants t'ont trouvée
comme un brasier qui couve sous le froid[91]. » Inanna aime
Dumuz (Tanmuz), et l'épouse, et chante sa joie. Pourtant
elle pressent le sort qui l'attend : « Ô mon bien-aimé. Je
t'ai entraîné vers ton destin funeste. Tu as baisé de ta
bouche ma bouche et c'est pour cela que tu es
condamné. » Elle descend aux enfers. À chacune de leurs
portes, elle abandonne un de ses vêtements et finit par être
nue. Les divinités infernales lui permettent cependant de
repartir si elle s'engage à envoyer quelqu'un prendre sa
place. Revenue sur terre, elle trouve son mari sur le trône.
Elle dit aux démons : « Celui-ci, emportez-le[92] ! »
   Cette catabase est dramatique. Toutes ne le sont pas qui
sont inspirées par l'amour, celle de Perséphone (Corée), fille
de Déméter enlevée par Hadès, celle de Sémélé que délivre
son fils Dionysos, celle de Castor et Pollux. Mais elles le sont
souvent parce que, comme le dit Virgile par la voix de la
Sibylle de Cumes : « La descente vers l'Averne [lac de
Campanie où les Romains plaçaient l'entrée des enfers et,
par extension, les enfers] est facile [...], mais revenir sur ses
pas, voilà le travail, voilà la peine[93]. » Orphée aura presque
réussi : il aura délivré Eurydice, mais il échouera enfin parce
qu'il sera incapable de ne pas se retourner pour regarder
celle qu'il aime. La femme peut-elle perdre l'homme même
quand il ne la suit pas, même quand elle marche derrière
l'amant ? Ou bien celle qui souvent trottine dans la rue à
quelques pas en retrait de lui a-t-elle vocation de guider
l'homme, non d'être guidée par lui ? C'est une grande leçon
que donne Orphée, incapable d'assumer le rôle pourtant
généreux et héroïque qu'il s'octroie.

Les Japonais en donnent une autre, différente, mais tout aussi didactique avec le mythe d'Izanani et d'Izanaki. Lorsque Izanani, la déesse, mourut en donnant naissance au feu, Izanaki voulut l'accompagner aux enfers. Il la suivit. Il la retrouva. Il la vit en putréfaction. Horrifié, il se sauva. Elle le pourchassa et jura, pour se venger de lui, dans sa honte d'être devenue cet amas de vers, de faire périr chaque jour mille hommes. Il en ferait, dit-il, naître chaque jour quinze cents[94]. Le mythe japonais nous enseigne qu'il ne faut pas suivre les femmes les yeux fermés, et, si l'on veut, que la plus belle peut devenir une charogne. Il faut marcher les yeux ouverts. Il faut, comme a dit Dante, « être pur et prêt à monter aux étoiles[95] ». La femme précipite aux abîmes, entraîne au fond des eaux, peut conduire à l'enfer. Elle peut élever jusqu'au plus haut du ciel. L'ascension, « voilà le travail, voilà la peine ! » L'homme est-il capable de l'entreprendre seul, seul de la mener à bout ? C'est encore en suivant la femme qu'il y réussira le mieux. Comme elle peut le mener à la perte, elle peut le mener au salut.

CHAPITRE XIV

L'éternel féminin

Nous avons largement parlé de la femme en tant qu'amante et que mère. Elle est ceci pour pouvoir être cela. Amante, elle peut être sublimée, mais elle peut aussi être avilie, souillée, prostituée, objet sexuel. Mère, elle ne peut être qu'ennoblie, purifiée, vénérée : qui peut mépriser celle dont il est né sans devenir un monstre ? La maternité est son rôle essentiel. Son corps est fait pour recevoir le germe de la vie, façonner l'enfant, le mettre au monde et le nourrir dans ses premiers mois ou ses premières années. Sans maternité, elle n'a pas sa raison d'être, elle n'obéit pas aux lois de la nature, elle ne peut pas atteindre son complet épanouissement, n'est pas vraiment elle. Il lui faut trouver quelque substitut pour que son existence se justifie et ce sera toujours pour elle un effort ; il lui en restera toujours un sentiment de frustration. Parfois elle sublimera sa stérilité pour se réaliser malgré tout : elle se donnera entièrement à Dieu ou aux autres, s'engagera dans une activité créatrice, parfois elle se masculinisera ; parfois elle deviendra sorcière ou démone. Il existera longtemps, quand la société sera peu favorable à son état, le type très caricaturé de la vieille fille acariâtre, plus souvent rabougrie et desséchée.

Certes, la femme n'est pas seulement mère ; elle a, si j'ose dire, bien d'autres cordes à son arc. Pourtant, dans tous les rôles qu'elle joue, dans toutes les fonctions qu'elle occupe, la mère est toujours présente, dissimulée peut-être au point d'être à peine perceptible, plus souvent pleinement affirmée. Ce sont ces rôles, ces fonctions qu'il nous faut voir maintenant.

Âme et lumière

Elle est mère. Elle est aussi, tout autant, âme et lumière. De cela nous n'avons à peu près rien dit, bien que ce soit d'une importance égale, bien que nous sachions que, si elle ne l'était pas, elle ne serait pas davantage elle-même, bien que toutes les cultures l'aient plus ou moins intensément senti.

Il y a là quelque paradoxe puisqu'elle est liée à la sombre terre, et que l'homme est volontiers considéré comme « d'en haut » sinon comme céleste ; mais le paradoxe n'est qu'apparent, car la vie sort de la terre, n'est pas seulement matière, un corps, mais ce qui l'anime, ce que nous nommons âme, et que sans âme tout est obscurité. C'est quand, à l'aube, le soleil jaillit de la terre que s'éveille la vie ; c'est, aux vêpres, quand il la pénètre, s'enfonce en elle, que la vie s'endort, et pendant tout le jour il investit totalement le monde. La femme est terre ; le soleil sort d'elle, le soleil entre en elle, le soleil la touche et l'imprègne.

Oui, la femme est lumière, la Donna mobile de Rigoletto, c'est-à-dire changeante comme elle (et non comme « une plume au vent ») ou est étroitement liée à la lumière, à celle de la lune, sa sœur, pâle mais si belle, ou à celle, clignotante, des étoiles qui permettent de s'orienter dans la nuit, à celle du feu qu'elle entretient comme prêtresse ou seulement comme « femme au foyer », à celle du soleil, plus éclatante ou, pour tout résumer et aller au fond des choses, à celle de Dieu, car est-il lumière qui ne soit pas divine ? Que l'âme puisse se corrompre, et que la flamme puisse s'éteindre nous le savons ! On doit veiller sur elles. Il faut que l'esprit n'accepte pas les défaillances de l'âme ; il faut alimenter le feu, que les ténèbres reçoivent la lumière. L'homme, dans l'orgueil de son esprit, écoute-t-il l'âme ? Dans son obscurité, se tourne-t-il vers ce qui peut l'éclairer ? Regarde-t-il la femme comme il le faut ? N'est-il pas aveuglé par la concupiscence ? Ne voit-il pas seulement la beauté physique, qu'il chante tant, qu'il imagine tant, parce qu'elle est le reflet de la beauté spirituelle, et n'oublie-t-il pas celle-là ? Ne renvoie-t-il pas à l'âme femme, à la femme lumière, l'image qu'il se fait d'elle ? Ne la salit-il pas de l'impureté qu'il a cru déceler dans son corps souillé de sang ? N'est-ce pas lui qui la piétine et la détruit, qui voile ses rayons incandescents, qui éteint la flamme ? Henri de Lubac s'est écrié : « Le féminin authentique est pur et par excellence une énergie lumineuse et chaste, porteuse de courage, d'idéal et de bonté[1]. » S'il dit vrai, l'homme ne porte-t-il pas une lourde part de responsabilité dans la corruption féminine ? Rousseau parle de « ce sexe qui nous honore quand nous ne l'avons pas avili ». Nous ne cessons pas de l'avilir par nos grivoiseries, notre voyeurisme, notre lubricité, par notre manque de respect. Nous ne cessons pas de voiler la lumière. Or il est trop facile d'accuser Ève car, en définitive, Adam n'avait qu'à ne pas croquer la pomme. Gageons que nul n'aurait été châtié. Si la lumière ne brille plus, c'en est fait de l'homme. Léandre se noie dans l'Hellespont qu'il traverse chaque nuit à la nage quand le flambeau de Héro s'éteint. C'est l'orgueil et la haine qui ont fait du porte-lumière, Lucifer, l'ange des ténèbres. C'est l'humilité et l'amour qui ont gommé les fautes de l'adultère de la Samaritaine, de Marie-Madeleine, pardonnées par Jésus, parce qu'elles ne se sont pas mises en avant, parce qu'elles ont « beaucoup aimé ».

Cette lumière que la femme a en elle, qu'elle est ou qu'elle devient lui donne son énergie vitale, celle qui la rend apte à être mère, qui lui permet d'influer sur les êtres et sur les objets, de les galvaniser, d'apporter, bonne fée, ses dons aux berceaux des nouveau-nés, et, comme l'exprime subtilement Ruskin, même quand elle est entièrement soumise, de concilier cette soumission avec son rôle de guide vers un but, un but qu'elle n'a pas fixé[2]. Comme toute lumière, elle éclaire, elle permet de percer les obscurités des mystères, de voir ce qui est caché ; elle peut donner la connaissance innée de la religion ou, plus généralement, celle des lois du cosmos, de la volonté des dieux, de l'inconnu, de l'avenir, et elle fait de la femme la grande devineresse intuitive, la grande inspiratrice. C'est en tant que mère et que lumière qu'elle protège, conseille, enseigne, montre le chemin, qu'elle peut arracher aux ténèbres, sauver, qu'elle peut donner naissance à la vie spirituelle, à la vie éternelle, comme elle donne naissance à la vie d'ici-bas. Toute naissance à la chair passe par la femme. Toute naissance à l'esprit doit passer par elle, et toute renaissance pour l'au-delà.

Comment peut-elle conduire l'homme à sa perte ? N'est-ce pas l'homme qui se perd lui-même par le regard qu'il porte sur elle ? La concupiscence ne l'aveugle-t-elle pas de telle sorte qu'il ne voit plus ni les abîmes où il tombe ni les rocs sur lesquels il se brise, qu'il ne suit que des illusions et des chimères ? Béatrice, dans ce chant central du *Purgatoire*, reproche à Dante d'avoir dirigé « ses pas dans des sentiers d'erreur, en suivant bien des fausses images qui ne tiennent aucune de leurs promesses[3] ». Ou est-ce la femme qui a renoncé à sa féminité, qui a voulu devenir un homme ? On frémit, car si elle l'a fait, au risque de se perdre, n'est-ce pas qu'elle y était acculée dans un monde de moins en moins spirituel, de moins en moins compatissant, de plus en plus dur ; qu'elle n'avait plus d'autre issue si elle ne voulait pas être asservie, humiliée, souillée ?

La femme est âme

En français, le mot « âme » est du féminin ; cela vient du latin ; mais en allemand *Seele* est féminin et ne doit rien à *anima*, et *psuché* l'est aussi en grec. C'est un sentiment intime, bien qu'assez rarement intellectualisé et exprimé, que l'âme soit féminine. Le latin, mieux que toute autre langue, l'exprime qui a deux mots sur la même racine, *animus* et *anima* qui s'opposent par le genre et par le sens. Le premier désigne un principe distinct du corps qui préside à l'activité de tout être vivant, homme ou animal, à la pensée, à l'intelligence, aux affections et à la vie morale. Le second, qui signifie également « air », « souffle », « haleine », désigne aussi un principe distinct du corps, mais qui se veut radicalement antinomique au premier, celui de la vie, et qui est doué d'immortalité, qui est, comme la *psuché* de Platon, « impérissable[4] ».

Les Grecs s'intéressaient surtout à la survie de l'âme. Les chrétiens et les musulmans, conscients, comme l'a dit Lucrèce, que « l'esprit [*animus*] et l'âme [*anima*] se tiennent unis ensemble étroitement[5] », proclament celle du corps, ressuscité et glorieux, mais se soucieront peu du sexe de celui-là ou de celle-ci. Tout au contraire, le christianisme primitif et la gnose insisteront sur leur féminité et leur masculinité respectives. Pour Origène par exemple, l'homme intérieur est composé d'un esprit et d'une âme : « On dit que l'esprit est mâle et l'âme peut être appelée femelle[6]. » Cela a amené, bien que l'Église s'y refuse, à interpréter l'histoire d'Adam et Ève comme celle de la faute originelle commise par l'âme (Ève) et authentifiée par l'esprit (Adam)[7]. Quant aux gnostiques qui exaltent la mère divine en tant que « pensée qui habite dans la lumière », ils affirment qu'elle est présente et active en toute créature[8].

Maintes religions orientales ont senti et exploité la féminité de l'âme. Nous avons déjà rencontré la *shakti* indienne, cette force cosmique féminine qui émane des dieux, mais qui réside en tout homme et qui, pour Eliade, exprime la « redécouverte religieuse du mystère de la femme, car toute femme devient l'incarnation de la *shakti* », et la « reconnaissance de tout ce qui est lointain, transcendant, invulnérable dans la femme »[9]. Pour le tantrisme, le centre inférieur du corps, à la base du tronc, est le siège de la déesse figurée sous forme de serpent lové « qui symbolise en fait l'origine cosmique de l'inconscient[10] ». Cette vision, certes particulière, enrichit et explique peut-être le symbolisme déjà si riche du reptile qui, se dressant pour piquer, est souvent assimilé au phallus et qui a de nombreuses connexions avec la femme et sa sexualité.

La plus belle expression de la féminité de l'âme est donnée par le mazdéisme. Pour lui, chaque être est composé de deux principes ou éléments matériels et de trois principes ou éléments immatériels qu'on peut nommer des « âmes[11] ». L'une de ces dernières est la *daena* (*dayana*), « le soi qui préexiste, mais est aussi le résultat des activités humaines[12] ». Elle se présente au *ruven* (*uruvan*) du mort, cette autre âme qui est restée trois jours auprès du cadavre, « dans la nuit dangereuse sans perception[13] », soit, s'il est damné, sous la forme d'une affreuse vieille, effrayante, sale (ou d'une jeune personne pire encore), soit sous celle d'une fille de quinze ans, l'âge de la pleine beauté selon l'*Avesta*, « rayonnante, aux bras blancs (ou roses), vigoureuse, de belle apparence (ou bien faite), élancée, grande, aux seins relevés (ou fermes), au corps mince », et l'homme juste lui demande : « Qui es-tu, jeune fille que je vois comme la plus belle des jeunes filles ? » Elle lui répond : « Je suis ta religion », c'est-à-dire « ton âme religieuse » ou « ton âme voyance »[14].

Il est difficile de ne pas mettre en parallèle cette rencontre de l'âme virile avec l'âme féminine qu'est la *daena* et celles, décrites par les *Upânishad*, de l'homme engagé sur le chemin de Dieu avec diverses divinités féminines comme l'Intelligente, la Clairvoyante, etc., même si ces dernières semblent extérieures à l'homme[15].

La femme est lumière

« De par le monde, la révélation la plus adéquate de la divinité s'effectue par la lumière[16]. » Dieu est lumière. Ce n'est pas seulement saint Jean qui l'affirme dans la première épître, mais l'évangéliste y insiste, voit, mieux que qui que ce soit, comment l'intervention divine sur la terre s'effectue par la lumière. « Au commencement était le Verbe, et le Verbe était en Dieu, et le Verbe était Dieu. [...] En lui était la lumière des hommes et la lumière luit dans les ténèbres. [...] La lumière, la vraie, celle qui éclaire tout homme venait dans le monde[17]. » L'assimilation de Dieu, de son Verbe et de la lumière rend parfaitement satisfaisante la conception de Tertullien sur la forme que revêt l'Esprit saint pour féconder la Vierge Marie, celle d'un rayon lumineux qui se fait chair en elle[18]. Elle répond d'ailleurs aux récits des évangiles apocryphes relatifs à la naissance du Christ qui sort du ventre maternel et apparaît dans un halo de lumière. Le proto-Évangile de Jacques parle d'une « lumière aveuglante » remplissant la grotte de Bethléem ; l'*Histoire de la nativité de Marie et de l'enfance du Sauveur* décrit une caverne souterraine qui « resplendit d'une splendeur aussi brillante que si le soleil y était » ; on lit dans l'Évangile de l'enfance, le plus populaire en Orient : « Voici que la caverne était toute resplendissante d'un éclat qui dépassait celui d'une infinité de flambeaux[19]. » Et Bossuet conclut : « L'enfant sortit d'elle comme un trait de lumière, comme un rayon de soleil[20]. »

Ce n'est pas mettre en doute la foi chrétienne que de croire que Jésus, pour être compris des hommes, a voulu utiliser un langage universel, de rappeler, comme nous l'avons fait plus haut, que la conception miraculeuse par la lumière, aux sens concret et spirituel du terme, et la naissance éblouissante sont des faits qu'on a décelés en maintes civilisations, en Inde, en Chine, en Iran et ailleurs, pour des hommes d'exception, rois, héros ou fondateurs de grandes religions. Quand la mère de Zara-

thoustra reçut le *khwaranah* (la « lumière de gloire » selon
Henry Corbin[21]), elle fut remplie d'une vive lumière et son
visage brilla avec l'éclat d'un incendie. À la naissance du
Bouddha comme à celle de Mahaviri, le fondateur du djaïnisme, un nimbe éclatant entoura le visage de l'enfant et
une lueur extraordinaire éclaira la nuit. Selon Plutarque,
Olympias, la mère d'Alexandre le Grand, vierge encore,
fut frappée au ventre par la foudre et environnée d'un
grand feu s'étendant de tous côtés[22]. La lumière n'est pas
alors en la femme ; elle pénètre son corps, elle l'illumine.
Mais de même que l'accouplement et l'accouchement la
rendent mère, sa fécondation par la lumière et la naissance
d'un enfant lumineux la font elle-même lumière.

Êtres d'exception qu'Alexandre, le Bouddha, Zarathoustra, être unique que Jésus puisque Dieu, dira-t-on, et
c'est vrai ! Mais le chrétien ne saurait se scandaliser que la
lumière divine qui s'incarne en Marie, qui rayonne d'elle
puisse s'incarner aussi en ses humbles sœurs puisqu'il
croit à la communion des saints et que le pain et le vin
qu'il consomme après leur consécration sont le corps et le
sang du Christ, de l'homme-Dieu qui est lumière.

D'autres femmes sont lumière par essence comme la
mère divine de la gnose dont nous venons de voir qu'elle
était « pensée habitant la lumière », et comme ces déesses
liées au soleil, à la lune, aux étoiles ou nées de ces astres,
telle l'Indienne Tapiti, héroïne d'un grand cycle mythique
du *Mahabharata* qui a gardé sur elle l'éclat de son père,
l'astre du jour, et « disparaît dans les nuages comme un
éclair[23] ». La plus célèbre est la plus haute personnalité du
panthéon japonais, la « resplendissante » Amateratsu, le
soleil lui-même, dont sont issus les empereurs du Japon. À
l'autre extrémité de l'Eurasie, chez les Celtes d'Irlande, de
Grande-Bretagne et de Gaule, celle que nous nommons
Brigitte porte différents noms qui presque tous se réfèrent
à sa luminosité. Elle est Belisame, « la Très Brillante »,
Briete, « la Brillante », etc.[24]. Au début de l'Histoire, à
Sumer, Inanna, l'étoile du matin, est la divinité de la

lumière. D'autres doivent leur éclat au feu, telle sa fille ou son étroite amie, Anahita, qui fut peut-être perse achéménide avant que de faire carrière en Anatolie et dans l'ensemble du Proche-Orient[25], ou bien Hestia dont le nom signifie « foyer » — qui siège au centre de chaque demeure. Athéna, plus distante des astres et du feu, mais en qui réside l'âme de la cité, est néanmoins la « déesse aux yeux de lumière[26] », ce qui nous rappelle avec propos que le regard étincelant est, comme la blondeur des cheveux si prisée, un signe qui ne trompe pas. Ce qui brille, ce qui est blond évoque l'or et le soleil, et cette « vierge de lumière » du chiisme, si étonnante dans la civilisation islamique[27], qui pourrait être une création spécifiquement iranienne, mais qui a cependant une sœur dans la Sari Kiz du mont Ida en Troade chez les alevis de Turquie.

La Sari Kiz, la « fille d'or », se trouve sans doute au confluent de plusieurs traditions, et celle des Turcs de l'Asie centrale ne doit pas être la moindre. Un de leurs plus beaux textes anciens, l'*Oghuz name*, présente sans aucun déguisement la femme lumière quand il raconte le mariage du héros fondateur éponyme de la grande fédération des Turcs occidentaux, les Oghuz (auxquels appartiendront les Seldjoukides et les Ottomans). « Un certain jour, Oghuz Kaghan priait Tengri [le Ciel-Dieu] en un certain lieu. Il tomba du ciel une lumière bleue. Elle était, cette lumière, plus étincelante que le soleil et que la lune. Oghuz s'approcha et vit qu'au milieu de cette lumière il y avait une fille. [...] Oghuz Kaghan, quand il la vit, perdit la raison ; sa raison s'en alla. Il l'aima. Il la prit. Il coucha avec elle. Il satisfit son désir. Elle devint enceinte. » Elle donna naissance à trois garçons qu'ils nommèrent Soleil (Kün), Lune (Ay) et Étoile (Yildiz)[28]. Ce mythe n'empêche pas que, dans le monde turc comme ailleurs, la lumière est plutôt la force fécondatrice qui pénètre dans la femme que la femme elle-même. Pourtant la fille lumière n'est pas isolée chez eux. Elle se retrouve dans l'épisode d'Er Töshtük du grand cycle épique de Manas, kirghiz et kazak. La femme du héros, Kenjeke, est un « être au visage rose, lumineux comme la lumière céleste, resplendissant d'un éclat souverain[29] ».

L'énergie vitale féminine

Il réside dans la femme une force considérable, essentiellement spirituelle ou morale, qui s'oppose à cette faiblesse physique qui lui a si souvent valu mépris, commisération ou protection. C'est une puissance très mystérieuse et démesurée, celle qu'a la terre, qui lui permet, comme à celle-ci, de donner la vie ; celle aussi qui émane de la lumière sans laquelle rien ne croît, rien ne naît. L'homme la redoute évidemment, car elle se heurte à sa propre puissance qui est de tout autre ordre — « puissance contre puissance », dit Van der Leeuw[30] qui pense alors essentiellement à la situation conflictuelle des sexes —, mais il cherche aussi à l'utiliser, il accepte qu'elle le serve. Une antique coutume japonaise voulait que la femme nouât le bas du kimono de son amant qui partait en voyage pour lui transmettre un peu de son énergie vitale[31]. L'une des méthodes sexuelles du taoïsme, dite « réparer et conduire », consiste à « puiser l'essence dans la femelle mystérieuse », une autre, considérée comme non orthodoxe, à « absorber l'énergie vitale des femmes qu'on approche », cette énergie qui, « provenant des sources mêmes de la vie, procure une longévité exceptionnelle[32] ». Quand, dans la littérature courtoise de notre Moyen Âge, un héros se sent affaibli, sur le point d'être vaincu, c'est, sous une forme évidemment toute différente, cette même énergie féminine qui le sauve. Érec, dans un tournois, perd sa force.

> *Alors il regarde son amie*
> *Qui pour lui moult doucement prie.*

Et tout aussitôt qu'il l'a vue
Lui est sa force revenue[33].

Est-ce l'amour qui le galvanise ou, de façon presque magique, la seule vue de l'objet aimé ou encore la prière ? C'est le visage seul dans *Lancelot* : le chevalier est épuisé par le sang qu'il a perdu. Une damoiselle pense que, si sa dame le regarde, « sa force s'accroître se doit ». En effet, « force et courage lui croissent, car amour lui est de grande aide[34] ». N'oublions pas que la femme est presque déifiée par le chevalier courtois : nous l'avons vu, Parsifal place la protection de la dame plus haut même que celle de Dieu. Idée « moyenâgeuse » qui est aussi à peu près celle de Dante ? Nullement. Au XIXe siècle, Novalis voit Sophie von Kühn, une petite fille de treize ans, morte à quinze, avec les yeux d'un homme du Moyen Âge et en est marqué pour les quelques années qui lui restent à vivre. Idée chrétienne ? La formule catholique « À Jésus par Marie », d'aucuns oseront la retoucher pour dire : « À Marie par Jésus. » Érasme constate : « Le peuple attribue pour ainsi dire à la mère de Dieu plus de puissance qu'à son Fils. » Irrésistiblement parfois, de nos jours encore ou à nouveau, des hommes qui voient en Dieu le Père auront besoin de trouver en Lui aussi la mère ; le romancier brésilien Paulo Coelho le crie dans ses œuvres.

Encore et à nouveau, certes ! On se gausse de la longue discussion des Byzantins sur le sexe des anges et du concile qui se tint à Constantinople pour en débattre à un moment qui n'était évidemment pas bien choisi : les Turcs s'apprêtaient à prendre la ville. On a tort de plaisanter. Le problème n'avait rien de frivole. Il s'agissait de préciser la place de la féminité dans le monde invisible, de savoir si le pur esprit en relevait. Dans toute la chrétienté, on s'en préoccupait. Alors que, pour glorifier Marie, certains l'identifiaient à la Sagesse divine, que l'occultisme voyait en cette Sagesse la compagne subordonnée de Dieu, son aspect féminin ou encore la parèdre du Logos, l'Orient l'exaltait sous le nom de *Hagia Sofya*, la Sainte Sagesse (Justinien lui dédiait sa grande basilique, que nous nommons encore Sainte-Sophie) et voyait s'épanouir en elle la figure féminine de la troisième personne de la Sainte Trinité. Origène, encouragé parce que le mot « esprit » est du féminin en grec, n'hésitait pas à mettre dans la bouche du Sauveur cette déclaration : « Ma mère est le Saint-Esprit[35]. »

Il ne faut cependant pas sous-estimer, dans l'épisode d'*Érec et Énide*, l'efficacité de l'oraison féminine, car la femme est le point de rencontre par excellence du monde spirituel, de l'au-delà, des dieux, et du monde matériel, l'ici-bas, des humains et par conséquent l'intermédiaire et la médiatrice. Des gens aussi différents que les Tsiganes ou les Noirs africains en ont particulièrement conscience. Les premiers le proclament sans ambiguïté[36]. Les seconds sentent que la femme « constitue le carrefour où se donnent rendez-vous l'avenir et le passé, la vie et la mort », et que cela, comme sa fonction maternelle, fait d'elle la Médiatrice[37]. Mais est-il nécessaire d'insister alors que les chrétiens voient dans la Très Sainte Vierge l'intermédiaire par excellence, celle qu'ils implorent inlassablement, presque autant que Dieu, à laquelle ils demandent d'intercéder pour eux ? Dans la salutation angélique, l'*Ave Maria*, ils disent : « Priez pour nous, pauvres pécheurs, maintenant et à l'heure de notre mort », et dans le *Confiteor* ils placent son intercession avant celle de tout autre : « C'est pourquoi je supplie la bienheureuse Vierge Marie, saint Michel Archange, saint Jean-Baptiste, les saints apôtres Pierre et Paul et tous les saints de prier pour moi le Seigneur notre Dieu. »

L'équivalence qu'établit le mazdéisme entre la femme, l'âme et la religion est l'une des plus précises perceptions que l'humanité a eues, plus ou moins consciemment, des liens de la femme avec l'invisible et de sa prédisposition à la religion. Le mazdéen croit qu'elle en a la connaissance innée, « indépendante de l'étude[38] », ce qui va de soi si son

« âme » est « la religion ». C'est à peu près ce qu'affirme de son côté le bouddhisme, mais en parlant de la seule Dakini, ancêtre du Bouddha, quand il voit en elle l'énergie féminine liée à la connaissance transcendante, à la réceptivité, à l'ouverture totale[39]. La femme n'est pas seulement destinée à tenir dans ses mains le saint Graal dans lequel Joseph d'Arimathie a recueilli, dit la légende, le sang du Christ, comme on le voit dans le *Perceval* de Chrétien de Troyes, ni, comme le dit Berdiaeff, à être « la porteuse d'aromates », mais parce qu'elle est « liée [...] à l'origine du monde, aux premières forces élémentaires, c'est à travers elle que l'homme communique avec elles[40] ». On ne s'étonnera donc pas de la voir devineresse, inspiratrice, enseignante, protectrice, guide et finalement sauveur.

La devineresse

Ce n'est pas une règle absolue, mais, dans la plupart des civilisations, la divination inductive, qui procède de l'interprétation des signes au moyen d'une technique (scapulomantie, haruspicie, physiognomonie, astrologie...) qu'il faut apprendre et que l'on se transmet souvent de père en fils ou de maître à disciple, relève des hommes (de l'esprit, *animus*), la divination intuitive ou naturelle, ne nécessitant aucune formation particulière, est l'apanage des femmes (de l'âme, *anima*). C'est que l'on a considéré, comme on le voit particulièrement en Afrique noire, que l'intuition, les solutions inattendues apportées aux problèmes faisaient des femmes des êtres naturellement favorisés par la voyance[41]. Induction et intuition peuvent éventuellement se confondre, mais elles sont en général nettement séparées — comme l'avait déjà remarqué Platon[42]—, ce qui n'empêche pas que la femme délivre le message et que l'homme l'explique. Seule l'oniromancie peut relever des deux méthodes, le rêve pouvant s'imposer directement à celui ou à celle qui le fait ou être assez obscur pour exiger une analyse. Le chamanisme, phénomène extrêmement complexe, présente un cas plus délicat. Presque partout il y a plus de femmes que d'hommes qui le pratiquent et presque partout aussi il demande une « quête des pouvoirs », un long apprentissage ou une transmission des dons ; s'il entre dans les attributions du chaman d'interroger les esprits ou l'avenir, il lui revient surtout de guérir les maladies et d'accompagner les âmes des animaux immolés et celles des hommes défunts sur la voie de l'autre monde. Mais il exige la transe et celle-ci est affaire féminine plus que masculine, raison pour laquelle, peut-être, nous avons rencontré des chamans déguisés en femmes et se comportant comme des femmes, jusqu'à être soumis aux menstrues et accoucher. On pourrait en conclure que, dans le vaste domaine que couvre le chamanisme (*stricto sensu* l'Asie centrale et septentrionale, la Corée, l'Amérique du Nord), l'homme doit se féminiser pour entrer en transe et que la femme, qui a accès à celle-ci par sa nature, doit se masculiniser pour acquérir les techniques indispensables, mais qui seraient vaines sans prédisposition.

Que les femmes, un peu partout dans le monde, puissent ajouter au pouvoir de l'*anima* celui de l'*animus*, nous en avons maintes preuves. Chez les Germains où elles s'illustraient surtout par leurs dons intuitifs, où des ménagères paisibles et submergées de tâches avaient subitement des visions leur permettant d'influer sur le sort de l'État, elles pouvaient maîtriser aussi la divination inductive puisqu'il y avait des prêtresses qui pratiquaient l'hématomancie. Nous avons déjà évoqué la célébrité qu'acquirent certaines des pythonisses germaniques et rappelé leurs noms, une Velléda, une Albrini, une Ganna ou encore Thorbiorg qui se manifeste dans la *Saga d'Éric le Rouge*, récit groenlandais écrit en irlandais[43]. Il en allait probablement de même chez les Étrusques. Tite-Live, parlant de Tanaquil qui tint un rôle important auprès de son époux Tarquin l'Ancien et de Servius Tullus, dit qu'elle « vivait dans les prodiges », « en avait la science » et qu'ils « paraissaient parfaitement clairs à son esprit »[44], ce qui permet à R. Bloch de conclure : « Il n'y avait pas en Étrurie de prophétesses inspirées semblables à la Pythie ou aux Sibylles [...], mais une Tanaquil joint au rôle que les femmes étrusques ont souvent exercé un savoir éprouvé dans l'exégèse divinatoire[45]. » Comme elle, sa compatriote Égérie, dont le nom est devenu commun, nous permet de mesurer l'influence considérable que ces inspirées pouvaient exercer sur les hommes, influence égale, voire supérieure à celle que d'autres obtenaient par leur beauté, le désir et l'amour qu'elles éveillaient. Donnons-en un exemple pris, entre mille, chez les Ojibawa africains : « À la veille d'un départ en guerre, une femme s'isole et pratique une longue ascèse, puis elle raconte aux guerriers ses visions et tous reconnaissent que l'invisible lui a donné les signes les plus nets[46]. »

Cette influence était admise et généralement acceptée dans l'Antiquité classique. « Les prophétesses de Delphes, les prêtresses de Dodone, dit Platon, ont en effet et justement, quand elles sont en proie au délire, rendu à la Grèce nombre de beaux services tant dans l'ordre privé que public[47]. » Nonobstant, on s'en méfiait parfois, on essayait de les tenir à distance, on s'irritait contre elles. « Tu as le don des oracles, je le sais, mais qu'avons-nous besoin de prophètes », crie le chœur à la captive d'Agamemnon, Cassandre, la « grande inspirée de Dieu »[48]. C'est sans doute une même méfiance qui réduit la place des femmes dans le prophétisme hébraïque où, selon la tradition, on compte sept femmes prophètes contre quarante-huit hommes. Aucune n'a d'ailleurs tenu le premier rang ou n'a pleinement été reconnue ; beaucoup ont été maltraitées, individuellement ou collectivement. Ézechiel est invité par Dieu à se tourner contre les filles « qui prophétisent de leur propre cœur » et Myriam, la sœur de Moïse, qui revendique d'être, au même titre que lui, prophète de

Yahwé, est punie de cette prétention par la lèpre[49].
Certaines sont pourtant devenues célèbres : Houldah de
Jérusalem, que Josias consulte et qui, comme un homme
l'aurait fait, déclare : « Ainsi a parlé Yahwé » ; la nécroman-
cienne d'Endor que Saül envoie quérir et à qui il dit :
« Pratique pour moi la divination par l'esprit et invoque
celui que je te dirai[50] » ; Déborah surtout « qui siège sous le
palmier dans la montagne. Et les fils d'Israël montaient
vers elle pour le jugement[51] ». On doit à cette guerrière le
beau poème, le Cantique qui porte son nom, le plus
ancien texte biblique[52]. Au temps du Christ, le prophétisme féminin n'avait pas disparu à Jérusalem ; l'Évangile
de Luc parle d'Anne qui menait une vie d'ascèse dans le
Temple[53]. Il reprendrait vigueur dans la gnose et dans le
montanisme. Tertullien présente l'une de ces inspirées :
« Il y a parmi nous une sœur à qui le don de révélation a
été accordé. C'est en extase, pendant les solennités domi-
nicales qu'elle subit la puissance de l'esprit révélateur. Elle
converse avec les anges, quelquefois même avec le
Seigneur. Elle voit, elle entend les choses sacrées. Parfois
elle devine les pensées secrètes et suggère des remèdes à
ceux qui les désirent[54]. » Longtemps le christianisme se
méfiera des visionnaires. Il taxera volontiers de sorcellerie
celles qui entendent des voix et voient l'invisible. Elle le
saura à ses dépens, la fille de France qui, des siècles après
Tertullien et Montan, croira à ce que lui dira le Ciel, quittera son village et s'en ira trouver le roi et galvaniser un
peuple. Et pourtant l'Église ne pourra faire autrement que
d'accepter ces femmes, de les canoniser, de leur permettre
d'obtenir une fabuleuse audience, et des foules innombrables
se porteront aux lieux des grandes apparitions. Que l'on
songe seulement à Bernadette Soubirous, la jeune bergère
de Lourdes (1844-1879).

Voir, entendre, même comme Jeanne d'Arc, c'est-à-dire
percevoir assez clairement un fait pour être à même de le
traduire aux autres, n'est pas toujours utile, et la plus
haute expression que la femme donne de sa clairvoyance

s'exprime par des élans que ne soutient aucune raison. C'est celui de Marie-Madeleine qui, à la veille de la Passion, en pratiquant « l'onction de Béthanie », ensevelit le Christ avant qu'il soit mort, et qui, le jour de Pâques, sans le toucher (*Noli me tangere*), saura qu'il est ressuscité. C'est celui de ces femmes qui voient l'ange (ou les anges) devant le tombeau vide quand les disciples ne discernent que des objets, la pierre roulée, le suaire, des bandelettes[55].

Sommes-nous trop haut dans le sacré ? Redescendons. Ouvrons nos premiers romans médiévaux. Une jeune fille est là pour prévenir qu'un danger menace le chevalier qui ne s'en doute guère, pour lui révéler une vérité qu'il n'a pas su percevoir. Érec va être attaqué : Énide le lui signale. Lancelot se demande quelle femme vient d'être enlevée : c'est Guenièvre, l'épouse du roi Arthur, lui dit une damoiselle. Perceval ignore chez qui il a passé la nuit : une autre lui révèle que c'est chez le roi Méhaigné (le roi paralysé)[56]. On remarquera que ce sont alors des pucelles qui interviennent, non des femmes mariées : il y a dans la virginité une force qui ne s'est pas encore employée. Elle peut être moins puissante, la force des épouses et des mères ; elle dévoile moins l'inconnu, le mystère. Elle est en revanche moins singulière, plus active, constante. C'est elle qui fait naître dans le cœur des hommes les grands sentiments, l'amour, le respect, voire la vénération ; c'est elle qui donne aux reines et aux maîtresses des rois cette influence qu'elles ont sur eux et dont nous avons parlé au début de ce livre.

Revenons aux devineresses, à celles qui ne susurrent pas seulement à l'oreille, qui n'usent pas de leur influence après ou avant l'étreinte, mais qui clament bien haut ce qu'elles voient, ce qu'elles sentent, qui font en quelque sorte profession d'exploiter leur âme comme d'autres exploitent leur corps. Bien qu'elle eût des rivales à Claros et à Didymes en Asie Mineure, à Ptoion en Béotie, ailleurs encore en Grèce, et la Sibylle de Cumes qui ferait les beaux jours de Rome, la plus connue de toutes les devineresses était la Pythie de Delphes, installée au nombril du monde, en un lieu où pendant des siècles viendraient s'entasser les richesses. C'était, primitivement, une jeune paysanne, « sans instruction particulière [...] [sans] aucune parcelle d'art ou de connaissance [...] et qui s'approchait du dieu avec une âme vierge[57] », une âme aussi vierge que son corps l'était, plus tard une femme d'âge déjà avancé, ayant souvent atteint la cinquantaine[58], donc ménopausée et délivrée de la souillure du sang. Comme l'explique Plutarque, qui fut prêtre de Delphes au IIe siècle de notre ère, « le dieu se contentait de mettre sur la Pythie la vision et la lumière qui éclaire l'avenir, en quoi consiste l'enthousiasme[59] », et deux assistants — des « prophètes » — interprétaient ses vaticinations[60]. Il est intéressant de constater qu'il en allait exactement de même en Corée où des hommes donnaient un sens aux visions des femmes inspirées[61] et sans doute au Japon où les femmes, spécialistes de la transe et des oracles, faisaient entendre par leur bouche la voix des dieux[62].

Inspiratrice et enseignante

Platon a comparé le délire de la Pythie, « le plus beau des arts », à l'inspiration poétique due aux Muses et aux transports amoureux d'Aphrodite[63]. Déjà en Mésopotamie antique, on confondait poésie et vaticination. Nougayrol signale à ce propos que l'auteur d'un long poème « prétend en avoir reçu seul la révélation directe et textuelle et qu'il n'a retranché ni ajouté le moindre mot[64] ». De même, en Arabie préislamique, le poète était souvent pris pour un devin et vice versa. Faut-il rappeler que les livres bibliques sont saints, révélés ou prophétiques ?

Il est en effet remarquable que tout ce qui sort l'homme de lui-même, l'élève, lui procure ce « don magnifique » que le philosophe appelle « délire », « don qui vient des dieux », « qui l'emporte en noblesse sur la sagesse », soit d'origine féminine. Les Grecs et les Latins l'exprimaient en disant que toute activité désintéressée de l'esprit relevait des Muses[65], et qu'Athéna (Minerve), amie des arts nobles, les « apprit avant tout autre aux mortels[66] », que, raison pure et protectrice des héros, elle apportait le secours de l'âme à l'esprit, aux activités purement corporelles. Sans doute cela demeurait-il souvent théorique et abstrait, mais pas toujours. Numa, roi de Rome, réglait sa conduite d'après ce que lui disait la nymphe Égérie[67] et Socrate lui-même reconnaît qu'il se fit instruire par Diotine, une pythagoricienne ou une prêtresse de Zeus, « savante en ces matières [celles de l'amour] et en bien d'autres[68] ». Que des déesses protègent les arts, les lettres et les sciences, ce ne sont pas seulement les Grecs qui nous le disent. À Sumer, Nibada était la déesse tutélaire de l'école et des scribes, Gula, celle de la médecine et des sciences[69]. En Inde, Sarasvati était la « patronne » des arts, de l'éloquence, du savoir et l'inventeur du sanscrit[70]. À l'époque védique, alors même que les déesses avaient un rôle effacé, Gayatri était la Cantatrice, Suparni la Bien Ailée qui personnifiait la grâce et la force des mots[71]. La Brigitte celte avait été identifiée par Frazer comme la déesse « de la poésie, de la sagesse, la patronne des bardes, des médecins et des forgerons[72] ». Elle l'est encore maintenant qu'on la connaît mieux : elle préside à la médecine, aux arts, ceux du feu en particulier, et surtout à la poésie[73]. Elle a pour équivalent Kerridwen, qui détient le chaudron de l'inspiration et de la science[74].

Il est probable que les romans bretons de notre Moyen Âge n'ont exprimé si complètement l'idéal des cours d'amour qu'en puisant dans le passé celtique. Nous avons vu à quel point, aux XIIe et XIIIe siècles, la femme « sent qu'elle peut exercer son pouvoir en guidant ou en éduquant les hommes[75] » et comment le chevalier accepte son entière soumission aux ordres de sa dame, s'en remettant à elle, dit Ruskin, « dans tout choix difficile à faire ou toute question ardue à trancher ». Les grands poètes ne l'oublieront jamais entièrement. Shakespeare fera dire encore à l'un de ses personnages qui parle à une femme : « Il me semble que j'entends un esprit céleste s'exprimer par ta bouche[76] », et, à la fin du *Second Faust*, Marguerite aura cette prière : « Permettez-moi de le guider et de l'instruire. »

Le rôle historique joué par les femmes comme éducatrices des enfants et comme transmetteurs des traditions est bien connu et sert de prélude à celui que les mythes, la religion et la philosophie lui reconnaissent. Ce sont elles qui ont enseigné les prières à leurs petits, qui ont imprégné leurs jeunes âmes des premiers principes moraux et religieux, qui leur ont chanté les chansons que chantaient leurs propres grands-mères et qu'elles chanteront à leur tour à leurs petites-filles, qui leur ont raconté de belles histoires, les contes d'antan. Des cultures entières ont été ainsi transférées d'un univers dans un autre au moindre mal. On fait plus que présumer que ce soit « par les femmes prises pour épouses » que les Toltèques transmirent aux Aztèques « les riches traditions qui imprègnent la contrée tout entière. Les femmes furent les éducatrices de leurs enfants[77] ». C'est parce que les musulmans achetaient dans les steppes des jeunes filles turques pour les donner à leurs Mamelouks (mercenaires) que les Turcs entrés dans le monde de l'islam gardèrent si longuement leur antique culture et qu'aujourd'hui encore il en subsiste chez eux plus que des traces.

Le « Sauveur »

Le Sauveur est un homme. C'est le Christ, non la Vierge, bien qu'elle ait été intégrée à l'économie de la Rédemption. Et tous ceux qui se disaient sauveurs en étaient, et ceux qui étaient annoncés comme devant venir, le Messie que les juifs attendaient, ceux dont parle Zarathoustra, le fondateur du mazdéisme qui, lui-même, pour le salut de tous, accepta de « souffrir parmi les hommes ». Pour répondre à son profond besoin de donner, de se donner, la femme sacrifiera peut-être sa vie pour celui qu'elle aime. Nous avons vu Alceste le faire et elle a eu des sœurs et des filles, mais son sacrifice sublime n'intéresse qu'un seul homme, jamais l'humanité, et il peut être refusé, il doit l'être, si celui pour qui elle s'apprête à s'immoler en est vraiment digne. Hartmann von Aue (1170 ? -1210) dans la *Légende du pauvre Henri* en a bien eu conscience, dont le héros lépreux refuse la guérison qui a pour prix la vie d'une petite paysanne qui l'offre ingénument.

Et pourtant il n'y a pas de salut possible sans la femme. John Ruskin, dans *Sésame et les lys*, a très bien montré à quel point Shakespeare l'avait compris : « Les catastrophes, dans chaque pièce, ont toujours pour cause la folie d'un homme ; elles ne sont rachetées, si elles le sont, que par la sagesse et les vertus d'une femme, et si celle-ci fait défaut, elles ne sont pas rachetées[78]. » Elle est le vase immaculé qui porte en elle celui qui, par sa passion et son enseignement, va délivrer l'humanité du péché et lui ouvrir les portes du ciel. Rôle tout aussi discret que celui des conseillères des rois, rôle tout passif en apparence, mais qui est moins discret qu'on ne le croirait et qui débouche souvent sur un engagement, sur une action, rôle parfois trouble, voire abject quand il implique la trahison du père. Ariane et Médée « ont sauvé par amour le jeune étranger qui se présentait en ennemi[79] » ; rôle parfois clair et sublime : c'est la femme qui reconnaît, la première du moins, la présence et la manifestation du divin, la Samaritaine, Marie-Madeleine. C'est elle qui reçoit mission de les révéler aux hommes : « Allez à mes frères et dites-leur[80]... » ; c'est la main qui se tend vers la main pour conduire sur la voie étroite, celle, « froide et glacée », que présente Clorinde à Tancrède dans *La Jérusalem délivrée* et qui sauve son âme en lui interdisant de se donner la mort[81] ; c'est le regard qui attire les regards vers la lumière, celui de la Clorinde du Tasse qui fixe ses yeux vers le ciel ; c'est le pas dans lequel il faut poser ses pas. C'est par excellence le guide spirituel — nous allons dans un instant le voir.

Peu de civilisations ont pressenti le rôle salvateur de la femme, alors même qu'elles voyaient en elle le guide vers l'au-delà, peu l'ont exprimé dans des mythes. Presque toutes les histoires de dieux morts et ressuscités qui illustrent l'espérance de vie éternelle ou de résurrection des hommes sont des histoires masculines et les catabases sont surtout entreprises par des hommes, celles d'Our Nammou le Sumérien, celles de Dionysos, des Dioscures, d'Héraclès, d'Orphée, du bonze chinois Tao-ming (VIIIe siècle)[82], du disciple du Bouddha Mou-louen qui, comme Dionysos arracha Sémélé aux enfers, va y chercher sa mère impure pour qu'elle puisse se convertir[83] — sans parler d'Énée ou de Dante. C'est l'esprit qui agit au grand jour ; l'âme demeure dans la retraite et l'on dirait qu'il lui est interdit d'opérer sans le couvert des hommes : pourquoi Zeus défendrait-il à Cybèle de ressusciter Attis, alors qu'elle peut le faire et le désire si ardemment ? Il n'en est que plus remarquable de voir, ici et là, des déesses redonner vie au dieu mort et parfois même faire un dieu d'un défunt au statut incertain. C'est par exemple ce qui arrive avec Adonis dont le mythe, né sans doute à Sumer, s'est développé à Byblos, puis répandu en Grèce à partir du Ve siècle, Adonis l'être d'une beauté exceptionnelle, mais efféminé, immature, stérile qui, après sa mort, due selon la version la plus répandue aux coups de boutoir d'un sanglier, fut tiré des enfers par Ishtar (Astarté). C'est Dionysos qui aurait été démembré par les Titans, dont Rhéa, fille d'Ouranos et de Gaia, femme de Cronos, mère de Zeus, aurait rassemblé les membres et les aurait rendus à la vie. C'est encore, dans le *Mahabharata* indien, la princesse Savitri qui va chercher son mari au royaume des défunts[84] ou, sur un autre registre, la fée Morgane qui s'était déjà penchée sur le berceau du roi Arthur pour lui donner multitude de dons et qui le transporte dans l'île d'Avallon où règnent pour toujours la jeunesse et l'amour[85].

Les deux grandes déesses salvatrices de l'Antiquité sont incontestablement Anat la Syrienne et Isis l'Égyptienne que l'on pourrait nommer aussi la Romaine tant elle jouissait de faveur dans l'empire latin où elle introduisit les notions de grâce et d'appel divin[86].

La Syrienne d'abord : le dieu ou le roi d'Ougarit (Ras Shamra), Baal, « le Maître » en qui les juifs personnifieront tous les faux dieux, a été tué au cours d'une chasse par ses ministres. Sa sœur et épouse, Anat, veut le faire revivre et engage un long combat contre Mat, la mort. Elle parvient à l'abattre et disperse ses membres, puis, ayant retrouvé le corps inanimé de Baal, elle le transporte à la montagne du septentrion où pendant six mois, les six mois de la saison hivernale, elle multiplie ses efforts pour atteindre son but[87].

L'Égyptienne ensuite : Seth, qui jalousait son frère Osiris, sans doute un roi légendaire, l'avait tué, l'avait enfermé dans un coffre et jeté dans le Nil dont les flots l'avaient porté à la mer puis sur les rivages de Phénicie. Isis, sa sœur, sa femme, celle qui l'aimait, était partie à sa recherche, l'avait retrouvé à Byblos, et ramené inanimé dans son pays. Alors Seth avait découpé le cadavre en quatorze morceaux qu'il avait dispersés à travers l'Égypte. Inlassable, tenace, Isis s'était employée à les retrouver, les avait rassemblés et, aidée par Horus, le fils qu'elle était parvenue à concevoir du dieu mort, leur avait rendu la vie. Et Osiris monta au ciel ou, selon une autre version, descendit dans le pays souterrain des défunts dont il devint le roi[88]. Le mythe est ancien. Les *Textes des Pyramides*, deux mille quatre cents ans avant notre ère, ont déjà cette belle invocation : « Osiris, regarde ! Écoute ! Lève-toi ! Ressuscite ! Osiris, tu es parti, mais tu es revenu. Tu t'endormis, mais tu fus réveillé. Tu mourus, mais tu vis à nouveau[89]. »

Femme aux deux visages

Anat ne présente certainement pas le meilleur visage de la femme. C'est une sorte de brute guerrière, féroce, sanguinaire qui dévore les chairs à pleines dents et boit le sang à même les veines, qui entasse les têtes des soldats morts et donne cent autres preuves de sauvagerie — et pourtant elle sauve. Son amour pour Baal en quelque sorte la transfigure, l'oblige à s'oublier, la « convertit », et fait d'elle une déesse de la fécondité, de la vie[90]. Si même dans le cœur d'un monstre peuvent se développer des sentiments d'amour d'une telle puissance, si peut naître une telle force de salut, que n'en sera-t-il pas, je ne dis pas dans une sainte, mais dans une femme moyenne, dans toutes celles qui composent la masse immense de l'humanité ? Il existe en Anat et il doit bien exister en chaque être, mâle ou femelle, deux personnes virtuelles non seulement différentes, mais diamétralement opposées et étroitement unies, qui peuvent sans doute s'équilibrer, mais dont l'une doit logiquement prendre le dessus sur l'autre. Athéna a bien elle-même deux formes, celle de déesse de la paix et celle de déesse de la guerre, et combien de dieux se présentent-ils avec deux visages antagonistes ! C'est ce que dit le mazdéisme ; c'est sans doute aussi ce que dit l'apologue de Prodicos — du nom d'un sophiste contemporain de Socrate — que l'on lit dans Xénophon, bien qu'il présente les deux hypostases extérieures à l'homme au lieu d'en faire son âme : toutes deux, distinctes, n'en sont pas moins un seul et même individu.

Quand Héraclès était adolescent, raconte Prodicos, « il se retira dans la solitude et s'assit, hésitant sur la route à prendre. Il vit alors venir à lui deux femmes de grande taille. L'une, de belle apparence, respirait la noblesse ; son teint avait la pureté pour parure, son regard était pudique, son maintien réservé, dans la blancheur de son vêtement. L'autre, [...] forte en chair et poupine, avait la peau fardée [...] se tenait de façon à sembler plus droite qu'en réalité ;

elle ouvrait tout grand les yeux et sa toilette était telle que sa beauté en resplendissait à l'extrême. [...] Je te vois [dit cette dernière], hésitant sur la route à prendre pour entrer dans la vie. Si donc tu veux faire de moi ton amie, je te mènerai par le chemin le plus agréable et le plus facile ; il n'est aucun plaisir auquel tu ne goûteras et tu vivras exempt de peine. » Héraclès lui demanda : « Femme, quel est ton nom ? — Mes amis, répondit-elle, m'appellent le Bonheur et mes ennemis, par dénigrement, me nomment le Vice. » Alors, « l'autre femme s'étant avancée : Moi aussi, Héraclès, je suis venue vers toi. [...] J'ai bon espoir que, si tu prends la route qui mène vers moi, tu accompliras vaillamment de beaux et nobles exploits et que tes bonnes actions *me rendront moi-même plus honorée encore et me feront davantage remarquer.* » Alors, le Vice, interrompant : « Vois-tu, Héraclès, combien difficile et longue est la marche aux plaisirs que trace cette femme-là ? Moi, au contraire, c'est par un chemin facile et court que je te conduirai à la béatitude[91]. »

Ces deux femmes marchent ensemble ; elles sont belles ; elles discourent également ; également elles invitent. Je le répète : elles sont une ; c'est l'avers et le revers de la même médaille et Héraclès est libre de suivre celle qu'il veut. Il est impossible de ne pas faire relever de la même vision l'exposé de Prodicos et la leçon du mazdéisme. On remarquera (et j'ai souligné une phrase pour cela) que leur discours est, sur un point particulier, presque le même. Nous avons dit comment, selon le mazdéisme, le mort, après trois jours, rencontrait son « âme religion » soit sous forme d'une femme affreuse, repoussante, soit sous celle d'une belle jeune fille. Nous avons tu leurs discours. Il est temps d'en extraire ce qui est essentiel pour notre propos. La belle se présente donc et aussitôt ajoute : « Parce que tu as bien pensé, bien dit, bien fait, alors que j'étais aimée, tu m'as rendue plus aimée, alors que j'étais belle tu m'as rendue plus belle, *alors que j'étais admirée, tu m'as rendue plus admirée encore.* » La laide dit : « Je suis tes mauvaises pensées, tes mauvaises paroles, tes mauvaises actions. Car j'étais méprisable, tu m'as rendue plus méprisable, j'étais méprisée, tu m'as rendue plus méprisée encore[92]. »

C'est bien la même femme, l'âme du défunt, qui, à la fin de sa vie terrestre, se révèle tel que l'homme enfin se voit, tel qu'il se juge, sous deux aspects opposés, ceux du Vice et de la Vertu, cette femme qu'Héraclès a rencontrée à travers deux personnes dans son adolescence et entre lesquelles il avait à opter en toute liberté. Nous ne pouvons pas douter qu'au début de sa vie le mazdéen se soit trouvé dans la même situation que le héros grec. On croirait volontiers que les deux récits racontent la même histoire, l'une dans son commencement, l'autre dans sa fin. Dans les deux cas, il s'agit de suivre la femme : « Je te mènerai », dit-elle. Où ? À la damnation ou au salut certes. Mais le sait-elle elle-même ? Elle ne veut peut-être que le bien de l'homme. Ève n'avait pas l'intention de perdre Adam, mais de lui donner plus de connaissance. Sans doute se trompait-elle. Elle était faible : n'a-t-on pas assez parlé de la faiblesse féminine ? Adam, censé fort, n'avait qu'à refuser de manger la pomme. Ce n'est pas, malgré les apparences, l'une ou l'autre qu'il suivra puisqu'il n'y en a qu'une. Ce qui compte c'est la raison pour laquelle il la suivra, c'est le regard qu'il portera sur elle. L'âme guide l'homme vers le bien si son œil est bon ou vers le mal si son œil est mauvais. L'homme, par ses pensées, ses paroles, ses actions, peut rendre l'âme « plus belle encore » ou plus laide ; il peut, puisque la femme est âme, faire d'elle un ange ou un démon. C'est Adam qui est responsable. C'est lui qui a entraîné Ève dans sa chute.

Il nous faut tout reprendre à zéro. Ne nous sommes-nous pas trompés ? N'est-ce pas l'homme qui a créé les sorcières, qui a provoqué la métamorphose de la belle fille que fut un jour Scylla ? Ne pourrait-il pas dire comme Hölderlin, en infléchissant le sens des mots du poète : « Je me suis perdu moi-même en la perdant » ? Certes, la femme peut agir pour le mal, mais quand Ériphile conduit son mari Amphairaos à la défaite, c'est parce qu'elle a été achetée par Polynice. Les *lamiae* romaines qui sucent le sang des beaux jeunes gens et les vident de leur substance vitale sont-elles nées vampires ou le sont-elles devenues ? Les monstres ne sont-ils pas des produits du regard masculin ? La femme qui appelle l'homme et le conduit à sa perte est-elle responsable, voulait-elle même le faire ? Ne s'est-elle pas illusionnée ? La femme sans ventre et sans vagin qui attire à elle en sachant qu'elle ne pourra pas assouvir les désirs est-elle l'être fatal que nous avons vu en elle ? Si elle n'a rien qui puisse satisfaire les besoins sexuels, n'est-ce pas justement pour qu'on la suive dans un autre propos ? N'est-il pas utile que de temps à autre, ici et là, il y ait quelqu'un qui rappelle aux hommes que les femmes ne sont pas seulement faites pour coucher avec eux ? La Lorelei n'était-elle pas désespérée de voir se briser sur les rocs ceux qui venaient à elle, qui subissaient les charmes de son chant — que chantait-elle ? —, si désespérée qu'elle finirait par en mourir d'amour ? Mais, j'ai déjà posé la question : si ce n'était pas la femme qui perdait l'homme, mais l'homme qui se perdait lui-même en ne regardant que son désir charnel, en cherchant en elle le sexe, ce que veut la nature, ce qui est légitime, sain, mais insuffisant si on ne cherche que lui, et se jetait lui-même dans l'abîme ? La Dame blanche des Alpes pleure. Nous avons suggéré qu'elle était triste de jouer son sinistre rôle. Ne pleurait-elle pas parce qu'elle voyait que l'homme encore ne la suivait pas comme il fallait ? Elle gravissait la montagne. Elle entraînait l'homme vers les hauteurs. Avait-il la possibilité de s'élever s'il ne levait jamais les yeux vers le ciel, s'il n'était attiré que vers les gouffres et les abîmes ? Une des beautés du roman islamique de *Layla et Madjnun* tient à ce que la jeune femme cherche par tous les moyens à séduire Madjnun et que celui-ci ne lui cède pas, qu'il voit plus loin qu'elle, au-delà d'elle, et ne s'unit à elle que dans le tombeau, pour la vie éternelle en Dieu.

Le guide de lumière

Il faut ne plus être souillé ou que l'âme soit prête à se débarrasser de ses souillures pour gravir la montagne. Toute escalade est dure, implique effort. L'alpiniste n'affronte pas les hauts sommets dépourvu d'entraînement. Il faut, comme Dante, passer à travers le feu purificateur et l'eau purificatrice, il faut le repentir et l'aveu des fautes pour pouvoir dire : « De cette eau très sacrée, je m'en reviens régénéré, comme de jeunes plantes que renouvelle un jeune feuillage, pur et prêt à monter aux étoiles[93]. » Alors, alors seulement, on pourra répondre complètement à l'invitation de Béatrice et la suivre dans une vertigineuse ascension.

Il faut retrouver l'innocence de la petite enfance (Dante n'avait-il pas neuf ans quand il rencontra et aima Béatrice ?), il faut réveiller le souvenir de cette maman vers qui, d'un pas encore incertain, nous marchions quand elle nous tendait les bras, pour qui nous avions tant d'amour, en qui nous avions toute confiance. N'oublions pas qu'en Isis, qui est sans doute pour les Romains le premier grand appel divin, se sont absorbées en définitive toutes les déesses mères : Déméter, Héra, Cybèle…

Est-ce suffisant ? Le Florentin aurait-il dépassé le monde du purgatoire si la femme n'était pas venue le chercher ? Virgile, son guide, l'avait abandonné. Seul l'appel féminin lui permit d'entrer au paradis. Oui, le dernier mot de Faust est beau et il a fait fortune : « Viens, élève-toi jusqu'aux sphères supérieures. Dès qu'il pressentira ta présence, il te suivra. » Et le chœur mystique éclate : « L'Éternel féminin nous attire vers le haut. » Mais s'il faut et le culte marial des chrétiens et le génie de deux poètes pour que nous en prenions vraiment conscience, bien d'autres nous ont montré que la femme était le guide suprême vers la lumière, vers Dieu, si l'on veut, ou tout simplement vers le complet épanouissement de l'être. L'éternel féminin ! Depuis que le mot a été prononcé, où ne l'a-t-on pas dénoncé ? Pour certains, la Brigitte celte le « symbolise dans son intégralité[94] ». Pour Van der Leeuw, on le trouve déjà dans le *Tao-tö-king* de Lao-tseu (Laozi) : « L'esprit de la profondeur ne ment pas. C'est l'éternel féminin. La porte de sortie de l'éternel féminin est la racine du ciel et de la terre[95]. »

C'est une galerie d'art où sont exposés bien des tableaux qu'il nous faut visiter, quitte à ne regarder que quelques-uns d'entre eux.

Voici Antigone et Œdipe. Elle est dure, cette fille, inflexible, capable d'accomplir son destin jusqu'à en mourir. Elle a en quelque sorte sauvé son frère Polynice en lui rendant, malgré la défense de Créon, les honneurs funèbres. Mais là, sur cette toile, elle dit au criminel aveugle : « Suis-moi, mon père. Suis-moi jusqu'où je dois te conduire. [...] C'est à moi de guider tes pas. » Et, comme une mère prend la main d'un tout petit enfant, avec la même sollicitude, elle prend celle d'Œdipe, elle le mène sur des chemins difficiles, « dans les forêts les plus sauvages, errante, sans nourriture et presque sans vêtements [...] souffrante, exténuée », elle l'entraîne vers Colone, cette banlieue d'Athènes, pour qu'il puisse enfin, « par une mort paisible et sans angoisse, se reposer doucement dans [...] le pays des défunts où tout s'engloutit », par « une mort merveilleuse » qui lui apporte enfin la paix[96]. Le salut par la mort, la mort par l'amour ! Les Walkyries, les vierges guerrières qui poussent les héros germaniques à tomber au combat, ne les sauvent-elles pas au-delà du trépas, puisque au paradis où elles les emmènent elles leur servent la bière et l'hydromel ?

Voici la Vierge de lumière, cette surprenante création d'un monde musulman qui accorde si peu aux femmes, mais, il est vrai, iranienne et chiite, qui, dit le grand spécialiste que fut Henry Corbin, révèle à l'élu la forme spirituelle qui est en lui, le nouvel homme, se faisant son guide et l'entraînant vers les hauteurs[97]. Héritage mazdéen ? On pourrait le penser, mais il faudrait le prouver. Revenons à l'antique religion des Guèbres et des Parsis, au défunt qui a rencontré son « âme religion ». Il est sorti de son sommeil de trois jours, il a été rafraîchi, ou brûlé, par la bise qui soufflait et il doit gagner les royaumes des morts. Une femme le conduit : tous les textes le disent quoique en présentant quelques variantes dans les modalités de l'action. Il arrive au pont de Tchinvad, pont étroit s'il en est, qui franchit un abîme où tombent les damnés. « Elle rejette l'âme pécheresse du méchant dans les ténèbres », elle fait traverser le pont à l'âme du juste, qui ensuite monte derrière elle. Il fait trois pas, trois étapes, arrive successivement au domaine des bonnes pensées, des bonnes paroles et des bonnes actions, puis, au quatrième, il entre « dans les lumières infinies où la joie est éternelle[98] ». Cette femme, on ne la connaît pas autrement à la haute époque, mais un texte tardif, du IXe siècle, le *Zatspram*, la présente ainsi : « La figure de femme qui reçoit l'âme et lui fait traverser le terrible pont, de la même façon qu'une mère le fait en donnant naissance à son enfant [...] c'est sa mère[99] », non sa mère terrestre, celle de chair et de sang, mais sa mère symbolique, comme l'est d'ailleurs Béatrice pour Dante qui ne manque pas de le rappeler : « Elle me regarde avec cet air qu'a une mère qui jette les yeux sur son fils en délire[100]. »

Voici encore la fille du soleil, celle des Nartes du Caucase ou celle du *Mahabharata* indien. La première, que bien des hommes ont poursuivie sur la montagne, trop faibles, trop faillibles pour l'atteindre et qui blanchissent de leurs os les sommets, mais que notre héros, plus fort, mieux armé, finira par épouser. La seconde, « toute lumière, image incarnée de l'éclat » de son père, qui aime Samvarana et est aimée de lui, le réconforte quand il est terrassé d'amour, l'incite à se relever : « Lève-toi ! Lève-toi ! [...] Il ne sied pas que tu perdes ainsi les sens », l'oblige à aller demander sa main au dieu qu'il vénère et l'amène ainsi à la complète plénitude du cœur. Et cette magicienne, qui est-elle qui conduisit les Aztèques nomades jusqu'au centre du Mexique, leur terre promise[101] ? Et que fut exactement pour Ibn Arabi la rencontre de 1201 avec Nizâm, « celle qui fut pour lui ce que Béatrice sera pour Dante[102] », écrit Claude Addas, celle pour qui il composa son chef-d'œuvre, condamné par les petits esprits comme érotique, mais qui « rappelle plutôt, dit de son côté Mircea Eliade, les rapports de Dante et de Béatrice[103] ».

Béatrice

On a soupçonné Dante de s'être assez largement inspiré des œuvres de celui qu'on nommait le cheikh admirable, Arabi Akbar, « le Grand[104] », ce qui a soulevé beaucoup d'émotion et ce qui peut être ou ne pas être, car aucun des arguments avancés n'est absolument péremptoire. Massignon le rappelle : « Il n'y a qu'un très petit nombre de manières différentes de bâtir en réduction [...] un Enfer et un Paradis », et : « toute littérature abordant la description d'états plus ou moins mystiques recourt a priori aux mêmes images, "surnaturelles" par définition, puisqu'elles s'attachent à décrire l'au-delà, l'invisible[105] ». Le mazdéisme, le chiisme iranien, l'Inde, les Nartes ou Sophocle — et le christianisme —, tous enfin parlent aussi comme parlera Dante et proposent, comme lui, aux hommes de suivre la femme pour s'élever non dans ce monde, ce qu'ils n'ont que trop tendance à faire, mais au-dessus du monde, vers l'amour, vers la lumière. Pourtant, bien rarement, sinon jamais, même en ce beau Moyen Âge, même en ce temps de l'amour courtois, une simple femme, une femme qui ne fût ni une déesse, ni une fée, ni la Mère de Dieu, n'a été considérée comme une autorité spirituelle absolue, comme la vérité révélée, n'a été rendue « supérieure aux anges, et aux saints, immunisée au péché, presque comparable à la Vierge ». Et Eliade de conclure en parlant de

Béatrice : « On ne connaît pas d'autres exemples aussi éclatants de la divinisation d'une femme[106]. »

Le voyage de Dante à travers le cosmos, en enfer, au purgatoire puis au paradis, est la plus grandiose illustration de l'attraction que subit l'homme vers les hauteurs par l'intervention et par l'amour d'une femme. Il commença en cette nuit du jeudi au vendredi saint (celle du 7 au 8 avril) de l'an de grâce 1300 sous la conduite de Virgile, guide infaillible dans le monde infernal, déjà hésitant sur les chemins du purgatoire, obligé de demander sa route, et qui, incapable d'aller plus haut, annonce que son rôle est terminé, puis disparaît soudain sans plus rien dire. Avec lui, l'homme est allé jusqu'au bout extrême de sa mission, jusqu'au seuil de la lumière, et c'est à la femme de prendre le relais. Elle est là. Elle attend. Déjà, bien avant qu'elle ne paraisse, elle se devine, s'annonce, exerce son rôle. « Je parle de Béatrice, dit Virgile. Tu la verras plus haut sourire dans son bonheur sur la cime de cette montagne. » Et rien qu'en entendant ce nom Dante est saisi d'une ardeur nouvelle. Il veut « se hâter davantage », « il ne sent plus sa fatigue »[107].

Béatrice, il l'a connue quand elle n'était encore que la petite fille de la famille Portinari, quand elle n'était qu'une enfant ; il l'aima ; et elle mourut si jeune encore, à vingt-cinq ans. Quoi qu'il en soit des sentiments que put avoir le poète pour la gamine florentine, le choix qu'il a fait de la Béatrice symbolique n'aurait pu être meilleur : c'est, avec elle, un amour enfantin, tout pur, que la vie n'eut ni le temps ni l'occasion de souiller, qui s'épanouit par la seule démarche de l'âme ou du cœur, par ce qu'il y a peut-être de plus beau, le rêve.

Et la route se poursuit. Dante, non sans frayeur, franchit le mur de feu qui le sépare d'elle[108] et la femme enfin apparaît, « en manteau vert, vêtue d'une robe couleur de flamme ardente[109] ». Elle est belle, elle sera de plus en plus belle au fur et à mesure qu'il montera vers Dieu. Ses yeux « si divins » étincellent d'amour, et leur splendeur, leur

éclat ne cessent d'augmenter jusqu'à ce qu'il atteigne
l'Empyrée, si bien que, arrivé là, le poète « doit renoncer à
suivre sa beauté dans ses vers[110] ». Elle lui dit : « Regarde-
moi bien ! Je suis, oui, je suis Béatrice. » Que n'adresse-
t-elle pas alors comme reproches au poète, tombé si bas,
victime d'un « péché qui l'avait jeté dans l'abîme et lui
aurait mérité l'enfer » si elle n'avait pas « franchi la porte
des morts » pour venir le chercher[111]. Et Dante, il le faut,
avoue sa faute, exprime son remords. « D'un simple
signe », elle lui ordonne alors de le suivre[112]. Ils montent
sans effort, elle « regardant le soleil [image de Dieu]
comme jamais aucun aigle ne le fit », lui essayant de faire
comme elle, mais, bien sûr, incapable d'en supporter
l'éclat. Alors, il se retourne vers elle et c'est à travers elle
qu'il voit la brûlante lumière : « Béatrice tenait son regard
tout fixé aux sphères éternelles, et moi, je fixais sur elle
mes yeux détachés de là-haut[113]. » « Elle regardait en haut
et moi en elle[114]. » Peut-on mieux dire ? Peut-on dire plus ?

À la fin du voyage, à la fin du poème, l'esprit de
l'homme « est frappé d'un éclair », celui de la grâce qui
permet d'entrer en extase et de trouver les réponses à tout
mystère. Quand il reprend connaissance, il est entré dans
la béatitude, « dans l'Amour qui meut le soleil et les autres
étoiles[115] ».

AMEN

« *Oui, une vierge que l'approche de l'homme
n'a pas souillée peut seule me sauver.* »

HEINE, *Atta Troll.*

Béatrice a conduit Dante à la béatitude. Marguerite a sauvé Faust qui avait pourtant vendu son âme au diable. La *daéna* a montré au mazdéen le chemin du paradis. Antigone, mère de son père, l'a mené à travers mille embûches jusqu'au repos final. Clotilde a converti Clovis et, avec lui, la France. Jeanne est allée chercher le roi prostré pour le faire couronner à Reims... Et Marie-Madeleine n'a-t-elle pas été le premier apôtre puisque elle a vu la première le Christ ressuscité qui lui a ordonné : « Allez dire à mes frères... » ?

Que nous importent les prostituées, les danseuses nues, les sorcières qui n'existent que parce que les hommes les regardent et les sollicitent ? Que nous importent les méchantes, les égoïstes, les démones, celles qui sont pétries de vices parce que l'humanité est vicieuse ? Que nous importent les Amazones et la Diane chasseresse qui renoncent à être femmes parce que les hommes renoncent à reconnaître la grandeur de leur féminité ?

Nous avons appris à regarder la Lorelei, à écouter les sirènes, à suivre en montagne la Dame des Neiges, nous avons appris aussi qu'il ne fallait pas manger la pomme qu'Ève nous offrait.

Nous avons vu les chants, et les ruisseaux, et les arbres en fleurs, et l'embrasement des soirs, nous avons chanté, dansé, joué de la musique, philosophé, rêvé avec les Muses, avec la Sumérienne Nibada, l'Indienne Sarasvati, la Celte Brigitte. Nous avons, par elles, appris que toute inspiration est féminine ; nous avons, par elles, « eu accès aux vertus éternelles ».

Nous avons découvert que leur faiblesse tant chantée dissimulait une inépuisable force, que leur vraie beauté ne pouvait être que celle de leur âme, que la pétrification de Niobé ne l'empêchait pas de pleurer et que leur coquetterie, leur ruse, leur versatilité n'étaient peut-être que des masques dissimulant leur infinie tendresse, la source inépuisable de leur compassion, celles de la mère, de la maman que nous avons tant aimée.

Il ne sert à rien, pour éviter de succomber à leur charme, de fuir les femmes, de les enfermer sous des voiles et dans des gynécées, de se faire ermite dans quelque grotte du désert ou derrière les murailles d'un cloître ; de refuser, comme le Bouddha ou saint Augustin de leur parler ; et, bien sûr, de se mutiler comme Origène : non seulement on se dénature, et on ne peut plus, par l'union des corps, atteindre celle des âmes et faire retour à l'unité, mais encore on ne peut plus voir Béatrice ou Marguerite, ni recevoir l'enseignement des Muses, ni, comme Érec, regarder notre Amie pour recouvrer nos forces.

Elle repose encore dans son lit d'accouchée cette jeune femme tenant dans ses bras la plus belle chose du monde, un bébé, un tout petit enfant que Dieu fit à son image et à sa ressemblance, le tout petit enfant qu'Il pourrait être, qu'Il a été un jour, la vie qui commence dans la resplendissante lumière féminine de l'aube.

« Je vous salue, Marie, pleine de grâces. Le Seigneur est avec vous. Vous êtes bénie [...], Marie, mère de Dieu... »

Amen

Sigles et abréviations

AKOUN : André Akoun (dir.), *Mythes et croyances du monde entier,* vol. IV, *Les Mondes asiatiques,* Lidis-Brepols, Paris,1985.

BONNEFOY, I et II : Yves Bonnefoy (dir.), *Dictionnaire des Mythologies,* vol. I et II, Flammarion, Paris 1981.

DELUMEAU : Jean Delumeau, *Le Fait religieux,* Fayard, Paris, 1993.

ELIADE, I-III : Mircea Eliade, *Histoire des croyances et des idées religieuses,* 3 vol., Payot, Paris, 1976-1983.

GRIMAL, I : Pierre Grimal, *Mythologies de la Méditerranée au Gange,* Larousse, Paris,1963.
GRIMAL, II : Pierre Grimal, *Mythologise des steppes, des forêts et des îles,* Larousse, Paris, 1963.

J.A. : *Journal Asiatique,* Paris.

PUECH, I-III : Henri-Charles Puech (dir.), *Histoire des religions,* 3 vol., Gallimard, Bib. de la Pléiade, Paris, 1970-1976.

S.O. : *Sources orientales,* 7 vol., Seuil, Paris, 1959-1966.
S.O., I : *Sources orientales,* vol. I, *La Naissance du monde.*
S.O., II : *Sources orientales,* vol. II, *Les Songes et leur interprétation,* 1959.
S.O., III : *Sources orientales,* vol. III, *Les Pèlerinages,*1960.
S.O., IV : *Sources orientales,* vol. IV, *Le Jugement des morts,*1961.
S.O., V : *Sources orientales,* vol. V, *La Lune, mythes et rites* 1962.
S.O., VI : *Sources orientales,* vol. VI, *Les Danses sacrées,* 1963.
S.O., VII : *Sources orientales,* vol. VII, *Le Monde du sorcier,* 1966.

Notes sur les sources

Pour les sources judaïques, chrétiennes, islamiques et pour celles de l'Antiquité classique, je me réfère aux textes originaux faciles d'accès pour le lecteur. Et je le fais aussi bien entendu pour la littérature européenne. En revanche, pour les sources orientales, plus difficilement accessibles, j'ai le plus souvent évité d'y renvoyer directement et j'utilise au premier chef les sept volumes de la collection *Sources orientales* des éditions du Seuil qui traduisent et éclairent de nombreux textes ou je renvoie à des autorités qui me fournissent aussi maintes références mythologiques ou religieuses. Pour ne pas grossir exagérément une bibliographie qui pourrait être illimitée, j'ai écarté d'autre part, non sans regret, maintes études importantes. Je n'ai pas cru inutile de rappeler les dates des principaux auteurs et celles des sources.

On trouvera ci-après la liste des abréviations utilisées dans les notes et la bibliographie.

Textes de l'Ancien et du Nouveau Testament

Pour les textes des Évangiles, j'ai le plus souvent suivi la version de l'abbé (puis chanoine) A. Crampon publiée de 1894 à 1904 (Paris, Desclée, éd. 1932), mais j'ai eu aussi recours à la Bible de Jérusalem (Paris, Le Cerf, 1960, éd. de 1971) qui m'a de même servi pour les autres ouvrages néo-testamentaires (Actes des Apôtres, Épîtres), ainsi qu'à la traduction de Louis Segond parue en 1909. Pour les textes vétéro-testamentaires, j'ai utilisé la Bible de Louis Segond (éd. 1952.) et la traduction annotée de la Bibliothèque de la Pléiade, sous la direction d'Édouard Dhorme (2 vol., 1956). Pour les évangiles apocryphes, les travaux de G. Brunet, de Doresse et de France Quéré.

Les plus anciens textes bibliques datent du XIIIe siècle av. J.-C. Le *Pentateuque* était achevé au VIIe siècle. Les autres textes sont du premier millénaire avant notre ère (les plus récents du Ier siècle). Le Nouveau Testament a été entièrement écrit avant la fin du Ier siècle de notre ère.

Les évangiles apocryphes, non retenus par l'Église, sont parfois plus récents, de deux ou trois siècles peut-être.

Sources chrétiennes

Parmi les auteurs chrétiens des premiers siècles, je cite surtout : Tertullien (v.150-222), Clément d'Alexandrie (v. 150-v. 215), Origène (v. 185-v. 254), saint Jérôme (345-420), saint Augustin (v. 354-420) et Grégoire de Tours (v. 528-594).

Sources gréco-romaines

Pour les Grecs, j'utilise abondamment Homère (IXe s.), Hésiode (VIIIe s.), les Hymnes dits homériques (VIIIe s. et *sq.*), Eschyle (v. 525-456), Sophocle (485-405), Euripide (480-406), Hérodote (v. 485-v. 406), Platon (428-v. 348), Xénophon (v. 430-v. 364), Plutarque (50-120), et, dans une moindre mesure, Anacréon (VIe s.), Pindare (522-448), Aristophane (450-v. 386), Aristote (384-ap. 324), Démosthène (v. 383-322), Diodore de Sicile (v. 90-5), Strabon (v. 60-v. 23), Longus (IIIe s.), Callimaque (v. 310-335).

Pour les Latins, j'ai surtout fait appel à Ovide (43 av. -17 ap.), Virgile (76-19), Lucrèce (v . 98-v. 55), Juvénal (v. 350-v. 410), Apulée (v. 125-après 173), Tacite (v. 55-v. 120), mais je me réfère aussi à César (101-44), Plaute (v. 254-184), Tite Live (v. 64-v. 10), Térence (v. 190-159), Sénèque (4 av.-65 ap.), Pline l'Ancien (23-79), Pomponius Mela (Ier s. ap. J.C.), Sénèque (86-39), Tibulle (v. 48-15), Properce (v. 45-15).

Sources occidentales médiévales et modernes

J'aurais pu utiliser davantage la littérature européenne du Moyen Âge, de la Renaissance et des Temps modernes. J'ai dû me limiter, pour l'essentiel, aux auteurs et aux textes suivants (classés ici par ordre alphabétique) :

Andersen (1808-1875) ; Arioste (1474-1533) ; Bernard (saint) (1091- 1153) ; Boccace (1313-1375) ; Bosc (du) (milieu du XVIIe s.) ; Bossuet (1627-1704) ; Brantome (v. 1538-1614) ; Cervantès (1547-1615) ; *Chanson de Roland* (vers 1100 ?) ; Charron (1541-1603) ; Chrétien de Troyes (v. 1135-v. 1183) ; Christine de Pisan (v. 1366-v. 1430) ; Benjamin Constant (1767-1830) ; Gonzales de Clavijo († 1412) ; Courier (1772-1825) ; Dante (1265-1320) ; Erasme (v. 1469-1536) ; Les Fabliaux (XIIIe s.) ; Fénelon (1651-1715) ; François de Sales (saint) (1567-1622) ; Goethe (1743-1832) ; Gottfried de Strasbourg (XIIe-XIIIe) ;

Hartmann von Aue (1170 ?-1210) ; Hölderlin (1777-1843) ; Joinville (1224-1317) ; Marguerite de Navarre (1492-1549) ; Marie de France (1151-1189) ; Michelet (1798-1874) ; Milton, (1608-1674) ; Molière (1622-1673) ; Montaigne (1530-1582) ; Monte Croce (v. 1243-1320) ; Nietzsche (1844-1900) ; Novalis (1772-1801) ; Paré (Ambroise), (v. 1509-1590) ; Pascal (1623-1662) ; Perrault (1606-1684) ; Plan-Carpin (XIIIᵉ) ; Rabelais (1490 ?-1553) ; Racine (1639-1699) ; Rétif de La Bretonne (1734-1806) ; *Roman de la Rose* (Iʳᵉ partie, v. 1230, 2ᵉ partie, v. 1280) ; Rousseau (1712-1778) ; Rubrouck (XIIIᵉ) ; Ruskin (1819-1900) ; Rutebeuf († 1280) ; Salked (John) (XVIIᵉ s.) ; Schlegel (F. von) (1772-1829) ; Scott Erigène (v. 810-v. 870) ; Shakespeare (1564-1615) ; Tasse (Le) (1544-1595) ; *Tristan et Iseult* (légende traitée par Thomas et Béroul à la fin du XIIᵉ s) ; Vulson de la Colombière († 1658) ; Wolfram von Eschenbach (v. 1170-v. 1220).

Souces orientales

Pour l'Antiquité proche-orientale et iranienne, les principaux documents que j'utilise sont les textes des pyramides (v. 2400 av. J.-C.), *l'Enuma elish, poème babylonien de la Création* (composé au IXᵉ avant notre ère, mais connu par des documents des IXᵉ-IIIᵉ s.). *L'épopée de Gilgamesh* (en formation dès le IIIᵉ millénaire). Je cite quelques contes, dont *L'Histoire de Sinoué* (2000-1900 av. J.-C.). La partie la plus ancienne de *l'Avesta, les Gathas,* date des environs de 1500 avant J.-C. ; la plus récente a été fixée sans doute au IVᵉ siècle de notre ère ; le *Bundahishn* serait du IXᵉ s. après J.-C.

Le document essentiel pour le monde musulman est le Coran, révélé par Dieu à Muhammad et rédigé dès 650. Avec les *hadith*, traditions du Prophète, mis en recueil au IXᵉ s., il est le fondement de la loi musulmane (*charia*). Je cite en outre, parmi quelques autres, les mystiques Attar (v. 1150-1220) et Djalal al-Din Rumi (1207-1273), l'historien iranien Djuvaini (1225-1283), le *Traité de politique* du vizir des Grands Seldjoukides, Nizam al-Mulk (1018-1092), le voyageur marocain Ibn Battuta (1304-1317) le recueil des *Mille et Une Nuits* (Xᵉ s.).

Pour le monde des peuples de la steppe, Turcs et Mongols, je me suis servi avant tout de l'*Histoire secrète des Mongols* (1240) et de trois textes épiques turcs, l'*Oghuz name* (v. 1300), le *Livre (Kitab) de Dede Qorqut (Korkut)* (ms. du XVIᵉ siècle d'un texte plus ancien) et le fragment kirghiz du cycle de *Manas*, intitulé *Er Töshtük* (de formation ancienne, mais recueilli au XIXᵉ s.).

L'hermétisme nous est accessible par le *Corpus hermeticum*, d'origine byzantine, traduit en latin en 1463. La civilisation des peuples nordiques et germaniques, que les anciens évoquent, est connue surtout par les *Edda*, relativement récents (IXᵉ-XIIIᵉ s. de notre ère). La *Saga d'Erik le Rouge* (v. 940-1010), groenlandaise, les complète heureusement.

Pour l'Inde et pour la Chine, les sources principales sont les *Vedas,* sans doute formés dès le IIe millénaire, mais rédigés peu avant J.-C. L'épopée du *Mahabharata* a été composée progressivement entre l'an 1000 avant J.-C et le VIe siècle de notre ère ; celle du *Ramayana,* vers le Ve siècle sur des textes plus anciens. *Les Lois de Manou* datent à peu près du temps du Christ. La doctrine de Confucius est connue par le *Tchoung-ying* et les écrits de Mencius (v. 372-289). J'utilise aussi l'œuvre historique de Ma-touan-lin (1245-1322). De nombreuses femmes écrivains du Japon médiéval, je n'ai cité que Murasaki Shikibu (v. 978-1014 ?).

Notes

INTRODUCTION

1. F. Nietzsche, *Ainsi parlait Zarathoustra,* I.
2. Salked, *A Treatise of Paradise,* p. 105-106.
3. Luc, XIV, 11, répété en XVIII, 14.
4. F. Nietzsche, *Ainsi parlait Zarathoustra,* III.
5. S. de Beauvoir, « La femme », in *Les Temps modernes,* 1948, p. 1923.
6. Friedrich von Schlegel, *Über die Diotima.*
7. N. Restif de la Bretonne, cité dans Velay-Vallantin, *Histoire des Contes,* p. 245. Saint Jérôme, *Lettres,* XVIII.
8. E. Harding, *Le Mystère de la femme,* p. 21-22.

CHAPITRE PREMIER

1. R. Pernoud, *Les Femmes,* p. 340.
2. J. Ruskin, *Sésame et les lys,* § 68.
3. J. Assa, *Les Grandes Dames,* p. 4.
4. Par exemple, le *Dictionnaire Larousse* en 10 vol., R. Sieffert et Marguerite Yourcenar.
5. Eliade, III, p. 148.
6. C. Addas, *Ibn Arabi,* p. 119.
7. *Ibid.,* p. 250.
8. Hulin et Kapani, « L'hindouisme », *in* Delumeau, p. 406.
9. Eliade, II, p. 393.
10. Salluste, *Catilina,* XL, 36.
11. J. Assa, *op. cit.,* p. 133-134.
12. Cervantès, *Don Quichotte,* II, VIII.
13. Gargam, *L'Amour et la mort.*
14. Le Tasse, *La Jérusalem délivrée,* chant II.
15. Chauchard, *La Vie sexuelle,* p. 91.
16. Saint François de Sales, *Introduction à la vie dévote,* ch. 38.
17. Le Tasse, chant XXI.

18. Virgile, *Énéide*, IV.
19. N. Elisséeff, *Thèmes et motifs*, p. 97-98.
20. *La Chanson de Roland*, § 261.
21. Platon, *Phèdre*, XI.
22. P.-L. Courier, *Procès*, qui cite en outre l'*Histoire de France* de Mézeray (1610-1689) et quelques autres auteurs qui expriment les mêmes idées.
23. A. Clot, *Les Grands Moghols*, p. 232.
24. Hérodote, II, 100.
25. Pline, *Histoire naturelle*, XXXVI.
26. Strabon, 19.
27. Barbara Cassin, *Voir Hélène*.
28. Bonnefoy, I, p. 190-191.
29. Euripide, *Andromaque* ; Sophocle, *Les Troyennes*.
30. G. Lie-Sou, *Tseu-Hsi, impératrice des Boxers*.
31. Cité A. Clot, *Harun al-Rachid*, p. 65.
32. Nizam al-Mulk, *Traité de gouvernement*, chap. 43.
33. *Histoire secrète des Mongols*, § 1, 8-22.
34. J.-P. Roux, *Histoire de l'Empire mongol*, passim.
35. Attar, *Le Mémorial des saints*, p. 82-100.
36. *Ibid.*, p. 91 et en général, sur elle, p. 82-85.
37. Cité par R. Pernoud, *op. cit.*, p. 22.
38. Édition de 1931.
39. Dret et Lerouge, édition de 1928.
40. *Ibid.*, *cf.* Avant propos.
41. P. Giry, 4 vol., 1864.
42. Vian, « Les religions de la Crète », *in* Puech, I, p. 481.
43. Varenne, « La religion védique », *in* Puech, I, p. 605 et 607.
44. Keller, « Le sacré », in *L'Expression du sacré*, p. 199.
45. Bonnefoy, I, p. 404.
46. L. Berthier, « Le Japon », *in* Akoun, p. 435.
47. Leclant, « La religion méroïtique », *in* Puech, I, p. 146.
48. Turcan, « Les religions orientales », *in* Puech, II, p. 67.
49. R. Jestin, « La religion sumérienne », *in* Puech, I, p. 162.
50. Eliade, II, p. 274.
51. Turcan, *op. cit.*, *in* Puech, II, p. 38.
52. J.-P. Roux, *Montagnes*, p. 112.
53. Dunstheimer, « Religions... en Chine », *in* Puech, III, p. 422.
54. *Dictionnaire des symboles*, p. 1022.
55. G. Deleury, « Mythes et rites », *in* Akoun, p. 130.
56. Bonnefoy, I, p. 524.
57. Deleury, *op. cit.*, p. 128.

58. Berthier, « Japon », *in* Akoun, p. 422. Rotermund, « Les croyances », *in* Puech, I, p. 966-967. Saunders, « Mythes », *in* Grimal, II, p. 148-149.
59. M. Kaltenmark, « Mythes d'origine », *in* Akoun, p. 269.
60. P. Grimal, *La Mythologie grecque*, p. 41.
61. Hésiode, *Théogonie*.
62. Eliade, *Traité*, p. 180.

CHAPITRE II

1. Beigbeder, *La Symbolique*, p. 54.
2. Varagnac, « Le problème », *in* Grimal, I, p. 18.
3. Maquet, *Civilisations*, p. 86.
4. Duchesne-Guillemin, « Iran », *in* Puech, I, p. 628.
5. Voir Eliade, I, p. 58.
6. Vian, « Les religions de la Crète », *in* Puech, I, p. 464.
7. Gélis, *L'Arbre et le fruit*, p. 346.
8. Lantier, *La Vie préhistorique*, p. 112.
9. Bril, *Lilith*, p. 124.
10. Bonnefoy, II, p. 242.
11. *Ibid.*, II, p. 172.
12. Servier, *L'Homme et l'invisible*, p. 110.
13. Griaule, *Masques*, p. 52-53.
14. Bastide, « Mythologies africaines », *in* Grimal, II, p. 236.
15. Bonnefoy, II, p. 46-47.
16. *Ibid.*, II, p. 47.
17. *Grand Dictionnaire encyclopédique Larousse* en 10 vol., vol. II, p. 236.
18. Bril, *Lilith*, p. 124.
19. Chauchard, *La Vie sexuelle*, p. 81.
20. Mauduit, *Manuel*, p. 116.
21. Bachoffen, *Das Mutterrecht*, cité par Bril, *Lilith*, p. 121.
22. Przyluski, *La Grande Déesse*, p. 168.
23. Voir Meslin, *Pour une science des religions*, p. 124.
24. Gasparini, p. 472 *sq.* et Eliade, III, p. 42.
25. Maquet, *Civilisations*, p. 135-136.
26. *Ibid.*, p. 138.
27. Przyluski, *op. cit.*, p. 19.
28. Deschamps, *Les Religions de l'Afrique noire*, p. 20.
29. Frazer, *Le Rameau d'or*, II, p. 134.
30. M. Palau-Marti, *Le Roi-Dieu au Bénin*, p. 33 et 59-60.
31. Makarius, *L'Origine de l'exogamie*, p. 32. Briffault, *The mothers*, I, p. 441 et III, p. 518.

32. Eliade, I, p. 15, 27.
33. Maquet, *Les Civilisations*, p. 60-61.
34. Briffault, *The mothers*, II-I, p. 59.
35. Eliade, *Traité*, p. 308.
36. Platon, *Critias*.
37. Maquet, *Civilisations*, p. 77.
38. *Ibid.*, p. 90.
39. Frazer, *Le Rameau d'or*, III, p. 85.
40. Przyluski, *La Grande Déesse*, p. 19.
41. Bril, *Lilith*, p. 124.
42. *Ibid.*, p. 122.
43. Bachoffen, *Mutterrecht*.
44. Hérodote, I, 216.
45. Spencer et Gillen, *The native tribes of central Australia*.
46. César, V, 14. Strabon, IV, Diodore, V.
47. Voir Makarius, *Origine*, p. 40.
48. Frazer, *Totemism and exogamy*, IV, p. 110.
49. Maquet, *Civilisations*, p. 79.
50. *Ibid.*, p. 98.
51. Van der Leeuw, *La Religion dans son essence*, p. 241.
52. Palau-Marti, *op. cit.*, p. 59-60. Voir aussi p. 136 avec réserve des liens de parenté.
53. *Ibid.*, p. 52.
54. D. Zahan, « Les religions de l'Afrique noire », *in* Puech, III, 615 .
55. Zahan, *ibid.*, p. 573.
56. Roux, « Le combat d'animaux », in *Arts Asiatiques*, 36, p. 5-10.
57. Lantier, *La Vie préhistorique*, p. 129.
58. Eliade, I, p. 31.

CHAPITRE III

1. Jestin, « La religion sumérienne », *in* Puech, I, p. 197.
2. Nougayrol, « La divination babylonienne », *in* Leibovici et Caquot, I, p. 67-68.
3. Bottéro, *Divination et rationalité*, p. 129.
4. Van Gennep, *Les Rites de passage*, p. 480.
5. Hérodote, I, 199.
6. Deutéronome, XXIII, 18.
7. Reiner, « La magie babylonienne », *S.O.*, VII, p. 86.
8. Kellens, « L'âme », *J.A.*, 1995, p. 456.
9. Molé, « Le jugement », *S.O.*, VI, p. 154.
10. Gignoux, « L'enfer et le paradis », *J.A.*, 1968, p. 233.
11. *Ibid.*, p. 238.

12. Bonnefoy, I, p. 578.
13. Sauneron, *Les Prêtres de l'ancienne Égypte*, p. 182.
14. P. du Bourguet, *Histoires et légendes de l'Égypte mystérieuse*, p. 91-94.
15. Exode, II, 5-11.
16. Du Bourguet, *op. cit.*, p. 78.
17. *Ibid.*, p. 74-75.
18. *Ibid.*, p. 55.
19. Genèse, XXXIX, 7-17.
20. Coran, XII, 23-29 en particulier.
21. Bonnefoy, I, p. 147.
22. C. Velay-Vallantin, *Histoire des contes*, p. 185 *sq*. notamment, p. 188.
23. Herodote, II, 35.
24. Voir note de Barguet dans *Historiens grecs*, I, Bibl. de la Pléiade, p. 1376.
25. Sauneron, *Les Prêtres*, p. 37.
26. *Ibid.*, p. 65.
27. *Ibid.*, p. 37.
28. *Ibid.*, p. 38.
29. Du Bourguet, *op. cit.*, p. 37.
30. Plutarque, *Vertu des femmes*, II.
31. *Ibid.*, Tite Live, XXXVIII, 24.
32. Eliade, II, p. 147.
33. César, *Guerre des Gaules*, VI, 19, Strabon, IV.
34. Pomponius Mela, III, 6.
35. Strabon, IV.
36. Plutarque, *Vertu des femmes*.
37. Tacite, *Agricola*, XVI.
38. Tacite, *Germanie*, VIII.
39. P. Grapin, « Mythologie germanique », *in* Grimal, I, 50-51.
40. Tacite, *Germanie*, VIII.
41. Derolez, « La divination chez les Germains », *in* Caquot et Leibovici, *Divination*, I, p. 271.
42. *Ibid.*, p. 273.
43. César, *Guerre*, I, 50.
44. Tacite, *Germanie*, XCIII.
45. Derolez, « La divination », *op. cit.*, I, p. 271.
46. Tacite, *Germanie*, VIII.
47. *Ibid.*, XVIII.
48. *Ibid.*, XIX.
49. *Ibid.*, XLV.

CHAPITRE IV

1. Varenne, « La religion védique », *in* Puech, I, p. 606-607.
2. Esnoul, « L'Hindouisme », *in* Puech, I, p. 1024.
3. Van der Leeuw, *La Religion*, p. 89.
4. G. Deleury, « Rites et mythes », *in* Akoun, p. 130.
5. *Lois de Manou*, V.
6. A.M. Esnoul, « Les songes », *S.O.*, II, p. 240.
7. Par exemple, Ovide, *Métamorphoses*, XV.
8. Hulin et Kapani, *in* Delumeau, p. 416.
9. *Ibid.*, p. 412.
10. *Ibid.*, p. 414.
11. Renou, *L'Hindouisme*, p. 84.
12. Hulin et Kapani, *op. cit.*, *in* Delumeau, p. 406.
13. Deleury, *in* Akoun, p. 135.
14. C. Jacques, « Le monde du sorcier », *S.O.*, VII, p. 273.
15. Hulin et Kapani, *op. cit.*, p. 408.
16. Deleury, *op. cit.*, *in* Akoun, p. 117.
17. Renou, *op. cit.*, p. 79.
18. A. Gaur, « Les danses sacrées », *S.O.*, VI, p. 322.
19. Renou, *op. cit.*, p. 45.
20. J. Herbert, « Les mythologies de l'Inde », *in* Grimal, I, p. 232.
21. Cité dans G. Dumézil, *Romans de Scythie*, p. 126-130.
22. Herbert, *op. cit.*, p. 230-231.
23. Deleury, *op. cit.*, *in* Akoun, p. 128-129.
24. Hulin et Kapani, *in* Delumeau, p. 417.
25. Filliozat, « La mort volontaire par le feu », *J.A.*, 1963, p. 38.
26. Hulin et Kapani, *op. cit.*, p. 417.
27. Filliozat, « La mort », *op. cit.*, p. 38.
28. Arvon, *Le Bouddhisme*, p. 53 et 82.
29. Bareau, « Religions du Tibet », *in* Puech, III, p. 288.
30. Arvon, *Le Bouddhisme*, p. 54.
31. Eliade, II, p. 205.
32. Bareau, « Le bouddhisme indien », *in* Puech, I, p. 1163-1164.
33. Arvon, *Le Bouddhisme*, p. 54.
34. Bosc, *L'Asie des grandes religions*, p. 228.
35. Bareau, « Le bouddhisme », *in* Puech, III, p. 344.
36. Bosc, *op. cit.*, p. 219.
37. Voir Eliade, II, p. 89.
38. A. David-Neel, *Le Bouddhisme*, p. 104.
39. *Ibid.*, p. 249.
40. Arvon, *Le Bouddhisme*, p. 82.
41. Renou, *L'Hindouisme*, p. 61-62.

42. Bareau, « Bouddhisme indien », *in* Puech, I, p. 1205.
43. *Ibid.*, p. 1190. Arvon, p. 83.
44. P. Demieville, « Le bouddhisme chinois », *in* Puech, I, p. 1280.
45. Schipper, « Les pèlerinages en Chine », *S. O.*, III, p. 329-330.
46. *Tchoung-young*, XX, 7.
47. Mencius, 2ᵉ livre, III, 2.
48. *Ibid.*
49. *Tchoung young*, XV, 2.
50. Mencius, 2ᵉ livre, II, 2.
51. *Ibid.*, II, 331.
52. *Ibid.*, VI, 1.
53. Kaltenmark, « Mythologie classique », *in* Akoun, p. 234.
54. *Ibid.*, « Chine antique », *in* Puech, I, p. 953.
55. Bonnefoy, I, p. 404.
56. Eliade, II, p. 34.
57. K. Schipper, « Le taoïsme », *in* Delumeau, p. 548 et 553.
58. *Ibid.*, p. 560.
59. *Ibid.*, p. 567.
60. J. de Plan-Carpin, *Histoire des Mongols.* Guillaume de Rubrouck, *Voyage dans l'Empire mongol*, R. de Monte Croce, *Pérégrination en Terre Sainte et au Proche Orient.* Joinville, *Histoire de Saint-Louis.* Lech, *Das mongolische Weltreich. Al-Umari Darstellung.*

CHAPITRE V

1. Hérodote, I, 45.
2. Euripide, *Médée, Hippolyte.*
3. P. Grimal, « Mythologie grecque », *in* Grimal, I, p. 113-114.
4. Hésiode, *Travaux.*
5. Hésiode, *Théogonie.*
6. Hésiode, *Travaux.*
7. *Ibid.*
8. *Ibid.*
9. Bonnefoy, II, p. 200.
10. Hésiode, *Travaux.*
11. Anacréaon, *Odes*, II.
12. Aristote, *Politique*, H.16.
13. Eschyle, *Les Choéphores.*
14. Eschyle, *Les Euménides.*
15. Euripide, *Iphigénie en Tauride.*
16. Euripide, *Iphigénie à Aulis.*
17. Sophocle, *Antigone.*
18. *Ibid.*, *Les Trachiniennes.*

19. *Ibid.*, *Ajax furieux*.
20. Xénophon, *Banquet*, 101.
21. Platon, *Phédon*, 60.
22. Platon, *Banquet*, IX.
23. Platon, *Lois*, VIII.
24. Xénophon, *Banquet*, 24.
25. Platon, *Timée*, II.
26. Platon, *Lois*, VI.
27. Eschyle, *Euménides*.
28. Sophocle, *Antigone*.
29. Sophocle, *Œdipe roi*.
30. Sophocle, *Œdipe à Colonne*.
31. Euripide, *Les Héracclides*.
32. Xénophon, *Économique*.
33. Platon, *Lois*, VI.
34. Euripide, *Ion*.
35. Euripide, *Alceste*.
36. Hésiode, *Travaux*.
37. *Hymne à Aphrodite*.
38. Plutarque, *Pythie*, 405.
39. M. Delcour, *Hermaphrodite*, p. 33.
40. Platon, *Lois*, VII.
41. Bonnefoy, II, p. 199.
42. *Odyssée*, VI.
43. *Ibid.*, VII.
44. *Hymne à Déméter*.
45. Platon, *République*, V.
46. Platon, *Lois*, VII.
47. Xénophon, *Mémorables*, II, 7.
48. Platon, *République*, V.
49. Assa, *Les Grandes Dames romaines*, p. 6.
50. *Odyssée*, VI.
51. Sophocle, *Œdipe à Colonne*.
52. Anacréaon, *Odes*, VI.
53. Assa, *op. cit.*, p. 4.
54. Aristote, *Politique*, H. 16.
55. Platon, *Lois*, IV et VI.
56. Platon, *République*, V.
57. Hésiode, *Travaux*.
58. F. Vian, « La religion grecque », *in* Puech, I, p. 519.
59. Eschyle, *Euménides*.
60. Sophocle, *Trachiniennes*.

61. Eschyle, *Choéphores.*
62. Sophocle, *Trachiniennes.*
63. Bonnefoy, II, p. 61, 65, 68, 69.
64. *Ibid.*, I, p. 486.
65. Eschyle, *Euménides.*
66. Euripide, *Troyennes, Andromaque.*
67. Bonnefoy, I, p. 30.
68. Beigbeder, *La Symbolique*, p. 35.
69. Aristophane, *L'Assemblée des femmes. Lysistrate.*
70. Eschyle, *Suppliantes.*
71. Bonnefoy, II, p. 69.70.
72. Hérodote, V, 87.
73. Démosthène, *La Couronne*, 203-204.
74. Dumézil, *Le Crime des Lemniennes.*
75. Ovide, *Métamorphoses.*
76. Euripide, *Bacchantes.*
77. Vian, « La religion grecque », *in* Puech, I, p. 562. 564.
78. Platon, *République, V.* Sauf indications contraires, les citations sont de ce texte.
79. Platon, *Lois, VII.*
80. Aristote, *Politique, B.*
81. Juvénal, *Satires, VI*, vers 949.
82. *Ibid.*, vers 285 *sq.*
83. Plutarque, *Vies parallèles, Romulus*, 35.
84. *La Femme*, recueil de la Sté Jean Bodin, I, p. 177.189.
85. Plaute, *La Marmite, III*, 5.
86. Assa, *Les Grandes Dames romaines*, p. 39.
87. St Jérôme, *Lettres*, XVIII.
88. Assa, *op. cit.*, p. 50
89. Juvénal, VI, vers 500 *sq.*
90. Juvénal, VI, vers 500 *sq.*
91. Martial, *Épigrammes*, cité par Assa, p. 18.
92. Lucrèce, *De la nature*, IV.
93. Juvénal, *Satires, VI, passim.*
94. *Ibid.*, VI, vers 230-240.
95. Assa, *Les Grandes Dames*, p. 27.
96. *Ibid.*, p. 16.
97. Tacite, *Agricola, VI.*
98. Properce, *Élégies*, I, 2, 5 ; II, 3, 9, 16 ; IV, 8.
99. Salluste, *Catilina*, XXXV.
100. Properce, *Élégies*, IV, 11.
101. Juvénal, *Satires, VI*, vers 246 *sq.*

102. *Ibid.*, VI, vers 185-191.
103. *Ibid.*, VI, vers 434-439.
104. Saint Jérôme, *Lettres*, XVIII.
105. Assa qui cite Tacite, p. 123.
106. Saint Jérôme, *Lettres*, XVIII.
107. Eliade, *Hist.*, II, p. 314.

CHAPITRE VI

1. Genèse, I, 27.
2. Genèse, V, 1.
3. Genèse, III, 20.
4. Matthieu, XIX, 4-6 ; Marc, X, 6-9 ; Jean, Éphésiens, V, 31-39.
5. Durkheim, *Les Formes élémentaires*, p. 190.
6. Freud, *Totem et tabou*, p. 115.
7. Genèse, III, 1-24.
8. Ecclésiatique, XXV, 24.
9. Paul I, Timothée, I, 14.
10. Tertullien, *De cultu feminorum*, I, 1. Voir *Dictionnaire des symboles*, p. 424.
11. Saint Augustin, *Sermons*, III, 4.
12. Ecclésiatique, XXV, 24.
13. I, *Rois*, XI, 3.
14. Genèse, XXXIV, 9.
15. Deutéronome, XXVII, 27. Lévitique, XVIII, 9, XX, 17.
16. Genèse, XXIX, 27.
17. Exode, XX, 12,17.
18. Lévitique, XX 10.
19. *Ibid.*, XX, 10-17.
20. *Ibid.*, XIX, 29.
21. *Ibid.*, XXI 13.
22. Deutéronome, XXII, 20-21.
23. *Ibid.*, XXII, 22-27.
24. *Ibid.*, XXIV, 5.
25. Nombres, XXVIII, 9.
26. Lévitique, XII, 2-5.
27. Deutéronome, XXIV, 1-2.
28. *Isaïe*, III, 16, 23.
29. Proverbes, XXXI, 2-3
30. Ecclésiastique, XXV, 16.
31. Ecclesiaste, VII, 26.
32. Proverbes, XII, 4.
33. *Ibid.*, XXXI, 10-24.

34. *Ibid.*, XVIII, 22.
35. Ecclésiastique, XXXVI, 22-25.
36. *Ibid.*, XXVI, 13-15.
37. *Ibid.*, XXVI, 14.
38. Bousquet, *op. cit.*, p. 73.
39. A. M. Delcambre, in *Notre Histoire*, mars 2000.
40. Bousquet, *op. cit.* p. 152.
41. Von Grunebaum, *L'Islam médiéval*, p. 192.
42. A.L. de Premare, «Violence et sacré », *J.A.*, 1994, p. 31
43. *Ibid.*, p. 22, 23, 27, 34.
44. Coran, XXX, 20.
45. Coran, IV,1.
46. Coran, IV, 38.
47. Coran, II, 228.
48. Coran, XLVII,17.
49. Coran, II, 223.
50. Coran, II, 183.
51. Coran, IV, 46.
52. Coran, IV, 3.
53. Bousquet, *L'Éthique sexuelle de l'islam*, p.136.
54. Coran, II, 183, 20.
55. Coran, II, 223.
56. Coran, XXX, 20.
57. Coran, IV, 4. La seconde version est celle de Hamidullah.
58. Bousquet, *L'Éthique sexuelle de l'islam*, p. 106. Charles, *Le Droit musulman*, p. 48.
59. Charles, *Le Droit musulman*, p. 57 ; Bousquet, *Éthique*, p. 156.
60. Coran, IV, 27.
61. Coran, V, 22.
62. Coran, IV.
63. Coran, IV, 23.
64. Coran. IV, 34.
65. Bousquet, *Éthique*, p. 155.
66. Coran, XXIV, 31.
67. Bousquet, *op. cit.*, p. 72 et la note de Westermarck.
68. Charles, *L'Âme musulmane*, p. 237.
69. T. Fahd, « La naissance du monde », *S.O.*, I, p. 264.
70. Westermarck, *Survivances*, p. 117.
71. Charles, *L'Âme*, p. 260.
72. Charles, *Le Droit musulman*, p. 47.
73. Bousquet, *Éthique*, p. 104-106.
74. Coran, II, 233.

75. Coran, XXIV, 2.
76. Coran, IV, 30.
77. Coran, IV, 19.
78. Coran, XXIV, 4.
79. Coran, II, 226-231.
80. Bousquet, *Ethique*, p. 133.81.
81. Coran, II, 230.
82. Bousquet, *op. cit.* , p. 145.
83. Charles, *L'Âme*, p. 260.
84. Coran, IV, 2.
85. Houdas, *Tradition*, III, p. 593.
86. Coran, XLIII, 70.
87. Coran, XLVII, 16.
88. Coran, LV, 56, 62, 70, 72.
89. Von Grunebaum, *L'Islam*, *op. cit.*, p. 193.
90. Mardrus, *Les Mille nuits et une nuit*, V, p. 235.
91. Paquis, *Histoire de l'Espagne et du Portugal*, I, 459, 481.
92. Don Ruy Gonzales de Clavijo, *Relacion*, III, p. 13-62.
93. J.-P. Roux, *Babur*, p. 68-69.
94. A. Clot, *Les Grands Moghols*, p. 237.
95. Bousquet, *op. cit.*, p. 73.
96. J.-P. Roux, « La femme turque médiévale », in *Erdem*, 1989, V, p. 169-226 ; VI, 1990, p. 659-724.
97. Ibn Fadlan, cité par A. Miquel, *Géographie humaine*, p. 282.
98. Roux, *Erdem*, *op. cit.*, p. 212 et Miquel, *op. cit.*, p. 237.
99. Roux, in *Erdem*, p. 667.
100. Roux, *Histoire des Turcs*, p. 212.
101. Ergin, *Kitab-i Dede Korkut*, p. 76.
102. *Ibid.*, p. 127, 193, 195.
103. Raymond et Wiet, *Les Marchés du Caire*, cité *in* Roux, *Erdem*, p. 678.
104. Nizam al-Mulk, *Siyaset name*, p. 272, 276.

CHAPITRE VII

1. F. Queré, *Les Femmes de l'Évangile*.
2. O. Clément, « Le Christ du credo », *in* Delumeau, p. 22.
3. Actes, I, 6.
4. Matthieu, XV, 23-28.
5. Luc, VII, 36-50.
6. Luc, X, 42.
7. Jean, VIII, 7.
8. Luc, XIII, 11-13.

9. Matthieu, VIII, 14 ; Marc, I, 30-31 ; Luc, IV, 38-39.
10. J. Cazeneuve, *Les Rites*, p. 94.
11. Matthieu, X, 18-22 ; Marc, V, 23-24 ; Luc, VIII, 40-42.
12. Matthieu, IX, 18-26 ; Marc, V, 22-23.
13. Jean, IXI, 1-44.
14. *Évangile de Nicodème*, II.
15. Matthieu, XXVII, 19.
16. Luc, XXIII, 27-31.
17. F. Mauriac, *Vie de Jésus*, p. 266.
18. Jean, XII, 2-4.
19. Girard, *La Violence et le sacré*, p. 384.
20. Matthieu, XVII, 61.
21. Luc, XXIII, 56.
22. Marc, XVI, 1.
23. Jean, IV, 7-26.
24. Luc, XXIV, 1-12 ; Marc, XVI, 1-14.
25. Jean, XX, 11-18.
26. I Corinthiens, XV, 5-8.
27. Doresse, « La gnose », *in* Puech, II, p. 393.
28. Actes, III, 14.
29. Romains, XVI, 6-15.
30. Romains, XVI, 12.
31. Romains, XVI, 1-2.
32. Actes, XVIII, 2-6 ; Romains, XVI, 3.
33. Actes, IX, 36-43.
34. Galates, III, 26-28.
35. I Pierre, III, 1.
36. I Corinthiens, III, 13.
37. Galates, V, 22.
38. Colossiens, III, 18.
39. Galates, V, 28.
40. I Corinthiens, VI, 1-5.
41. *Ibid.*, XI, 11.
42. Éphésiens, I, 21-37.
43. I Pierre, III, 17.
44. I Pierre, II, 1-7.
45. Luc, XX, 34-36 ; Marc, XII, 25.
46. I Corinthiens, VII, 32-35.
47. *Ibid.*, VII, 27-28.
48. *Ibid.*, VII, 38.
49. *Ibid.*, VII, 1-3.
50. *Ibid.*, VII, 8-9.

51. Actes, VI, 2-3.
52. I Timothée, III, 2.
53. *Ibid.*, II, 12.
54. Matthieu, XIX, 9.
55. Clément, « L'église orthodoxe », *in* Delumeau, p. 179.
56. I Corinthiens, VII, 10-11.
57. *Ibid.*, VII, 39-40.
58. Romains, VII, 1-3.
59. Luc, II, 12-17.
60. Luc, XXI, 1-4.
61. Luc, VII, 12-17.
62. Actes, VI, 1.
63. Romains, VII, 2-3 ; I Timothée, V, 14.
64. I Timothée, V, 3.
65. I Corinthiens, VI, 16.
66. Hébreux, XIII, 4.
67. Romains, I, 26-28.
68. I Timothée, II, 11.
69. Tite, II, 3-5.
70. I Corinthiens, XIV, 34-35.
71. I Timothée, II, 12.
72. I Corinthiens, XI, 4-10.
73. Voir R. Pernoud, *Les Femmes*, p. 23.
74. J. Daniélou et H. Marrou, *Nouvelle histoire de l'Église*, I, p. 339.
75. Le Goff, « Le christianisme médiéval », *in* Puech, II, p. 762.
76. Gelis, *L'Arbre et le fruit*, p. 407.
77. Clément, « L'église orthodoxe », *in* Delumeau, p. 179.
78. *Ibid.*, p. 178.
79. Le Goff, « Le christianisme médiéval », *in* Puech, II, p. 812.
80. Galates, IV, 4.
81. Eliade, *Histoire*, II, p. 390.
82. Saint Bernard, *Sermon pour la vigile de la Nativité*, III, 10.
83. Voir Roux, *Montagnes*, en particulier, p. 192 *sq.* et 300 *sq.*
84. Matthieu, XIX, 2.
85. Roux, *Le sang*, p. 188-189.
86. Eliade, III, p. 57 et 65-66.
87. Saint Augustin, *Confessions*, III, 1.
88. *Ibid.*, VIII, 1.
89. *Ibid.*, VIII, 6.
90. Voir Berthelot, *La Pensée de l'Asie*, p. 316.
91. Le Goff, *Les Intellectuels au Moyen Âge*, p. 445.

CHAPITRE VIII

1.   Grégoire de Tours, I, 2.
2.   Henri Martin, *Histoire de France*, I, p. 408.
3.   Cité par *ibid.*, I, p. 476.
4.   K. F. Werner, *Naissance de la noblesse*, p. 313-318.
5.   *Ibid.*, p. 315.
6.   Eliade, III, p. 105.
7.   *Ibid.*, III, p. 109.
8.   R. Pernoud, *La Femme*, *op. cit.*, p. 34.
9.   *Ibid.*, p. 63 et 77.
10. G. Duby, *Guillaume le Maréchal*, p. 50.
11. Pernoud, *op. cit.*, p. 261.
12. K. F. Werner, *Naissance*, *op. cit.*, p. 316-317.
13. *Ibid.*, p. 316.
14. H. Martin, *Hist.* III, p. 402.
15. J. Richard, *Saint Louis*, p. 321.
16. Eliade, III, p. 111.
17. M. Meslin, *Le Merveilleux*, p. 111, voir aussi, p. 227.
18. H. Martin, *Hist.*, III, p. 351.
19. Voir Pernoud, *La Femme*, p. 96-100 et 109.
20. Cité par Pernoud, *La Femme*, p. 134.
21. Bayard, *Histoire des légendes*, p. 89.
22. G. Duby, *Guillaume*, p. 93.
23. *Ibid.*, p. 51 et 43.
24. Le Goff, *Les Intellectuels au Moyen Âge*, p. 36.
25. *Ibid.*, p. 39.
26. Duby, *Guillaume*, *op. cit.*, p. 57.
27. *Ibid.*, p. 56.
28. H. Martin, *op. cit.*, III, p. 385.
29. *Ibid.*, III, p. 388.
30. Cité dans Le Goff, *Les Intellectuels...*, p. 119.
31. *Dictionnaire des symboles*, p. 621. Voir Bril, *Lilith*, p. 90-92.
32. Chrétien de Troyes, *Perceval*.
33. Cité dans Le Goff, *Les Intellectuels...*, p. 46.
34. Voir Van der Leeuw, *La Religion...*, p. 228.
35. Voir Eliade, III, p. 111.
36. Vulson de la Colombière, *Le Vrai Théâtre d'honneur et de chevalerie*.
37. Chrétien de Troyes, *Yvain*, vers 1160-1191, *Lancelot*.
38. Voir Eliade, III, p. 105.
39. Chrétien de Troyes, *Perceval*. Voir Bayard, *Histoire*, *op. cit.*, p. 71.
40. H. Martin, *Hist.*, III, p. 377.
41. Duby, *Guillaume*, *op. cit.*, p. 52.

42. Pernoud, *La Femme, op. cit.*, p. 181.
43. Grégoire de Tours, *Histoire ecclésiastique*, I, 1.
44. Duby, *Guillaume, op. cit.* Voir aussi *ibid.*, *Le Chevalier, les femmes et le prêtre* qui traite du mariage à l'époque féodale.
45. *Ibid.*, p. 43.
46. Pernoud, *op. cit.*, p. 206.
47. Le Tasse, chant XIX.
48. J. Favier, *Histoire de France. Le temps des principautés*, p. 346.
49. Delumeau, *La Peur en Occident, passim.*
50. *Malleus Maleficiarum*, 207. Voir C. Kappler, *Monstres*, p. 266-267.
51. Meyer, *Histoire de France. Les temps modernes*, p. 233.
52. *Ibid.*
53. Rabelais, Gargantua, ch. LVV.
54. Montaigne, *Essais*, III, 3.
55. *Ibid.*, III, 9.
56. *Ibid.*, III, 5.
57. P. Ariès, *La Mort en Occident*, I, p. 124.
58. Meyer, *Les Temps modernes, op. cit.*, p. 178.
59. Molière, *L'École des femmes* (1662), *Les Précieuses ridicules* (1659) et *Les Femmes savantes* (1672).
60. Pernoud, *La Femme*, p. 340.
61. *La Femme*, société Jean Bodin, II, p. 454.
62. J.-J. Rousseau, *Émile ou de l'éducation*. Ici, comme ailleurs, livre 5, « Sophie ou la femme ».
63. Mme de Staël, *Corinne ou l'Italie* (1807).

CHAPITRE IX

1. Eliade, *Méphistophélès*, p. 142-143.
2. Garelli et Leibovici, « La naissance » , *S.O.*, I, p.119.
3. Bonnefoy, I, p. 224.
4. Ovide, *Métamorphoses*, I.
5. Sauneron et Yoyotte, « La naissance », *S.O.*, I, p. 211.
6. Kaltenmark, « La naissance en Chine », *S.O.*, I, p. 456.
7. E.D. Saunders, « Mythes du Japon », *in* Grimal, II, p. 147.
8. A.M.Esnoul, « La naissance », *S.O.*, I, p. 339.
9. Genèse, I, 1.8.
10. Bonnefoy, I, p.224.
11. Garelli et Leibovici, « La naissance », *S.O.*, I, p.132 *sq.*
12. Genèse, I, 1-8.
13. Garelli et Leibovici, *op.cit.*, p.132 *sq.*
14. M. Lambert, « La naissance du monde à Sumer », *S.O.*, I, p. 91.

15. R. Jestin, « La religion sumérienne », *in* Puech, I, p. 166.
16. Eliade, « Structure et fonction », *S. O.*, I, p.480.
17. Panoff, « Mythologies de l'Océanie », *in* Grimal, II, p.215.
18. J. Levi, « Mythes et croyances taoistes », *in* Akoun, p. 380.
19. Ovide, *Métamorphoses*, I.
20. Hésiode, *Théogonie*.
21. Zahen, « Afrique noire », *in* Puech, III, p.587.
22. Hérodote. On trouvera son étude en Duchesne-Guillemin, *in* Puech, I, p. 632.
23. Roux, *La Religion des Turcs et des Mongols*, p.106.
24. Ovide, *Métamorphoses*, I.
25. Dunstheimer, « Religion officielle », *in* Puech, III, p.381.
26. Despeux, « La divination », *in* Akoun, p.321.
27. Bonnefoy, I, p.198. Dunbstheimer, *op. cit.*, p. 389.
28. Granet, *Danses et légendes de la Chine*, p.43. *Ibid.*, *La Pensée chinoise*, p. 141.
29. Beigbeder, *La Symbolique*, p.209.
30. Eliade, II, p.305.
31. Boratav, « Le mythe turc du premier homme », p.198-199.
32. Bonnefoy, I, p.564-565.
33. Lazard, « Un texte persan », *J.A.*, 1956, p.201-216.
34. Eliade, *Traité*, p.214. Blondel, *La Mentalité primitive*, p. 9.
35. Bonnefoy, II, p.453.
36. Van der Leeuw, *La Religion*, p.86.
37. *Hymne homérique à la terre.*
38. Eschyle, *Les Choéphores.*
39. Lucrèce, *De la nature*, V.
40. Berthier, « Japon », *in* Akoun, p.431.
41. Vian, « Crète minoénne », *in* Puech, I, p.481.
42. Grimal, *La Mythologie grecque*, p.39.
43. *Dictionnaire des symboles*, p.625. Caquot, « Mythes des Sémites », *in* Grimal, I, p. 89. Eliade, *Hist.*, II, p. 98.
44. Van der Leeuw, *La Religion*, p.78.
45. Eliade, *Traité*, p.303.
46. Sophocle, *Œdipe roi.*
47. Deutéronome, XXVII, 3 *sq.*
48. *Ibid.*, XXXI, 9.
49. *Videvdat*, III, 24-25. Voir Kellens, « L'Âme », *J.A.*, p. 35.
50. Bonnefoy, I, p.272. Voir Bachelard, *La Terre et les rêveries du repos*, p. 208.
51. Voir Roux, *Montagnes*, p.330.
52. Eliade, *Traité*, p.223.

53. Roumeguère-Eberhardt, « La divination en Afrique australe », *in* Caquot et Leibovici, *Divination*, I, p. 363.
54. *Ramayana*, ch. 66.
55. *Atharva Veda*, XIV, 2, 14.
56. *Lois de Manou*, IX, 33.
57. Vian, « La religion grecque », *in* Puech, I, p. 507.
58. Platon, *Lois*, VIII, *Timée*, II.
59. Lucrèce, *De la nature*, IV.
60. Jean de Meung cité par Le Goff, *Les Intellectuels...*, p.120.
61. J. Duval, cité par Gelis, *L'Arbre*, p. 25.
62. Vian, « La religion grecque », *in* Puech, I, p. 503.
63. Eliade, *Traité*, p. 286.
64. *Ibid.*, p. 303.
65. Granet, *La Religion des Chinois*, p. 14.
66. Briffault, *The mothers*, III, p. 55.
67. Bonnefoy, II, p. 483.
68. L. Séjourné, *La Pensée des anciens Mexicains*, p. 56-57.
69. Frazer, *Le Rameau d'or*, I, p. 321.
70. *Ibid.*, p.323-326.
71. Job, XXXI, 11.
72. Genèse, XII, 10-20.
73. Sophocle, *Œdipe roi.*
74. Servier, *L'Homme et l'invisible*, p. 314.
75. Jean de Vries, « Religion des Germains », *in* Puech, I, p. 772.
76. Berthier, « Japon », *in* Akoun, p. 436-437.
77. Derchain, « Mythes et dieux lunaires », *S.O.*, V, p. 33.
78. Derchain, *ibid.*, p. 35.
79. Plutarque, *Isis et Osiris.*
80. M.Petit, « La lune en Canaan », *S.O.*, V, p. 13.
81. Molé, « La lune en Iran » , *S.O.*, V, p. 223-225.
82. Varenne, « La lune. Mythes et rites », *S.O.*, V, p. 250.
83. Bonnefoy, I, p. 148.
84. *Ibid.*, I, p. 190.
85. M. Soymié, « La lune dans la religion chinoise », *S.O.*, V, p. 297.
86. E. Harding, *Le Mystère de la femme*, p. 30 et 63.
87. M. Lambert, « La lune chez les Sumériens », *S.O.*, V, p. 82.
88. Maquet, *Les Civilisations*, p. 30.
89. D. Zahan, « Afrique noire », *in* Puech, III, p. 634.
90. Bonnefoy, II, p. 483.
91. *Dictionnaire des symboles* p. 271.
92. Aynard, « Le jugement des morts chez les Assyro-Babyloniens », *S.O.*, IV, p. 84.

93. *L'Odyssée*, XI, 5.
94. *Atharva Veda*, XVIII, 2, 20.
95. L. Granet, *La Pensée chinoise*, p. 399.
96. C.Kappler, *Monstres*, p. 269.
97. Eliade, II, p.76.
98. Jean XII, 24.

CHAPITRE X

1. Shakespeare, *Tout est bien qui finit bien*, I, 1.
2. *Dictionnaire des symboles*, p. 1022. Le Roux, « Religion des Celtes », *in* Puech, I, p. 800.
3. M. Soymié, « Mythologies de la Chine », *in* Grimal, I, p. 122.
4. Gélis, *L'Arbre*, p. 227.
5. Vian « La religion », *in* Puech, I, p. 469, 518 et Bonnefoy, I, p. 70.
6. Frazer, *Le Rameau d'or*, I, p. 376.
7. Voir E. Harding, *Le Mystère de la femme*, p. 110.
8. Apulée, *Métamorphoses*.
9. Eliade, II, p. 147.
10. Virgile, *Énéide*, VIII.
11. *Histoire secrète des Mongols*, 5-6 ; 17-18 ; 21.
12. Virgile, *Énéide*, III ; *Églogues*, VI.
13. Virgile, *Énéide*, III.
14. Voir Bril, *Lilith*, p. 92.
15. Deschamps, *Afrique noire*, p. 67.
16. Shakespeare, *Macbeth*, I, 2 ; IV, 1.
17. V. Bouiller, « Mythes et croyances du Népal », *in* Akoun, p. 153.
18. J.-P. Roux, *Montagnes*, p. 175.
19. Bonnefoy, II, p. 47.
20. E. Reiner, « La magie babylonienne », *S. O.*, VII, p. 80.
21. *Ibid.*, p. 86.
22. F. Vian, « La religion grecque », *in* Puech, I, p. 518.
23. Frazer, *Le Rameau d'or*, I, p. 360-361.
24. Hésiode, *Théogonie*.
25. *Ibid.*
26. S. Thierry, « Danses », *S. O.*, VI, p. 359.
27. J.-P. Roux, *Faune et flore*, p. 348-355.
28. R. Grappin, « Mythologie germanique », *in* Grimal, II, p. 77.
29. *Iliade*, II. Hésiode, *Théogonie*.
30. Grimal, « Mythologie grecque, *in* Grimal, I, p. 111.
31. Tertullien, *Apologétique*.
32. Jean, *Première épître*, I, 5.

33. De Guignes, *Histoire des Huns*, 2ᵉ partie, I, p. 145.
34. Kaltenmark, « Chine », *in* Akoun, p. 281. *Cf.* aussi Bonnefoy, I, p. 40-41.
35. Bonnefoy, I, p. 404.
36. Roux, *Faune et flore*, p. 293.
37. Eliade, *Méphistophélès*, p. 48.
38. M. Hermanns, *Mythen und Mysterien*, p. 16.
39. Raverty, *Tabaqat-i Nasiri*, p. 596.
40. Mokri, *Le Chasseur de Dieu* , p. 34. *Ibid.*, « L'idée de l'incarnation », p. 427.
41. M. Bouteiller, « Mythes de l'Amérique du nord », *in* Grimal, II, p. 181.
42. Ovide, *Fastes*, V, 255.
43. Séjournée, *La Pensée*, p. 60. Voir aussi p. 155.
44. Bonnefoy, I, p. 1104-1105.
45. Ma Touan-lin, *Histoire*, I, p. 41.
46. Malinovski, *The Sexual life*, p. 155.
47. Saintyves, *Les Vierges mères*, p. 219.
48. Bonnefoy, I, p. 406.
49. *Mahabharata*, I, 67 *sq.*
50. Delcourt, *Hermaphrodite*, p. 29.
51. Hésiode, *Théogonie*.
52. *Hymne à Apollon*.
53. Rumi, *Odes mystiques*, p. 9.
54. M. Molé, « La danse extatique en islam », *S.O.*, VI, p. 238-239.
55. A. Gaur, « Les danses sacrées en Inde », *S.O.*, VI, p. 322.
56. S. Thierry, « Danses sacrées au Cambodge », *S.O.*, VI, p. 357.
57. Juges, XI, 34.
58. Judith, XV, 13.
59. Kaltenmark, « Danses sacrées en Chine », *S.O.*, VI, p. 424.
60. H. Wild, « Danses sacrées en Égypte », *S.O.*, VI, p. 43.
61. Exode, XV, 20-21.
62. S. Thierry, « Danses sacrées au Cambdge », *S.O.*, VI, p. 355.
63. R. Sieffert, « Le monde du sorcier au Japon », *S.O.*, VII, p. 373.
64. A. Gaur, « Danses sacrées en Inde », *S.O.*, VI, p. 322.
65. Frazer, *Le Rameau d'or*, I, p. 393.

CHAPITRE XI

1. Servier, *L'Homme et l'invisible*, p. 45.
2. *Ibid.*, p. 46-47.
3. E. Harding, *Le Mystère de la femme*.
4. Jung, *L'Homme et ses symboles*, p. 177.

5.   Hésiode, *Théogonie*.
6.   Hérodote, IX, 107.
7.   Hérodote, IX, 201.
8.   Shakespeare, *Jules César*, II, 7.
9.   *Ibid.*, *Hamlet*, I, 2.
10. *Iliade*, XIX.
11. Genèse, XXVII, 1-27.
12. Van de Walle, « Mythologie de l'Égypte », *in* Puech, I, p. 48.
13. Coran, XII, 28.
14. R. Bastide, « Mythologie africaine », *in* Puech, II, p. 236.
15. P. Grappin, « Mythologie germanique », *in* Puech, II, p. 61.
16. Bonnefoy, I, p. 19.
17. Récit abrégé dans P. Grimal, « Mythologie grecque », *in* Grimal,
     I, p 186-188.
18. Vian, « La religion grecque », *in* Puech, I, p. 537.
19. Anacréon, *Odes*, II.
20. Genèse, VI, 41.
21. Hésiode, *Théogonie*.
22. Ovide, *Métamorphoses*, X.
23. Montaigne, *Essais*, III, 5.
24. *Ibid.*, III, 12.
25. Grégoire de Tours, cité par Pernoud, p.11.
26. Elisséeff, *Thèmes et motifs*, p. 960.
27. Murasaki Shikibu, *Le dit du Genji*, livres 37-39.
28. Cervantès, *Don Quichotte*, II, 7.
29. Bonnefoy, I, p.491.
30. Hérodote, VI, 61.
31. Coran, XLV, 72.
32. Hérodote, I, 8-12.
33. Ecclésiastique, XXVI, 22.
34. *Ibid.*, IX, 8.
35. Charron dans *Les Secrets de nos pères*, p. 30.
36. Virgile, *Énéide*, II, 496-506.
37. Voir la note de Rosso dans *Homère. Des héros et des dieux*, p. 161.
38. *Iliade*, I, V, VII, XIV, XXI, XXIV.
39. *Odyssée*, IV, V, VII, XIV. *Iliade*, I, II, V, XXIII.
40. *Iliade*, III, XIV, XVIII.
41. *Odyssée*, VI, *Iliade*, XIV.
42. Anacréon, *Fragments*, XXIII.
43. Arioste, *Roland furieux*, XVI ; Milton, *Paradis perdu*, IV, 5 ;
     Chrétien de Troyes, *Érec et Énide*.
44. J.-P. Roux, « Le bonnet et la ceinture ».

45. *Iliade*, XIV.
46. Lévitique, XII,1-8.
47. Voir Roux, *Le Sang*, où je développe largement tout cela, p.57-90.
48. Makarius, *L'Origine de l'exogamie*, p.53.
49. Zahan, « Les religions de l'Afrique noire », *in* Puech, III, p. 593.
50. Voir, par exemple, E. Harding, p. 35.
51. Makrius, *Origine*, *op.cit.*, p. 55.
52. Lévitique, XV, 19.
53. *Coran*, II, 222.
54. Gignoux, « L'enfer et le paradis », *J.A.*, p.238.
55. *Ibid.*, p. 238.
56. G. Bühler, *The laws of Manu*, vol. 25, p. 135.
57. A. Paré, *Des Monstres et des prodiges*, p. 157.
58. Levi-Strauss, *Les Structures élémentaires de la parenté* et *ibid.*, *le cru et le cuit*.
59. Jones, *Retour aux Dogons*, p. 126-128.
60. Cité par J. Cazeneuve, *Les Rites*, p. 85.
61. Voir Deschamps, *Les Religions de l'Afrique noire*, p. 8.
62. Cazeneuve, *Les Rites*, p. 84-85.
63. Frazer, *Le Rameau d'or*, IV, p. 19-63.
64. Lévitique, XXI, 18.
65. Coran, II, 222.
66. Testard, « La femme et la chasse », p. 197.
67. Makarius, *Structuralisme et ethnologie*, p. 220.
68. Euripide, *Ion*.
69. Pline, *Hist. Nat.*, VII, 13, XXVIII, 78.
70. Voir Briffault, *The mothers*, II, p. 385. 409. Durkheim, « La prohibition de l'inceste », p. 56.
71. Durkheim, « La prohibition », p. 64.
72. Cazeneuve, *Les Rites*, p. 59.

CHAPITRE XII

1. E. Harding, *Le Mystère de la femme*, p. 14.
2. Eliade, II, p. 34.
3. Exposé très clair dans Chauchard, *La Vie sexuelle*, p. 14-15.
4. Montaigne, *Essais*, I, 20.
5. Ovide, *Métamorphoses*, IX.
6. Pline, *Hist. Nat.*, VII, 4.
7. Virgile, *Énéide*, VI.
8. Voir M. Delcourt, *Hermaphrodite*, p. 56-57.
9. Eliade, *Méphistophélès*, p. 124.

10. *Ibid.*, p. 124. Delcourt, *op. cit.*, p. 65-66 et aussi 91.
11. Lucrèce, *De la nature*, V.
12. Delcourt, *op. cit.*, p. 85.
13. Eliade, *Méphisto*, p. 131.
14. Bonnefoy, II, p. 68.
15. Ovide, *Méta.* IV.
16. Voir Meslin, *Le Merveilleux et ses explications*, p. 116.
17. Eliade, *Traité*, p. 360.
18. Renou, *L'Hindouisme*, p. 42. Deleury, *in* Akoun, p. 114.
19. *Rig Veda*, X , 129.
20. Dhorme, en note dans la Bible de la Bib. de la Pléiade, I, p. 5.
21. O.C. Scholem, *La Kabbale*, p. 181-184.
22. Eliade, I, p. 237.
23. Bonnefoy, I, p. 28. Eliade, *Méphisto*, p. 128.
24. Clément d'Alexandrie, *Stromates.* Voir Doresse, *Les Livres sacrés*, II, p. 158. *Deuxième épître, ibid.*, II, p. 157.
25. Doresse, *Les Livres*, II, p. 95 et 157.
26. *Corpus Hermeticum*, II, 320-21.
27. Platon, *Banquet*, XIV-XV.
28. Ovide, *Méta.*, XC.
29. Genèse, XX, 30-38. Griaule, *Dieu d'eau*, p. 234.
30. Makarius, *Origine de l'exogamie*, p. 24.
31. Herrenschmidt, « Mythologie tribale », *in* Grimal, I, p. 270-271.
32. Par exemple, J. Lemoine, « Civilisation chinoise », *in* Akoun, p. 269.
33. Genèse, XX, 12.
34. Deutéronome, XXVII, 22 ; Lévitique, XX, 17.
35. Zahan, « L'Afrique noire », *in* Puech, III, p. 580.
36. Bonnefoy, I, p. 203.
37. Jung, *Wurzeln des Bawustseins*, p. 81, in Delcourt, *Herma*, p. 124.
38. Delcourt, *Herma*, p. 124.
39. M. Mauss, *Manuel d'ethnographie*, p. 116.
40. Ovide, *Méta.* IX.
41. *Dictionnaire des symboles*, p. 521.
42. Mauss, *Manuel*, p.116. Mauduit, *Manuel*, p. 241.
43. Bleeker, « The position of the queen », in *Atti*, p. 227-228. Lehmann, *Civilisations pré-colombiennes*, p. 98.
44. Frazer, *Le Rameau d'or*, II, p. 134.
45. Bastide, *Sociologie*, p. 220. Gordon, *Initiation sexuelle*, p. 116.
46. Kellens, « L'Âme », p. 46.

47. Bonnefoy, I, 383.
48. Voir Makarius, *Origine*, p. 62.
49. C. Herreschmidt, *Épouser au plus près*, p. 113 et 125.
50. Kellens, « L'Âme », p. 41.
51. Gignoux, « L'enfer et le paradis », p. 222.
52. *Ibid.*, p. 228-230.
53. *Ibid.*, p. 238.
54. Kellens, « L'Âme », p. 46. Herresnchmidt, *Épouser au plus près*, p. 121 *sq.*
55. Deschamps, *Religions*, p. 9.
56. Eliade, *Méphisto*, p. 131.
57. Bonnefoy, I, p. 28.
58. Delcourt, *Herma*, p. 410, a bien étudié cela. Voir Ovide, *Méta.* IV ; Euripide, *Les Bacchantes* ; Sénèque, *Œdipe*.
59. Archimbault, « La naissance du monde selon le bouddhisme siamois », *S.O.*, I, p. 374-375.
60. Dumézil, *Romans*, p. 220.
61. Lot-Falck, *Le Chamanisme*, p. 63. Voir aussi Sieroszewski, *Du chamanisme*, p. 319.
62. Eliade, *Méphisto*, p. 145.
63. Dumézil, *Romans*, p. 213 et 217.
64. Hérodote, VIII, 88.
65. Le Tasse, *La Jérusalem délivrée*, chant I.
66. Hésiode, *Théogonie*.
67. Grimal, *Mythologie*, p. 50.
68. Pindare, 7ᵉ Olympique.
69. *Hymne à Artémis*, II, 1-10.
70. Eliséeff, *Thèmes et motifs*, p. 90.
71. Delcourt, *Herma*, p. 196.
72. Voir Bonnefoy, I, p. 9-10.
73. Voir *Dictionnaire des symboles*, p. 28.
74. Hérodote, IV, 14.
75. Le Tasse, *La Jérusalem délivrée*, chant XX.
76. Ovide, *Méta.* VIII.
77. P. du Bosc, *La Femme héroïque*, p. 118. Voir aussi ce thème *in* Velay-Vallantin, *Contes*, p. 250-251.
78. Elisséeff, *Thèmes et motifs*, p. 108-109.
79. Delcourt, *op. cit.*, p. 17.
80. *Ibid.*, p. 9.
81. Frazer, *Le Rameau d'or*, III, p. 63.
82. Deutéronome, XXII, 5.
83. Eliade, *Traité*, p. 361. Delcourt, *op. cit.*, p. 11.

84. Dunstheimer, « Religion... en Chine », in Puech, III, p. 371.
85. Eliade, *Traité*, p. 362.
86. Vian, « La religion grecque », in Puech, I, p. 520.
87. *Ibid.*, Plutarque, *Lycurgue*, 15.
88. Plutarque, *Vertu des femmes*, 215.
89. *Ibid.*, *Questions grecques*, 58.
90. Eliade, *Méphisto*, p. 139. Delcourt, *op. cit.*, p. 7.
91. Delcourt, p. 6.
92. Gélis, *L'Arbre et le fruit*, p. 226.
93. Vian, « La religion grecque », in Puech, I, p. 537.
94. Gélis, *L'Arbre*, p. 102-103.
95. Bouthoul, *Traité de sociologie*, p. 284.
96. B. This, *Le Père, acte de naissance* p. 115, 117, 175, 205. Levi-Strauss, *La Pensée sauvage*, p. 258.
97. Maquet, *Les Civilisations*, p. 162.
98. Bonnefoy, I, p. 486.
99. Hérodote, II, 37.
100. Cazeneuve, *Les Rites*, p. 351.
101. Pascal, *Pensées*, XIX.
102. Zahan, « Religions de l'Afrique noire », in Puech, III, p. 579. Deschamps, *Religions*, p. 90. Jones, *Retour*, p. 75.
103. Panoff, « Mythologie d'Océanie », in Grimal, II, p. 229.
104. Zahen, *op. cit.*, in Puech, III, p. 580.
105. Herz, « La prééminence de la main droite », p. 116.
106. Gélis, *L'Arbre*, p. 162.
107. Voir Makarius, *Origine*, p. 211 *sq*. Voir aussi p. 90 *sq*.
108. Platon, *Lois*, VI.
109. Deschamps, *Religions*, p. 17.
110. Makarius, *Origine*, p. 106.
111. Mensching, *Sociologie religieuse*, p. 25.
112. Granet, cité par Makarius, *Origine*, p. 112.

CHAPITRE XIII

1. Platon, *Banquet*, XII-XIII.
2. *Ibid.*, XV.
3. Novalis, *Schriften*, III, p. 139.
4. Éphésiens, V, 33.
5. Hulin et Kapani, « L'hindouisme », in Delumeau, p. 406.
6. Servier, *L'Homme et l'invisible*, p. 314.
7. Chauchard, *Vie sexuelle*, p. 119.
8. Bousquet, *Éthique sexuelle*, p. 30.
9. Caquot, « Mythologie des Sémites », in Puech, I, p. 83.

10. Bonnefoy, II, p. 242.
11. Platon, *Banquet*, XVI.
12. Van der Leeuw, *La Religion*, p. 203, 250.
13. Platon, *Banquet*, XVI.
14. Montaigne, *Essais*, I, 20.
15. Ghazali cité in Bousquet, *Éthique*, p. 192.
16. Saintyves cité part Meslin, *Le Merveilleux*, p. 113.
17. *Malleus*, p. 208.
18. Montaigne, *Essais*, III, 5.
19. Kappler, *Monstres*, p. 262.
20. Voir Van der Leeuw, *op. cit.*, p. 196.
21. Hérodote, I, 129,196, IV, 172.
22. Dieterlen, *Essai sur la religion bambara*, p. 19-20.
23. Shakespeare, *Tout est bien*, I, 1.
24. Bonnefoy, II, p. 65.
25. Bonnefoy, I, p. 41.
26. Tibulle, II,1, 75.
27. Gélis, *L'Arbre*, p. 140.
28. Eberhard, *Kultur und Siedlung*, p. 49.
29. Bonnefoy, II, p. 391.
30. Thomson, *Motif Index*. Bayard, *Histoire*, p. 30.
31. Bayard, *ibid.*, p. 13.
32. Andersen, *Contes*.
33. Headley, « Indonésie », *in* Akoun, p. 202.
34. Rossi, *Il Kitab*, p. 181-188. Ergin, *Kitab*, p. 183-192. Roux, *Faune et flore*, p. 276.
35. Ovide, *Métamorphoses*, X.
36. Frazer, *Le Rameau d'or*, I, 431, avec maints autres exemples.
37. Clarke, *Voyages*, I, p. 72.
38. Levchine, *Description*, p. 370-371.
39. Roux, « Le lait et le sein », in *L'Homme*, IX, p. 51-787.
40. *Kitab-i Dede Korkut*, Ergin, *op. cit.*, p. 123. Voir Roux, *Faune*, p. 118.
41. Bonnefoy, II, p. 276.
42. Euripide, *Ion*.
43. Ovide, *Méta.* XI.
44. *Ibid.*, XIII.
45. Samivel, *Hommes, cimes et dieux*, p. 235.
46. Hérodote, I, 4.
47. Roux, *Faune et flore*, p. 92.
48. Voir Bayard, *Histoire*, p. 82 et son interprétation.
49. Jacques, « Le monde du sorcier en Inde », *S.O.*, VII, p. 215.

50. Porcher, « La princesse », *J.A.*, 1985, p. 198-199.
51. Ertem, *in* Roux, *Traditions des nomades*, p. 322.
52. Vian, « La religion grecque », *in* Puech, I, p. 520.
53. Bonnefoy, I, p. 578.
54. *Ibid.*, II, p. 72.
55. Bousquet, *Éthique*, p. 113.
56. Westermarck, *Les Cérémonies du mariage*, p. 278 *sq.* Bousquet, *op. cit.*, p.113.
57. Genèse, XXII, 1.
58. Hultkrantz, « Les Indiens de l'Amérique du sud », *in* Puech, III, p. 810.
59. Palau-Marti, *Le Roi-Dieu au Bénin*, p. 341.
60. Roux, « La veuve », *in L'homme*, 1969, p. 51-78.
61. Genèse, XXXVIII, 26, Deutéronome, XXX, 5 et Ruth.
62. Van der Leeuw, *La Religion*, p. 242. Voir Lévy-Bruhl, *L'Âme primitive*, p. 102 *sq.*
63. Lehman, *Civilisations*, p. 39.
64. Montaigne, *Essais*, III, 5.
65. Andersen, *Contes.*
66. Djuvaini, trad. Boyle, p. 57.
67. Nombres, XXV.
68. Le Tasse, *Jérusalem*, chant XIV.
69. Turcan, « Les religions orientales », *in* Puech, II, p. 41.
70. Ovide, *Méta*, X.
71. Deleury, « Mythes et rites », *in* Akoun, p. 127-128.
72. Séjournée, *La Pensée religieuse*, p. 58.
73. Giry, I, p. 414.
74. *Ibid.*, II, p. 164.
75. Judith, Juges, XIII, 16.
76. Grimal, *La Mythologie grecque*, p. 77.
77. Hérodote, IV, 9.
78. Voir Bril, *Lilith*, p. 90.
79. Ovide, *Méta.* V.
80. Virgile, *Églogue*, V. Voir aussi *Énéide*, III.
81. Hésiode, *Théogonie.*
82. Le Tasse, *Jérusalem*, chant XIV.
83. Goethe, *Ballade du pêcheur.*
84. *Odyssée*, XII.
85. Andersen, *Contes.*
86. *Dictionnaire des symboles*, p. 399.
87. *Ibid.*, p. 704. Grappin, « Mythologie germanique », *in* Grimal, II, p. 78.

88. Meslin, *Le Merveilleux*, p. 112.
89. Dumézil, *Romans*, p. 135.
90. E. Canziani, cité dans Samivel, *Hommes...*, *op. cit.*, p. 175.
91. *Épopée de Gilgamesh*, p. 55-56.
92. Eliade, I, p. 97.
93. Virgile, *Énéide*, VI.
94. Rotermund, « Les croyances du Japon », *in* Puech, I, p. 966.
95. Dante, *Purgatoire*, dernier vers.

CHAPITRE XIV

1. H. de Lubac, *L'Éternel féminin*, p. 162-163.
2. Ruskin, *Sésame et les lys*, § 67.
3. Dante, *Purgatoire*, XXX.
4. Platon, *Phédon*, 106.
5. Lucrèce, *De la nature*, III, 136.
6. Origène, *Homélie sur la* Genèse, IV.
7. *Dictionnaire des symboles*, p. 424.
8. Eliade, III, p. 111.
9. Eliade, *Patanjali*, p. 158.
10. Renou, *L'Hindouisme*, p. 69.
11. Kellens, « L'âme », p. 21-22.
12. Eliade, I, p. 745.
13. Kellens, « L'âme », p. 24.
14. Molé, « Le jugement », *S.O.*, IV, p. 146-149, 159-160 et 162-163.
15. Voir Eliade, I, p. 344.
16. Saintyves, *Les Vierges Mères*, p. 178.
17. Jean, I, 4-5 et 9. *Première épître*, I, 5.
18. Tertullien, *Apologétique*, 21.
19. *Proto-évangile de Jacques*, XIX, 2 ; *Histoire de la Nativité*, XIII ; *Évangile de l'enfance*, XII.
20. Bossuet, *Élévations sur les mystères*, XVI, 6.
21. Corbin, *Terre céleste et corps de résurrection*.
22. Plutarque, *Vies parallèles*, « Alexandre », 2.
23. *Mahabharata*, cité par Dumézil, *Romans*, p. 162 sq.
24. Le Roux, « Religion des Celtes », *in* Puech, I, p. 792.
25. Duchesne-Guillemin, « L'église sassanide », *in* Puech, II, p. 31.
26. Hésiode, *Théogonie*. Voir Grimal, *Mythologie*, p. 51.
27. Corbin, *En islam iranien*, II, p. 32.
28. *Oghuz name*, lignes 48 sq.
29. Boratav, *Er Töshtuk*, ch. XVI.
30. Van der Leeuw, *La Religion*, p. 250. Voir aussi p. 203.

31. Berthier, « L'univers symbolique », *in* Akoun, p. 428.
32. Kaltenmark, cité par Eliade, II, p. 40.
33. Chrétien de Troyes, *Érec et Énide*.
34. *Ibid.*, *Lancelot*.
35. F. Quéré, *Évangiles apocryphes*.
36. Bonnefoy, II, p. 507.
37. Zahan, « Afrique noire », *in* Puech, III, p. 597.
38. Kellens, « L'âme », p. 46.
39. *Dictionnaire des symboles*, p. 236.
40. Berdiaeff, *Un Nouveau Moyen Âge*, p. 162- 163.
41. Zahan, « Afrique noire », *in* Puech, III, p. 633.
42. Platon, *Phèdre*, XXII.
43. Graves, *Saga d'Eric le Rouge*, p. 55.
44. Tite Live, I, 38-39.
45. Bloch, « La divination en Étrurie », *in* Caquot et Leibovici, *Divination*, I, p. 210.
46. Servier, *L'Homme et l'invisible*, p. 161.
47. Platon, *Phèdre*, XXII.
48. Eschyle, *Agamemnon*.
49. Ezéchiel, XIII, 17 ; Nombres, XII, 1-2 et 10.
50. II Rois, XXII, 26 ; II Chron. XXXIV, 22 ; I Samuel, VIII, 7-14.
51. Juges, V, 5.
52. Juges, V.
53. Luc, II, 36 *sq.*
54. Tertullien, *De Anima*, 9.
55. Voir mon *Jésus*, p. 426 *sq.*
56. Chrétien de Troyes, *Perceval*, *Érec et Énide*, *Lancelot*.
57. Defradas, *La Divination*, I, p. 191.
58. Vian, « Religion grecque, *in* Puech, I, p 547.
59. Plutarque, *Pythie*, VII.
60. Voir note de Rosso *in* Homère, *Hymnes*, p. 176.
61. Guillermaz, « Croyances populaires », *in* Akoun, p. 417-418.
62. Berhier, « L'univers », *in* Akoun, p. 438.
63. Platon, *Phèdre*, XXII.
64. Nougayrol, « Divination babylonienne », *in* Caquot et Leibovici, *Divination*, I, p. 67.
65. Grimal, *Mythologie*, p. 41.
66. *Hymne à Aphrodite*, I, 75.
67. Grimal, « Mythologie romaine », *in* Grimal, I, p.193.
68. Platon, *Banquet*, XXII.
69. Jestin, « Religion sumérienne », *in* Puech, I, p. 137.
70. Renou, *L'Hindouisme*, p. 45.

71. Varenne, « Religion védique », *in* Puech, I, p. 609.
72. Frazer, *Le Rameau d'or*, I, p. 392.
73. Le Roux, « Religion des Celtes », *in* Puech, I, p. 799-800.
74. Roth, « Celtes insulaires », *in* Grimal, II, p. 26.
75. Eliade, III, p. 108.
76. Shakespeare, *Tout est bien*, II, 1.
77. Séjourné, *La Pensée*, p. 27.
78. Ruskin, *Sésame et les lys*, § 56-58.
79. Grimal, *La Mythologie grecque*, p. 104.
80. Jean, XX, 17.
81. Le Tasse, *La Jérusalem délivrée*, chant XII.
82. Vandier-Nicolas, « Le jugement des morts en Chine », *S.O.*, IV, p. 246-247.
83. *Ibid.*, p. 247.
84. Varenne, « Le jugement des morts dans l'Inde », *S.O.*, IV, p. 216-218.
85. Meslin, *Le Merveilleux*, p. 113-114.
86. Przyluski, *La Grande Déesse*, p. 88- 92.
87. Turcan, « Religions orientales », *in* Puech, II, p. 67.
88. Voir Roux, *Jésus*, p. 51.
89. Texte des pyramides, p. 258 et 1004.
90. Caquot, « Sémites occidentaux », *in* Grimal, I, p. 89.
91. Xénophon, *Mémorables*, II, 1.
92. Kellens, « L'âme », p. 50-54. Molé , « Le jugement des morts en Iran », *S.O.*, IV, p. 160, 163, 165.
93. Dante, *Purgatoire*, XXXIII, 1.
94. Van der Leeuw, *La Religion*, p. 177.
95. *Dictionnaire des symboles*, p. 626.
96. Sophocle, *Œdipe roi*.
97. Corbin, *En islam iranien*, II , p. 321.
98. Molé, « Le jugement des morts en Iran », *S.O.*, IV, p.157, 167-169.
99. *Ibid.*, p. 171.
100. Dante, *Purgatoire*, I, 100.
101. Séjourné, *La Pensée*, p. 25-26.
102. Addas, *Ibn Arabi*, p. 250.
103. Eliade, III, 148.
104. Thèse de Palacio. Voir, outre Addas, Massignon, *Opera Minora*, I, p. 57-81.
105. Massignon, *ibid.*, III, p. 81.
106. Eliade, III, p. 111.
107. Dante, *Purgatoire*, VI, 40.

108. *Ibid.*, XXVII, 31.
109. *Ibid.*, XXX, 31.
110. Dante, *Paradis*, XXXI, 31, voir aussi IV,139 et VIII, 13.
111. *Ibid.*, XXX, 73 et IV, 136.
112. *Ibid.*, *Purgatoire*, XXXIII, 13.
113. *Ibid.*, *Paradis*, I, 64.
114. *Ibid.*, II, 22.
115. *Ibid.*, XXXIII, 145.

Bibliographie

Voir *supra* la liste des abréviations.

ADDAS (Claude), *Ibn Arabi ou la quête du soufre rouge*, Paris, N.R.F., Gallimard, 1989.

AKOUN (André) (dir.), *Mythes et croyances du monde entier*, vol. IV, *Les Mondes asiatiques*, Paris, Lidis-Brepols, 1985.

ANACRÉON, *Odes*.

ANDERSEN, *Contes*.

APULÉE, *Les Métamorphoses (L'âne d'or)*.

ARCHIMBAULT (C.), « La naissance du monde selon le bouddhisme siamois », in *S.O.*, I, p. 367-381.

ARIÈS (Philippe), *L'Homme devant la mort*, 2 vol., Paris, Seuil, coll. « Points Histoire », 1977.

ARIOSTE, *Roland furieux*.

ARISTOPHANE, *L'Assemblée des femmes*.

ARISTOPHANE, *Lysistrate*.

ARISTOTE, *Politique*.

ARVON (Henri), *Le Bouddhisme*, Paris, PUF, 1951.

ASSA (Janine), *Les Grandes Dames romaines*, Paris, Seuil, 1958.

ATTAR (Farid al-Din), *Le Mémorial des saints*, trad. du persan par Pavet de Courteille, Paris, Seuil, 1976.

Atti dell' VIII Congresso internazionale di storia delle religioni, Florence, Sansonbi, 1956.

Aucassin et Nicolette.

AUE (Hartmann von), *La Légende du pauvre Henri*.

AUGUSTIN (saint), *Confessions*.

— *Sermons*.

AYNARD (J. M.), « Le jugement des morts chez les Assyro Babyloniens », *S.O.*, IV, p. 81-101.

BACHELARD (G.), *La Terre et les rêveries du repos,* Paris, 1948.

BACHOFFEN (J.-J.), *Das Mutterrecht,* Stuttgart, 1861.

BAREAU (André), « Le bouddhisme indien », *in* Puech, I, p. 1146-1215.

BASTIDE (R.), « Mythologies africaines », *in* Grimal, II, p. 230-255.

BASTIDE (R.), *Sociologie et psychanalyse,* Paris, PUF, 1950.

BAYARD (Jean-Pierre), *Histoire des légendes,* Paris, PUF, 1961.

BEAUVOIR (Simone de), « La femme et les mythes », in *Les Temps modernes,* 1948, n°32, p. 1921-1943, n° 33, p. 2193-2224.

BEIGBEDER (O.), *La Symbolique,* Paris, PUF, 1957.

— *Lexique des symboles,* Paris, Zodiaque, 1969.

BERDIAEFF (N.), *Un Nouveau Moyen Âge,* Paris, Plon, 1927.

BERNARD (saint), *Sermon pour la vigile de la Nativité.*

BERNOT (Denise), « Monde surnaturel et traditions en Birmanie », *in* Akoun, p. 224-234.

BERTHELOT, *La Pensée de l'Asie et l'astrobiologie,* Paris, Payot, 1972 (première éd., 1938).

BERTHIER (L.), « Japon, l'univers symbolique traditionnel », *in* Akoun, p. 420-440.

Bible (Ancien et nouveau Testament).

BLEEKER (C.-J), « The position of the queen in ancient Egypt », in *Atti,* p. 227-228.

— « Divination en Etrurie et à Rome », in *La divination,* I, p. 197-232.

BLOCH (Raymond), « La religion romaine », *in* Puech, I, p. 874- 925.

BLONDEAU (A.M.), « Les religions du Tibet », *in* Puech, III, p. 233-329.

BLONDEL (C.), *La Mentalité primitive,* Paris, Stock, 1926.

BOCCACE, *Le Décameron.*

BONNEFOY (Yves), (dir.), *Dictionnaire des mythologies et des religions des sociétés traditionnelles et du monde antique,* 2 vol., Paris, Flammarion, 1981.

BORATAV (P.-N.), *Er-Töshtük le géant des steppes,* Épopée du cycle de Manas, Paris, Gallimard, 1965.

BORATAV (P.-N.), « Le mythe turc du premier homme », in *Proceedings 23 Congress of orientalists, 1954.*

BOSC (Jean-Marie), *L'Asie des grandes religions,* Paris, Fayard, Le Sarment, 1984.

BOSC (P. du), *La Femme héroïque,* Paris, 1645 (éd. de 1668).

BOSSUET, *Élévations sur les mystères.*

BOTTÉRO (Jean), « Symptômes, signes, écritures en Mésopotamie ancienne », in *Divination et rationalité,* p. 70-196.

BOUILLER (Véronique), « Mythes et croyances au Népal », *in* Akoun, p. 141-156.

BOUKHARI, *L'Authentique Tradition musulmane,* choix de hadith par L. Bousquet, Paris, Fasquelle.

BOURGUET (R.-P. du), *Histoire et légendes de l'Égypte mystérieuse,* Paris, Tchou, 1968.

BOUSQUET (G.-H.), *L'Éthique sexuelle de l'islam,* Paris, Maisonneuve et Larose, 1966.

BOUTEILLER (Marcelle), « Mythologie de l'Amérique du nord », *in* Grimal, II, p. 176-185.

BOUTHOUL (G.), *Traité de sociologie,* Paris, 1946.

BRANTOME, *Vie des dames galantes.*

BRIFFAULT (R.), *The Mothers,* 3 vol., Macmillan, New York, 1927.

BRIL (Jacques), *Lilith ou la mère obscure,* Paris, Payot, 1981.

BRUNET (G.), *Les Évangiles apocryphes,* Paris, 1863.

BÜHLER (G.), *The Laws of Manu,* Oxford, 1875-1910.

CALLIMAQUE, *Hymne à Artémis.*

CAQUOT (André), « La mythologie des Sémites orientaux », *in* Grimal, I, p. 84-96.

— « La religion d'Israël des origines à la captivité de Babylone », *in* Puech, I, p. 359-486.

— « La religion des Sémites occidentaux », *in* Puech, I, p. 307-358.

— « Les danses sacrées en Israël et à l'entour », *S. O.,* VI, p. 119-143.

CAQUOT et LEIBOVICI (études recueillies par), *La Divination,* 2 vol., Paris, PUF, 1968.

CASSIN (Barbara), *Voir Hélène en toutes les femmes,* Paris, 2000.

CAZENEUVE (Jean), *Les Rites et la condition humaine,* Paris, PUF, 1968.

CERVANTÈS, *Don Quichotte.*

CÉSAR, *La Guerre des Gaules.*

— *La Chanson de Roland.*

CHARLES (R.), *Le droit musulman,* Paris, P.U.F, I965.

— *L'Âme musulmane,* Paris, Flammarion, 1958.

CHAUCHARD (Paul), *La Vie sexuelle,* Paris, PUF, 1957 (éd. 1966).

CHEVALIER et GHEERBRANDT, *Dictionnaire* des *symboles,* Paris, Laffont, coll. « Bouquins », 1982.

CHRÉTIEN DE TROYES, *Erec et Enid.*

— *Lancelot ou le chevalier à la charrette.*

— *Perceval ou la quête du Graal.*

— *Yvain le chevalier au lion.*

CHRISTINE DE PISAN, *Épître au dieu d'amour,* 1398.

CLARKE (E. D.), *Voyages en Russie. Tartarie et Turquie,* 3 vol., Paris, 1813.

CLAVIJO (Don Ruy Gonzalès de), *Relacion de la embajada de Henrique III al Gran Tamerlano,* Buenos-Aires, 1952.

CLÉMENT (Olivier), « Le Christ du credo », *in* Delumeau, p. 12-61.

— « L'église orthodoxe », *in* Delumeau, p. 153-182.

CLÉMENT D'ALEXANDRIE, *Stromates.*

CLOT (André), *Haroun al-Rachid, Fayard,* 1986.

— *Les Grands Moghols,* Paris, Plon, 1993.

CONFUCIUS, *voir* Pauthier.

CONSTANT (Benjamin), *Adolphe.*

Coran, texte arabe : *Quran Karim,* édition du Caire, 1980. Traduction de Montet, Paris, Payot, 1929 ; traduction de M. Hamidullah, Paris, Club français du livre, 1959.

CORBIN (Henri), *En islam iranien,* 2 vol., Paris, 1971.

— *Terre céleste et corps de résurrection,* Paris, 1960.

Corpus hermeticum, réuni et traduit par A.-D. Nock et A.-J. Festugière, Paris, Les Belles Lettres, 1945- 1954.

COURIER (P. L.), *Procès.*

DANIELOU et MARROU, *Nouvelle histoire de l'Église,* Paris.

DANTE, *La Divine Comédie* (traduction Masseron), Paris, Club français du livre, 1963.

DAVID-NEEL (Alexandra), *Le Bouddhisme. Ses doctrines et ses méthodes,* éd. du Rocher, Monaco, 1936.

DEFRADAS (Jean), « La divination en Grèce », *in* CAQUOT et LEIBOVICI, *La Divination,* I, p. 157-195.

DELCAMBRE (Anne-Marie), « Mahomet et ses femmes », in *Notre histoire,* n° 175.

DELCOURT (Marie), *Hermaphrodite et l'androgyne. Mythes et rites de la bisexualité dans l'Antiquité classique,* Paris, PUF, 1958.

DELEURY (Guy), « Rites et mythes de l'Inde », *in* Akoun, p.103-140.

DELUMEAU (Jean), (dir.), *Le Fait religieux,* Paris, Fayard, 1993.

DEMIÉVILLE (Paul), « Le bouddhisme chinois », *in* Puech, I, p. 1249-1319.

DÉMOSTHÈNE, *De la couronne.*

DERCHAIN (Philippe), « La religion égyptienne », *in* Puech, I, p. 63-140.

— « Mythes et dieux lunaires en Égypte », *S. O.,* V, p. 17-68.

DEROLEZ (E.), « La divination chez les Germains », in *La Divination,* I, p. 257-232.

DESCHAMPS (Hubert), *Les Religions de l'Afrique noire,* Paris, PUF, 1954 (éd. de 1965).

DESPEUX (Catherine), « La divination en Chine », *in* Akoun, p. 318-325.

DHUODA, *Manuel pour mon fils* (trad. de B. de Vregille et C. Monderest), Paris, Éditions du Cerf, 1876.

Dictionnaire des mythologies, voir Bonnefoy.

Dictionnaire des symboles, voir Chevalier et Gheerbrandt.

DIEL (Pierre), *La Symbolique dans la mythologie grecque,* Paris, Plon, 1927.

DIERTERLEN (G.), *Essai sur la religion bambara,* Paris, 1951.

DIODORE DE SICILE, *Bibliothèque historique.*

Divination et rationalité, Paris, Seuil, 1971.

DJUVAINI (Ata Malik), *The History of the World-Conqueror,* trad. J.A Boyle, Manchester University Press, 2 vol., 1958.

DORESSE (Jean), « La gnose », *in* Puech, II, p. 364-429.

— *Les livres sacrés des gnostiques d'Égypte,* Paris, 1957.

DRET et LEROUGE, *Vie des saints,* Paris, Beauchesne, 1928.

DUBY (Georges), *Guillaume le maréchal,* Paris, Fayard, 1984.

— *Le chevalier, la femme et le prêtre. Le mariage dans la France féodale,* Paris, Hachette, 1981.

DUCHESNE-GUILLEMIN (Jacques), « L'Iran antique et Zoroastre », *in* Puech, I, p. 625-694.

— « L'église sassanide et le mazdéisme », *in* Puech, II, p. 3-32.

DUMÉZIL (Georges), *Romans de Scythie et d'alentours,* Paris, Payot, 1978.

— *Le crime des Lemniennes,* Paris, 1924.

DUNSTHEIMER (G.H.), « Religion officielle, religion populaire et sociétés secrètes en Chine depuis les Han », *in* Puech, III, p. 371- 448.

DURKHEIM (Émile), *Les Formes élémentaires de la vie religieuse,* Paris, 1937.

— « La prohibition de l'inceste », in *L'année sociologique,* Paris, 1897.

DUVAL (Jacques), *Des Hermaphrodites. Accouchement des femmes et traitement qui est requis pour les relever en santé,* Rouen, 1612.

EBERHARD (W.), *Kultur und Siedlung der Randvölker Chinas,* Leiden, 1942.

ELIADE (Mircéa), *Traité d'histoire des religions,* Paris, Payot, 1959.

— *Histoire des croyances et des idées religieuses,* 3 vol., Paris, Payot, 1976-1993.

— *Méphistophélès et l'androgyne,* Paris, NRF, Gallimard, 1962.

— *Patanjali et le yoga,* Paris, Seuil, 1962.

— « Structure et fonction du mythe cosmogonique », in *S.O.,* I, p. 469-496.

ELISSÉEFF (Nikita), *Thèmes et motifs des Mille et une nuits,* Beyrouth, 1949.

ÉRASME, *Éloge de la folie.*

ERGIN (M.), *Dede Korkut Kitabi,* Ankara, 1958.

ESCHENBACH (Wolfram von), *Parzifal* (v. 1200-1210).

ESCHYLE, théâtre (*Agamemnon – Les Choéphores – Les Euménides – Les suppliantes*).

ESNOUL (Anne-Marie), « La naissance du monde dans l'Inde », *S.O.*, I, p. 329-365.
— Les songes et leur interprétation dans l'Inde, *S.O.*, II, p. 207-248.
— « L'hindouisme », *in* Puech, I, p. 995- 1104.
EURIPIDE, *Les Bacchantes, Électre, Les Héraclides, Hippolyte, Iphigénie en Aulide, Iphigénie et Tauride, Médée.*
— *Évangile de Nicodème.*
— *Évangile de Thomas.*
— *Évangile de Philippe.*
— *Expression du sacré dans les grandes religions (L'),* 2, Louvain-la-Neuve, 1983.

Fabliaux (les), (dit des perdrix).
FAHD (Toufy), « La naissance du monde selon l'islam », *S.O.*, I, p. 237-277.
FAVIER (Jean) (dir.), *Histoire de France,* 4 vol., Paris, Fayard, 1984-1985.
— *Histoire de France, II. Le temps des principautés,* Paris, Fayard, 1984.
— *La Femme,* recueil de la société Jean Bodin, 2 vol., Bruxelles, 1955, 1962.
FÉNELON, *De l'éducation des filles,* Paris, 1687.
FILLIOZAT (J.), « La mort volontaire par le feu et les traditions bouddhiques indiennes », *J.A.*, CCLI, 1963, I, p. 21-52.
FRANÇOIS DE SALES (saint), *Introduction à la vie dévote .*
FRANK (Bernard), « Le panthéon bouddhique au Japon », *in* Puech, II, p. 155-175.
FRAZER (sir J. G.), *Le Rameau d'or,* Londres, 1911-1915 (trad. française, 1930-1934), 4 vol., Paris, R. Laffont, coll. Bouquins, 1981-1984.
— *Totémism and exogamy,* 4 vol., Londres, 1910.
FREUD (Sigmund), *Totem et tabou,* Paris, Payot, 1951.

GARELLI (P.) et LEIBOVICI (M.), « La naissance du monde selon Akkad », *S.O.*, I, p. 115-152.
GARGAM (Georges), *L'Amour et la mort,* Paris, Seuil, 1959.
GASPARINI (Evel), *Il Matriarcato Slavo. Antropologia del Protoslavi,* Florence, 1973.
GAUR (Albertine), « Les danses en Inde », *S.O.*, VI, p. 317- 348.
GÉLIS (J.), *L'Arbre et le fruit,* Paris, Fayard, 1984.
GEOFFROI DE MONMOUTH, *Historia regum Britanniae,* (traduit par Wace en 1115 : *Roman de Brut*).
GIGNOUX (Philippe), « L'enfer et le paradis selon les sources pehlevis », *J.A.*, CCLVI, 1968, p. 219-246.
GIRARD (René), *La Violence et le sacré,* Paris, Grasset, 1972.
GIRY, *Vie des saints,* 4 vol., 1864 (3ᵉ éd.).

GOETHE, *Faust, Second Faust, Ballades.*

GORDON (P.), *L'Initiation sexuelle et l'évolution religieuse,* Paris, PUF, 1946.

GRANET (Marcel), *Danses et légendes de la Chine,* Paris, Alcan, 1926.

— *La Pensée chinoise,* Paris, Albin Michel, 1934.

— *Les Religions des Chinois,* Paris, 1912.

GRAPPIN (P.), « Mythologie germanique », *in* Grimal, II p. 35-81.

GRAVES, *La Saga d'Éric le Rouge. Récit des Groenlandais,* Paris, 1955.

GRÉGOIRE DE TOURS, *Histoire ecclésiastique.*

GRIAULE (Marcel), *Masques dogons,* Paris, Institut d'ethnologie, 1938.

— *Dieu d'eau,* Paris 1948.

GRIMAL (Pierre) (dir.), *Mythologie de la Méditerranée au Gange,* Paris, Larousse, 1962.

— *Mythologie des steppes, des forêts et des îles,* Paris, Larousse, 1963.

— *La Mythologie grecque,* Paris, PUF, 1953 (éd. de 1965).

— « Mythologie grecque », *in* Grimal, I, p. 95-188.

— « Mythologie romaine », *in* Grimal, I, p. 189-196.

GRUNEBAUM (G. von), *L'Islam médiéval,* Paris, Payot, 1962.

GUIGNES (de), *Histoire générale des Huns, des Turcs, des Mongols et des autres Tartares occidentaux,* 4 vol., Paris, 1750.

GUILLAUME DE LORIS, *Le Roman de la rose.*

GUILLERMOZ (Alexandre), « Les croyances populaires en Corée », *in* Akoun, p. 413-418.

HARDING (Esther), *Le Mystère de la femme,* Paris, Payot, éd. de 1976.

HEADLEY (S. C.), « Indonésie : Java, Sumatra, Bali », *in* Akoun, p. 195-208.

HERBERT (Jean), « La mythologie de l'hindouisme », *in* Grimal, II, p. 221-261.

HERMANNS (M.), *Mythen und Mysterien. Magie und Religion der Tibeter,* Cologne, 1956.

HÉRODOTE, *L'Enquête.*

HERRENSCHMIDT (O), « Mythologies tribales de l'Inde centrale », *in* Grimal, I, p. 270-272.

HERRENSCHMIDT (Claire), *Épouser au plus près,* Paris, 1994.

HERTZ (R.), « La prééminence de la main droite », *Mélanges de sociologie, de religion et de folklore,* Paris, Alcan, 1928.

HÉSIODE, *Théogonie.*

— *Les travaux et les jours.*

Histoire de la nativité.

Histoire secrète des Mongols (trad. et présentation de M. D. Even et R. Pop, Paris, Gallimard, NRF, 1994. Ou encore l'ouvrage de Pelliot, *Histoire secrète des Mongols,* avec trad. partielle, Paris, A. Maissonneuve, 1949 et Haenisch, *Die Geheime Geschichte der Mongolen,* Leipzig, 1941.).

HÖLDERLIN, *Œuvre poétique.*

HOMÈRE, *Iliade, Odyssée.*

HOUDAS, *Les Traditions musulmanes,* Paris, 1903.

HUGUES DE SAINTE-MARIE, *Historia ecclesiastice* (1109).

HULIN (M.) et KAPANI (L.), « L'hindouisme », *in* Delumeau, p. 351-435.

HULTKRANTZ (Ake), « Les religions des grandes civilisations pré-colombiennes », *in* Puech, III, p. 803-835.

Hymnes homériques, voir Rosso.

IBN BATTUTA, *Voyage,* trad. Defremery et Sanguinetti, 3 vol., vol. II, Paris, F. Maspero, 1982.

JACQUES (Claude), « Le monde du sorcier en Inde », *S.O.,* VII, p. 233-279.

JEAN DE MEUNG, *Le Roman de la rose.*

JÉRÔME (saint), *Lettres.*

JESTIN (Raymond), « Religion sumérienne », *in* Puech, I, p. 154-202.

JOINVILLE, *Histoire de Saint Louis.*

JONES (F.-M.), *Retour aux Dogons,* Paris, Le Sycomore, 1978.

JUNG (C.-G.), *L'Homme et ses symboles,* Paris, 1964.

— *Essai de psychologie analytique,* Stock, Paris, 1931.

JUVÉNAL, *Satires.*

KALTENMARK (Max.), « La naissance du monde en Chine », *S.O.,* I, p. 453-468.

— « Les danses sacrées en Chine », *S.O.,* VI, p. 411-449.

— « Chine : Mythologie classique », *in* Akoun, p. 263-335.

KAPPLER (Claude), *Monstres, démons et merveilles à la fin du Moyen Âge,* Paris, Payot,1980.

KELLENS (Jean), « L'âme entre le cadavre et le paradis », *J.A.,* 283, 1, 1995, p. 19-56.

KELLER (C.A.), « Le sacré et l'expression du sacré dans l'hindouisme », in *L'expression du sacré,* p.189-247.

Kitab-i Dede Qorqut, voir Ergin et Rossi.

LABAT (R.), *Le Poème babylonien de la création,* Paris, A. Maisoneuve, 1935.

LA FAYETTE (Mme de), *La Princesse de Clèves.*

LAMBERT (Maurice), « La naissance du monde à Sumer », *S.O.,* I, p. 93-113.

— « La lune chez les Sumériens », *S.O.,* V, p. 68-91.

LANTIER (R.), *La Vie préhistorique,* Paris, PUF, 1965.

LAZARD (Gilbert), « Un texte persan sur la légende de Gayomart », *J.A.*, 244, 2, 1956, p. 201- 216.

LE CHAPELAIN (André), *Le Traité de l'amour*, XIIe s.

LECLANT (Jean), « La religion méroïtique », *in* Puech, I, p. 141-153.

LE GOFF (Jacques), *Les Intellectuels au Moyen Âge*, Paris, Seuil, 1957.

— « Le christianisme médiéval en Occident », *in* Puech, II, p. 748- 868.

LEHMAN (Henri), *Les Civilisations pré-colombiennes*, Paris, PUF,1953.

LEMOINE (Jacques), « Mythes d'origine et croyances fondamentales », *in* Akoun, p. 263-284.

LE ROUX (Françoise), « La religion des Celtes », *in* Puech, I, p. 781-840.

LEVCHINE (A. de), *Description des hordes et des steppes des Kirghiz-Kazaks*, Paris, 1840.

LEVI (Jean), « Mythes et croyances taoïstes », *in* Akoun, p. 354-398.

LEVI-STRAUSS (Claude), *La Pensée sauvage*, Paris, Plon, 1962.

— *Structures élémentaires de la parenté*, Paris, PUF, 1949.

— *Le cru et le cuit*, Paris, Plon, 1964.

LÉVY (Michel-Louis), « L'équilibre des sexes », in *Population et société*, février 1980.

LEVY-BRUHL (L.), *L'Âme primitive*, Paris, Alcan, 1929.

LIE-SOU (G.), *T'seu-Hsu, impératrice des Boxers*, Paris, 1911.

Lois de Manou, trad. A. Loiseleur-Deslonochamps, Paris, éd. d'aujourd'hui, 1976. *Voir* aussi Bühler.

LONGUS, *Daphnis et Chloé*.

LOT-FALCK (E.), « Le chamanisme en Sibérie », in *Revue internationale*, 1946, p.59-69.

LUBAC (H. de), *L'Éternel féminin*, Paris, Aubier, 1968.

LUCRÈCE, *De la nature*.

Mahabharata, extraits traduits par J.M. Peterfalvy, Paris, Flammarion, 2 vol., 1985.

MAKARIUS (R et L.), *L'Origine de l'exogamie et du totémisme*, Paris, Gallimard, NRF, 1961.

— *Structuralisme ou ethnologie*, Paris, éd. Anthropos, 1973.

MALINOVSKI (B.K.), *La Vie sexuelle des sauvages* (trad. de l'anglais par Jankélévitch), Paris, Payot, 1930.

Malleus maleficiarum. Le marteau des sorcières, trad. A. Danet, Paris, Plon, 1973.

MAQUET (Jacques), *Les Civilisations de l'Afrique noire*, Paris, Horizon de France, 1962.

MARDRUS (Dr.), *Les Mille Nuits et une nuit*, 17 vol., Paris, Fasquelle.

MARGUERITE DE NAVARRE, *L'Heptaméron*,1533.

MARIE DE FRANCE, *Lais*.

MARTIAL, *Épigrammes*.

MARTIN (Henri), *Histoire de France*, 17 vol., Paris, 1883.

MASSIGNON (Louis), *Opera Minora*. Dar al-Maarif (Liban), 3 vol., 1963.

MA TOUAN-LIN, *Ethnographie des peuples étrangers à la Chine*, trad. Herveu de Saint-Denys, 2 vol., Genève, 1876-1883.

MAUDUIT (J. A.), *Manuel d'ethnographie*, Paris, Payot, 1960.

MAURIAC (François), *Vie de Jésus*, Paris, Flammarion, 1936.

MAUSS (Marcel), *Manuel d'ethnographie*, Paris, Payot, 1947.

MENASCE (R.P. Jean de), « Mythologies de la Perse », *in* Grimal, I, p. 200-220.

MENCIUS, voir Pauthier.

MENSCHING, *Sociologie religieuse*, Paris, Payot, 1951.

MESLIN (Michel), *Le Merveilleux*, Paris, Bordas, 1984.

— *Pour une science des religions*, Paris, Seuil, 1973.

MEYER (Jean), *Histoire de France*, vol. III. *La France moderne*, Fayard, Paris, 1985.

MICHELET, *Histoire de France*.

Mille et Une Nuits (Les), voir MARDRUS.

MILTON, *Le Paradis perdu*.

MIQUEL (André), *Géographie humaine du monde musulman*, 2 vol., Paris-La Haye, 1967.

MOKRI (Mohammed*)*, *Le Chasseur de Dieu et le mythe du roi aigle*, Wiesbaden, 1967.

— « L'idée de l'incarnation chez les Ahl-i Haqq », in *Akten 24 Orient Kongress*, Wiesbaden, 1969.

MOLÉ (Marian), « La naissance du monde dans l'Iran pré-islamique », *S.O.*, I, p. 299-328.

— « Le jugement des morts dans l'Iran pré-islamique », *S.O.*, IV, p. 143-176.

— « La lune en Iran ancien », *S.O.*, V, p. 217- 229.

— « La danse extatique en islam », *S.O.*, VI, p. 145-280.

MOLIÈRE, *Théâtre*.

MONTAIGNE, *Essais*.

MONTE CROCE (Riccold de), *Pérégrination en Terre Sainte et au Proche Orient*, trad. R. Kappler, Paris, Honoré Champion, 1997.

MURASAKI SHIKIBU, *Le Dit du Genji* (trad.de R. Sieffert), 2 vol., Paris, POF, 1988.

NIETZSCHE, *Ainsi parlait Zarathoustra*.

NIZAM AL-MULK, *Siyaset name. Traité du gouvernement*, trad. C. Schefer, Paris, Sindbad, 1984.

NOUGAYROL (Jean), « La divination babylonienne », in *La Divination*, I, p. 25-82.

NOVALIS, *Schriften*, Leipzig, vol. III, 1929.

Oghuz name, trad. R. Nour, Alexandrie, 1928. Voir aussi P. Pelliot.

ORIGÈNE, *Homélie sur la Genèse*.

OVIDE, *Les Métamorphoses*.

— *Les fastes*.

PALAU-MARTI (M.), *Le Roi-Dieu au Bénin*, Paris, Berger Levrault, 1964.

PANOFF (M.), « Mythologie d'Océanie », *in* Grimal, II, p. 212-229.

PAQUIS et DOCHEZ, *Histoire d'Espagne et de Portugal*, 2 vol., Paris, 1844.

PARÉ (Ambroise), *Des Monstres et des prodiges*, éd. critique de J. Céard, Paris, 1971.

PASCAL, *Pensées*.

PAUTHIER (M.G.), *Doctrine de Confucius ou les quatre livres de philosophie morale et politique de la Chine*, Paris, Garnier.

PELLIOT (Paul), « Sur la légende d'Oghuz Khan en écriture ouighoure », in *T'oung Pao*, 1930, p.247-358.

PERNOUD (Régine), *La Femme au temps des cathédrales*, Paris, Hachette, Livre de Poche,1980.

PERRAULT, *Contes*.

PETIT (Madeleine), « La lune en Canaan et Israël », *S.O.*, V, p. 127-150.

PINDARE, *Olympiques*.

PLAN CARPIN (Jean de), *Histoire des Mongols*, trad. dom Jean Becquet et L. Hambis, Adrien Maisonneuve, Paris, 1966.

PLATON, *Le Banquet, La République, Les lois, Phèdre, Le Phédon, Timée, Critias*.

PLAUTE, *La Marmite*.

PLINE, *Histoire naturelle*.

PLUTARQUE, *Vies parallèles, De la pythie, Isis et Osiris, Vertu des femmes, Fortune des Romains, Questions grecques*.

POIRION (Daniel), voir *Le Roman de la Rose*.

POMPONIUS MELA, *Géographie*.

PORCHER (M.C.), « La princesse et le royaume », *J.A.*, 273, 1989, p. 182-206.

PREMARE (A. L de), « Violence et sacré dans les premières traditions islamiques. Umm Qirfa et Salma et le mythe des peuples anéantis », *J.A.*, 282, 1994, 1, p.19-36.

PROPERCE, *Élégies*.

PRYZULISKI (Jean), *La Grande Déesse*, Paris, Payot, 1960.

PUECH (H.- C.) (dir.), *Histoire des Religions*, 3 vol., Paris, Gallimard, Bib. de La Pléiade, 1970, 1972, 1976.

QUÉRÉ (F.), *Les Femmes de l'Évangile*, Paris, Seuil, 1982.
— *Les Évangiles apocryphes*, Paris, Seuil, 1983.

RABELAIS, *Gargantua.*
RACINE (Jean), *Bérénice, Phèdre.*
Ramayana.
RAVERTY (H.G.*), Tabakat-i Nasiri. A general history of the muhammadan Dynasties,* 2 vol., Londres, 1881.
RAYMOND (A.) et WIET (G.), *Les Marchés du Caire*, Le Caire, I.F.A.O., 1972.
REINER (Erica), « La magie babylonienne », *S. O.*, VII, p. 69-98.
REISNER (Erwin), *Métaphysique de la sexualité*, Paris, 1960.
RENOU (Louis), *L'Hindouisme*, Paris, PUF, 1951.
RICHARD (Jean), *Saint Louis*, Paris, Fayard, 1983.
Roman de la Rose (le) (édité par D. Poirion, Paris, Garnier Flammarion, 1874.
ROSSI (Ettore), *Il Kitabi Dede Qorqut*, Rome, 1952.
ROSSO (F.), *Homère. Des héros et des dieux*, Paris, Alcan, 1989.
ROTERMUND (H.R.), « Les nouvelles religions du Japon », *in* Puech, III, p. 520-544.
ROTH (G.), « Les Celtes insulaires », *in* GRIMAL, II, p.20-34.
ROUMAGUÈRE-EBERHARD (Jacqueline), « La divination en Afrique australe », *in* CAQUOT et LEIBOVICI, *La Divination*, II, p. 359-372, 1993.
ROUSSEAU (Jean-Jacques), *Émile ou de l'éducation.*
ROUX (J.-P.), *Histoire de l'Empire mongol*, Paris, Fayard, 1993.
— *Histoire des Turcs,* nouv. éd., Paris, Fayard, 2000.
— *Tamerlan*, Paris, Fayard, 1991.
— *La Religion des Turcs et des Mongols*, Paris, Payot, 1984.
— *Faune et flore sacres dans les sociétés altaïques*, Paris, Maisonneuve, 1966.
— *Le Sang. Mythes, symboles et réalités*, Paris, Fayard, 1987.
— *Le Roi*, Paris, Fayard, 1995.
— *Montagnes sacrées, montagnes mythiques,* Paris, Fayard, 1999.
— « La femme turque médiévale », in *Erdem*, Ankara, 1990, p. 169-226, et p. 659-691.
— « Le lait et le sein dans les traditions turques », in *L'Homme*, VII, 1967, p. 48-63.
— « Le combat d'animaux dans l'art et la mythologie irano-turque », *Arts Asiatiques*, 1981, p. 5-11.

— « La veuve dans les sociétés turco-mongoles », in *L'Homme*, IX, 1969, p. 51-78.

— « Le bonnet et la ceinture », in *Turcica*, VII, 1975, p.64.

RUBROUCK (Guillaume de), *Voyage dans l'Empire mongol*, trad. de C et R. Kappler, Payot, Paris, 1985.

RUDEL (Jaufré), *Amour lointain*, XIIIᵉ s.

RUMI (Djalal al-Din), *Odes mystiques. Divan-e Shams-e Tabrizi*, trad. E. Meyerovitch et M. Mokri, Paris, Klincksieck, 1973.

RUSKIN (John), *Sésame et les lys*, trad. de Marcel Proust, Paris, Mercure de France, 1913.

— *La Bible d'Amiens*, trad. de Marcel Proust, Paris, Mercure de France, 1910.

RUTEBEUF, *Le Miracle de Théophile*.

SAINTYVES (Pierre), *Les Vierges-mères et les naissances miraculeuses*, Paris, 1908.

SALKED (John), *A Treatise of Paradise*, Londres, 1617.

SALLUSTE, *Conjuration de Catilina*.

SAMIVEL, *Cimes, hommes et dieux*, Paris, Arthaud, 1973.

SAUNDERS (E.D.), « Mythologie du Japon. La voie des dieux (Shinto) », *in* Grimal, II, p. 138-154.

SAUNERON (Serge), *Les Prêtres de l'ancienne Égypte*, Paris, Seuil, 1957.

SAUNERON (S.) et YOYOTTE (J.), « La naissance du monde selon l'Égypte ancienne », *S.O.*, I., p. 17-91.

SCHADEN (Egon), « Religions indigènes en Amérique du sud », *in* Puech, III, p. 836-886.

SCHIPPER (K.), « Les pèlerinages en Chine. Montagnes et pistes », *S.O.*, III, p. 303-341.

— « Le taoïsme », *in* Delumeau, p. 535-577.

SCHLEGEL (Friedrich von), *Über die Diotima*.

SCHOLEM (O.-C.), *La Kabbale*, trad. Boess, Paris, Payot, 1951.

SÉJOURNÉ (Laurette), *La Pensée religieuse des anciens Mexicains*, Paris, F. Maspero, 1966.

SÉNÈQUE, *Œdipe*.

SERVIER (J.), *L'Homme et l'invisible*, Paris, Laffont, 1964 ou Petite Bibl. Payot, Imago, 1980.

SHAKESPEARE, *Tout est bien qui finit bien, Hamlet, Macbeth, Jules César, Othello*.

SIEFFERT (René), « Le monde du sorcier au Japon », *S.O.*, VII, p. 352-389.

— « Les danses sacrées au Japon », *S.O.*, VI, p. 451-485.

SIEROSZEWSKI (W.), « Du chamanisme d'après les croyances des Yakoutes », *Revue de l'histoire des religions,* 1902, p. 204-233 et 299-338.

SOPHOCLE, *Ajax, Antigone, Œdipe roi, Œdipe à Colone, Les Trachiniennes.*

Sources orientales, ouvr. coll., 7 vol., Seuil, 1951-1971. *Cf. supra* SIGLES et ABRÉVIATIONS.

SOYMIE (M.), « La lune dans les religions chinoises », *S.O.,* V, p. 289-321.

SPENCER et GILLEN, *Native tribes of Central Australia,* Londres, Macmillan, 1899.

STRABON, *Géographie.*

Tabaqat-i Nasiri, voir RAVERTY.

TACITE, *La Germanie.*

— *La vie d'Agricola.*

TALBOT-RICE, *The Scythians,* Londres, 1957.

TASSE (Le), *La Jérusalem délivrée.*

Tchoung young, voir PAUTHIER.

TERTULLIEN, *Apologétique.*

— *De l'âme.*

— *Culte des femmes.*

TESTARD, *Essai sur les fondements de la division sexuelle du travail chez les chasseurs cueilleurs,* EHESS, 1986.

— « La femme et la chasse », *La Recherche,* n°182, oct. 1986.

THIERRY (Solange), « Mythes et croyances du Cambodge », *in* Akoun, p. 212-232.

— « Les danses sacrées au Cambodge », *S.O.,* VI, p. 349-373.

THIS (B), *Le Père, acte de naissance,* Paris, 1980.

THOMSON (Stith), *Motif-index of Folk literature,* nouv. Éd., Copenhague, 6 vol., 1955-1958.

TIBULLE, *Élégies.*

TITE-LIVE, *Histoire.*

Tristan et Iseult.

TUNG (Nguyen), « Les Vietnamiens et le monde surnaturel », *in* Akoun, p. 249- 261.

TURCAN (Robert), « Les religions orientales dans l'Empire romain », *in* Puech, II, p. 33-80.

UMARI (al-), K. Lech, « Das mongolische Weltreich Al Umari Darstellung », Asiatische Forschungen, 22, Wiesbaden, 1968.

Upânishad, texte et trad. de L. Renou, Paris, A. Maissonneuve, 21 fasc., 1943-1976.

VAN DER LEEUW (G.), *La Religion dans son essence et ses manifestations. Phénoménologie de la religion,* Paris, Payot, 1948.

VAN DE WALLE (B.), « Mythologie de l'Égypte », *in* Grimal, I, p. 26-56.

VANDIER-NICOLAS (N.), « Le jugement des morts en Chine », *S.O.,* IV, p. 231-253.

VAN GENNEP (A.), *Les Rites de passage,* Paris, Plon,1909.

VARAGNAC (A.), « Le problème des religions préhistoriques », *in* Grimal, I, p. 16-23.

VARENNE (Jean), « Le jugement des morts dans l'Inde », *S.O.,* IV, p. 207-230.

— « La lune, mythes et rites dans l'Inde », *S.O.,* V, p.231-260.

— « La religion védique », *in* Puech, I, p. 571-624.

Véda (Le), trad. de J. Varenne, Paris, Verviers, Marabout, 2 vol., 1967. Voir aussi *Hymnes spéculatifs du Véda,* trad. L. Renou, Paris, Gallimard, 1956.

VELAY-VALLANTIN (C.), *Histoire des contes,* Paris, Fayard, 1992.

VIAN (Francis), « Les religions de la Crète minoënne et de la Grèce archaïque », *in* Puech, I, p. 462-487.

— « La religion grecque à l'époque archaïque et classique », *in* Puech, I, p. 489-577.

VIRGILE, *Énéide.*

— *Eglogues.*

VRIES (Jan de), « La religion des Germains », *in* Puech, I, p. 747-780.

VULSON DE LA COLOMBIÈRE, *Le Vrai Théâtre d'amour et de chevalerie.*

WERNER (K.F.), *Histoire de France,* I. *Les Origines,* Paris, Fayard, 1984.

— *Naissance de la noblesse,* Paris, Fayard, 1998.

WESTERMARK (E.), *Survivances païennes dans la civilisation mahométane,* Paris, Payot, 1935.

— *Mariage ceremonies in Morocco,* Londres, 1914.

WILD (Henri), « Les danses sacrées de l'Égypte ancienne », *S.O.,* VI, p. 33-117.

WITHNEY (W.), *The Atharva Veda translated,* Cambridge (Mass.), 1910.

WOLFRAM VON ESCHENBACH, *Parzifal.*

XÉNOPHON, *Les Mémorables, Le banquet, L'Économique.*

ZAHAN (Dominique), « Les religions de l'Afrique noire », *in* Puech, III, p. 572- 653.

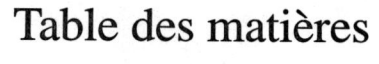

Table des matières

SECONDE PARTIE
La femme dans les mythes

Achevé de composer par
PARIS PHOTOCOMPOSITION
75017 Paris

Impression réalisée sur CAMERON par
BRODARD ET TAUPIN
La Flèche

pour le compte des Éditions Fayard
en juin 2004

Imprimé en France
Dépôt légal : juin 2004
N° d'édition : 43096 – N° d'impression : 24506
ISBN : 2-213-61913-1
35-14-2113-5/01